스마트시티를 위한

PYTHON
알 고 리 즘
프로그래밍

김성환 지음

서울시립대학교 출판부

차 례

9장. String Matching: 극 단순 알고리즘과 KMP 알고리즘 String

10장. String Matching 알고리즘 만들기: Rabin-Karp 와 Boyer-Moore 알고리즘

11장. Geometric(Convex Hull) 문제를 푸는 Graham' 알고리즘

12장. 대칭 암호화(Symmetric Encryption) 알고리즘

13장. 비대칭 암호화(Asymmetric Encryption) 알고리즘

23장. 양자 알고리즘(quantum algorithm): Non-Deterministic 알고리즘

1장. 스마트 컴퓨팅 (Computation)을 위한 문제의 정의와 알고리즘의 설계

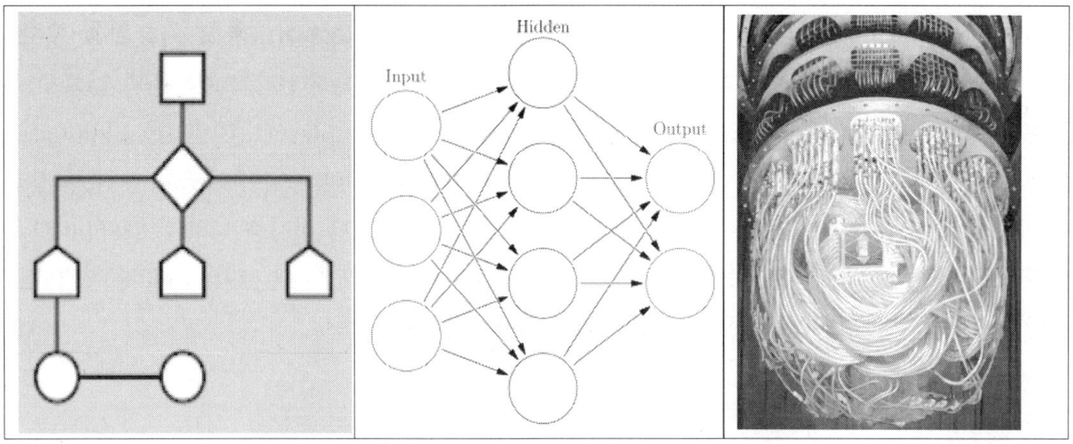

인간의 뇌는 이성과 감성이 있어서, 논리적인 행동과 감정 행위를 하게 된다. 컴퓨터는 아직까지 인간의 논리적인 행동을 따라하도록 만들었으며, 인간의 전두엽 (행동의 제어)와 측두엽 (기억) 처럼, CPU (중앙처리장치, central processing unit)와 메모리를 사용해서 주어진 연산을 계산하게 된다. 컴퓨터과학 (computer science)은 물리학이 자연현상을 모델링하는 것처럼, 인간의 사고를 모델링하는 것을 목표로 하는 학문이다. 인간의 사고는 기억 (memory)과 논증 (reasoning)으로 구분할 수 있는데, 어떤 현상에 대한 사실적 기술을 하는 descriptive knowledge와 어떤 프로세스를 어떤 단계로 만들어가는지를 생각하는 procedural knowledge 로 나누어 생각할 수 있다. 본 교재에서는, procedural knowledge를 대표하는 알고리즘 (어떤 문제를 푸는 단계들의 집합을 설계하는 일) 을 배우고, 종이에 직접 알고리즘을 돌려보면서 원리를 이해하고, 이를 Python 언어로 구현하여 컴퓨터로 돌려보면서 또 생각지 못했던 것들을 배우는 것을 목표로 한다. 장의 구성은 다음과 같다.

1.1 Computation 이란 무엇인가
1.2 컴퓨터란 무엇인가: Von Neumann 과 Turing Machine
1.3 컴퓨터를 사용한 문제해결; 알고리즘

1.1 Computation 이란 무엇인가

컴퓨터의 응용분야는 기준에 따라 다르지만, 일단 군사용 응용 분야와 상업용 응용 분야로 구분할 수 있고, 실제 작업 환경의 기계 안에서 실행하는 임베디드 (embedded) 프로그램과 일반 PC와 같은 곳에서 실행되는 general 프로그램이 가능하다.

임베디드 시스템 (embedded system)이란: 위키피디아의 정의에 의하면, "An embedded system is a computer system—a combination of a computer processor, computer memory, and input/output peripheral devices—that has a **dedicated function (특정 기능만을 수행하는 기계나 장치)** within a larger mechanical or electrical system. Embedded systems range from portable devices such as digital watches and MP3 players, to large stationary installations like traffic light controllers, programmable logic controllers, and large complex systems like hybrid vehicles, medical imaging systems, and avionics. Complexity varies from low, with a single microcontroller chip, to very high with multiple units, peripherals and networks mounted inside a large equipment rack. "

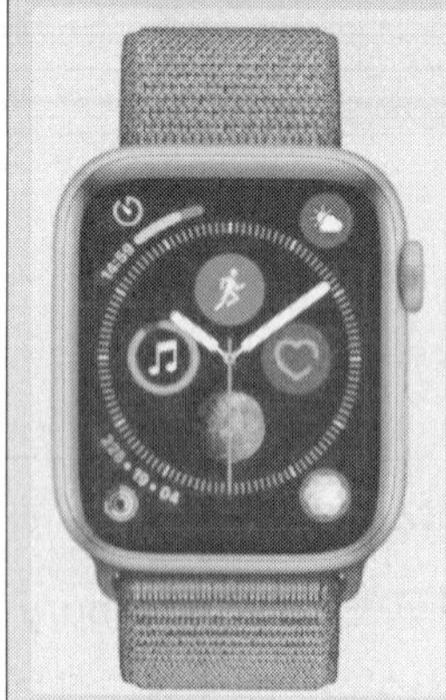

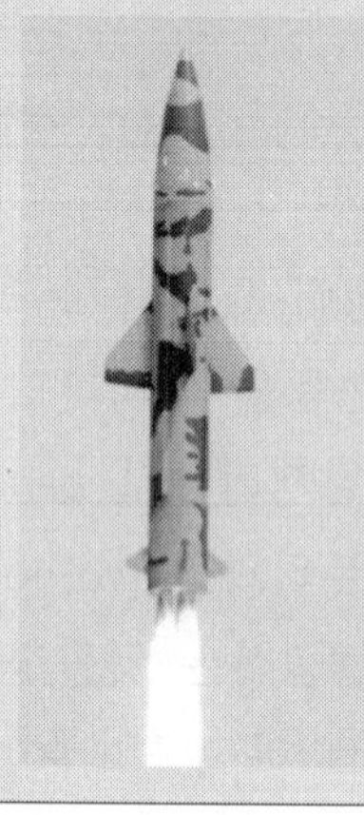

Programmable things (Ubiquitous Computing): 군사용 응용분야는 대부분 장치에 프로그램을 탑재하는 경우인데, 장치 역시 CPU와 메모리가 장착되어 있는 컴퓨터로 볼 수 있지만, 우리가 흔히 알고 있는 형태의 컴퓨터로 볼 수 없기 때문에 이를 장치에 탑재한 소프트웨어라고 해서, 해당 장치를 임베디드 시스템 (embedded system), 그리고 내장된 소프트웨어를 임베디드 소프트웨어 (embedded software)라고 부른다. 그림에서와 같이, 미사일이나, 차량용 소프트웨어들은 모두 임베디드 소프트웨어들이다. 이러한 임베디드 시스템들이 점점 더 초소형으로 바뀌게 됨에 따라, 현재는 programming things라고 부른다.

Programmable Cloth (Wearable Computing): 웨어러블 컴퓨팅이라고 해서 사람이 착용할

수 있는 것들, 예를 들면 안경, 재킷, 바지, 신발을 사용해서 할 수 있는데, 예를 들어서 외국의 NIKE라는 업체를 보면, 신발에 프로그램을 장착해서 그 사람이 얼마나 많이 걸었는지, 이런 것들을 분석해서 그 사람의 운동량을 분석할 수 있다. 또한, 스마트 워치라고 하는 손목시계의 프로그램들을 통해, 사람의 음성을 인식해서 그 인식된 결과에 따라서 어떤 명령을 수행하는 것들, 또한, 스마트 웨어, 스마트 글래스를 사용해서 안경을 쓰게 되면, 내가 본 사물이 어떤 사물인지, 그 사물의 이름은 무엇인지 그 사물에 대한 부가적인 정보를 augment시켜서 볼 수 있는 것들도 요즘 증강현실이라고 해서 많이 나오고 있는 것들인데 이런 것들이 모두 프로그래밍을 통해서 구현될 수 있다고 볼 수 있다.

Programmable Virtual Space (Entertainment): 상업용 응용 분야 중에서 가장 수익이 높은

분야는 오락 (entertainment) 분야인데, 그중에서도 쉽게 접근할 수 있고 (accessibility), 쉽게 사용할 수 있고 (easy to use), 인센티브 등의 방법으로 중독성을 유발하는 게임 분야가 대표적인 분야이다.

Programmable Needs (Intelligent Sales): 마케팅의 기본 원리 중에서 시장 (market)의 STP (S: segmentation, T: targeting, P: positioning) 이라는 용어가 있다. 새로운 신규 시장을 개척하는 경우, 기존의 시장 점유자들과 내가 목표로 하는 시장이 차별화가 되어야 한다는 말인데, 내 서비스가 대상으로 할 target user들을 정하고, 일단 고객이 확보되면, 끊임없이 그들이 원하는 상품이나 서비스를 추천함으로써 고객을 유지하는 (retention) 것이 필요하다. 이를 위해, 고객을 분류하거나 모델링 (persona)이 필요하고, 디지털 영화와 같은 디지털 아이템 판매처인 넷플릭스 (Netflix)뿐만 아니라, 유튜브 (YouTube), 쇼핑 추천이 가능한 아마존 (Amazon) 등이 있다.

그림의 왼쪽 화면을 보게 되면 Netflix라는 것이 있는데, Netflix에 들어가서 한동안 영화를 보게 되면, Netflix가 어느 순간 나에게 '이런 영화를 보면 어떻겠습니까' 하는 식으로 추천을 하게 되는데, recommendation, 추천이라는 시스템은 기본적으로 프로그래밍에 의해서 사용자가 어떤 영화를 보는지 분석하고 분석된 결과에 따라서 추천을 하게 되는 것이라서, 이것도, recommendation algorithm 이라고 불리는 일종의 어떤 고안된 기법들을 프로그램을 통해서 구현하는 것이라고 볼 수 있다. 또한, Google에 들어가면, application들 중에서 내가 어떤 application을 원하는지에 대한 내용들이 나오게 되는데, 그런 내용들도 Google이 NMT (nonnegative matrix factorization)이라는 추천 알고리즘을 사용해서 내가 어떤 것을 원하는지를 분석해서 알려주게 된다. 만약에 CCTV까지 이용할 수 있다면, 사람들이 어떤 물건을 실제 구입했는지, 관심 있어 하는지 관찰해서, 고객이 어떤 것을 원하는지를 알게 되고, 어떤 물건을 구입할지를 알게 되고, 그렇게 되면 amazon 같은 쇼핑사이트에 들어가면 내가 예전에 구매했던 사례들을 분석해서 앞으로 어떤 물건들을 구매 하고 싶은지, 그리고 구매에 대한 여러 가지 광고들을 insert할 수 있는데, 이런 광고 산업들이 Google이나 Naver와 같은 업체들을 키운 힘이라고 볼 수 있다.

Programmable Emotion (Affective Computing): 영업을 위한 추천, 고객분석 (customer analytics)도 중요하지만, 결국은 고객감동이 가장 중요한 마케팅 요소인데, 고객 감동을 위해서는, 스토리라인 (storyline)에 근거한 상황 제시와 그때의 고객의 감성 분석에 의한 개인화된 대접이 필수적이다.

최근 affective computing 이라는 분야가 새롭게 뜨고 있는데, 예를 들어서 아래 사진에서 보는 것처럼, 사람들의 다양한 표정변화를 분석하는 것이다. 분노한 표정, 슬픈 표정, 화난 표정을 분석해서 실제로 고객들이 어떤 감정상태를 가지고 있는지 분석하고 또는 이 사람이 어떤 말을 할 때, 진실되게 말을 하는지 검증하는 용도로 쓸 수 있는, 검증과 고객 분석용으로 쓸 수 있는 것이 affective computing이다. 이를 위해서는, 어떤 사람의 얼굴이 이름이 철수인지, 영희인지를 판단하는 것은 얼굴 인식이라는 분야와, 현재는 이 사람이 어떤 표정을 짓고, 기분이 슬픈지 화가 났는지를 자동으로 체크할 수 있는 기술까지도 프로그래밍을 통해서 구현을 할 수 있다는 점이다.

Programmable Animal: 교통사고나 예기치 못한 상황으로 인해 수족의 마비, 골절, 뇌의 이상이 발생할 수 있는데, 인간의 뇌와 컴퓨터 간의 인터페이스를 통해 다양한 응용이 가능하다. 예를 들어, 뇌에서 근육 제어 (motor control)을 담당하고 있는 두정엽과 기계팔의 전기신호를 연결하여 인조팔로 대체한다든지, 또는 쥐의 근육제어를 컴퓨터로 가능하게 함으로써, 동물 제어 분야를 만들 수 있다.

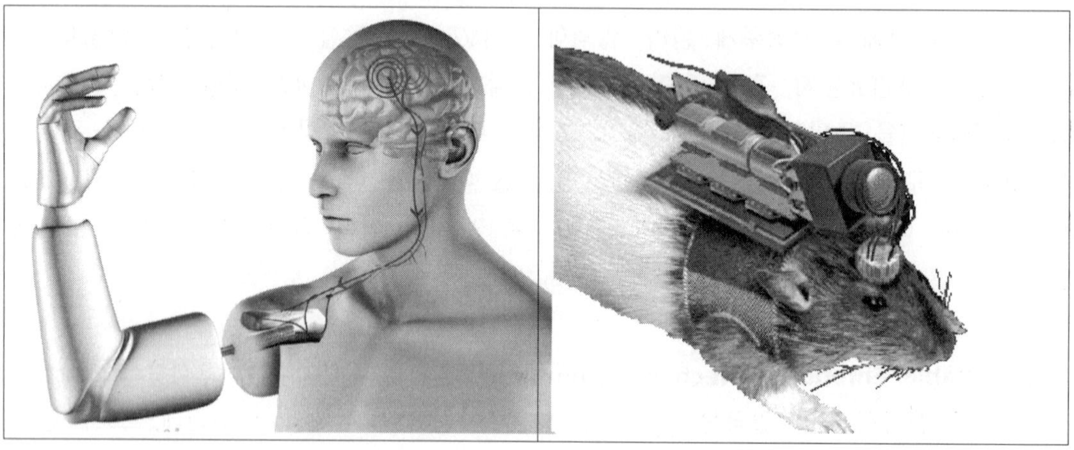

Programmable Money: 농사꾼인 A와 사냥꾼인 B가 서로가 가진 물품이나 서비스를 물물교환하던 시대가 있었다고 한다. 그 후, 내가 가진 재고를 팔아 나중에 다른 물품을 살 수 있는 조개껍데기 등의 귀중품이 물물교환을 대체하게 되고(잉여생산이 가능), 조개껍데기 대신 누구나 인정할 수 있는 귀한 귀금속인 금이나 은으로 대체하게 되었다(돈의 희소성으로 인한 정치, 경제 권력의 집중화 가능). 그 후 금본위제 대신 종이로 만들어진 달러가 만들어지게 되고, 자본시장이 형성되게 되었다. 종이로 만들어진 화폐의 변질 여부를 없애기 위해, 컴퓨터를 사용하여 거래가 가능한 신용카드라는 것이 나오게 되고, 신용카드를 통해 빚을 지고 채무에 기반한 삶을 살게 되었다. 하지만 돈이라는 것이 많으면 많을수록 좋다기보다는 꼭 필요한 용도에 사용하는 것이 필요하고, 돈의 용도를 프로그래밍하고, 돈의 거래량을 중앙집중형이 아닌 탈중앙화된 (decentralized) 모델로 제어하자는 모델이 가상화폐 또는 블록체인의 모습이라고 볼 수 있다.

2008년 이후, block chain 이라는 기술을 사용하면, 암호화폐 각각에 사용처를 기입할 수 있다. 어떤 조건에서 어떤 사람에게 어떻게 지불할지를 smart contract이라는 프로그램에 기재를 해두면, 해당 조건이 발생하면 사용처에 따라서 자동으로 그 돈이 지급이 되고, 또는 수입을 관리하는 구조를 가지는 programmable money도 만들 수 있다.

1.2 컴퓨터란 무엇인가: Von Neumann 과 Turing Machine

어디까지가 컴퓨터인가? 그림 왼편의 슈퍼컴퓨터 (supercomputer), 오른쪽의 PC (personal computer) 모두 컴퓨터라고 부른다. 물론 슈퍼라고 붙이는 기준은 가격에 있다. 가격이 비싼 이유는 한 순간에 한 개의 명령어만이 실행되는 구조가 아닌 한 순간 (1 machine cycle), 수천, 수백만 개의 명령어가 실행되기 때문이고, 그래서 열이 많이 나게 되고 열을 식히기 위한 냉각장치, 그리고 엄청난 양의 데이터를 저장하기 위한 저장장치의 크기 등이 가격을 결정하는 요인이 된다. 다양한 가격대가 있지만, 현재 세상에 보이는 모든 컴퓨터들은 동일한 컴퓨터 원형을 가지고 있다고 본다. 1940년대 Von Neumann 이라는 수학자가 만든 stored program concept에 기인하고 있다.

이 장에서는, 제2차 세계대전이라는 전쟁 중에 탄도계산을 위한 특수목적으로 개발된 현대식 컴퓨터의 모델인 Von Neumann 모델과, 현대 컴퓨터의 수학적 모델인 Turing Machine, 그리고 현재 사용하고 있는 주변의 컴퓨터 안에 있는 다양한 부품들을 살펴본다.

Von Neumann의 생각: 우선 간단히 Von Neumann의 생각을 정리하면 다음 그림과 같다. 모든 프로그램과 프로그램이 처리하는 데이터를 메인 메모리에 넣어두고, CPU로 프로그램을 한 줄씩 읽어오면서, 데이터가 필요하면 또 읽어오면서 실행하게 되는 아이디어이다. 이러한 개념을 stored program 개념이라고 한다.

Von Neumann Architecture: 다양한 가격대가 있지만, 현재 세상에 보이는 모든 컴퓨터들은 동일한 컴퓨터 원형을 가지고 있다고 본다. 1940년대 Von Neumann 이라는 수학자가 만든 stored program concept에 기인하고 있는데, 이는 프로그램을 메모리라고 불리는 장치에 넣어두면, CPU (central processing unit) 또는 중앙처리장치라고 불리는 장치가 프로그램을 한 줄씩 읽어오고, 필요한 경우, 데이터도 메모리에서 읽어와서 계산을 한 후에, 다시 메모리에 넣어둔다는 개념이다. 따라서 현재의 컴퓨터는 메모리와 CPU로 구성된 장치라고 볼 수 있다. CPU 안에도 메모리에서 읽어온 데이터를 임시 저장하게 위한 메모리가 장착되는데, 이를 CPU 안에 있는 메모리라고 해서, register라는 별도의 이름을 붙이게 된다.

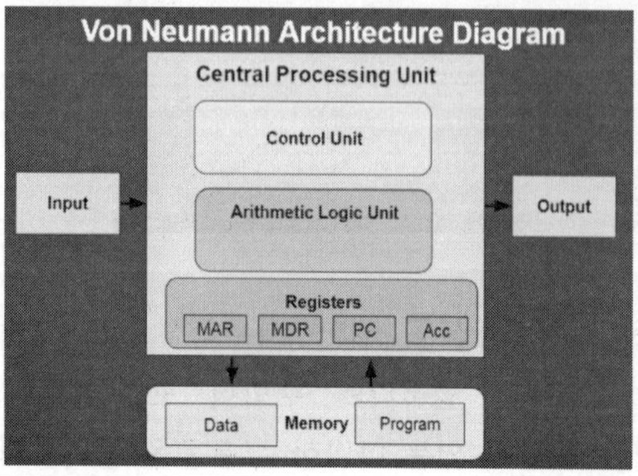

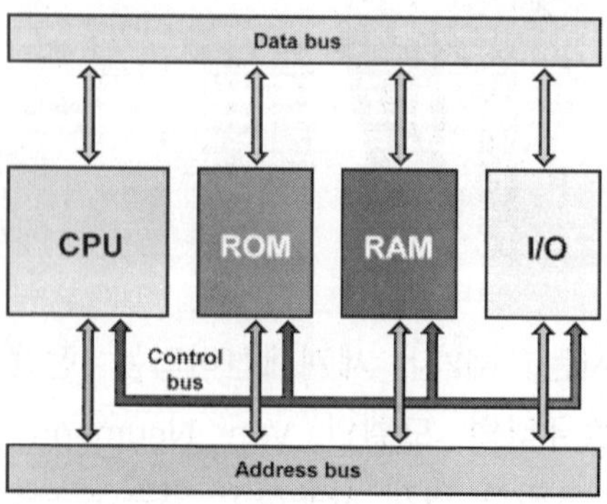

Von Neumann Architecture를 좀더 자세히 들여다보면, 3가지 특징을 가진다. (1) 데이터 (data)와 instruction (기계어 명령어 코드)이 모두 주메모리 (primary memory 또는 main memory)에 2진수의 형태로 저장되어 있다. (데이터와 코드 모두 주메모리에 저장되어 있기 때문에, 주메모리의 프로그램 코드를 변형하는 컴퓨터 바이러스가 가능하다). (2) instruction 들은 1개 사이클 (machine cycle)에 하나씩 주메모리에서 CU (control unit)로 옮겨진다 (fetch), (3) 더 이상 instruction이 없을 때까지 cycle은 진행된다.

Von Neumann Architecture는 5개의 레지스터 (register) 메모리를 가지고 있는데, (1) **PC (program counter):** 다음 명령어코드가 있는 주 메모리의 메모리주소를 가지고 있다 (it holds the memory address of the next instruction to be fetched from primary memory), (2) **MAR (memory address register):** 주메모리에서 가져와야 할 명령어 코드 또는 데이터의 주소를 가지고 있다 (it holds the address of the current instruction that is to be fetched from memory, or the address in memory to which data is to be transferred), (3) **MDR (memory data register) or MBR (memory buffer register):** MAR 주소가 지시하고 있는 곳의 데이터 또는 주 메모리로 보내야 할 데이터를 가지고 있다 (it holds the contents found at the address held in the MAR, or data which is to be transferred to primary memory), (4) **CIR (current instruction register):** 현재 해독 (decode)되고 실행 (execute)되어야 할 명령어코드를 저장하고 있다 (it holds the instruction that is currently being decoded and executed), (5) **ACC (accumulator):** 현재 처리 중인 데이터를 가지고 있다 (it holds the data being processed and the results of processing).

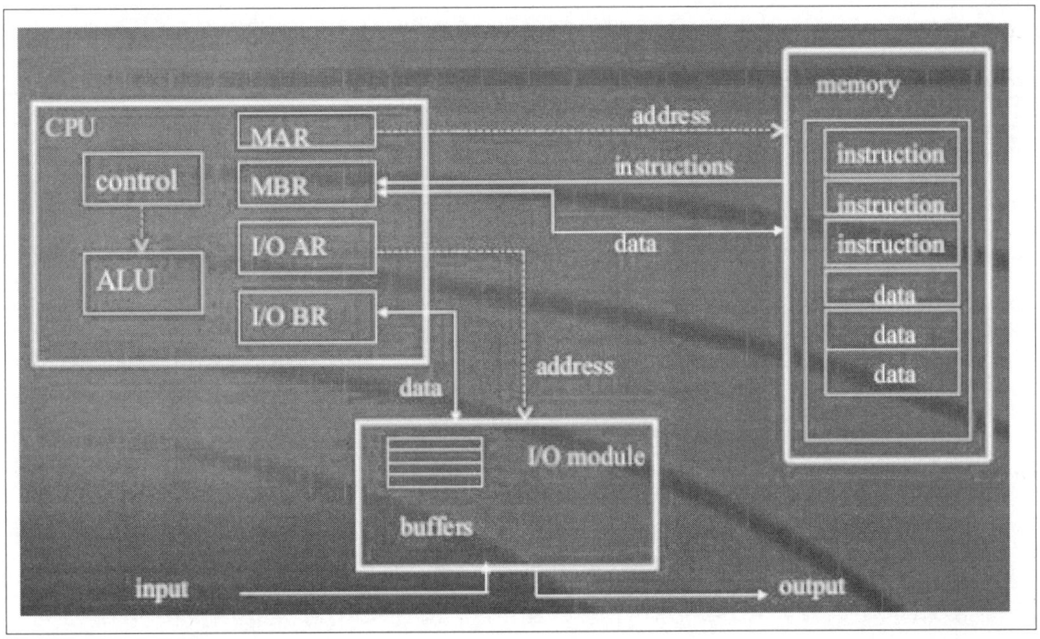

Von Neumann Architecture 컴퓨터가 어떻게 실행되는지는 다음과 같은 fetch-decodeexecute cycle을 반복한다고 설명한다.

1. FETCH CYCLE: PC (program counter)에 있는 메모리 주소가 MAR (memory address register)로 복사된다. PC 값은 1 증가한다 (PC: program counter는 다음 명령어의 주소를 가지고 있는 메모리로, 1 증가한다는 것은 다음 명령어 (machine instruction) 주소를 의미하고, PC 를 보고 CU (control unit)는 다음 instruction을 실행하게 된다). CU는 MAR에 있는 주소값을 address bus에 요청한다. 해당 메모리 주소에 있는 instruction/data가 MDR (memory data register)로 들어온다.

2. DECODE CYCLE: MDR에 들어있는 instruction/data가 CIR (current instruction register)로 옮겨진다. CIR에 있는 instruction/data를 CU가 해석(decode)해서 실행을 지시한다.

3. EXECUTE CYCLE: 실행 결과가 ACC에 저장되고 나면, 다시 단계 1부터 시작한다.

컴퓨터시스템에서 가장 중요한 것은 시스템 버스라고 볼 수 있는데, 시스템 버스가 무엇인가 하면, 우리가 고속버스를 타고 고속도로를 달리고, 이러한 고속버스는 서울에서 대전, 대전과 청주를 연결하는 역할을 하게 되는데, 컴퓨터 시스템 안에서도, CPU, 메모리 사이에 고속도로가 있어서, 이 고속도로를 타고 CPU에서 어떤 데이터를 보내서 메모리에 저장한다든지, 또는 메모리에 있는 어떤 데이터를 CPU로 읽어온다든지 하게 되면, 고속도로를 통해서 전달하게 되는데, 이 고속도로를 컴퓨터에서는 버스라고 얘기한다.

BUS는 컴퓨터 시스템 내의 구성요소들 간에 이동하기 위한 길 (road)이며, 아래 Von Neumann Architecture 와 같이, 메모리와 입출력 (IO) 장치에서 해당 주소를 알려주기 위한 address bus와, 데이터가 오가는 data bus, 제어를 위한 control bus로 구분한다.

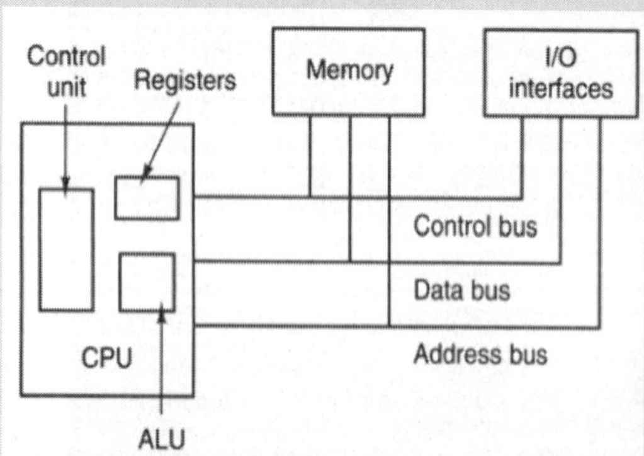

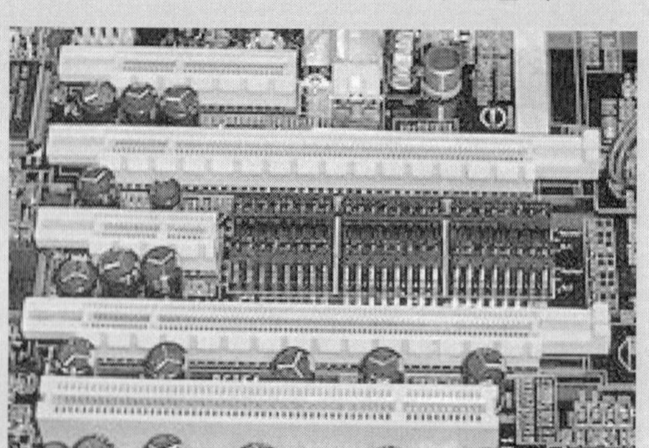

실제 위의 3가지 버스(address, data, control)를 구현한 예는 다음과 같다(PCI Express Bus). 노란 색 슬롯(slot)에 메모리, 그래픽 카드 등을 끼게 되면, CPU와 연결이 가능하게 된다.

위와 같은 버스에 장치를 연결하는 것을 도식화하면 다음 그림과 같다. Bus는 system

expansion으로 그릴 수 있고, system expansion 안에는 address 선과 data 선, control 선 등이 지나가게 된다. Data 선의 개수가 16줄이면 16비트 컴퓨터, 64줄이면 64비트 컴퓨터라고 부른다.

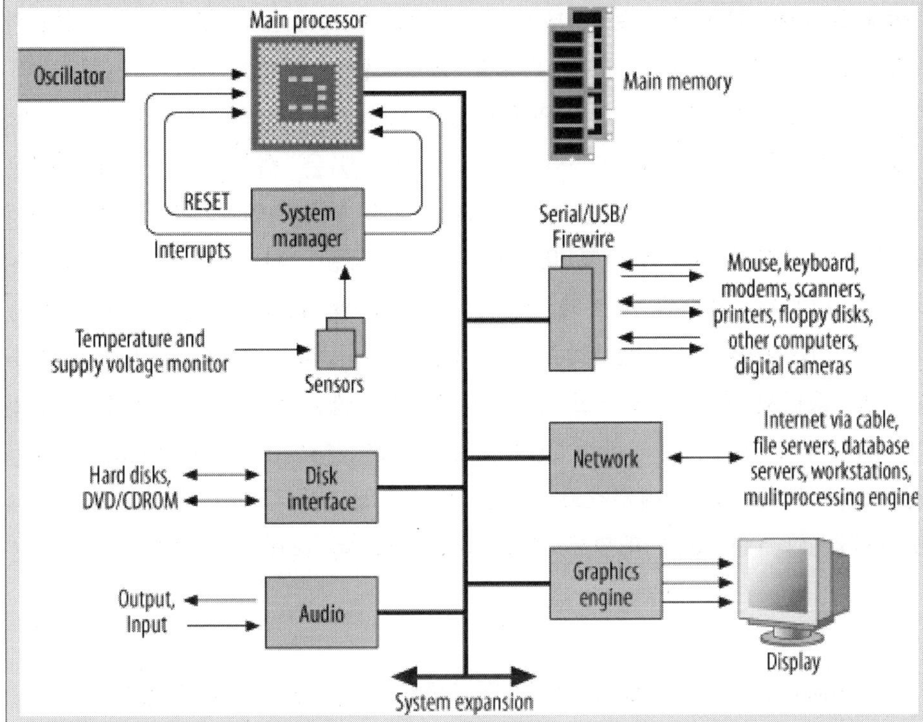

고속도로처럼 큰 길과, 지역 노선처럼 작은 길들로 계층적으로 구성되는 것처럼, bus도 계층적으로 구성할 수 있는데, 예를 들어, CPU와 메모리 간의 BUS와 CPU와 I/O 장치 간의 BUS를 구분할 수도 있고, 아니면 아래와 같이, 장치의 속도에 따라 계층적으로 구성할 수도 있다.

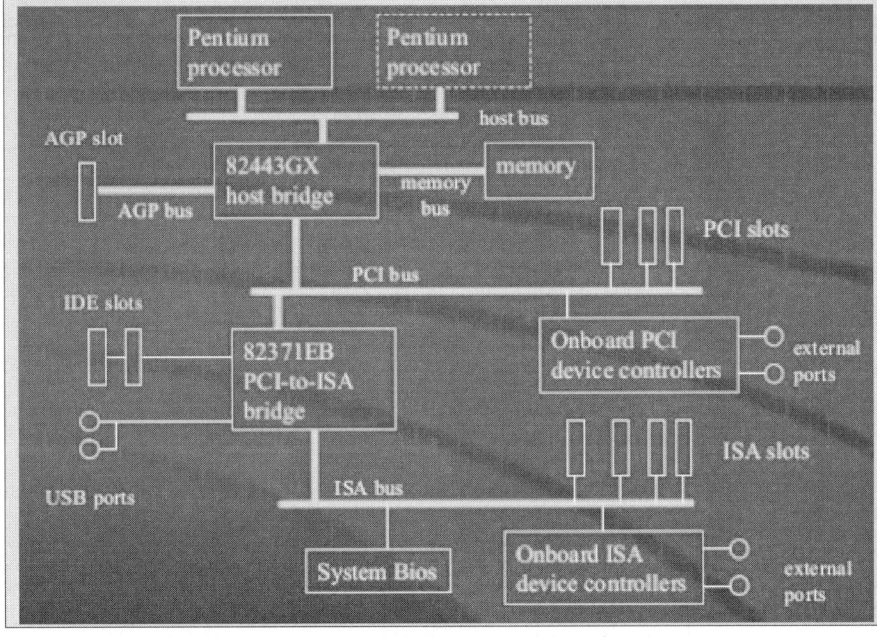

> Von Neumann Machine (memory centric architecture)과 Language에 대한 이해 (LOAD-STORE).

Von Neumann Architecture 컴퓨터의 동작: Von Neumann Architecture 컴퓨터에서 간단한 연산을 수행해보면, 먼저 왼쪽 그림과 같이 실행할 프로그램을 주메모리에 올리게 된다. 0번째 메모리 주소에 있는 "00 01 1101"의 의미는 CU (control unit)가 해석하게 되는데, 오른쪽 그림을 참조하게 된다. OPCODE가 00이므로, LOAD, 01은 레지스터 번호, 1101은 메모리 주소로 구성된, <LOAD 1, 13> 명령어로 메모리 주소 13번지에서 데이터를 읽어서 레지스터 1로 옮기라는 명령어이다. 첫번째 메모리 주소에 있는 "11 01 1110"의 의미는, OPCODE가 11이므로, ADDM (메모리 주소에 있는 데이터와 레지스터 값을 더하는 명령), 01은 레지스터 번호, 1110은 메모리 주소로 구성된, <ADDM 1, 14> 명령어로 메모리 주소 14번지에서 데이터를 읽어서 레지스터 1의 값과 더하라는 명령어이다. 두 번째 메모리 주소에 있는 "01 01 1111"의 의미는, OPCODE가 01이므로, STORE (레지스터의 내용을 메모리 주소로 옮기라는 명령), 01은 레지스터 번호, 1111은 메모리 주소로 구성된, <STORE 1, 15> 명령어로 레지스터 1의 값을 메모리 주소 14번지로 옮기라는 명령이다. 정리하면 다음과 같다.

1. LOAD 1,13 -- Memory 13번지 값을 레지스터 1번으로 가져온다. 4값이 들어옴.
2. ADDM 1,14 -- Memory 14번지 값을 가져와서, 레지스터 1번 값에 더한다 (누적). 4+2
3. STORE 1,15 -- 레지스터 1번의 값을 Memory 15번지로 가져간다. 6이 저장됨

이와 같이, Von-Neumann 컴퓨터구조는 LOAD-STORE가 필수적인 명령어라서, 흔히 LOAD-STORE Architecture라고 부른다. 메모리에서 읽어오고, 메모리에 쓰는 명령이 주된 명령어가 되다 보니, 메모리가 빨라야 고속컴퓨팅이 가능하다는 문제점이 있고, 즉, 아무리 CPU 개수를 늘려도 메모리 속도에 제한을 받는 memory bottleneck 현상이 벌어지게 된다.

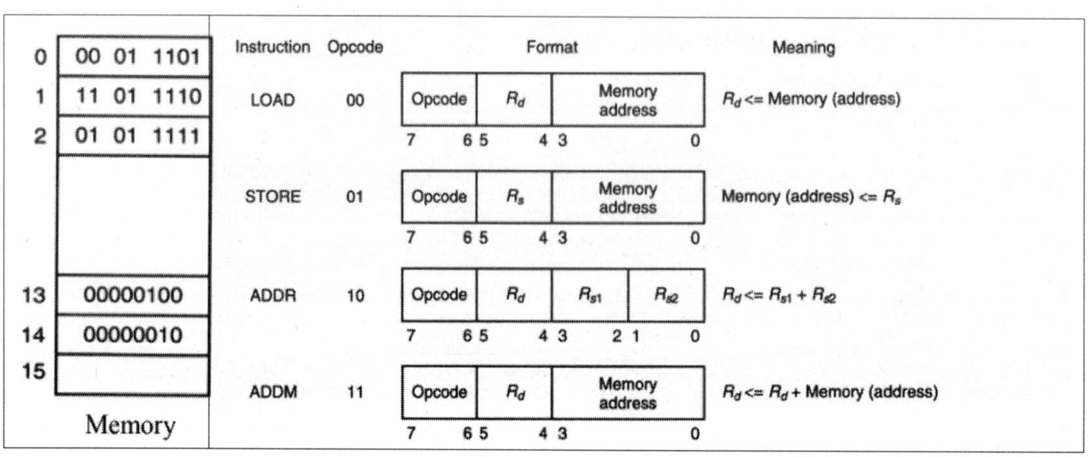

Turing Machine으로 풀 수 없는 문제는, 현대 컴퓨터에서도 풀 수 없다. Turing Machine이 할 수 있는 기능을 제공하면 Turing Complete라고 부른다.

Turing Machine (Turing Complete)의 개념: 그럼 컴퓨터가 해결할 있는 문제는 어디까지일까 라는 문제가 생기는데, 또는 얼마나 시간이 걸릴지를 분석하게 되는데, 이를 위한 추상적인 기계가 Turing Machine이다. 단순한 Turing Machine보다 더 높은 계산능력을 지니고 있는 기계가 존재할 것이라는 주장이 있었지만, 그러한 가상 기계들은 결국 Turing Machine과 같은 능력을 가지고 있다는 사실이 증명되었다. 다른 기계들이 더 높은 속도와 적은 저장 공간을 가질지언정, 무한대의 메모리를 가진 Turing Machine보다 더 많은 수학적 함수들을 계산할 수는 없다. 일단 Turing은 제2차 세계대전에서 애니그마라고 칭해진 독일군의 암호를 해독한 것으로 유명하다.

Code-breaking machine

Turing Machine Architecture: Turing Machine(TM)은 아래 그림과 같이, 무한한 길이의 Tape와 Tape Reader로 이루어져 있다. Tape에 데이터를 기록하고, 데이터에 따른 Tape Reader의 행동 (read/write)를 프로그래밍함으로써 프로그래밍이 이루어진다.

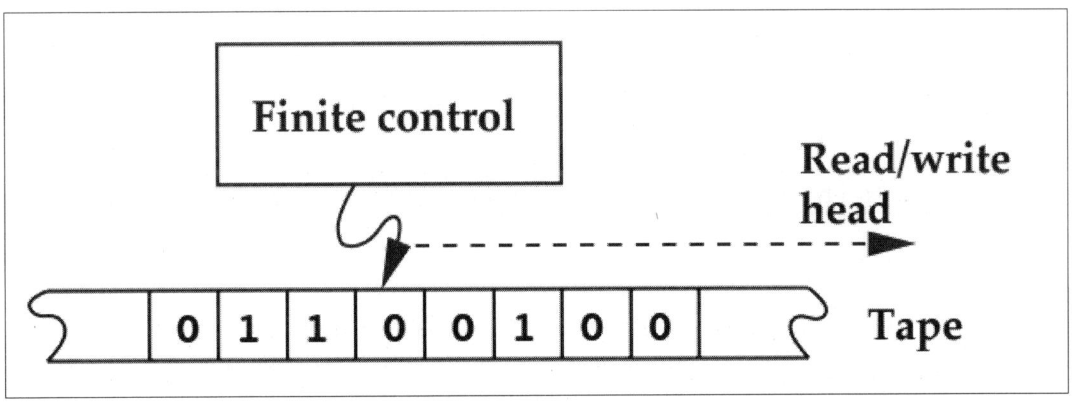

A Turing machine (TM) M is defined by $M = (Q, \Sigma, \Gamma, \delta, q_0, \sqcup, F)$, where

Q: the set of internal states,

Σ: the input alphabet ($\Sigma \subseteq \Gamma - \{\sqcup\}$),

Γ: the tape alphabet,

$\delta : Q \times \Gamma \to Q \times \Gamma \times \{L, R\}$: the transition function,

$q_0 \in Q$: the start state (initial state),

$\sqcup$: blank

$F \subseteq Q$: the set of final or accepting states.

Turing Machine (TM)의 예를 들어보면, 아래와 같이, aabb와 공백으로 이루어진 데이터가 테이프에 주어지고, 가능한 내부상태 Q1과 Q2, 테이프에 쓸 수 있는 심볼 a, b, 각각의 상태에서 특정 심볼을 읽었을 때의 반응을 델타 함수로 정의한다. 예를 들어, Q0 상태에서 심볼 a를 보는 경우, 상태는 그대로 Q0이고, 해당데이터를 b로 고친 후에, 오른쪽 R으로 한 칸 이동한다. 이렇게 테이프의 심볼을 읽다 보면, 종결이 되는 상태가 필요한데, 이를 F에 정의하여, Q1 상태인 경우 종료하게 된다. 예제의 Turing Machine을 실행하면 모든 심볼이 bbbb로 변경된다.

$$
\begin{aligned}
Q &= \{q_0, q_1\}, & \delta(q_0, a) &= (q_0, b, R), \\
\Sigma &= \{a, b\}, & \delta(q_0, b) &= (q_0, b, R), \\
\Gamma &= \{a, b, \sqcup\}, & \delta(q_0, \sqcup) &= (q_1, \sqcup, L). \\
F &= \{q_1\}. & &
\end{aligned}
$$

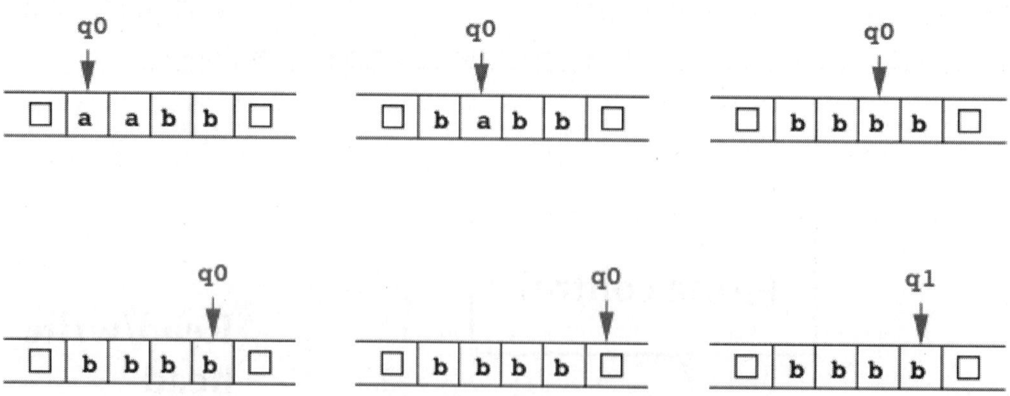

그렇다면, TM 실행 중에, FINAL 상태인 F 상태로 간 경우 TM이 정지 (halt)하게 되는데, F 상태로 간 경우 외에도, 델타 함수가 정의가 되지 않는 구간이 발생할 수 있다. 이러한 구간

이 발생하는 알고리즘을 undecidable 문제라고 하고, 어떤 데이터를 받아들이건 반드시 F 상태 (accept) 상태로 끝나는 경우는 decidable 문제라고 한다. 놀라운 점은 TM이 undecidable이면, 현대의 가장 빠른 슈퍼컴퓨터도 undecidable이라는 점이다.

Turing Machine 으로 풀 수 없는 문제는 현대 컴퓨터에서도 풀 수 없다고 되어 있는데, Turing Machine 이 해결할 수 있는 범위는 어디까지인가?

Turing Machine 은 연산을 위한 무한한 저장 공간 (infinite memory) 을 가진 기계이다. Turing Machine 은 컴퓨터를 모델링한 것이 아니라 연산 자체를 모델링한 것이다. 그렇다면 연산이란 무엇인가? 연산이란 가산 집합 (countable set, 원소를 셀 수 있는 집합) 상에서 함수의 해를 찾는 문제이다. 어떤 집합이 효율적으로 계산 가능한지의 문제는 실질적으로 그 집합을 효율적으로 계산해 내는 함수 (또는 그 집합을 정확히 표현하는 함수) 를 만들어 내는 것과 같은 일이라는 것이 증명되었다. 집합을 정확히 표현한다는 것은, 집합 안의 원소를 표현한다는 것이고, 집합 안의 원소가 어떤 형태로 판별이 되는지인데, 집합을 표현한다는 것은 결국 언어 (language)의 문제가 되고, 여기서 컴퓨터과학의 계산가능성 (computability) 이론 에서는 언어를 다음과 같이 분류한다.

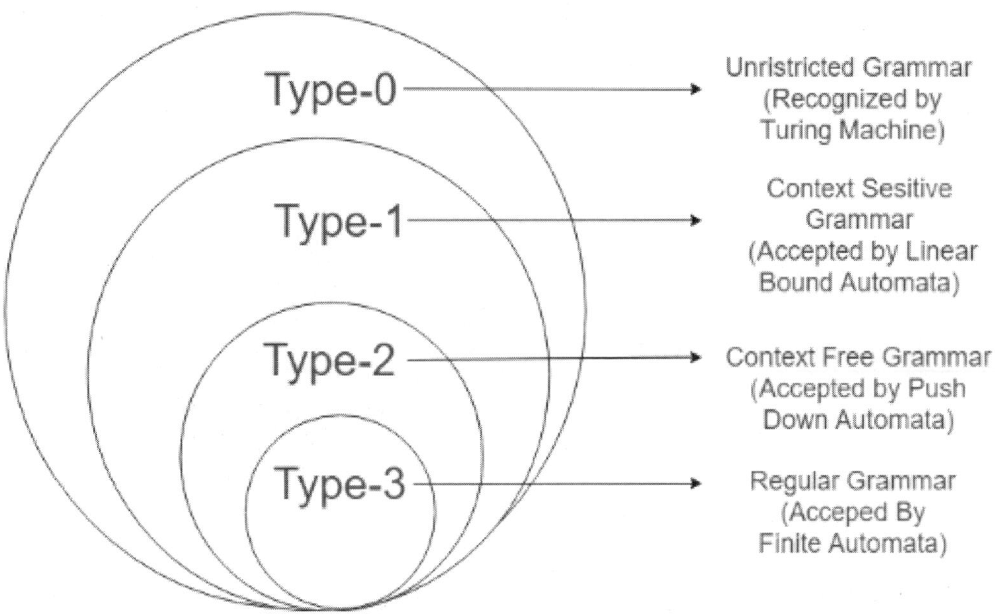

우선 (1) 가장 단순한 regular grammar 부터 보면, 문법이 V –> VT* / T* 또는 V –> T*V /T* 만 가능하다. 여기서 V는 변수 (variable)이고 T는 상수 (terminal) 이다. 예를 들어, S –> ab 는 변수 S 는 ab 로 치환 또는 해석 된다는 의미이다. (2) CFG (context free grammar)는 어떤 단어가 context와 무관하게 개별적으로 해석될 수 있는 것을 말하는데, 문법은 S –> AB, A –> a, B –> b 와 같이, 왼쪽은 변수 하나이지만, 오른쪽은 변수가 2개 이상 될 수 있다. (3) CSG (context sensitive grammar)는 S –> AB, AB –> abc, B –> b 처럼 왼쪽의 변수 개수가 2개 이상 나올 수 있는 경우이다. 하지만 왼쪽 변수의 개수가 오른쪽 변수의 개수보다 작거나 같기만 하면 된다. 문맥 context에 따라 단어의 의미가 다르게 해석될 수 있다. (4) UG는 왼쪽에도 변수와 상수가 모두 나올 수 있는 문법이다. 즉 (V + T)* V (V + T)* -> (V + T)* 의 형태가 가능한데, 여기서 *는 0개 이상의 반복을 의미하고, + 는 OR을 의미한다. 예를 들어, Sab –> ba, A –> S 처럼 왼쪽에도 상수가 나타날 수 있다. 각각의 언어 분류마다 그 언어를 해석할 수 있는 기계를 정의하고 있다. TM 은 가장 강력한 언어이다.

내 주변의 컴퓨터 안의 모습: 주변의 컴퓨터들을 보면, 왼쪽 사진과 같이, 디스플레이 모니터와 키보드, 그리고 컴퓨터본체로 이루어진 모습을 볼 수 있다. 기본적인 입력 장치는 마우스와 키보드이며, 기본적인 출력 장치는 디스플레이 모니터 혹은 프린터를 사용한다. 오른쪽 사진은 컴퓨터 본체를 뜯어보면 보이는 마더보드 (motherboard)라고 불리는 것으로, 주요 기능은 시스템 버스 (system bus = address bus, control bus, data bus)이다. 이 보드에 CPU, 주메모리, 하드디스크와 같은 보조메모리, 그래픽카드, 각종 입출력 장치를 장착하게 된다. 이렇게 시스템 버스에 달린 CPU, 메모리, input 장치, output 장치들은 서로 데이터를 교환할 것이 순식간에 발생하게 되고, 충돌이 불가피하다. 이를 위해, 시스템버스는 주로 조정기능 (arbitration)을 수행하게 되는데, CPU, 메모리, input, output 들이 모두 동시에 bus를 쓰겠다, 고속도로를 점유하겠다고 한다면, 중간에 jam이 나기 때문에, CPU와 메모리가 쓰고 있을 때는 input과 output은 참아라. 하고 얘기해주는 것들을 조정제어라고 얘기하고, 이런 기능들을 control bus가 담당하게 된다.

컴퓨팅 (계산)을 위해 Von Neumann 구조에서 말한 CU (control unit) 기능과 ALU (arithmetic logic unit) 기능을 수행하는 CPU (왼쪽사진)이 있다. 하지만 디스플레이 해상도가 증가함에 따른 화면에 그림을 그리는 렌더링 (rendering) 성능 개선을 위함과 블록체인 채굴 등을 위한 병렬 단순계산을 위해, 오른쪽 사진에서 보이는 GPU (graphic processing unit)를 사용하게 된다. GPU는 사진에서 보는 바와 같이, 그래픽카드 형태로 따로 슬롯에 꼽게 되고, 하나의 그래픽 카드 안에는 수백 개의 GPU 구성이 가능하다. CPU와 GPU의 차이라고 하면, CPU는 여러 가지를 다 할 수 있는 general purpose processing unit라고 볼 수 있고, GPU는 오로지 graphical 한 것, 명령어가 일정하고, 단순히 데이터가 엄청나게 많은 것들을 처리하기 위한 GPU들이 있다.

실수 연산의 경우에도 따로 부품을 사용하게 되는데, FPU (floating point unit)라고 부르고, 최근의 컴퓨터에서는 CPU Core 안에 FPU까지 같이 배치하게 된다.

이제, 데이터와 프로그램 저장을 위한 메모리를 보면, 왼쪽 사진의 주메모리로 활용되는 메모리칩과, 주메모리의 용량제한을 보완하기 위한 보조메모리로 사용할 수 있는, (1) 디스크 기반의 Hard Disk Drive와 (2) 고속의 SSD (solid state drive) 등이 가능하다.

main memory로 컴퓨터 시스템의 모든 메모리 기능을 하면 편하겠지만 main memory로 1GB, 4GB를 구성하는 것은 지금은 어렵지 않지만, 80년대 당시엔 보통 256KB (KB의 1,000,000배가 GB, 만약 GB를 메인 메모리로 사용한다는 것은 상상도 할 수 없는 일이었다. 하지만 이런 용량은 상대적이라서, 디스플레이 해상도가 계속 증가하는 추세를 맞추기 어렵다. 따라서, main memory는 굉장히 비싸고, hard disk는 싸고, 하지만 hard disk는 굉장히 느리고, main memory는 굉장히 빠르고, 빠른 것, 느린 것, 그리고 비싸고, 싼 것을 조합을 해서 만들자는 개념이 memory hierarchy 라고 한다. 아래 그림의 L4를 보면, Local Secondary Storage라고 해서 hard disk와 같은 것들을 말하고, 그 위의 Main Memory, DRAM 기반의 메모리칩이 여기에 속하고, L1 (CPU 안에 들어 있으면 L1) SRAM, L2 (CPU 밖에 있으면 L2) SRAM, L0 (CPU 와 가장 가까이 있는, CPU 내의 메모리) register라고 한다. 멀면 멀수록 CPU에서 데이터를 가져오는데 많은 시간이 들기 때문에 속도가 느려지는데, 데이터가 커지면 어쩔 수 없이 local secondary storage에 저장할 수밖에 없다. 요즘엔 Cloud Service라고 해서, 자신의 데이터를 cloud service에 저장하는 경우가 많이 있는데, 이런 경우엔 자신의

storage에 저장하는 것이 아니고, 심지어는 Amazon service와 같은 것들에서 쓸 수 있도록 만들 수 있다.

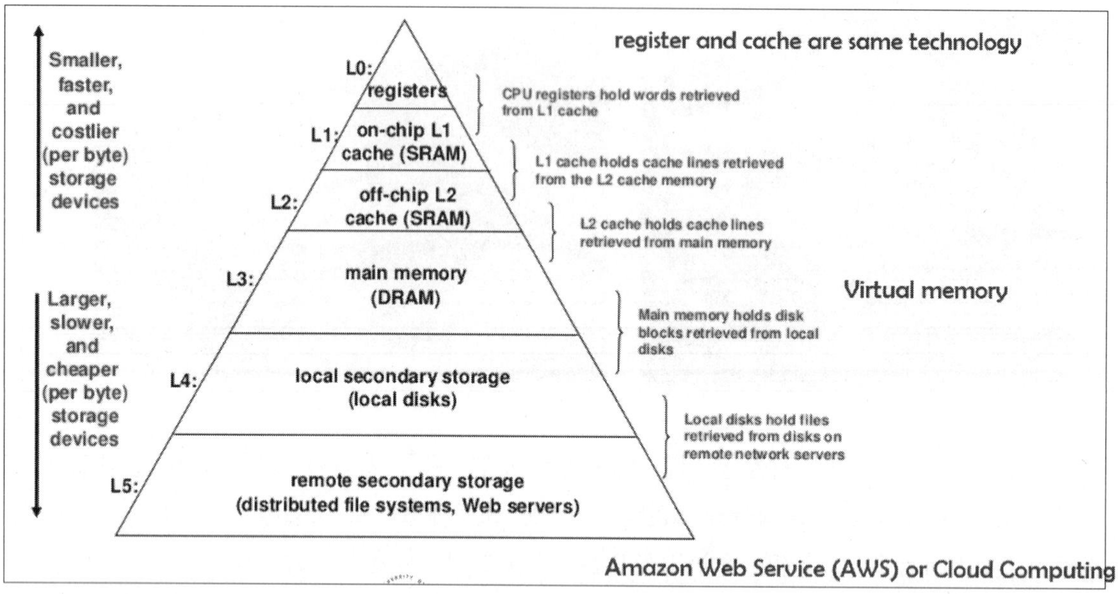

컴퓨터과학 (computer science)은 기계가 사고하는 과정을 연구하는 기계 철학 분야로 볼 수 있다.

1.3 컴퓨터를 사용한 문제해결; 알고리즘

기술적 지식 (descriptive knowledge)와 절차적 지식 (procedural knowledge): 지식 (knowledge)은 크게 기술적 지식 (descriptive knowledge)과 절차적 지식 (procedural knowledge)으로 구분할 수 있다. 머리 위의 깃털이 하얗고, 빨간 몸통 털에, 깨끗한 울음소리를 가진 새를 보고서, 각각의 특징을 파악하여, 우리는 "카나리아" 라고 부른다.

이런 기술적 지식 외에, 마파두부를 만드는 방법은, 여러 개의 절차로 구성되어 있으며, 특정 조건에서는 특정 행동을 해야 하는 노하우 또는 팁이 있을 수 있다. 이런 지식을 절차적 지식이라고 부르며, 컴퓨터과학의 여러 문제들, 예를 들어 sorting (순서 맞추기), 찾기 (searching) 등의 문제는 다양한 절차로 문제를 풀 수 있고, 절차들 중에서 가장 시간이 빠르고, 메모리도 적게 드는 절차를 최고로 치게 된다.

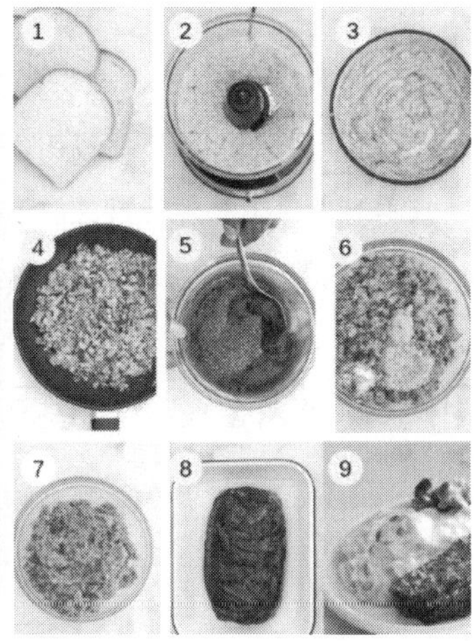

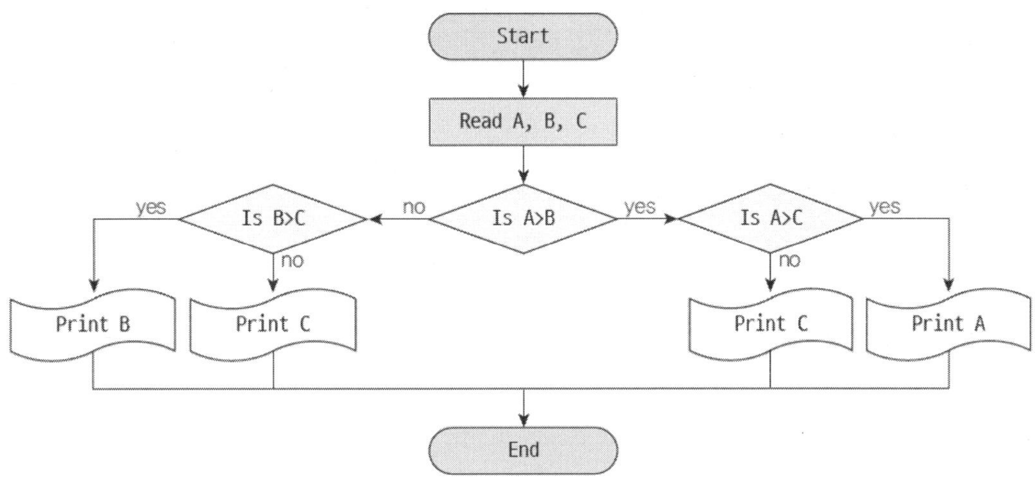

절차적 지식의 표현 방법 (flow chart): 절차적 지식을 기술하기 위한 가장 쉬운 표현 방식으로는 순서도 (flow chart)가 있다. 예를 들어, 위의 순서도는 A, B, C 3개의 숫자를 읽어서 그중에서 가장 큰 수를 고르는 방법 또는 알고리즘이다. START와 END는 프로그램의 시작과 끝을 의미하고, 삼각형 박스는 조건을 테스트하는 부분이다. 예를 들어, Is B>C 삼각형은 B 값이 C 값보다 큰지 여부를 판단하는 절차이다.

최고의 절차가 되려면, 천재적으로 번뜩이는 아이디어로 빠른 알고리즘을 만드는 경우도 있고, (quick sorting: 이것 하나로 컴퓨터과학 분야의 노벨상인 Turing Award 수상), 문제를 잘 풀 수 있는 데이터 구조를 만들어 효과적인 절차를 만든 예 (heap sorting: heap이라고 불리는 특이한 데이터 구조를 만듦)도 있다. 현재 Quick sort와 Heap sort는 시간 측면에서 막상막하이다.

절차적 지식 (알고리즘)의 설계 사례 1 (bubble sort): 우선 n개의 데이터를 정렬하기 위해서, 생각할 수 있는 가장 간단한 방법은 n개의 데이터를 앞에서부터 뒤에까지 하나하나 살펴보면서, 현재 자리에 있는 숫자가 바로 앞의 숫자보다 작으면 앞 자리의 숫자와 현재 자리의 숫자의 위치를 교환하는 방식이다. 이 방식을 bubble sorting이라고 하는데, 그림으로 도시하면 다음과 같다. n개의 데이터를 정렬하기 위해, n개 데이터 1개마다 n번의 비교를 해야 하므로, n * n에 비례하는 시간에 순서를 맞출 수 있게 된다.

데이터 7, 4, 5, 1, 3 의 순서를 맞추는 경우, bubble sort의 동작 예

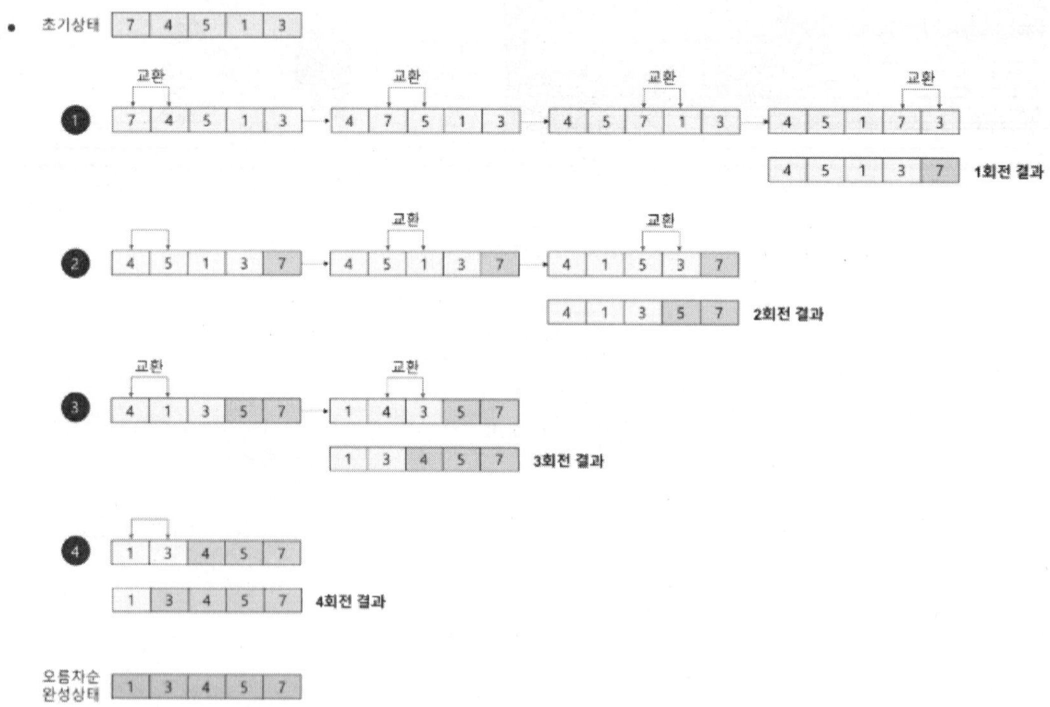

절차적 지식 (알고리즘)의 설계 사례 1 (quick sort): quick sort의 경우를 보면, 순서가 맞지 않는 데이터 {10, 80, 30, 90, 40, 50, 70}을 읽고, 임의의 pivot 값 (여기서는 가장 오른쪽의 값)을 기준으로 왼편, 오른편으로 편을 나눈다. 그리고 각 편에 대해서 다시 부분 집합의 pivot을 기준으로 두 편으로 나눈다. 이렇게 나누게 되면 가장 최적의 경우에는 정확히 같은 크기의 2개 편대로 나누어지므로, n개의 데이터를 정렬하기 위해, n log n에 비례하는 시간에 순서를 맞출 수 있게 된다.

Quick Sorting 예:

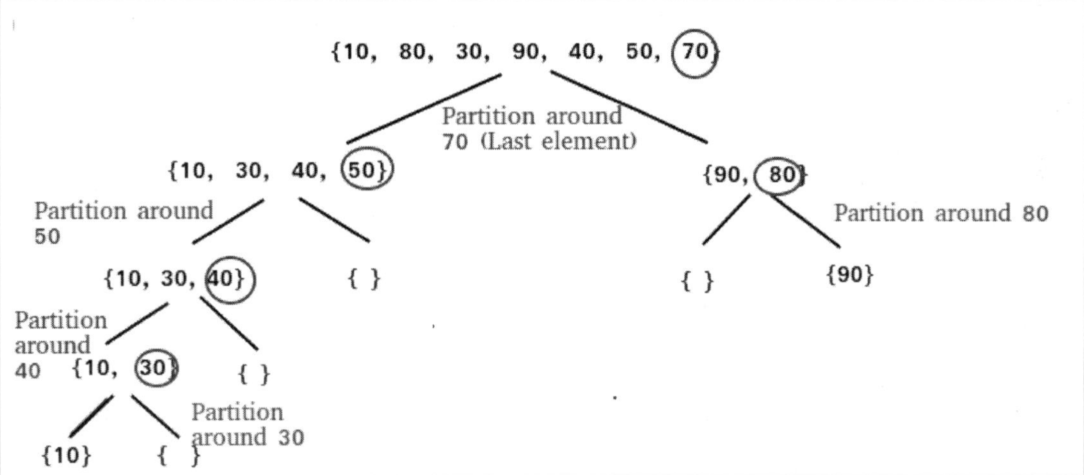

절차적 지식 (알고리즘)의 설계 사례 1 (heap sort): 데이터를 logarithmic하게 분할하는 기법인 quick sort와는 달리, heap이라는 특별한 성질을 가진 이진 트리 (binary tree: 자식 노드가 2개 이하인 tree 데이터 구조)를 사용해서 순서를 맞추는 알고리즘을 설계할 수 있다. 특별한 성질이란 max heap, min heap에 따라 다음과 같이 정리할 수 있다. Heap의 성질을 이용한 heap sorting 방식도 n개의 데이터를 정렬하기 위해, n log n에 비례하는 시간에 순서를 맞출 수 있게 된다.

Heap이란 1차원 배열로 구현이 용이한 이진 트리로, 아래 자식 노드의 값이 항상 부모 노드의 값보다 크면 max heap, 항상 작으면 min heap 이라고 한다. 따라서 맨 위에는 가장 큰 수 또는 가장 작은 수가 올라와 있기 때문에, priority queue라고 부르기도 한다.

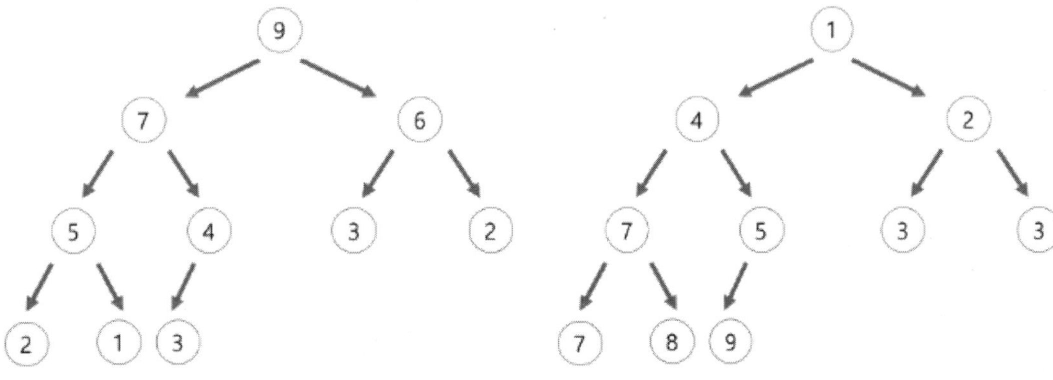

-최대 힙(max heap)- -최소 힙(min heap)-

이제 heap sort를 하려면, 순서가 맞추어 지지 않은 숫자들을 heap에 넣는 단계 (heap insert)와, heap의 제일 꼭대기에 있는 데이터부터 하나씩 꺼내 오는 단계 (heap deletion)로 구성한다.

heap insertion 단계: heap에 새로운 숫자가 들어오면, 일단 새로운 숫자를 heap의 마지막 위치에 이어서 삽입한다. 새로운 노드를 부모 노드들과 교환해서 heap의 성질을 만족시킨다.

예를 들어, 아래의 max heap에 새로운 숫자 8을 삽입해보면,

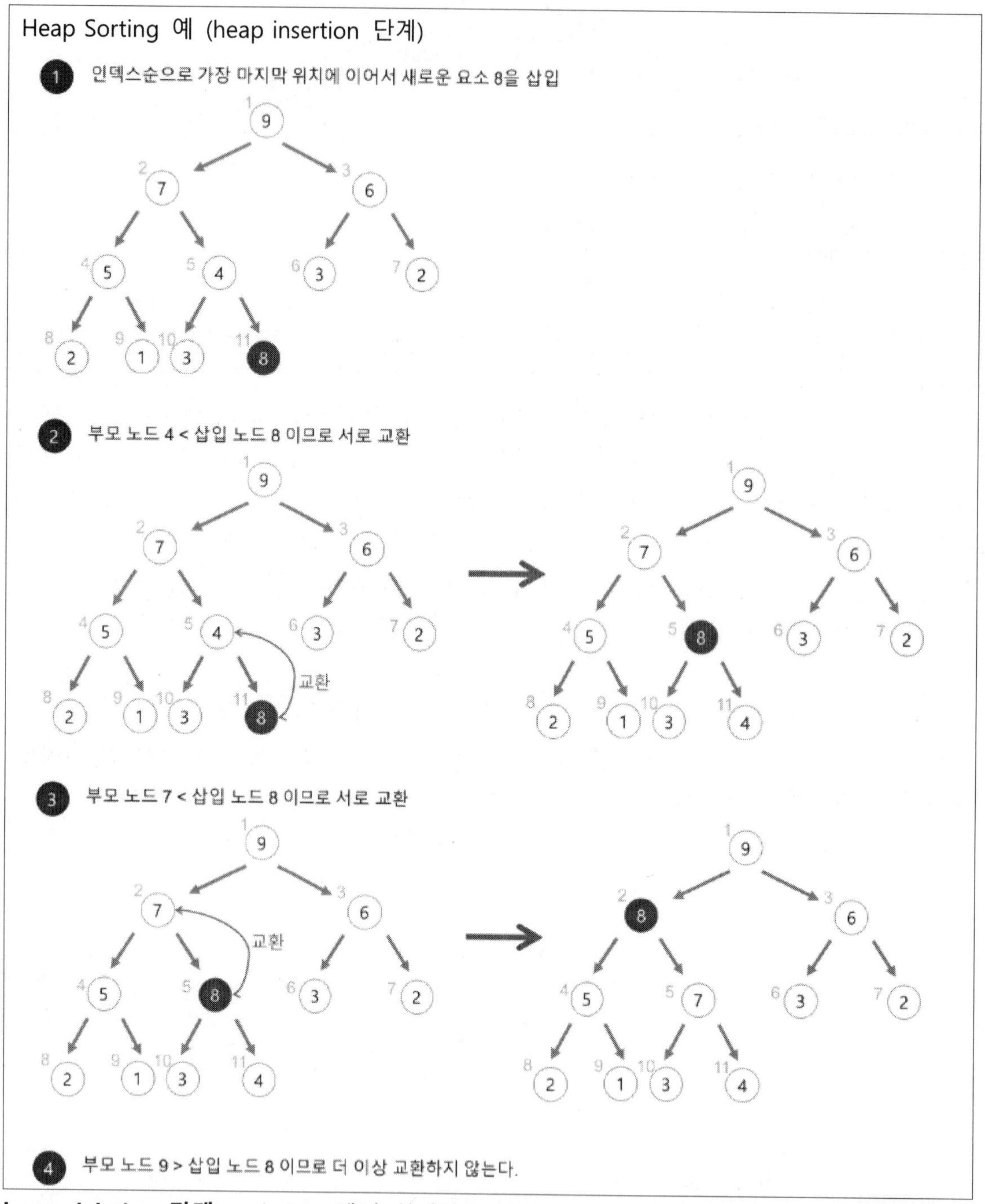

heap deletion 단계: max heap에서 최댓값은 루트 노드이므로 루트 노드가 삭제된다. 삭제된 루트 노드에는 heap의 마지막 노드를 가져온다. Heap을 heap의 조건에 맞게 재구성한다.

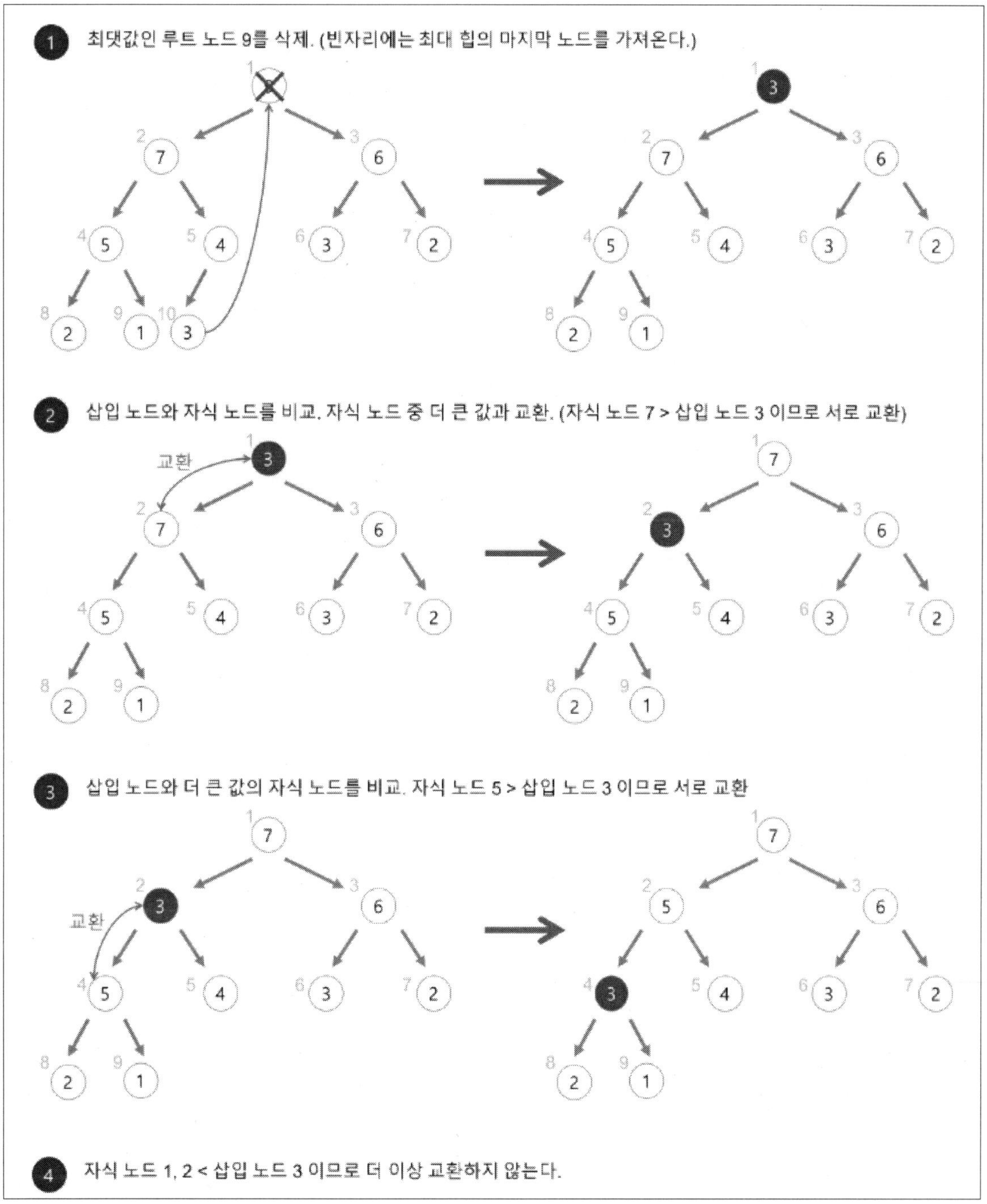

1 최댓값인 루트 노드 9를 삭제. (빈자리에는 최대 힙의 마지막 노드를 가져온다.)
2 삽입 노드와 자식 노드를 비교. 자식 노드 중 더 큰 값과 교환. (자식 노드 7 > 삽입 노드 3 이므로 서로 교환)
교환
3 삽입 노드와 더 큰 값의 자식 노드를 비교. 자식 노드 5 > 삽입 노드 3 이므로 서로 교환
교환
4 자식 노드 1, 2 < 삽입 노드 3 이므로 더 이상 교환하지 않는다.

2장. 알고리즘이란

페르시아의 수학자: 아부 압둘라 무함마드 이븐 무사 알콰리즈미 (780-850) @ 페르시아: 그가 만든 대수학 (algebra)와 그의 이름을 딴 알고리즘

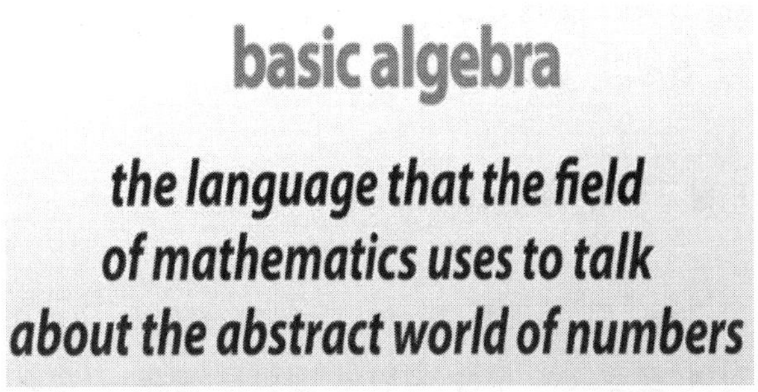

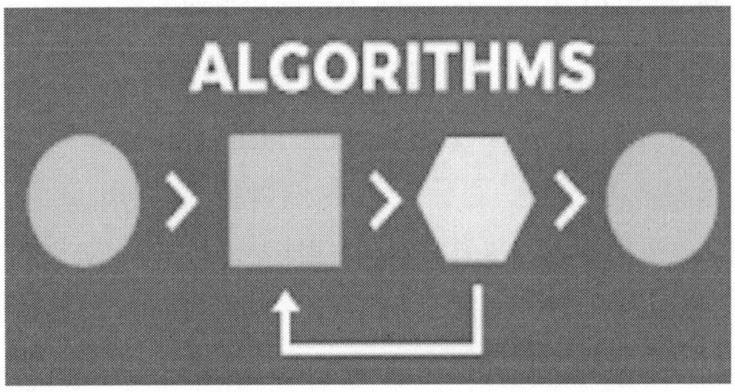

컴퓨터 프로그래밍이란 프로그래밍 언어를 사용하여, 문제를 푸는 해결방안을 기술하는 것이다. 따라서 제일 중요한 것은 문제를 푸는 해결 방안을 설계하는 것이고, 어떤 문제를 푸는 유한한 단계로 이루어진 입력과 출력이 명확한 절차들의 집합을 알고리즘이라고 부를 수 있다. 이 장에서는 알고리즘이란 무엇인가, 가장 오래된 알고리즘인 Euclid 알고리즘은 어떤 문제를 푸는 것인지, 알고리즘은 어떻게 만들어지는지, 그리고 지금까지 알고리즘이 나와 있는 문제들은 무엇이고, 그 문제들은 다 풀 수 있는 문제들인지 알아본다. 이 장의 순서는 다음과 같다.

2.1 알고리즘 (algorithm) 이란
2.2 최초의 알고리즘: 최대공약수를 구하는 Euclid 알고리즘
2.3 간단한 문제들: Searching과 Sorting 문제
2.4 단어 찾기 문제들: String Matching 문제
2.5 기하 문제들: Computational Geometry 문제
2.6 암호 문제들: Symmetric and Asymmetric 암호 및 해독 문제
2.7 수치 해석 (numerical analysis) 문제들: f(x) = 0의 해
2.8 신호 처리 문제들: Fourier Transform

2.1 알고리즘 (algorithm) 이란

알고리즘이란 문제를 해결하기 위해 정해진 일련의 절차를 뜻하는 것으로 컴퓨터 언어로 작성하여 프로그램 구동 일련의 과정을 모두 기술해야 한다. 알고리즘 성립을 위해서 4가지의 전제 조건이 있다. (1) 1개 이상의 결과 (output) 가 존재해야 한다. 알고리즘을 실행한 후에 반드시 결과물이 존재해야 한다는 것인데, 이와 비교되게도 외부 입력 여부는 필수 조건이 아니다. (2) 각각의 명령어가 명확하여 애매함이 없어서 (clear and no ambiguity) 명확성이 보장되어야 한다. 컴퓨터와의 대화를 일련의 과정으로 묶어 둔 것이므로 컴퓨터가 해야 할 것이 명확하게 설명되어야 한다. (3) 각 명령어의 실행은 반드시 종료가 되어 유한성 (finiteness) 이 있어야 한다. (4) 모든 명령은 수행이 가능한 (feasible) 내용으로 이루어져야 한다. 해당 조건들이 모두 성립이 되어야 알고리즘으로 인정받을 수 있다.

> **Definition of Algorithm**: In mathematics and computer science, an algorithm is **a finite sequence of well-defined**, computer-implementable instructions, typically to solve a class of problems or to perform a computation. Algorithms are always unambiguous and are used as specifications for performing calculations, data processing, automated reasoning, and other tasks. As an effective method, an algorithm can be expressed within a finite amount of space and time (**space and time complexity**), and in a well-defined formal language for calculating a function. Starting from an initial state and initial input (perhaps empty), the instructions describe a computation that, when executed, proceeds through a finite number of well-defined successive states, eventually producing "output" and terminating at a final ending state. The transition from one state to the next is not necessarily **deterministic**; some algorithms, known as **randomized algorithms**, incorporate random input.

시간 복잡도는 알고리즘을 구성하는 명령어들이 몇 번 (n) 이나 실행이 되는지를 세고, n 숫자에 명령어의 실행 시간을 곱한 합계이다. 즉 해당 알고리즘이 결과를 내고 종료되기까지의 시간을 계산한 것이다. 하지만, 프로그래밍 언어나 하드웨어의 종류에 따라 구체적인 실행 시간을 달라질 수 있으므로 명령어의 실행 횟수만을 고려하는 것이 일반적이다. O( ) 괄호 안에 들어있는 식이 함수식이 되어 해당 알고리즘이 처리하는 데이터가 늘어남에 따라 실질적으로 소요되는 시간을 표시한다.

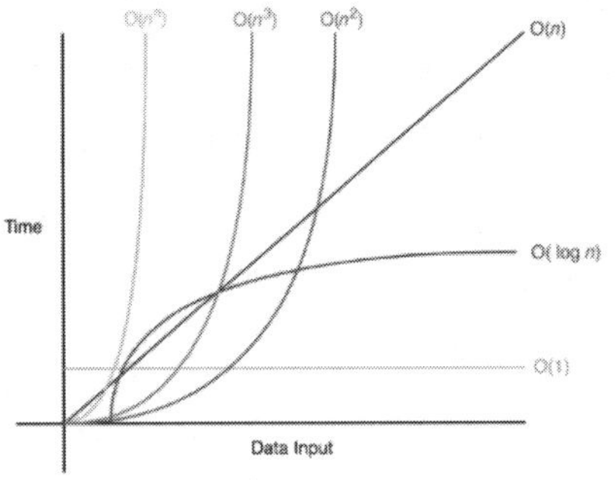

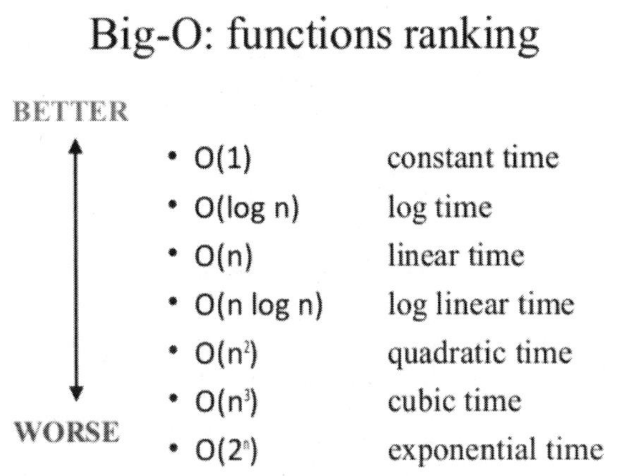

2.2 최초의 알고리즘: 최대공약수를 구하는 Euclid 알고리즘

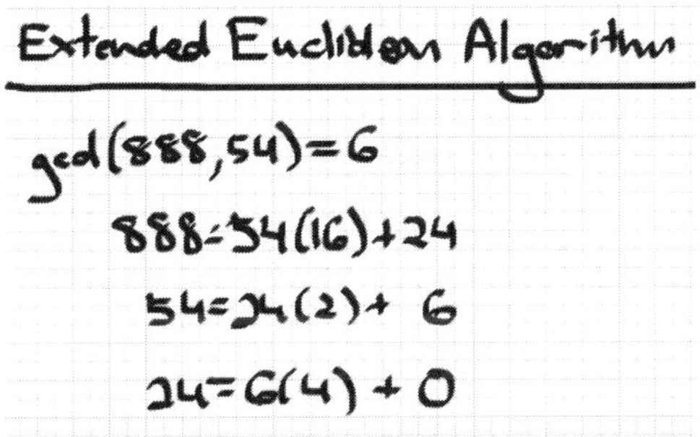

유클리드 알고리즘은 2개의 자연수 또는 다항식 (polynomial)의 최대공약수 (GCD: greatest common divisor) 를 구하는 알고리즘의 하나로, BC 300년경에 쓰인 Euclid의 <원론> 7권, 명제 1부터 3에 기술되어 있는 내용이다. Euclid 알고리즘은 호제법 이라고 불리는데, 두 수가 서로 상대방 수를 나누어서 결국 원하는 수를 얻는 알고리즘을 나타낸다고 붙은 단어이다. 2개의 자연수 (또는 다항식) a, b (단 a > b) 에 대해서 a를 b로 나눈 나머지를 r이라 하면, a와 b의 최대공약수는 b와 r의 최대공약수와 같다. 이 성질에 따라, b를 r로 나눈 나머지 r'를 구하고, 다시 r을 r'로 나눈 나머지를 구하는 과정을 반복하여 나머지가 0이 되었을 때 나누는 수가 a와 b의 최대공약수이다. 다음 사진은 888과 54의 최대공약수를 구하기 위해, 손으로 Euclid 알고리즘을 계산한 예이다.

이렇게 알고리즘을 설계했으면, finite step (유한한 단계) 안에, 입력과 출력을 확실히 보장하는 것을 살펴야 한다. 위의 Euclid 알고리즘을 현재 컴퓨터과학의 주요 연구자인 Knuth (크누쓰라고 읽음)의 방식대로 기술하면 다음과 같다.

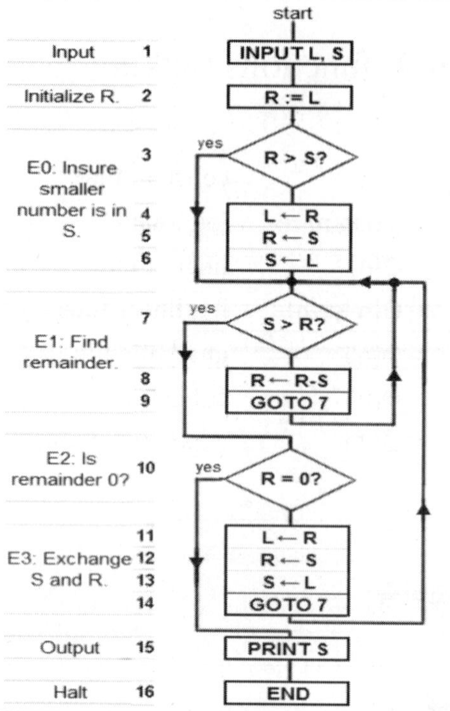

왼쪽 알고리즘을 설명하면, 사각형 박스는 단계에서 진행할 작업을 나타내고, 다이아몬드는 판단을 나타낸다. 참이면 YES 쪽으로, 참이 아니면 NO 쪽으로 내려간다. 처음에 L (large number)와 S (small number)를 받고, E0 단계에서 L, S 중에서 큰 수와 작은 수를 나누어, R>S 를 만든다. E1에서는 R을 S로 나누는 단계이다. E2는 나누어서 나머지가 0이 되는지를 체크하는 부분이고, 나머지는 출력과 HALT (알고리즘 끝)을 나타낸다.

이제 알고리즘이 설계되면, 컴퓨터로 실행하기 위해, 프로그래밍 언어로 바꾸어준다

```
// Knuth subtraction based
int gcd(int a, int b) {
    while (a != b)
        if (a > b) a = a - b;
        else b = b - a;
    return a;
}
```

```
// Division based
int gcd(int a, int b) {
    while (b != 0) {
        t = b; b = a % b; a = t;
    }
    return a;
}
```

```
// recursion based
int gcd(int a, int b) {
    if (b == 0) return a;
    else gcd(b, a % b);
}
```

2.3 간단한 문제들: Searching과 Sorting 문제

탐색이란 먼저 같은 성질을 갖는 항목의 집합 중에서 **필요한 특성 (어떤 조건이나 성질을 만족하는)** 을 갖는 항목을 찾아내는 것을 뜻하며, 비슷한 유형과 같은 자료형의 배열을 기준으로 탐색을 진행하게 된다. 탐색은 정렬된 데이터 집합에서 찾는 경우와 비 정렬된 데이터 집합에서 찾는 경우로 구분할 수 있다. 순서가 맞추어지지 않은 비정렬된 데이터 집합에서는 모든 데이터를 순번 차례로 찾는 순차탐색 알고리즘 (linear search 또는 sequential search)만 유일한 해답이다. 만약 순서가 오름차순이나 내림차순으로 맞추어져 있는 정렬된 데이터 집합이라면 좀더 빠른 알고리즘을 만들 수 있는데, 이진 탐색 알고리즘 (binary search algorithm)이 대표적이고, 그 외에 해쉬 탐색 알고리즘 (Hash search), 균형 잡는 나무 탐색 알고리즘 (balanced search tree), 기수 탐색 알고리즘 (radix search) 등이 있다.

순서가 맞추어져 있다고 할 때, **Binary Searching** 알고리즘은 가장 빠른 탐색 알고리즘으로서, 예를 들어 70억 명 중에서 특정한 정보를 탐색하려 할 때 최대 33번의 비교만으로 데이터를 찾아낼 수 있다. 이러한 binary search를 위해서는, 배열은 미리 정렬되어 있어야만 한다. 배열의 중앙에 있는 원소를 택한 뒤, 찾으려는 값이 해당 원소보다 크다면 해당 원소의 오른쪽 원소들만 취한다. 이 후, 오른쪽의 원소들에 대해서 마찬가지로 중앙에 있는 원소를 택한 뒤, 찾으려는 값과 크기 비교를 한 후, 위와 같은 과정을 이어나간다. 이러한 탐색 방법은 정렬이 되어있지 않으면 불가능하다.

Sorting 알고리즘은 데이터베이스에서 특정 자료를 찾기 위한 searching 알고리즘의 전 단계로 사용한다. 순서가 맞추어져 있으면 binary searching 과 같은 빠른 알고리즘을 사용할 수 있지만, 정렬이 안 되어 있다면, 처음부터 끝까지 다 찾아야 하기 때문이다. 이 외에도, 배열 안에서 크기 차이가 가장 작은 두 값이나 k번째로 큰 값 등을 효율적으로 찾아낼 때에 정렬이 사용될 수 있다.

2.4 단어 찾기 문제들: String Matching 문제

String Matching 알고리즘은 워드프로그램의 탐색&바꾸기 기능에 사용된다. 또한 Google

검색의 경우, 많은 웹 페이지를 뒤지면서 특정 단어를 찾게 된다. 또는 DNA 에 특정한 염기 서열이 있는지 찾는 subsequence matching 문제도 같은 문제라고 볼 수 있다. 이렇게 단어, subsequence, 그리고 확장하면 패턴을 찾는 문제를 풀려고 하면, text의 길이가 N 이고, pattern의 길이가 M 이면 N * M 번 비교를 해야 한다고 생각할 수 있다. 하지만 pattern에 있는 중복성 등을 이용하면 계산시간을 줄일 수 있다.

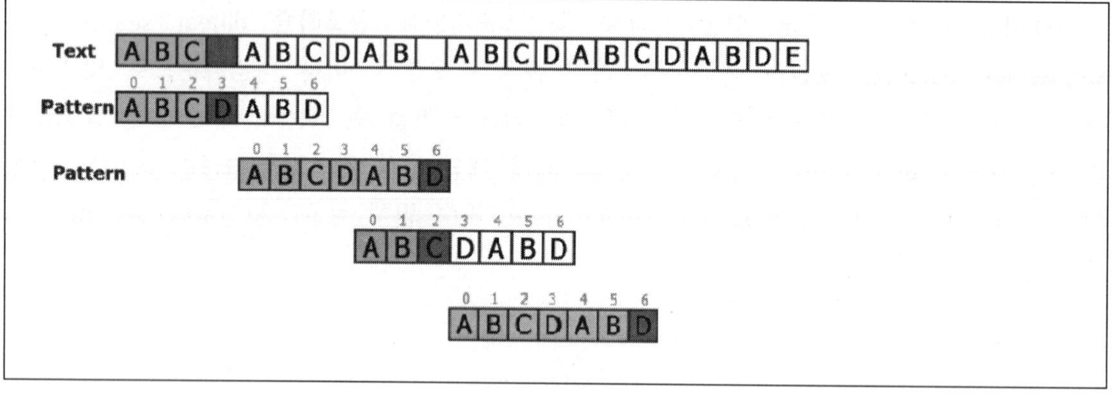

2.5 기하 문제들: Computational Geometry 문제

아래 문제는 computational geometry (계산 기하학) 분야의 유명한 문제이다. XY 평면에 점들이 널려 있을 때, 이 모든 점을 감싸는 convex hull (볼록 다각형)을 만드는 알고리즘이다. 이런 알고리즘을 만들 때, 기하 객체를 어떻게 표현할 지, 그리고 점과 점, 선분과 선분 사이의 관계는 어떻게 수식으로 정리할지가 관건이 된다.

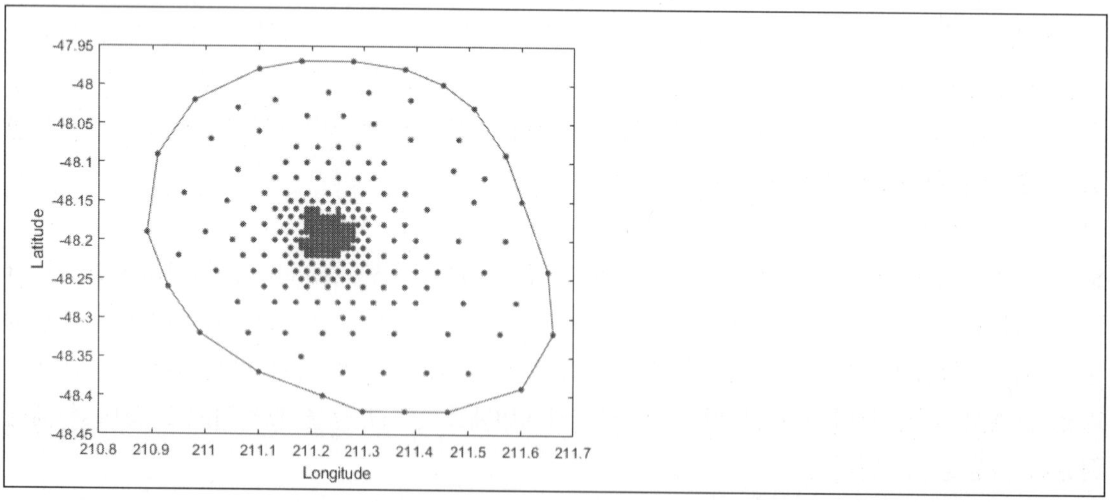

2.6 암호 문제들: Symmetric and Asymmetric 암호 및 해독 문제

암호 알고리즘은 의외로 간단하다. 암호 알고리즘은 수식이 짧아서 프로그램 하기도 쉽다.

하지만 암호 알고리즘이 내부적으로 어떻게 돌아가는지를 이해하려면 수식의 이해가 필수적이다. 아래 그림처럼 원래 데이터 (plain text) 를 key 를 가지고 변형해서 암호문 (cipher text)를 만들게 된다. Cipher text는 key에 의해서 다시 해독된다. 여기서 암호할 때와 해독할 때 같은 키를 사용하면 symmetric key (대칭키) 암호화 방식이라고 하고, 다른 키를 사용하면 public key 또는 asymmetric key 암호화 기법이라고 부른다.

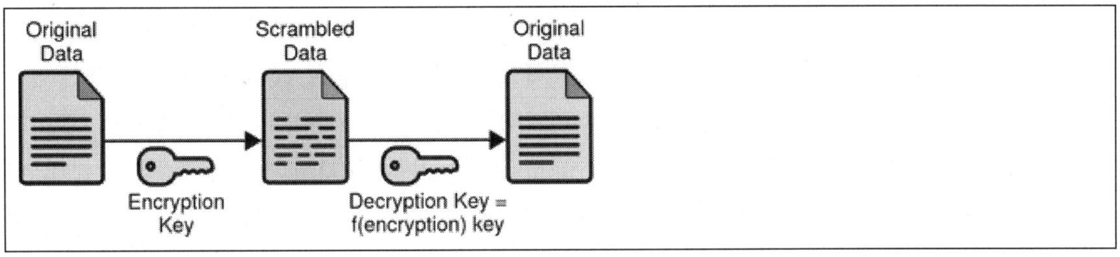

2.7 수치 해석 (numerical analysis) 문제들: f(x) = 0의 해

F(x) = 0 수식에서 f(x)가 polynomial (다항식)일 수도 있고, 일반 주기 함수 (sine, cosine) 일 수도 있고, 정의하기 힘든 함수일 수도 있다. 대수적으로 풀 수는 없지만, 의외로 해가 위치하는 부분이 convex 하다고 하면, 수치 미분 (numerical differentiation)을 통해서 해를 구할 수 있다. 예를 들어, 아래 그림과 같이 f(x) 함수가 그려지면, f(x) = 0을 만족하는 해 x는 f(x)를 미분한 함수로 원 함수를 나누어 빼 주고, x(n+1)이 더 이상 x(n)과 차이가 나지 않는 순간이 되면, x(n)이 해라고 볼 수 있다.

$$x_{n+1} = x_n - \frac{f(x_n)}{f'(x_n)}$$

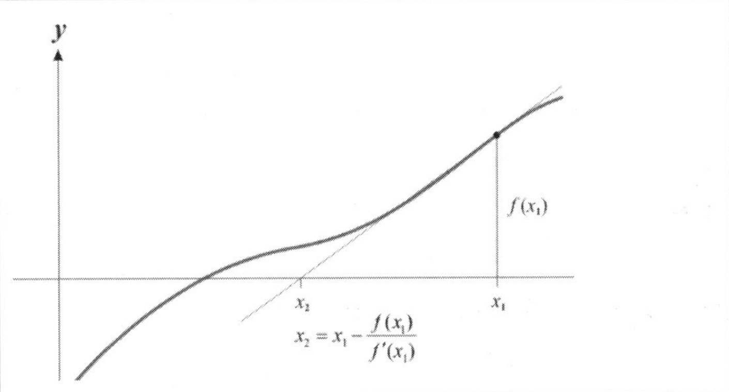

2.8 신호 처리 문제들: Fourier Transform

Transform 이란 어떤 공간의 함수를 basis 가 다른 공간으로 mapping 하는 것이다. 예를 들어, XYZ 3차원 공간에 정의된 (여기서 basis는 X축, Y축, Z축의 단위 벡터인 (1,00), (0,1,0), (0,0,1) 이고 XYZ 의 모든 점은 단위 벡터로 표현이 가능하다. (3,4,5) 는 3 * (1,0,0) + 4 * (0,1,0) + 5 * (0,0,1) 로 표현이 된다, 여기서 3, 4, 5는 basis vector에 곱해진 confident 라고

하면, 결국 (3,4,5) 라는 벡터 또는 점은 basis vector (1,00), (0,1,0), (0,0,1) 3개 vector의 linear combination 으로 해석할 수 있다)

Fourier transform (프랑스의 수학자 Fourier 가 만든 transform) 은 basis vector가 sine 함수와 cosine 함수로 이루어진 공간으로 변환하는 것이다. 아래 그림의 왼쪽과 같이 time 에 따라 변하는 신호 (예를 들어, 음성 신호)가 있을 때 중간의 sine 함수와 cosine 함수들이 basis vector가 되고, 각각의 basis vector들과 얼마나 닮아 있는지 (similarity)를 구하면 닮은 정도가 transform coefficient 가 된다. 각각의 transform coefficient 들을 sine 함수와 cosine 함수 각각에 대해 만들어주게 되고 (사실 오른쪽의 그래프는 sine, cosine 각각에 대해 1개씩 나오므로 2개가 된다). Sine, cosine 함수의 주파수에 따라 (주기가 빠른 함수와 주기가 느린 sine, cosine 함수) Y축으로 transform coefficient의 값을 표시하면 오른쪽 표와 같이 나오게 된다. 표를 보면, 중간에 튀는 부분이 보이고,이 부분이 말하는 것은 튀는 부분이 만약 60Hz, 180Hz, 2000 Hz 라고 하면, 원래 신호에서 60Hz, 180Hz, 2000 Hz 로 움직이는 성분이 많아도 말하는 것이다.

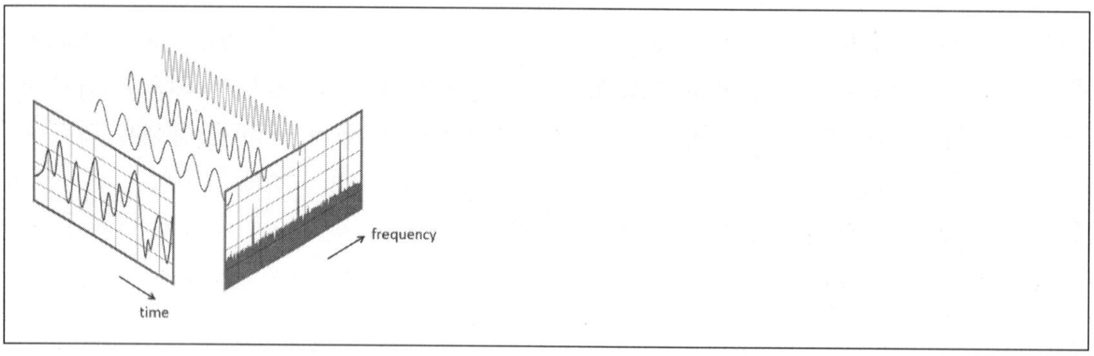

Fourier transform은 잠수함의 미사일, 대공 미사일, 전투기의 레어더 신호 등 다양한 분야에서 사용되는데, 이렇게 돈이 많이 드는 비싼 장비에 장착이 되는 경우가 많아서 고속화에 대한 필요가 많아지고, Fourier transform에 들어 있는 자기 중복성 (self-similarity)를 이용해서 빠르게 만들 수 있게 되는데, 이를 Fast Fourier Transform (FFT) 라고 한다.

2.9 Graph 문제들: Shortest Path 문제

도시에서 도시로 이동할 때, 어떤 경로로 이동해야 가장 빠른 길인지를 찾는 알고리즘이다. 도시를 Graph의 vertex 또는 node로 표시하고, 도시 간의 거리를 edge 뜨는 link 로 표시한다. 거리는 실제 거리가 될 수도 있고, 교통상황에 따른 시간이 될 수도 있다. 아래 그림과 같이 Graph로 도시의 교통상황을 나타내면, 1번 노드에서 7번 노드로 어떤 길을 따라가야 가장 빨리 갈 수 있는지를 결정하는 알고리즘 중에서 Dijkstra라는 컴퓨터과학자가 만든 알고리즘이 있다. Dijkstra 알고리즘은 한발짝 한발짝 앞으로 가는 Greedy 알고리즘으로 분류한다.

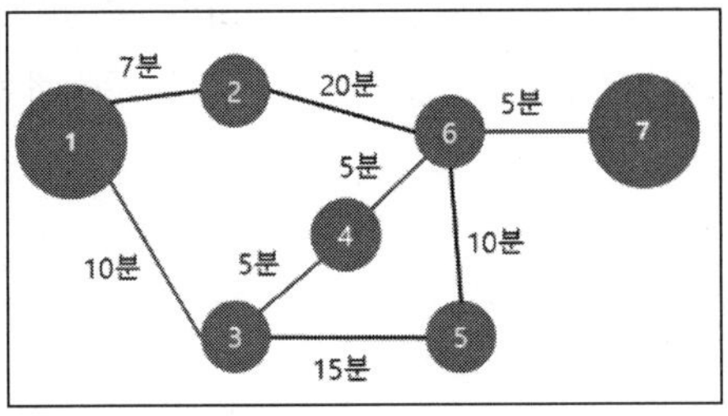

2.10 Graph 문제들: Minimum Spanning Tree 문제

도시에서 도시 간의 연결을 Graph로 표시하고 나면, 도시 간의 이동을 계층 구조로 만들고 싶은데, 계층 구조라면 tree로 만들면 된다. Graph의 모든 노드를 포함하면서, 가장 전체 거리의 합이 작은 tree를 만드는 것을 minimum spanning tree라고 한다. 아래 그림과 같이, Graph에 대한 spanning tree를 만든 것을 볼 수 있다 (minimum 인지는 조사해야 함). .이 문제에 대한 해결방안은 Prim과 Kruskal 두 사람이 제안을 한 바 있다.

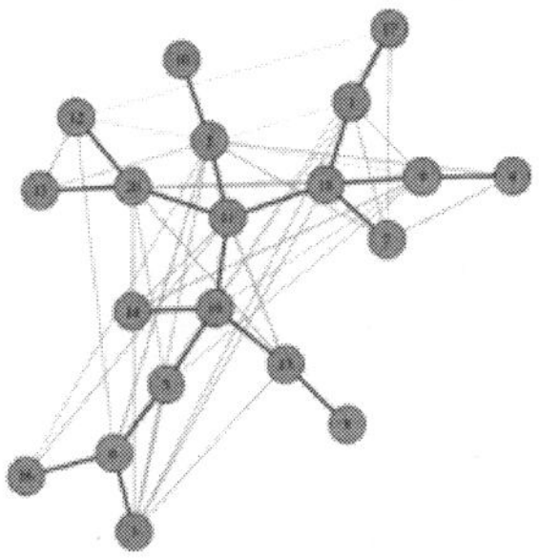

2.11 Graph 문제들: Max Flow Min Cut 문제

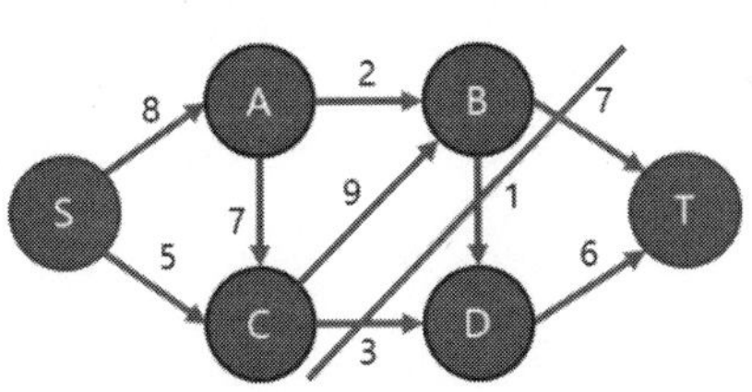

Graph 문제는 OR (operations research)라는 분야에서 주로 연구된 분야이다. OR은 한국어로 경영과학이라고 번역하지만, 사실은 정확히 말하면 operations 라는 말은 군사 용어로 작전이라는 말이고, 따라서 작전 연구 라는 분야이다. OR 이라는 말이 의미하는 것처럼 Graph 이론은 처음부터 군사 작전에 도움을 주기 위해 많이 연구되어온 분야이고, Max Flow Min

Cut 분야를 보면, 적군이 군수 물품을 이동하는 연결 네트워크를 안다면, 어느 길들을 폭격해야 적의 보급 네트워크를 최대한 마비 시킬 수 있는가의 문제이다. 아래 Graph 를 보면, BC 노드와 TD 노드 사이의 7,1,3 link 를 폭격하면, 11 개 보급로가 망가지게 되고, 이 네트워크에서 가장 많은 물품이 전달되는 통로임을 알 수 있다.

2.12 최적화 문제: Linear Programming 문제

목적 함수: $\max \quad 100x_1 + 40x_2$ 가 주어지고, 이 때 제한조건이 (1) $100x_1 + 50x_2 \le 3000$, (2) $10x_1 \le 100$, (3) $x_1, x_2 \ge 0$ 이 주어지면, 목적 함수의 값을 최대로 만드는 x1과 x2를 구하는 문제이다. 이를 위한 해로는 simplex method를 쓰게 되며, 그 후 알려진 바로는, 최적의 해 x1, x2는 아래 그림에서 꼭지점에 위치함이 알려져 있어서 꼭지점만 탐색하는 Interior Point Method가 등장하게 되었다.

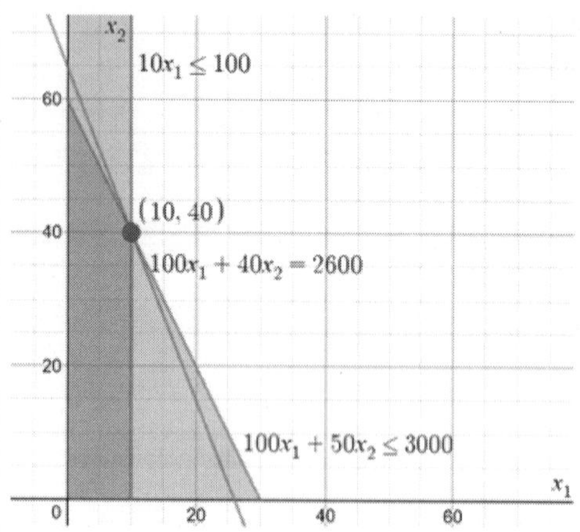

2.13 최적화 문제: Dynamic Programming (Knapsack) 문제

도둑이 어느 집을 털려고 갔는데, 아래 그림과 같이 12, 2, 2, 1, 10 의 물건이 있다. 내 가방

에 담을 수 있는 최대 용량은 15이다. 어느 것을 담아야 담을 수 있는 최대로 담을 수 있을까? 모든 물건은 쪼갤 수가 없다고 하면 0/1 Knapsack Problem 이라고 한다. 이 문제를 풀려면 Dynamic Programming 이라는 기법으로 단계적으로 맞추어 봐야 한다.

2.14 신경망 알고리즘

Neural Networks Algorithm (신경망 알고리즘이란 기계 학습과 생물학적 뇌 구조에 기반한 알고리즘으로, 시냅스들의 결합으로 네트워크를 형성한 뉴런들이 데이터 학습을 통해 시냅스의 결합 세기를 변화시킴으로써 문제해결 능력을 갖추는 방법이다. 전통적인 입력에 대한 정해진 출력이 나오는 알고리즘을 설계하는 것이 아니라, 입력 데이터와 바람직한 출력 데이터를 서로 연결시켜 주어, 입력에 대한 출력 결과를 낼 수 있는 알고리즘이다.

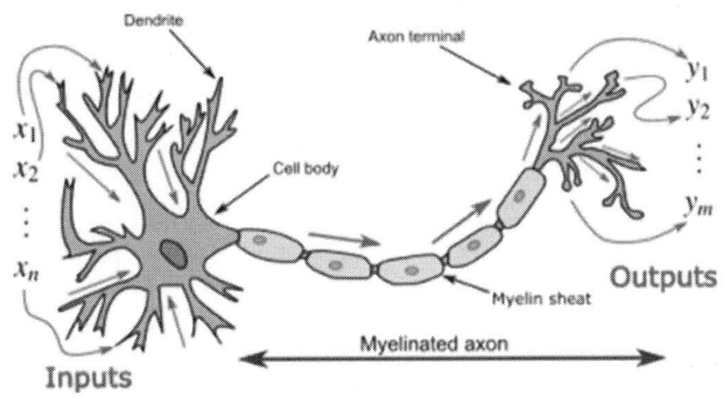

신경망 알고리즘으로는, 바람직한 출력 결과를 지정해주는 supervised learning (지도 학습) 신경망 기법과, 출력 결과를 지정해 주지 않고, 신경망 내부적으로 데이터를 비슷한 것들끼리 모으는 (clustering) 방식의 unsupervised learning (비지도 학습)으로 분류한다. 현재는 알고리즘 스스로 데이터를 가지고 연습을 하고, 어떤 바람직한 상태에 들어가면 보상에 의해서 스스로 학습하는 강화 학습 (reinforcement learning) 알고리즘이 소개되고 있다.

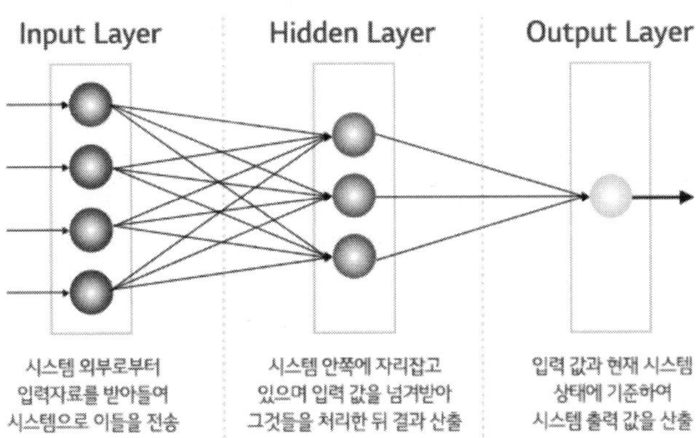

3장. 알고리즘의 설계 방법

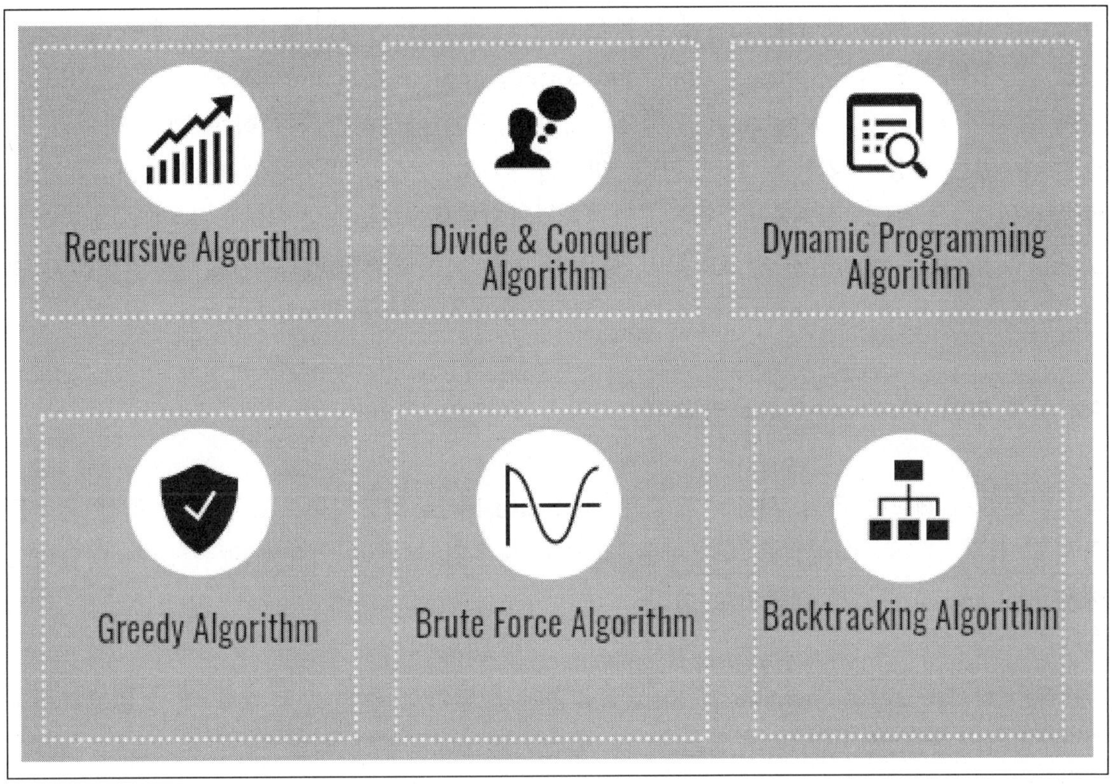

컴퓨터 프로그래밍이란 프로그래밍 언어를 사용하여, 문제를 푸는 해결방안을 기술하는 것이다. 따라서 제일 중요한 것은 문제를 푸는 해결 방안을 설계하는 것이고, 어떤 문제를 푸는 유한한 단계로 이루어진 입력과 출력이 명확한 절차들의 집합을 알고리즘이라고 부를 수 있다. 이 장에서는 알고리즘이란 무엇인가, 가장 오래된 알고리즘인 Euclid 알고리즘은 어떤 문제를 푸는 것인지, 알고리즘은 어떻게 만들어지는지, 그리고 지금까지 알고리즘이 나와 있는 문제들은 무엇이고, 문제들을 푸는 좋은 풀이 방법은 무엇인지 알아본다. 이 장의 순서는 다음과 같다.

3.1 알고리즘 설계 방법
3.2 설계 방법 #1: Brute-Force 방법
3.3 설계 방법 #2: Divide-and-Conquer 방법
3.4 설계 방법 #3: Greedy 방법
3.5 설계 방법 #4: Dynamic Programming 방법
3.6 설계 방법 #5: Recursive 알고리즘 방법
3.7 설계 방법 #6: Backtracking 알고리즘 방법

3.1 알고리즘 설계 방법

알고리즘이란 문제를 해결하기 위해 정해진 일련의 절차로 정의했다. 따라서, 좋은 알고리즘이란 (1) 정확해야 하고 (precise: exact and correct steps to execute), (2) Finite: 유한한 단계 안에 끝나야 하고, (3) Generality: 오직 몇 개의 입력에 대해서만 동작하는 것이 아니라, 입력할 수 있는 집합이 가능한 커야 한다. 이러한 3가지 조건을 만족해야 한다. Deterministic (항상 입력 조건이 정해지면 같은 단계를 거치도록 하는) 조건이 있는데, 최근에는 probabilistic 또는 quantum 알고리즘이 좋은 성능을 보이므로 Deterministic 은 포함하지 않는다.

3.2 설계 방법 #1: Brute-Force 방법

알고리즘을 설계하는 가장 처음의 방법은 (1) **brute-force 알고리즘**으로 손으로 직접 입력을 가지고 가장 단순하게 해답을 구해보는 것이다. 잘못된 부분이 있으면 계속 고쳐 나간다고 해서 trial-and-error 방식이라고도 한다

(예) Sequential Search (numbers[], X) 알고리즘은 배열에서 특정 숫자 X를 찾는 알고리즘이다. 처음부터 비교해 나가면서 찾는다. (단계 1) i를 0에서부터 배열 안의 숫자들의 개수인 n-1까지 A[i]와 X가 같은지 비교한다. A[i]와 X와 같은 인덱스 i가 있다면 i를 결과로 보내고, 없으면 -1을 반환한다.

```
i = 0;                assignment: 1 step
while i < n           test: n + 1 steps
  if A[i] == v        test: 1 step * n iterations of the loop
     return true      return: 1 step  (only once!)
  i++                 increment: n times
return false          return: 1 step  (only once!)
```

3.3 설계 방법 #2: Divide-and-Conquer 방법

(2) **divide and conquer 알고리즘**: 복잡한 문제를 여러 개의 덜 복잡한 문제로 분할해서, 최대한 단순한 문제가 나올 때까지 분해해가면서 문제를 푸는 방식이다. 단순한 문제에 대한 답이 풀리면, 그걸 서로 연결하고 합쳐서 원래 복잡한 문제의 해답으로 완성하는 과정이다.

(예) Merge Sorting 알고리즘은 1개의 배열 값들을 2개 부분으로 나누고 각각을 정렬하고, 정렬된 2개의 부분 배열을 합치는 알고리즘이다. MergeSort(numbers[], left, right)는 다음과

같이 동작한다. (단계 1) right > left 가 크도록 한다. (단계 2) 중간 인덱스를 구한다 (middle = (left+right) /2) (단계 3) 왼쪽 부분과 오른쪽 부분으로 나누어 각각 정렬한다. MergeSort(numbers[], left, middle) 과 MergeSort(numbers, middle+1, right)를 실행한다. (단계 4) 단계 3에서 만들어진 2개의 정렬된 부분 배열을 합친다. Merge(numbers[]., left, middle, right).

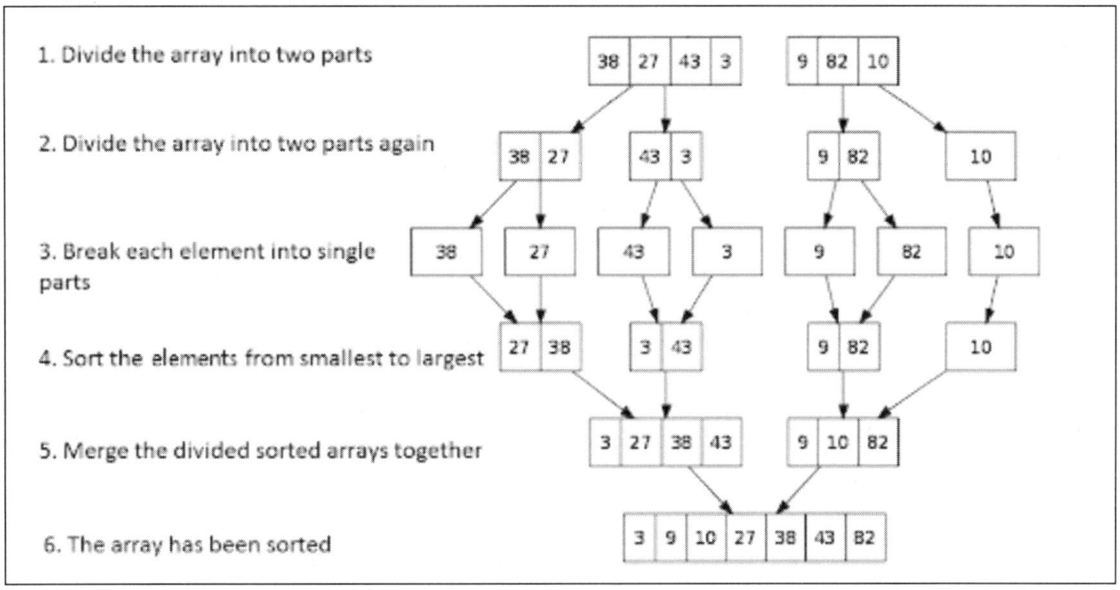

3.4 설계 방법 #3: Greedy 방법

Greedy 알고리즘: Greedy Algorithm은 문제를 해결하는 과정에서 그 순간순간마다 최적이라고 생각되는 결정을 하는 방식으로 진행하여 최종 해답에 도달하는 문제 해결 방식이다. 문제를 푸는 경험적인 지식 (problem solving heuristics)을 써서 다음 최적의 상태 (next best state) 를 구하고, 결국 만족할만한 상태 (satisfying final state) 에 도달하면 끝나는 알고리즘이다. Greedy 알고리즘은 주로 optimization 문제를 풀기 위해 사용되는데, 일단 구할 수 있는 최적 해를 구하고 (locally optimum solution), 이 해에서 점점 최적 해 (globally optimum solution)로 이동하도록 하는 알고리즘이다. 이 알고리즘을 구성하려면 5개 부분을 구성하는데, (1) Selection of Locally Optimum Solution from Candidate solution space: 최적 해는 아니지만, 해라도 볼 수 있는 것들을 선택하고 Feasibility function을 통해 선택한 것들이 실제 해의 조건을 만족하는지 확인한다. (2) Objective function을 통해 지금 구한 해와 최적의 해가 얼마나 떨어져 있는지를 구하고, gradient descent 등의 방법으로 현재의 해를 조정해 나간다. (3) Satisfaction: 조정해 나간 해가, Objective Function으로 계산해서 내가 원하는 만큼 가까이 갔는지를 확인한다.

(예) Dijkstra의 Shortest Distance Path 알고리즘에서, 처음 시작 노드에서 시작한다. (단계 1)

시작노드에서 갈 수 있는 모든 모드들에 대해서 그들의 거리를 이전까지 봐 왔던 거리보다 작은지 확인해서 작다면 최소 거리를 바꾸고, 그들의 전 노드를 시작 노드로 바꾼다 (시작 노드를 제외한 모든 노드의 최소 거리는 최초에 무한대로 설정한다). (단계 2) 이제 방문한 노드 중에서 최소 거리가 가장 작은 노드를 고르고, 단계 1을 반복한다. (단계 3) 최소 노드로 종착지 노드가 걸리면 종료한다.

```
DIJKSTRA(G, w, s)
INITIALIZE-SINGLE-SOURCE(G, s)
S = ∅
Q = G.V
while Q ≠ ∅
    u = EXTRACT-MIN(Q)
    S = S ∪ {u}
    for each vertex v ∈ G.Adj[u]
        RELAX(u, v, w)
```

```
INITIALIZE-SINGLE-SOURCE(G, s)
for each vertex v ∈ G.V
    v.d = ∞
    v.π = NIL
s.d = 0
```

```
RELAX(u, v, w)
if v.d > u.d + w(u, v)
    v.d = u.d + w(u, v)
    v.π = u
```

3.5 설계 방법 #4: Dynamic Programming 방법

Dynamic programming 알고리즘: divide-and-conquer 방법과 같이 복잡한 문제를 단순한 문재를 분할하는 것은 같은데, 단순한 부분 문제에서 답이 풀리면 다른 단순한 문제 풀이에서 재사용하는 방법이다 (remembering the result s of the past run, and reuse them to find a new results). 길이 막힐 때 돌아가는 길로 가는 것이 더 빠르게 도착한다는 사실을 알고 있다면 같은 상황에서 돌아가는 길을 계속 선택한다. 그럼 결국 최적의 경로를 찾게 된다는 원리이다. 다시 말하면 최종 문제를 해결하는 많은 방법들을 모두 탐색하게 된다. 하위 문제들 각각의 해결 방법들을 모두 탐색하기 때문이다. 하지만, 반복되는 하위 문제를 찾아 간단히 해결하도록 만드는 것으로 계산 횟수를 줄일 수 있다.

(예) n = 1 이면, Fibonacci (n) = 1, n = 2 이면 Fibonacci (n) = 2, n > 2 이면, Fibonacci (n) = Fibonacci (n-1) + Fibonacci (n-2) 로 계산한다.

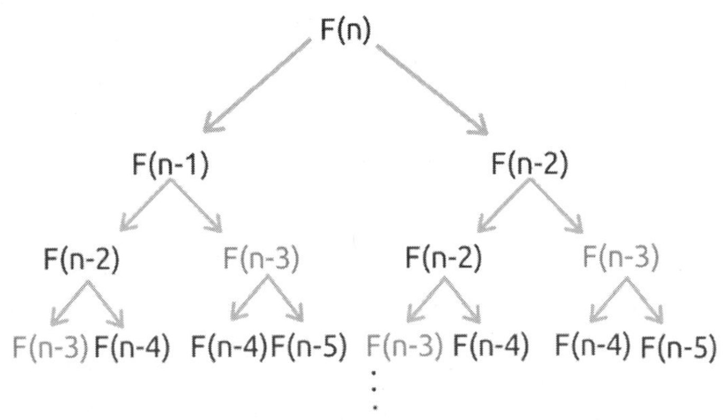

3.6 설계 방법 #5: Recursive 알고리즘 방법

Recursive 알고리즘: divide-and-conquer 방법과 같이 복잡한 문제를 단순한 문제를 분할하는 것은 같은데, 복잡한 문제와 단순한 문제가 단지 order (입력의 개수 차이 또는 입력의 값 차이) 만 다른 같은 문제인 경우이다. Recursion은 proof by induction 이라는 증명기법과 유사한데, n=0 일 때, 명제 P(o)가 성립함을 증명하고, n=k 일 때 P(k) 가 맞다고 가정하고 P(k+1)을 유도한다. Recursive 알고리즘도 이와 똑같이 f(k)를 낮은 차원의 f(k-1) 또는 f(k-2) 로 분할하고, 결국 f(0) 에서 끝나도록 하는 알고리즘을 구성한다.

(예) factorial (n) 을 정의할 때, n=1 일 때 f(1) = 1, 그리고 f(k) 는 k * f(k-1) 로 정의한다.

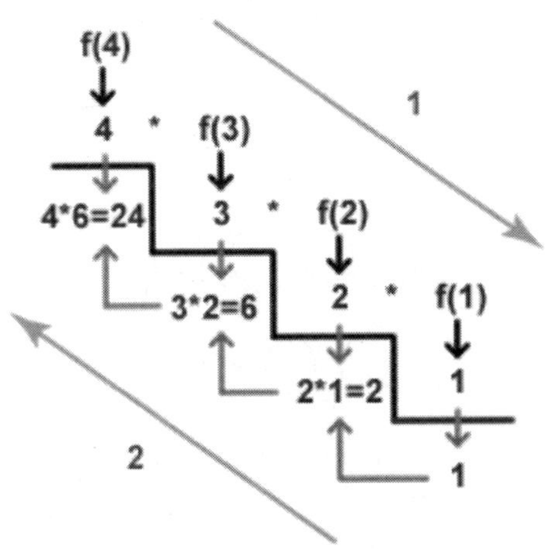

3.7 설계 방법 #6: Backtracking 알고리즘 방법

(6) Back tracking 알고리즘: incremental 하게 문제를 푸는 방식으로, 한 단계 한 단계씩 풀어나가면서 만약 실패하면 전에 성공했던 곳으로 이동해서 다시 풀어나간다. 위키피디아 정의에 따르면 다음과 같다. Backtracking is a general algorithm for finding all (or some) solutions to CSP (constraint satisfaction problems). CSPs are mathematical questions defined as a set of objects whose state must satisfy a number of constraints or limitations.

(예) 4-Queens 문제는 서양 장기판의 4개의 Queen을 서로 상대방을 위협하지 않도록 4x4 체스판에 위치시키는 문제이다. 예를 들어, (1,1) 위치에 아래와 같이 Queen을 배치하면, 두번째 줄에 놓을 수 있는 Queen의 위치는 (2,3)과 (2,4)만 가능하다. 이를 tree로 나타내면, (2,1)과 (2,2)는 포기해야 하고, (2,3)과 (2,4) 중에서 하나를 골라서 밑으로 내려가야 한다.

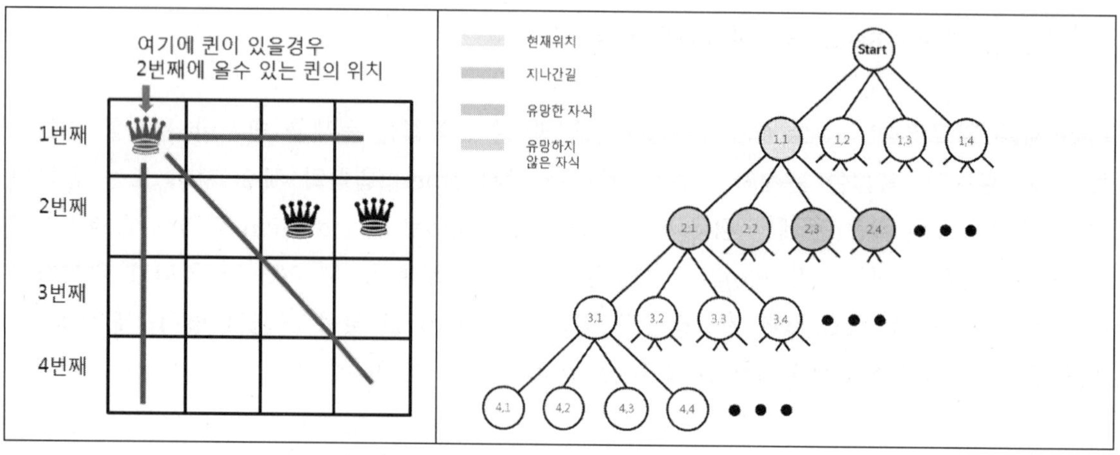

이제 (2,3)을 선택하면, 아래 그림과 같이 3번째 줄에서 더 이상 선택할 위치가 없어진다. 따라서 다시 이전 단계로 돌아와서 (2,4) 위치를 고르면, (3,2) 위치는 선택이 가능하게 된다.

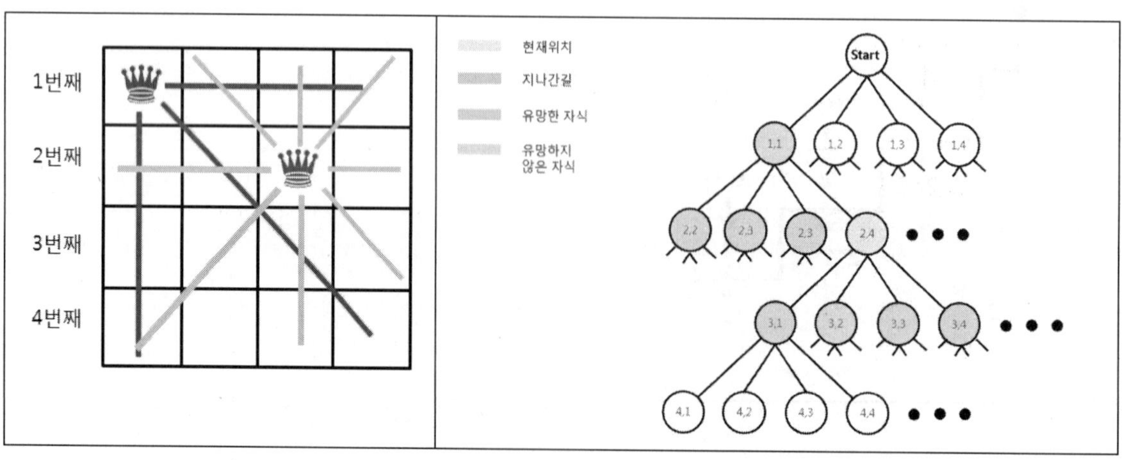

이제 (3,2)를 선택하고 나니, 아래 그림처럼 4번째 줄에서 더 이상 선택할 수 있는 위치가 없다. 따라서 다시 세번째 줄로 오면, (3,2) 밖에 없었으므로, 다시 2단계로 오고, 2단계도 역시 마찬가지로 (2,4)까지 다 보았으므로, 1번째 줄에서 다시 선택을 하게 된다. 이제 (1,2)를 선택하면, 2번째 줄에서 (2,4)를 선택하게 되고, 3번째 줄에서 (3,1) 밖에 남아 있는 것이 없고, 4번째 줄에서 (4,3)을 선택하면 완벽한 해결이 되게 된다.

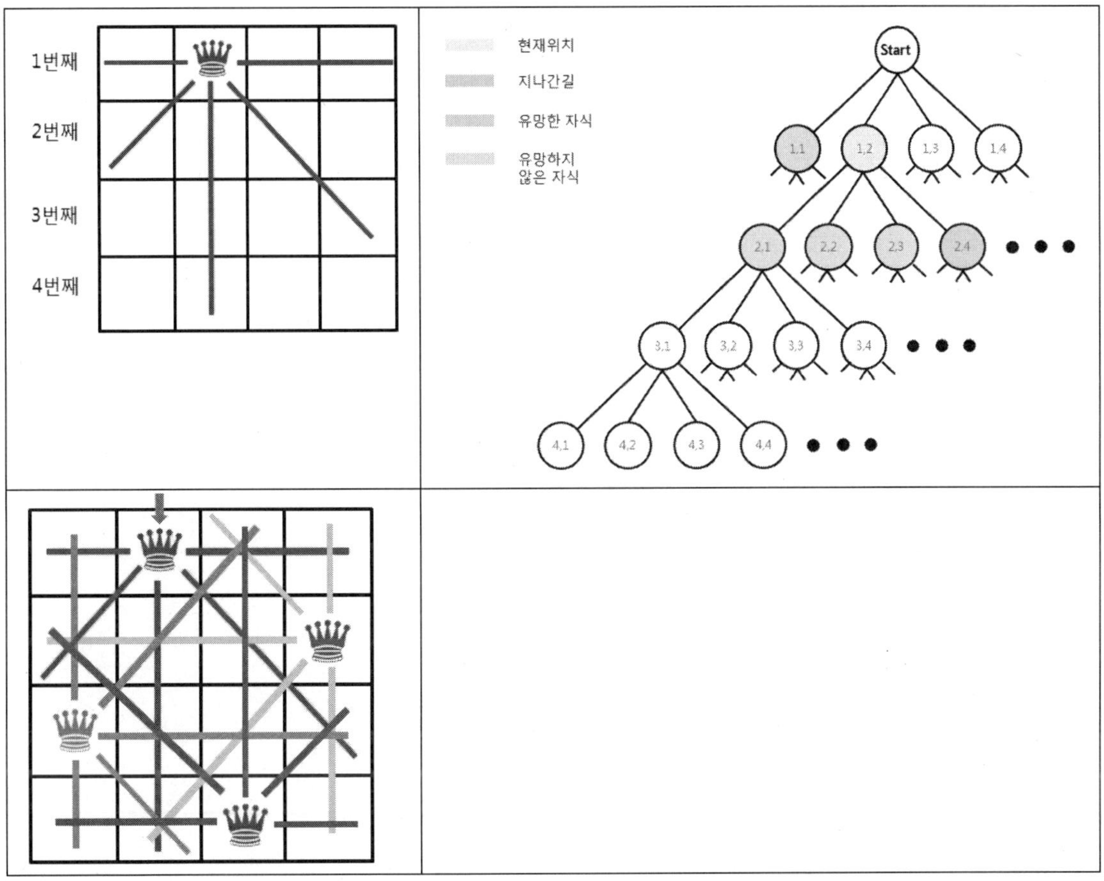

4장. 문제 자체의 어려운 정도: P 문제와 NP 문제

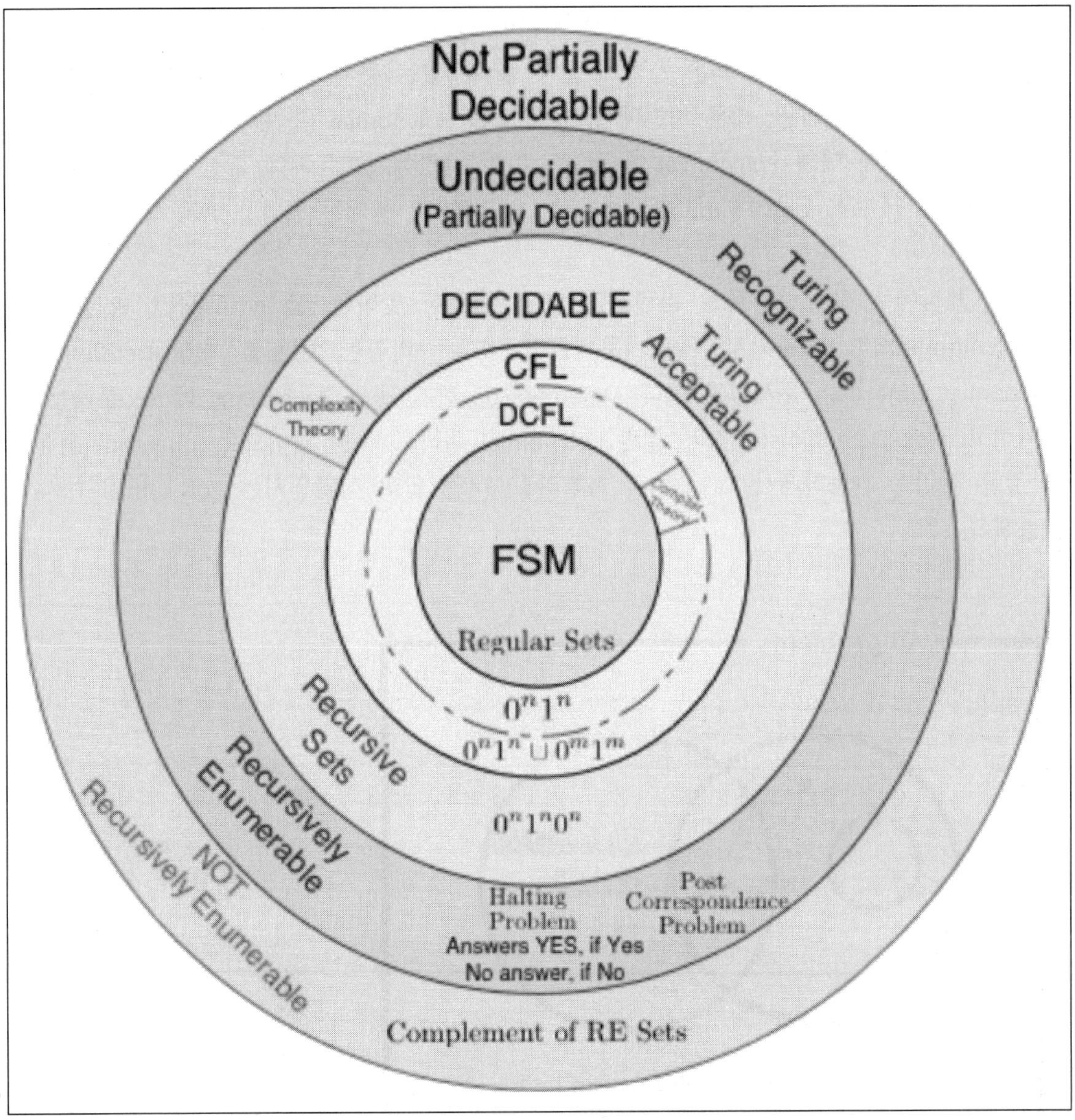

알고리즘이란 어떤 문제를 푸는 유한한 단계로 이루어진 입력과 출력이 명확한 절차들의 집합이다. 그런데 어떤 문제는 아주 어렵고, 어떤 문제는 쉬운데, 문제들의 난이도에 따라 분류가 있는지를 알아본다. 이 장의 순서는 다음과 같다.

4.1 P/NP 문제
4.2 NP-Hard 문제
4.3 NP-Complete 문제
4.4 NP 문제
4.5 P 문제

4.1 P/NP 문제

0/1 Knapsack Problem을 풀다 보면, 빠른 시간에 풀기가 어려운데, 문제 자체가 빠른 시간에 풀 수 있는 문제가 있고, 빠른 시간에 절대 풀 수 없는 문제가 있지 않을까 하는 생각을 하게 되고, 이를 표현하면, 빠른 시간에 푸는 문제를 Polynomial (P) 문제라고 한다. 다시 말하면, 어떤 문제에 대해 Polynomial Time, 즉 다항 시간에 그 문제에 대한 solution을 찾아낼 수 있으면 (= Polynomial Time Algorithm이 있으면) 그 문제는 클래스 P에 속한다.

하지만, 세상에는 아직 못 푸는 문제들이 있다. 정확히 말하면, 풀 수 있지만, Polynomial Time Algorithm이 개발되지 않은 문제들이 있다. 이러한 문제를 Non-Deterministic Polynomial Time (NP) 문제라고 한다. Deterministic 하게 풀면 Polynomial 에 못 푼다는 이야기이고, Non-Deterministic 하게 풀면 Polynomial 이라고 하는 말이므로, quantum 컴퓨터와 같은 기기로 가능하게 된다. 하지만 NP 라도, 어떤 답이 정답인지는 Polynomial Time에 가능하다.

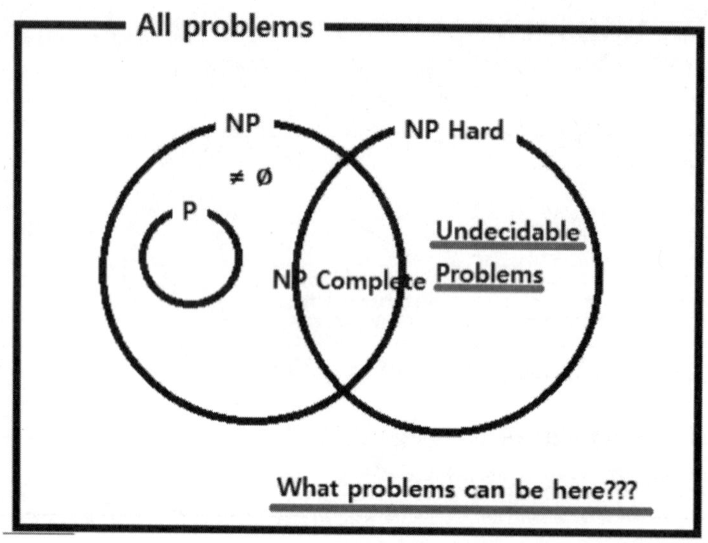

P 문제를 기술하면, "P is the set of problems which can be solved in polynomial time" 으로 P 시간에 풀 수 있는 문제 집합이고, NP는 "NP is the set of problems which can be verified in polynomial time. Meaning that we can check whether a solution is correct in polynomial time, but not generate one." 문제의 답을 P 시간에 만들기 어려운 문제이다. 다만 어떤 답이 주어지면 그 답이 정답인지는 P 시간에 알아낼 수 있다.

NP-Complete 문제는 "NP-Complete is the set of NP problems which are at least as hard as any problem in NP. We also state that if there is a polynomial time solution to any problem in NPC, then a polynomial time solution exists for all of them" 로 설명한다. NP-Complete 문제는 NP 문제 중에서 Graph Coloring 문제와 같은 문제를 하나 빼고, 그 문제와 동치인 문제들을 모아서 구성한다. 따라서 NP-Complete 에서 하나라도 풀리면 NP-Complete 문제의 모든 문제가 풀리게 된다 (즉 P 시간에 해답을 알 수 있는 알고리즘이 존재함). 그렇게 되면 NP-Complete 는 P가 되고, 따라서 NP도 P가 된다. 그럼 이 세상의 모든 문제는 NP-Hard와 P 로 나누게 될 것이다. 하지만 반대의 경우로 NP-Complete 의 문제가 P 시간에 풀 수 없다는 것이 증명되면, NP-Complete 는 NP-Hard로 가버린다.

Polynomial Time Algorithm은 n^k형태로 Worst time Complexity가 정의되는 알고리즘 (k는 상수.)으로, 어떤 문제가 클래스 P라는 것은, 그 문제에대해서 Polynomial Time Algorithm이 존재하는 경우이다.

클래스 NP: 어떤 certificate가 다항 시간 (Polynomial Time)에 verify할 수 있으면, 그 문제는 클래스 NP에 속한다. 또는 그 문제를 해결하는 Non-Deterministic Polynomial Time algorithm이 존재하면, 그 문제는 클래스 NP에 속한다.

4.2 NP-Hard 문제

NP-Hard 문제: 여전히 NP-Hard인 문제로는 정지 문제 (Turing halting problem)가 있다. Turing halting problem가 낸 문제는 "프로그램을 설명한 것과 처음 입력값이 주어졌을 때, 이 프로그램에 입력값을 넣고 실행한다면 이 프로그램이 계산을 끝내고 멈출지 아니면 영원히 계속 계산할지 판정하라" 이다.

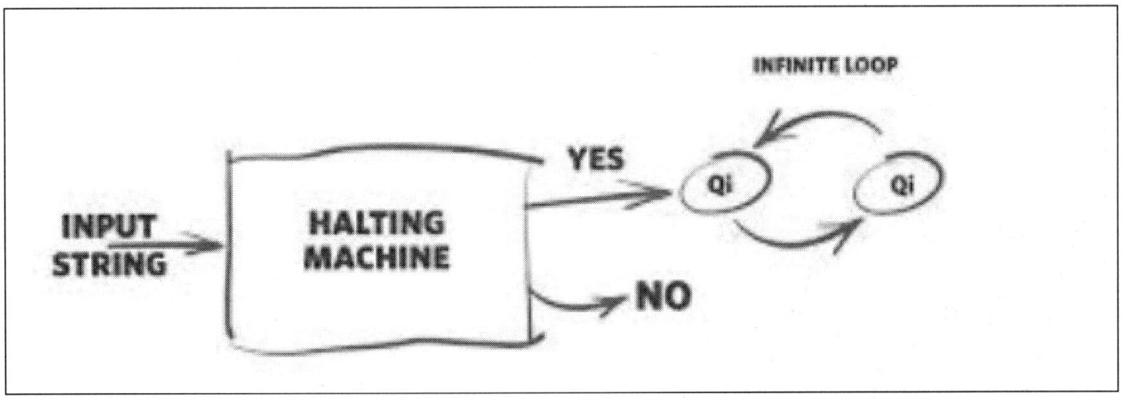

4.3 NP-Complete 문제

NP-Complete 문제: NP-Hard이면서 NP인 NP-Complete인 문제로는, 부분집합 합 문제 (subset-summation)가 있다. 이 문제는 정수 집합이 하나 있을 때, 원소를 모두 더하면 특정한 값 (예를 들어 0) 이 되는, 공집합이 아닌 부분집합이 있는지를 묻는 문제이다. 이 문제는 NP에 들어가므로 NP-Complete도 된다.

[2, 4, 7, 8, 9]   11

또다른 문제로는 SAT (satisfiability problem) 이 있다. 이 문제는 어떠한 변수들로 이루어진 논리식이 주어졌을 때, 그 논리식이 참이 되는 변수 값이 존재하는지를 찾는 문제이다.

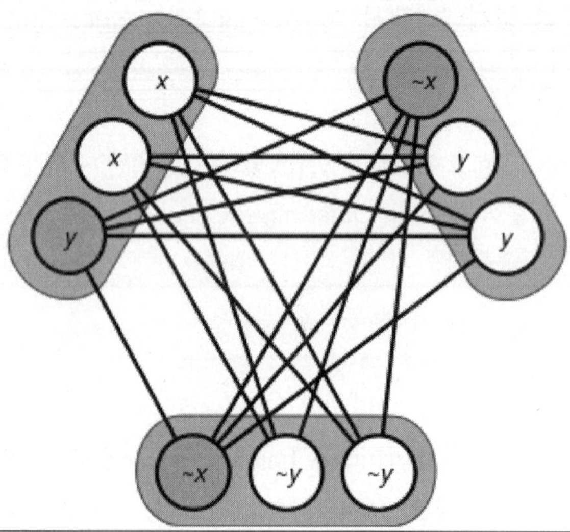

Hamiltonian Cycle, 문제는 모든 꼭지점을 한 번씩 지나는 경로이다. 아래 그림에서는 정십이면체의 모든 꼭지점을 지나는 해밀턴 순환이다.

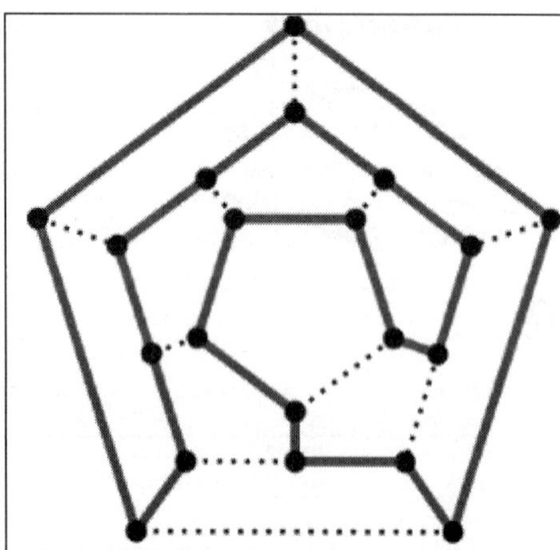

Graph-3-Coloring 문제는 그래프의 꼭지점들에, 같은 색이 인접하지 않도록 3가지 색을 부여하는 방법이다. 이를 사용하여 그래프의 불변량을 정의할 수 있다. 아래 그래프는 2개의 색으로 색칠할 수 없으며, 따라서 이 그래프의 색칠수는 3이다.

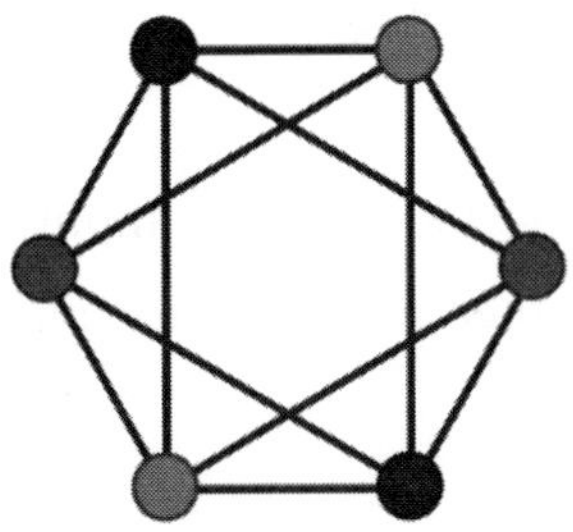

Maximum Clique 문제를 정의하기 전에, 그래프의 클릭(clique)이란 부분그래프이면서 그래프의 임의의 두 노드가 서로 연결된 것으로 정의된다. 즉, 완전 그래프인 부분그래프를 클릭이라 한다. 오른쪽 그림에서 노드 1, 2, 5로 이루어진 부분그래프는 클릭이 된다. 왜냐하면, 각 노드가 모든 나머지 노드와 연결되어 있기 때문이다. 반면 2, 5, 3으로 이루어진 그래프를 보면, 5와 3이 연결되어 있지 않아 클릭이 되지 못한다. Maximum Clique 문제는 maximum clique 즉 "A maximum clique is a clique that includes the largest possible number of vertices를 찾는 문제이다.

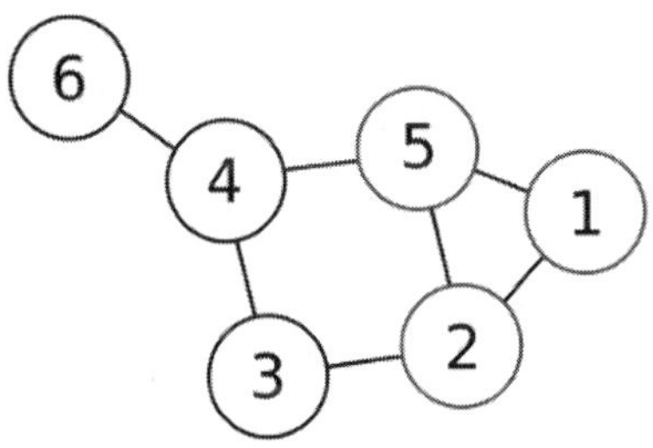

Steiner Tree 문제에서, Steiner Tree 는 "Steiner tree of some subset of the vertices of a graph G is a minimum-weight connected subgraph of G that includes all the vertices" 로 정의한다.

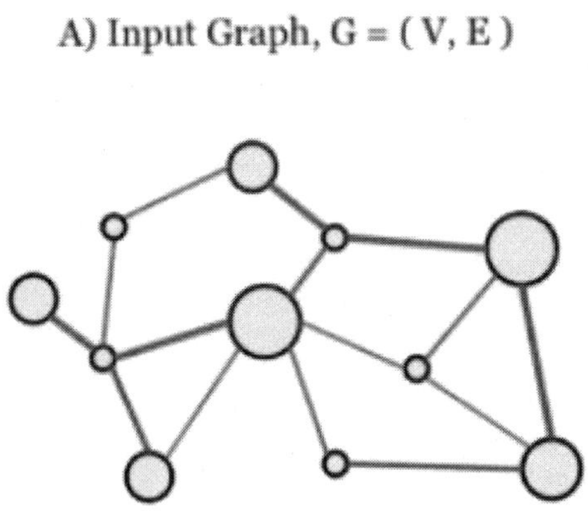

4.4 NP 문제

NP 문제: 대표적인 문제는 Factoring 문제, Graph Isomorphism 문제가 해당된다.

Factoring 문제는 다음과 같다. "integer factorization is the decomposition of a composite number into a product of smaller integers. If these factors are further restricted to prime numbers, the process is called prime factorization".

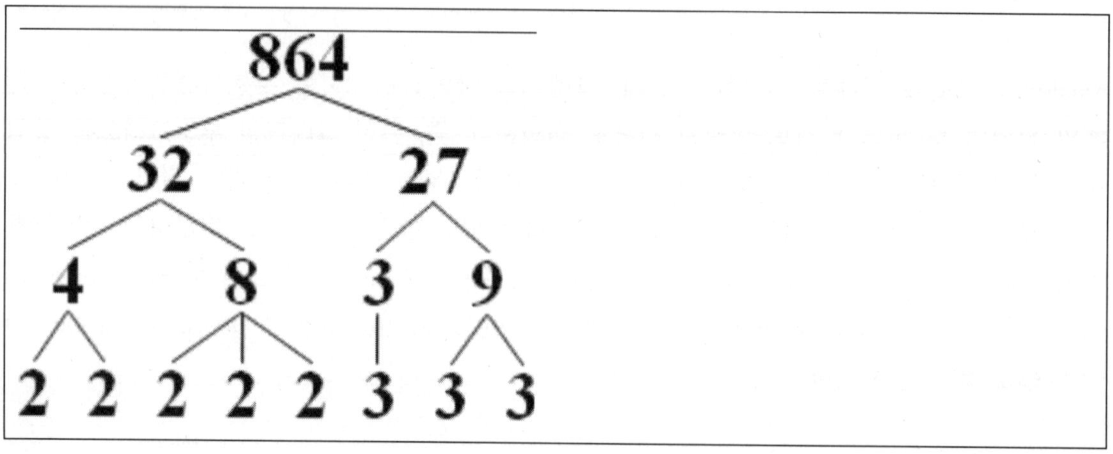

Graph Isomorphism 문제는 2개의 그래프가 서로 isomorphic 한지 검사하는 알고리즘이다. 모든 vertex가 매핑이 되고, 그들 간의 link가 보존이 되어야 한다.

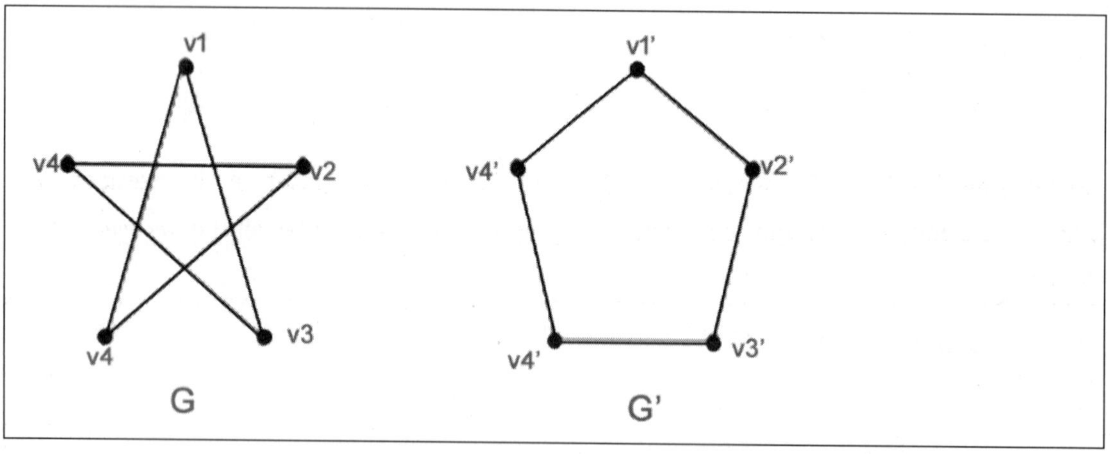

다음은 isomorphic 하지 않은 예이다.

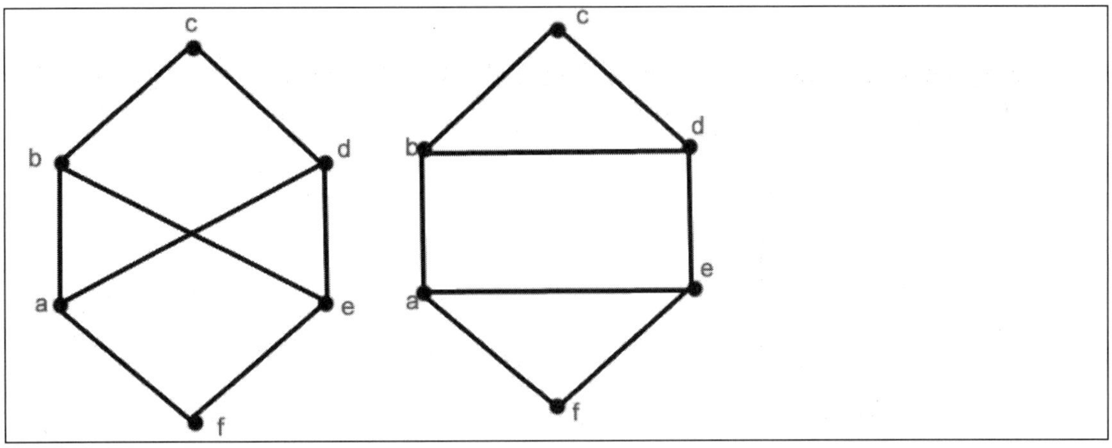

4.5 P 문제

P 문제: 대표적인 문제는 정렬 (sorting) 문제, Matrix Determinant, Linear programming, Graph connectivity 문제이다.

정렬 (sorting) 문제는 숫자의 순서를 맞추는 알고리즘이다.

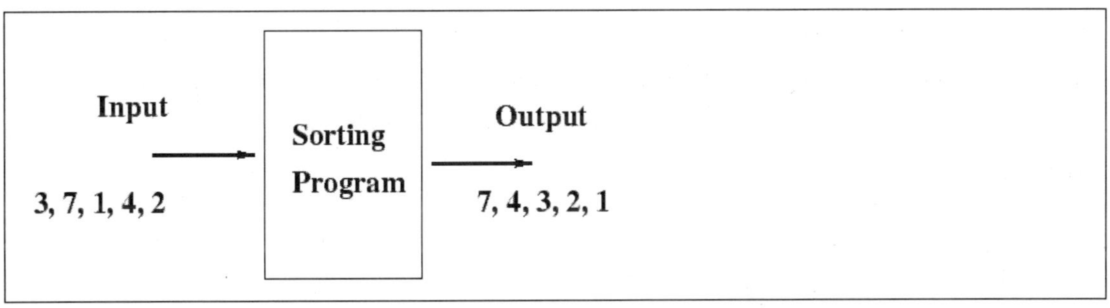

Matrix Determinant는 행렬의 determinant를 구하는 것으로 2x2 행렬과 3x3 행렬의 Matrix Determinant 는 다음과 같이 정의한다.

$$|A| = \begin{vmatrix} a & b \\ c & d \end{vmatrix} = (ad - bc)$$

$$|A| = \begin{vmatrix} a & b & c \\ d & e & f \\ g & h & i \end{vmatrix} = a\begin{vmatrix} e & f \\ h & i \end{vmatrix} - b\begin{vmatrix} d & f \\ g & i \end{vmatrix} + c\begin{vmatrix} d & e \\ g & h \end{vmatrix}$$

$$= a(ei - fh) - b(di - fg) + c(dh - eg)$$

$$= aei + bfg + cdh - ceg - bdi - afh$$

Linear programming은 linear 한 제약식이 주어진 경우에, 어떤 linear한 식을 최대로 만드는 변수를 찾는 문제이다.

$$\textit{constraints:} \begin{cases} x + y \geq 6 \\ x - y \geq 4 \\ x \geq 0 \\ y \geq 0 \end{cases}$$

$$\textit{Objective Function:} \quad C = 2x + y$$

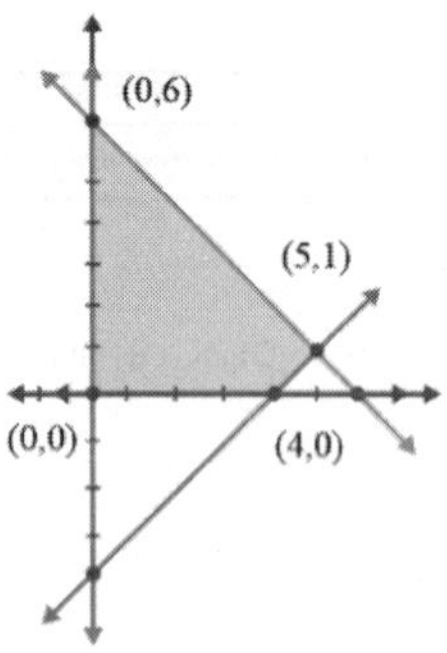

(0,0): C = 2(0) + (0) = 0 minimum

(0,6): C = 2(0) + (6) = 6

(5,1): C = 2(5) + (1) = 11 maximum

(4,0): C = 2(4) + (0) = 8

Graph connectivity에서 connectivity는 "the minimum number of elements (nodes or edges) that need to be removed to separate the remaining nodes into isolated subgraphs"로 아래 그림과 같이 그래프가 있을 때, 왼쪽 회색 부분의 맨 오른쪽 노드가 날라가면 그래프가 disconnected 가 된다.

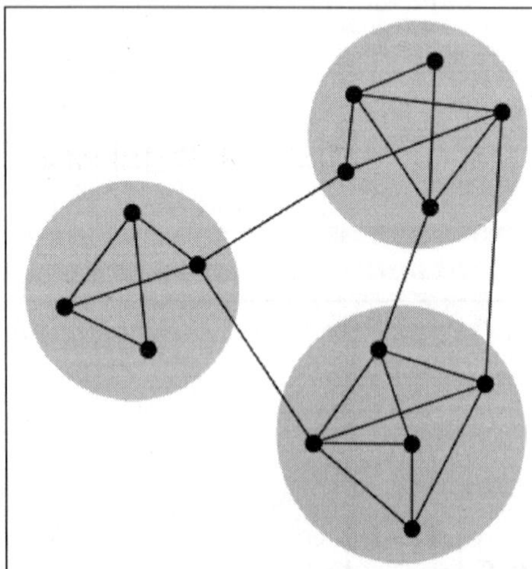

5장. Searching 알고리즘 만들기: Sequential Search 와 Binary Search

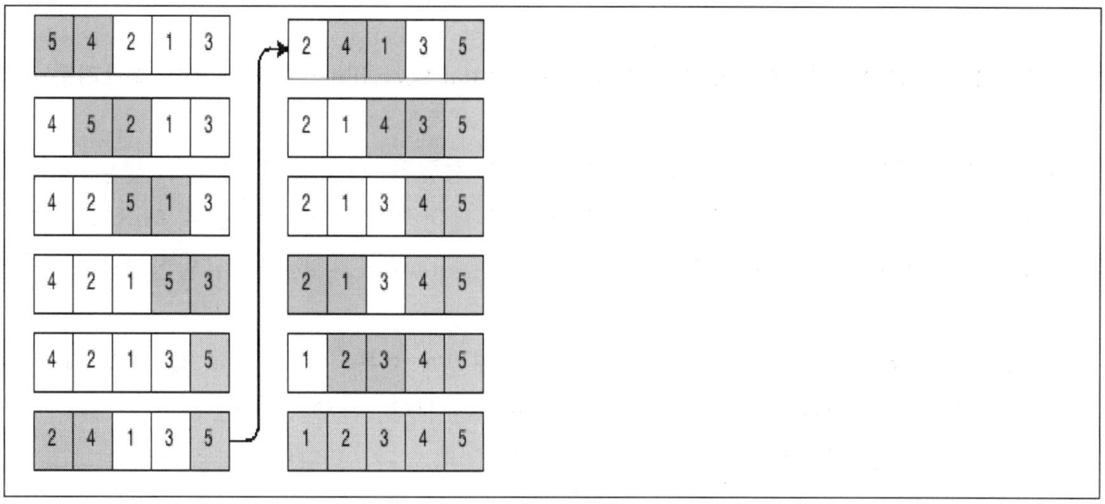

이 장에서는 숫자들의 리스트가 있을 때, 내가 원하는 숫자가 있는지를 찾는 알고리즘을 살펴본다. 일단 순서가 맞추어진 리스트인 경우와 그렇지 않는 경우가 있는데, 순서가 맞추어져 있지 않은 리스트라면 처음부터 끝까지 하나하나 읽고 비교하는 외에는 방법이 없다. 하지만 순서가 맞추어져 있다면, 전체 리스트를 반씩 나누어가면서 비교해가면 훨씬 수월하게 비교가 가능하다. 이 장의 순서는 다음과 같다.

5.1 Searching 문제
5.2 정렬되지 않은 데이터에서 검색을 위한 Sequential Searching (순차 탐색) 알고리즘
5.3 정렬된 데이터에서 검색을 위한 Binary Searching (이진 탐색) 알고리즘
5.4 정렬된 데이터에서 검색을 위한 Binary Searching (이진 탐색) 알고리즘의 구현
5.5 Binary Searching (이진 탐색)의 time complexity

5.1 Searching 문제

탐색이란 먼저 같은 성질을 갖는 항목의 집합 중에서 **필요한 특성 (어떤 조건이나 성질을**

만족하는) 을 갖는 항목을 찾아내는 것을 뜻하며, 비슷한 유형과 같은 자료형의 배열을 기준으로 탐색을 진행하게 된다.

5.2 정렬되지 않은 데이터에서 검색을 위한 Sequential Searching (순차 탐색) 알고리즘

탐색은 정렬된 데이터 집합에서 찾는 경우와 비 정렬된 데이터 집합에서 찾는 경우로 구분할 수 있다. 순서가 맞추어지지 않은 비정렬된 데이터 집합에서는 모든 데이터를 순번 차례로 찾는 순차탐색 알고리즘 (linear search 또는 sequential search)만 유일한 해답이다.

(예) Sequential Search (numbers[], X) 알고리즘은 배열에서 특정 숫자 X를 찾는 알고리즘이다. 처음부터 비교해 나가면서 찾는다. (단계 1) i를 0에서부터 배열 안의 숫자들의 개수인 n-1까지 A[i]와 X가 같은지 비교한다. A[i]와 X와 같은 인덱스 i가 있다면 i를 결과로 보내고, 없으면 -1을 반환한다.

```
i = 0;                  assignment: 1 step
while i < n             test: n + 1 steps
  if A[i] == v          test: 1 step * n iterations of the loop
     return true        return: 1 step  (only once!)
  i++                   increment: n times
return false            return: 1 step  (only once!)
```

Sequentail Searching(순차 탐색)의 알고리즘 구현은 다음과 같다. target과 배열의 원소값을 순차적으로 비교하는 반복을 두 값이 일치할 때까지 시행한다. 일치 시 해당 index를 반환하고 반복이 끝나기 때문에 같은 값이 여러 개일 경우 먼저 찾은 값을 반환한다. 일치하는 원소가 없는 경우 False를 반환한다. 이때 최대 반복 횟수는 배열의 길이만큼 시행되므로 시간복잡도(Time complexity)는 O(n)이다.

```
def sequentialSearch(array, target):
    length = len(array)
    for i in range(0, length):
        if target == array[i]:
            return i
    return False


target = 22
```

```
n_list = [16, 17, 18, 33, 22, 24, 45]

print(sequentialSearch(n_list, target))
```

```
4
```

5.3 정렬된 데이터에서 검색을 위한 Binary Searching (이진 탐색) 알고리즘

만약 순서가 오름차순이나 내림차순으로 맞추어져 있는 정렬된 데이터 집합이라면 좀더 빠른 알고리즘을 만들 수 있는데, 이진 탐색 알고리즘 (binary search algorithm)이 대표적이고, 그 외에 해쉬 탐색 알고리즘 (Hash search), 균형 잡는 나무 탐색 알고리즘 (balanced search tree), 기수 탐색 알고리즘 (radix search) 등이 있다.

순서가 맞추어져 있다고 할 때, **Binary Searching** 알고리즘은 가장 빠른 탐색 알고리즘으로서, 예를 들어 70억 명 중에서 특정한 정보를 탐색하려 할 때 최대 33번의 비교만으로 데이터를 찾아낼 수 있다. 이러한 binary search를 위해서는, 배열은 미리 정렬되어 있어야만 한다. 배열의 중앙에 있는 원소를 택한 뒤, 찾으려는 값이 해당 원소보다 크다면 해당 원소의 오른쪽 원소들만 취한다. 이 후, 오른쪽의 원소들에 대해서 마찬가지로 중앙에 있는 원소를 택한 뒤, 찾으려는 값과 크기 비교를 한 후, 위와 같은 과정을 이어나간다. 이러한 탐색 방법은 정렬이 되어있지 않으면 불가능하다.

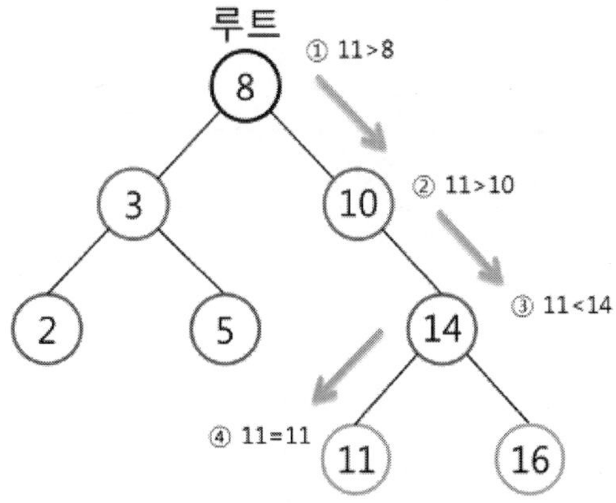

Binary Searching: 이진 탐색법은 검색 범위를 줄여서 원하는 데이터를 탐색하는 방법인데 데이터가 미리 정렬 되어야 한다. 실제로는 tree를 만들지는 않지만 이해를 돕기 위해 아래 그림과 같이 tree로 설명하면 편한다 (tree로 찾는 알고리즘은 binary search tree라는 다른 기법이 있다) 정렬된 배열의 중간 값을 pivot이라 하고 찾고자 하는 데이터가 pivot 값보다 큰지, 작은 지를 판단하여 pivot 값을 기준으로 양분된 데이터 중 한 부분만 조사하는 것이

다 (즉, pivot을 택하고, 찾으려는 값이 pivot 보다 크다면 pivot 의 오른쪽 원소들로 이동해서 다시 검색하고, 오른쪽의 원소들에 대해서 마찬가지로 중앙에 있는 원소를 택한 뒤, 찾으려는 값과 크기 비교를 한 후, 위와 같은 과정을 이어나간다.

아래와 같이 정렬된 배열에서 Binary Searching (이진 탐색) 알고리즘을 통해 23이란 데이터를 탐색한다고 해보자. 첫번째 과정으로 index middle을 구한다. low=0 이고 high=9 이므로 (low+high)/2에 따라 index middle은 4으로 결정되고 4에 있는 값은 16이다. 두번째 과정으로는 index middle과 찾으려는 값을 서로 비교하게 되는데, 만약 찾으려는 값이 index middle보다 작다면 index middle의 왼편에서 high를 index middle-1로 맞추고 다시 index middle을 선택하고 찾으려는 값이 index middle보다 크다면 index middle 오른편에서 low를 index middle+1로 맞추고 index middle을 다시 택한다. 위의 경우는 찾으려는 값이 23이고 첫번째 과정에서 선택된 index middle은 16이므로 index middle 왼편에 있는 데이터와는 더 이상 비교하지 않고 index middle 오른편에서 index middle을 다시 택하게 된다.

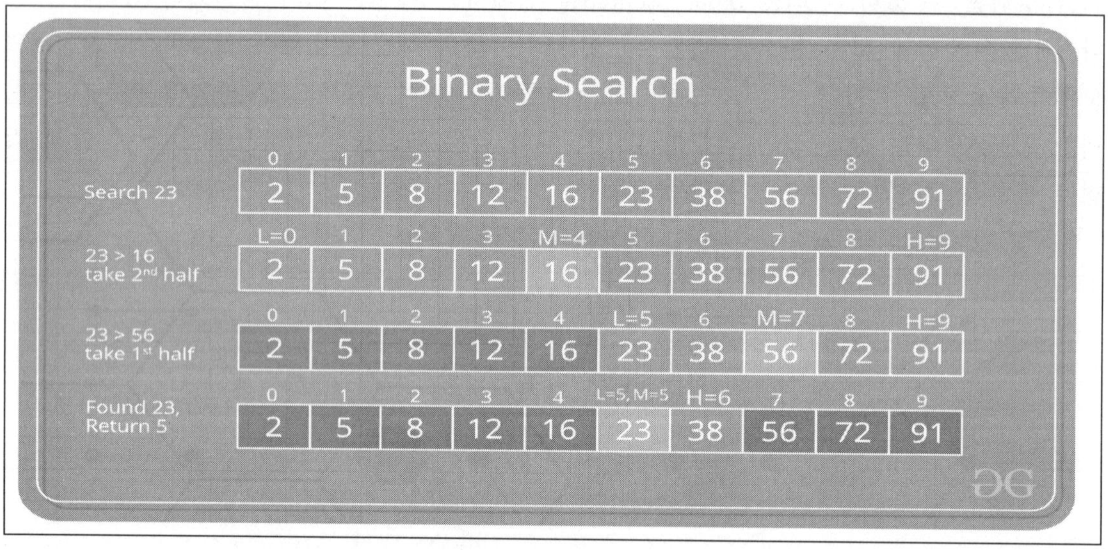

이제는 low=5가 되고 high는 변화없이 9이고 index middle은 7로 선택된다. Index middle이 가리키는 값 56이 찾으려는 값 23보다 크므로 이제는 더 이상 index middle 오른편의 데이터와는 비교하지 않고 왼편에서 데이터를 찾게 된다. 이렇게 되면 low는 5, high 는 6 이므로 index middle은 5가되고 index 5가 가리키는 데이터 8이 찾으려는 데이터 23과 일치하므로 탐색이 끝나게 된다.

춤으로 표현한 Binary Searching https://www.youtube.com/watch?v=iP897Z5Nerk

5.4 정렬된 데이터에서 검색을 위한 Binary Searching (이진 탐색) 알고리즘의 구현

Binary Searching (이진 탐색) 알고리즘의 구현은 다음과 같다. 정렬되지 않은 배열을 sort 함수를 이용하여 오름차순으로 정렬한 후 다음 과정을 반복한다. 탐색하는 범위의 양 끝 값 인덱스를 left와 right으로 정의하여 left와 right의 중간 값을 mid에 할당한다. mid에 해당하는 원소값이 target보다 큰 경우 탐색 범위를 left부터 (mid-1)로, 작은 경우 (mid+1)부터 right로 축소하여 다시 탐색한다. 위 과정을 target과 일치할 때까지 반복하는 반복문을 사용할 수도 있고, 위 과정을 함수로 정의하여 함수 내에서 탐색 범위를 변경해 다시 함수를 호출하는 재귀 방식을 사용할 수도 있다. 참고사이트:: https://codeomni.tistory.com/112

```
# loop based approach
def binarySearch(array, target, left, right):
    while left<=right:
        middle_idx = (left+right)//2
        print(middle_idx)
        middle = array[middle_idx]
        if target == middle:
            print('answer {}'.format(middle_idx))
            break
        elif middle > target:
            right = middle_idx-1
        elif middle < target :
            left = middle_idx+1
        else:
            return False

target = 25
m_list = [30, 94, 27, 92, 21, 37, 25, 47, 25, 53, 98, 19, 32, 32, 7]
length = len(m_list)

m_list.sort()
left = 0
right = length-1

binarySearch(m_list, target, left, right)
```

```
# recursion based approach
def binarySearch(array, target, left, right):
    middle_idx = (left+right)//2
    print(middle_idx)
    middle = array[middle_idx]
    if target == middle:
        print('answer {}'.format(middle_idx))
    elif middle > target:
        binarySearch(array, target,left,middle_idx-1)
    elif middle < target:
        binarySearch(array, target,middle_idx+1,right)
    else:
        return False

target = 25
m_list = [30, 94, 27, 92, 21, 37, 25, 47, 25, 53, 98, 19, 32, 32, 7]
length = len(m_list)

m_list.sort()
left = 0
right = length-1

binarySearch(m_list,target,0,right)
```

```
7
3
answer 3
```

5.5 Binary Searching (이진 탐색)의 time complexity

Binary searching 알고리즘은 작업이 한 번 수행될 때마다 처리해야 하는 데이터의 양이 절반으로 줄어드므로 시간복잡도 (Time complexity)는 다음과 같은 O(log n)형태의 그래프를 가지며 앞에서부터 순차적으로 데이터를 찾아가는 순차 탐색보다 속도가 현저하게 빠르다. 이진 탐색법은 O(log n)의 시간 복잡도를 가지고 있다. 데이터양이 많아져도 실질적으로 증가하는 소요 시간은 적다. 또 시간이 n으로 늘어난다면 탐색 가능한 데이터의 양이 (2^n)이 된다. O(log n)은 커다란 문제를 일정한 크기의 파트로 쪼개서 활용하는 것으로 해당 시간 복잡도를 가지는 이진 탐색법은 배열의 크기가 클수록 순차 탐색법보다 효과가 뛰어나다.

6장. 단순한 Sorting 알고리즘 만들기: Bubble Sort와 Insertion Sort

Algorithm	Time Complexity (Best)	Time Complexity (Average)	Time Complexity (Worst)	Space Complexity
Bubble Sort	O(n)	O(n^2)	O(n^2)	O(1)
Insertion Sort	O(n)	O(n^2)	O(n^2)	O(1)
Selection Sort	O(n^2)	O(n^2)	O(n^2)	O(1)

Sorting (정렬)은 순서가 맞추어져 있지 않은 숫자 리스트의 순서를 맞추는 알고리즘이다. 어떤 자료 검색을 하더라도 이미 정렬이 되어 있으면 log N (N은 자료의 수) 만에 찾을 수 있지만, 정렬이 되어 있지 않으면 최악의 경우에 N 번 비교 해야 한다. 이 장에서는 순서가 정렬이 되지 않은 리스트를 어떻게 빨리 정렬할 수 있는지를 살펴보도록 한다. 가장 단순한 알고리즘으로 Bubble Sorting (인접한 두 개의 숫자를 비교하여 2개 사이의 순서를 맞추는 것으로 단위 연산을 수행하는 방식), Insertion Sorting (자신보다 작은 수가 나올 때까지 계속해서 강을 거슬러 올라가듯이 찾아가는 방식)을 살펴본다. 이 장의 순서는 다음과 같다.

6.1 Sorting 문제
6.2 Bubble Sorting 알고리즘
6.3 Bubble Sorting 알고리즘의 구현
6.4 Bubble Sorting 의 시간 복잡도 (time complexity)
6.5 Insertion Sorting 알고리즘 동작
6.6 Insertion Sorting 알고리즘의 구현
6.7 Insertion Sorting의 Time Complexity

6.1 Sorting 문제

Sorting 알고리즘은 데이터베이스에서 특정 자료를 찾기 위한 searching 알고리즘의 전 단계로 사용한다. 순서가 맞추어져 있으면 binary searching 과 같은 빠른 알고리즘을 사용할 수 있지만, 정렬이 안 되어 있다면, 처음부터 끝까지 다 찾아야 하기 때문이다. 이 외에도, 배열 안에서 크기 차이가 가장 작은 두 값이나 k번째로 큰 값 등을 효율적으로 찾아낼 때에 정렬이 사용될 수 있다.

6.2 Bubble Sorting 알고리즘 동작

춤으로 표현한 Bubble Sorting https://www.youtube.com/watch?v=lyZQPjUT5B4

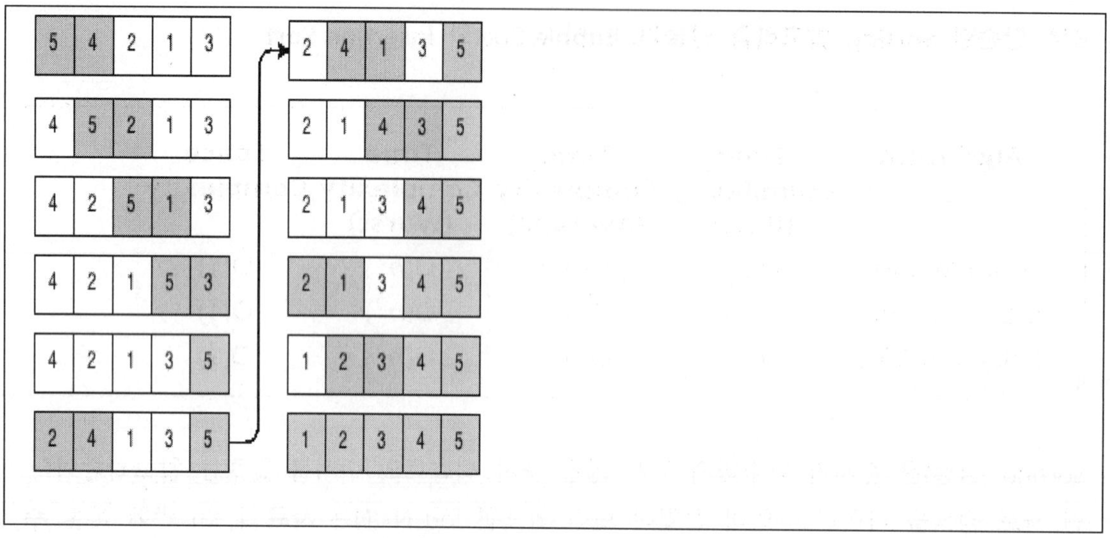

물방울 정렬은 가장 왼쪽의 데이터와 그 바로 옆의 데이터를 비교하는 데서 시작한다. 각 회전 (pass) 의 i번째 비교가 진행될 때는 배열의 i번째 요소와 i+1번째 요소를 서로 비교한다. 1회전이 종료된 이후에는 가장 큰 자료가 맨 뒤로 이동하게 되어 (1회전 마다 1개의 데이터가 제 자리를 찾는다), 2회전 진행 시작 당시 마지막 데이터는 정렬에서 제외된다. 이런 방식으로 n (n>=2)회전이 진행되기 전에 뒤에서 n-1 번째 데이터까지 정렬 대상에서 제외된다. 이러한 방식의 비교를 총 n(n-10)/2회 진행하면 해당 배열에 대한 크기 정렬이 완료된다.

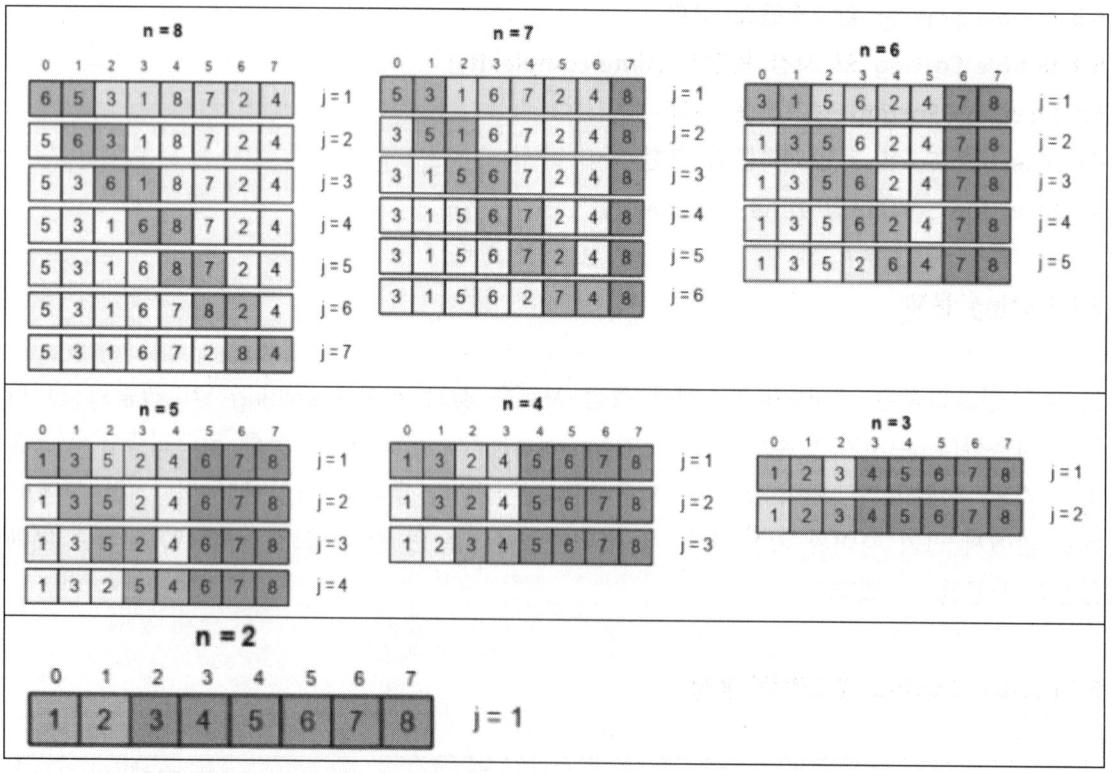

6.3 Bubble Sorting 알고리즘

Bubble Sorting 의 간단한 구현은 다음과 같다.

```
def bubble_sort(arr):
    for i in range(len(arr) - 1, 0, -1):
        for j in range(i):
            if arr[j] > arr[j + 1]:
                arr[j], arr[j + 1] = arr[j + 1], arr[j]
    return arr


arr = [5, 2, 8, 4, 3, 7]
print(bubble_sort(arr))
```

```
[2, 3, 4, 5, 7, 8]
```

이전 패스에서 앞뒤 자리 비교 (swap)이 한 번도 일어나지 않았다면 정렬이 완성되었다는 뜻으로, 이후 패스를 수행하지 않아도 된다. 이를 위한 최적화 코드를 적으면 다음과 같다.

```
def bubble_sort(arr):  # 최적화 1
    for i in range(len(arr) - 1, 0, -1):
        swapped = False
        for j in range(i):
            if arr[j] > arr[j + 1]:
                arr[j], arr[j + 1] = arr[j + 1], arr[j]
                swapped = True
        if not swapped:
            break

    return arr


arr = [5, 2, 8, 4, 3, 7]
print(bubble_sort(arr))
```

```
[2, 3, 4, 5, 7, 8]
```

이전 패스에서 앞뒤 자리 비교 (swap)가 있었는지 여부를 체크하는 대신 마지막으로 앞뒤 자리 비교가 있었던 index를 기억해두면 다음 패스에서는 그 자리 전까지만 정렬해도 된다.

따라서 한 칸씩 정렬 범위를 줄여나가는 대신 한번에 여러 칸씩 정렬 범위를 줄여나갈 수 있다.

```
def bubble_sort(arr): #최적화 2
    end = len(arr) - 1
    while end > 0:
        last_swap = 0
        for i in range(end):
            if arr[i] > arr[i + 1]:
                arr[i], arr[i + 1] = arr[i + 1], arr[i]
                last_swap = i
        end = last_swap

    return arr

arr = [3, 2, 5, 8, 4, 3, 7]
print(bubble_sort(arr))
```

```
[2, 3, 3, 4, 5, 7, 8].
```

6.4 Bubble Sorting 의 시간 복잡도 (time complexity)

물방울 정렬에 소요되는 시간은 데이터 정렬 정도로 파악되는 최상/평균/최악의 경우와 모두 상관없이 일정하게 n(n-10)/2회의 비교를 거쳐야 완료된다. 이에 물방울 정렬의 시간 복잡도는 O(n^2)으로 퀵 정렬, 힙 정렬, 합병 정렬, 기수 정렬 등 다른 정렬들과 비교하더라도 소요 시간 (Run-time)이 커서 비효율적인 방법이다.

Name	Best	Avg	Worst	Run-time(정수 60,000개) 단위: sec
삽입정렬	n	n^2	n^2	7.438
선택정렬	n^2	n^2	n^2	10.842
버블정렬	n^2	n^2	n^2	22.894
셸 정렬	n	$n^{1.5}$	n^2	0.056
퀵 정렬	$n\log_2 n$	$n\log_2 n$	n^2	0.014
힙 정렬	$n\log_2 n$	$n\log_2 n$	$n\log_2 n$	0.034
병합정렬	$n\log_2 n$	$n\log_2 n$	$n\log_2 n$	0.026

6.5 Insertion Sorting 알고리즘 동작

> **Insertion Sorting**: C 프로그래밍에서 Insertion Sorting (이하 '삽입 정렬'이라 한다)이란 정렬되지 않은 데이터 배열에 대하여 왼쪽으로부터 하나씩 임의의 저장소(temp)로 가져와 앞의 요소들과 차례대로 비교하는 정렬 방식이다.

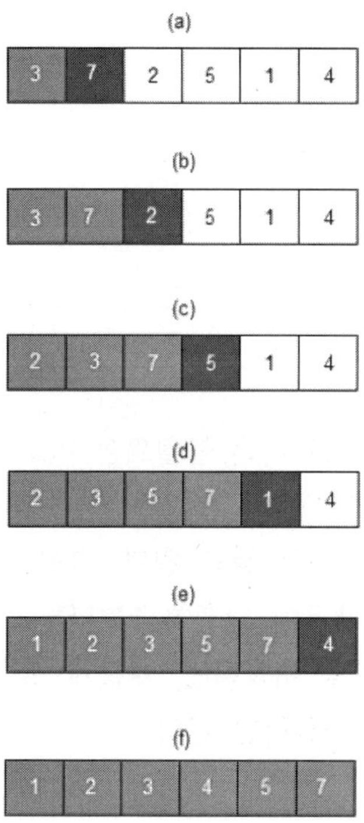

그림은 삽입 정렬의 알고리즘을 나타낸 것이다. 첫 번째 데이터 3은 비교 대상이 없으므로 '이미 정렬된 부분 (sorted)'으로 인식한다. 먼저, 두 번째 데이터 7을 3과 비교하여, 7이 더 크므로 두 번째 자리에 그대로 둔다. 세 번째 데이터 2를 7과 비교한다. 2는 7보다 작으므로 3과 비교할 자격이 주어지고 첫 번째 자리에 들어간다. 네 번째 데이터 5는 7보다 작고 3보다는 크므로 세 번째에 위치하게 된다. 다섯 번째 데이터 1은 모든 '이미 정렬된 부분'보다 작으므로 첫 번째 자리에 끼워 넣는다. 마지막 데이터 4는 앞선 과정과 마찬가지의 방식으로 네 번째 자리에 들어가게 되며 삽입 정렬 과정이 종료된다.

삽입 정렬은 아직 정렬되지 않은 임의의 데이터에 대하여 이미 정렬된 부분에서 적절한 위치를 찾아 삽입하는 방법이다. 즉, 위치를 찾고자 하는 요소를 앞선 배열과 차례로 비교함으로써 알맞은 곳에 끼워 넣는 것이다. 따라서 비교할 데이터가 없는 첫번째 자료는 그대로 둔 채, 두 번째 자료부터 시작한다.

> **춤으로 표현한 Insertion Sorting** https://www.youtube.com/watch?v=ROalU379l3U

6.6 Insertion Sorting 알고리즘

다음은 사용자로부터 5개의 정수를 입력 받아 insert sorting 방법을 이용하여 숫자들을 오름차순으로 정렬되게끔 하는 소스 코드이다. Insertion Sort를 위해서는 두 개의 반복문이 필요하다. 내부 반복문에서는 정렬 범위에 새롭게 추가된 값과 기존 값들을 뒤에서부터 계속해서 비교해 나가면서 앞의 값이 뒤의 값보다 클 경우 자리 교대 (swap)를 한다. 외부 반복문에서는 정렬 범위를 2에서 N으로 확대해 나간다.

```
# basic code of insertion sort
def insertion_sort(arr):
    for end in range(1, len(arr)):
        for i in range(end, 0, -1):
            if arr[i - 1] > arr[i]:
                arr[i - 1], arr[i] = arr[i], arr[i - 1]
return arr

arr = [4, 6, 5, 2, 7, 9, 3]
print(insertion_sort(arr))
```

```
[2, 3, 4, 5, 6, 7, 9]
```

기존에 있던 값들은 이전 패스에서 모두 정렬되었다는 점을 활용하면 불필요한 비교 작업을 제거할 수 있다. 예를 들어, 기존 정렬 범위 [1, 2, 3, 5]에 4가 새롭게 추가된다면, 5는 4보다 크기 때문에 swap이 필요하지만, 3은 4보다 작기 때문에 swap이 필요 없다. 그리고 3보다 앞에 있는 숫자들은 기존 패스에서 이미 정렬을 해놓았기 때문에 당연히 3보다는 작을 것이며, 더 이상의 4와 대소 비교는 무의미하게 된다. 이 사실을 이용하면, 새롭게 추가된 값보다 작은 숫자를 만나는 최초의 순간까지만 내부 반복문을 수행하면 된다.

```
def insertion_sort(arr):
    for end in range(1, len(arr)):
        i = end
        while i > 0 and arr[i - 1] > arr[i]:
            arr[i - 1], arr[i] = arr[i], arr[i - 1]
            i -= 1
  return arr

arr = [4, 6, 5, 2, 7, 9, 3]
print(insertion_sort(arr))
```

```
[2, 3, 4, 5, 6, 7, 9]
```

swap 작업없이 단순히 값들을 shift 시키는 것만으로도 삽입 정렬의 구현이 가능하다. 앞의 값이 정렬 범위에 추가시킨 값보다 클 경우 앞의 값을 뒤로 밀다가 최초로 작은 값을 만나는 순간 그 뒤에 추가된 값을 넣으면 된다.

```
def insertion_sort(arr):
    for end in range(1, len(arr)):
        to_insert = arr[end]
        i = end
        while i > 0 and arr[i - 1] > to_insert:
            arr[i] = arr[i - 1]
            i -= 1
        arr[i] = to_insert
    return arr


arr = [4, 6, 5, 2, 7, 9, 3]
print(insertion_sort(arr))
```

```
[2, 3, 4, 5, 6, 7, 9]
```

6.7 Insertion Sorting의 Time Complexity

Efficiency n개의 요소가 있다고 할 때, 데이터 어느 정도 정돈되어 있는 최선의 경우 총 (n-1)번 (시간 복잡도 O(n)) 수행하게 된다는 점에서 효율성이 돋보이나, 마지막 데이터까지 모든 수를 비교해야 하는 가장 번거로운 경우, 즉, 역순일 때에는 총 n*(n-1)/2번 (시간 복잡도 O(n^2)) 수행하게 된다. 기존 자료의 정렬 정도에 따라 처리하는 데이터 양의 편차가 극심하기 때문에 효율적인 방법이라고 단정할 수는 없다.

Name	Best	Avg	Worst	Run-time(정수 60,000개) 단위: sec
삽입정렬	n	n^2	n^2	7.438
선택정렬	n^2	n^2	n^2	10.842
버블정렬	n^2	n^2	n^2	22.894
셸 정렬	n	$n^{1.5}$	n^2	0.056
퀵 정렬	$n\log_2 n$	$n\log_2 n$	n^2	0.014
힙 정렬	$n\log_2 n$	$n\log_2 n$	$n\log_2 n$	0.034
병합정렬	$n\log_2 n$	$n\log_2 n$	$n\log_2 n$	0.026

Stability 알고리즘에서 안정한 정렬이라는 것은 같은 값을 정렬할 때 상대적인 위치가 바뀌지 않는 경우를 뜻한다. 예컨대 기존의 정렬은 왼쪽 그림과 같다. 이와 같은 자료들을

오름차순으로 배열한다고 했을 때, 안정 정렬은 하트4와 스페이스4의 기존의 순서가 그대로 유지된다. 한편, 불안정한 정렬은 스페이스4가 하트4보다 선행될 가능성이 있다. 삽입 정렬의 경우에는 안정한 정렬 방법을 따르고 있다.

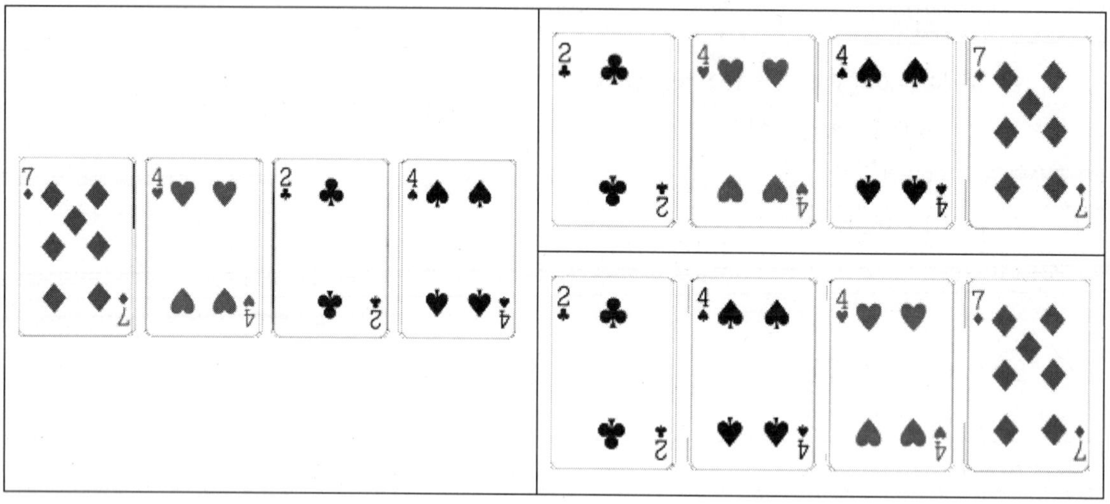

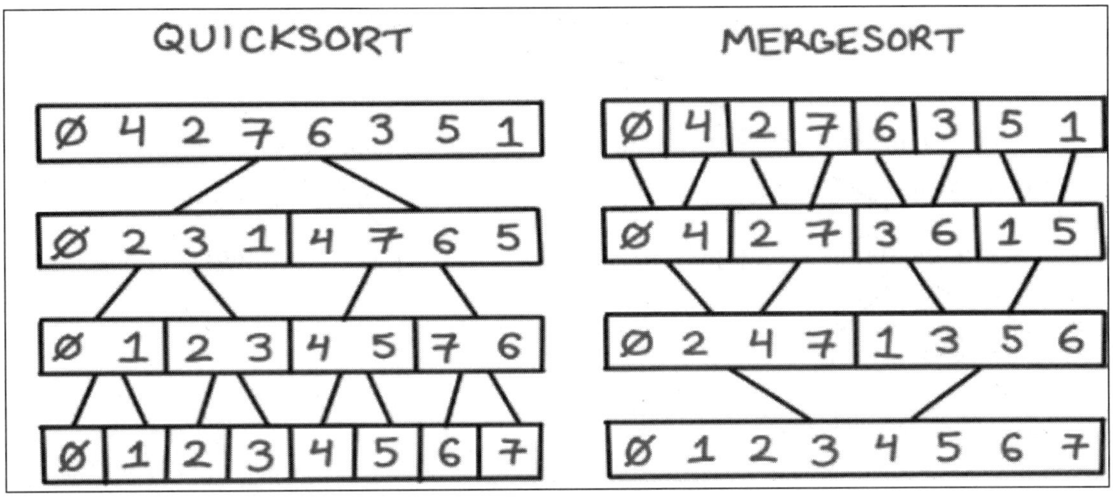

이 장에서는 순서가 정렬이 되지 않은 리스트를 어떻게 더 빨리 정렬할 수 있는지를 살펴보도록 한다. 빨리 정렬할 수 있는 방법의 주요 생각은 전체 대상을 반으로 나누어 따로따로 정렬하는 방식이다. Quick Sorting은 전체를 1/2 씩 나누어서 전개하는 방법이고 (top-down), Merge Sorting은 밑에서부터 2개씩 모아가면서 위로 올라가는 방법 (bottom up) 방식이다. 이 장의 순서는 다음과 같다.

7.1 Sorting 문제

Sorting 알고리즘은 데이터베이스에서 특정 자료를 찾기 위한 searching 알고리즘의 전 단계로 사용한다. 순서가 맞추어져 있으면 binary searching 과 같은 빠른 알고리즘을 사용할 수 있지만, 정렬이 안 되어 있다면, 처음부터 끝까지 다 찾아야 하기 때문이다. 이 외에도, 배열 안에서 크기 차이가 가장 작은 두 값이나 k번째로 큰 값 등을 효율적으로 찾아낼 때에 정렬이 사용될 수 있다.

7.2 Quick Sorting 알고리즘의 동작

춤으로 표현한 Quick Sorting: https://www.youtube.com/watch?v=ywWBy6J5gz8

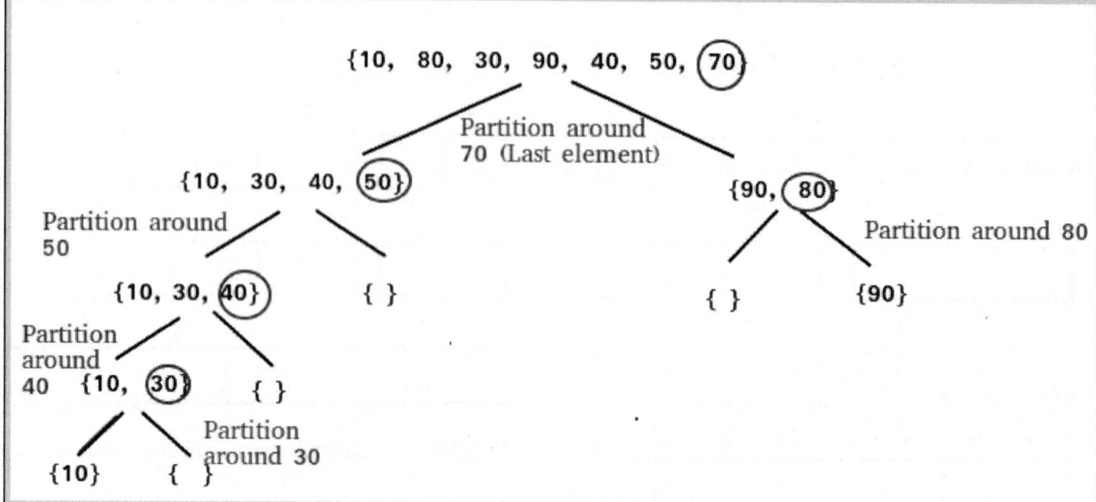

우선 Quick Sorting 알고리즘은 위의 그림과 같이, 정렬할 대상을 반씩 나누어서 각각을 따로 따로 처리한다는 것이 핵심이다. 알고리즘은 (1) 잘 정의된 입력, (2) 잘 정의된 출력이 있어야 하는데, “잘 정의된 (well-defined)” 이라는 뜻은 애매 모호하지 않게 정의된다는 의미이다. Quick Sorting의 입력과 출력을 정의하면 다음과 같다. (1) **Well-defined Input:** Quick sorting은 배열을 정렬하는 것이므로, 원소들의 배열을 input으로 받는다. (2) **Well-defined Output**: 원소들이 크기 순으로 정렬된 배열이 output이 된다. Increasing order (오름차순) 또는 decreasing order (내림차순)으로 값 들을 정렬할 수 있으며, increasing order로 정렬할 때, 데이터 값이 거꾸로 되어 있다면 계산 시간은 최악이 된다.

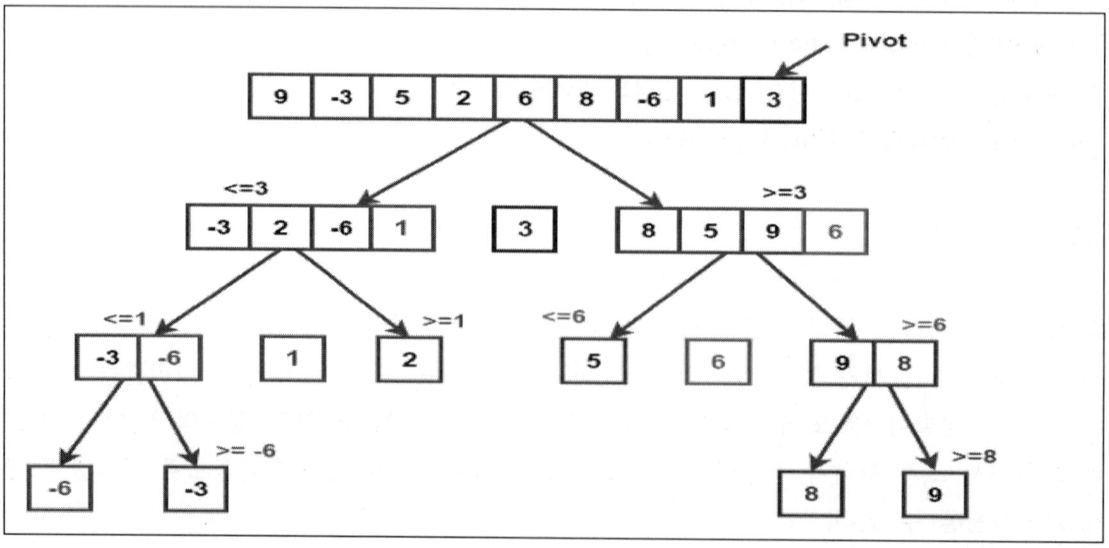

Quick Sorting 알고리즘의 단계가 명확한지 조사해보면, (3) **Clear and Unambiguous**: Input 배열에서 하나의 원소 (pivot) 을 고른다. Pivot 앞에는 pivot보다 값이 작은 모든 원소들이,

뒤에는 pivot보다 큰 모든 원소들이 위치하도록 배열을 둘로 분할한다. 분할된 두 개의 작은 배열에 대해 재귀적으로 위의 과정을 반복한다. 재귀는 각 배열의 크기가 0이나 1이 될 때까지 반복된다.

분할 처리가 한 번 진행될 때마다 최소한 하나의 원소는 최종적으로 위치가 정해지므로, 이 quick sort 알고리즘은 반드시 끝난다는 것을 보장할 수 있다.

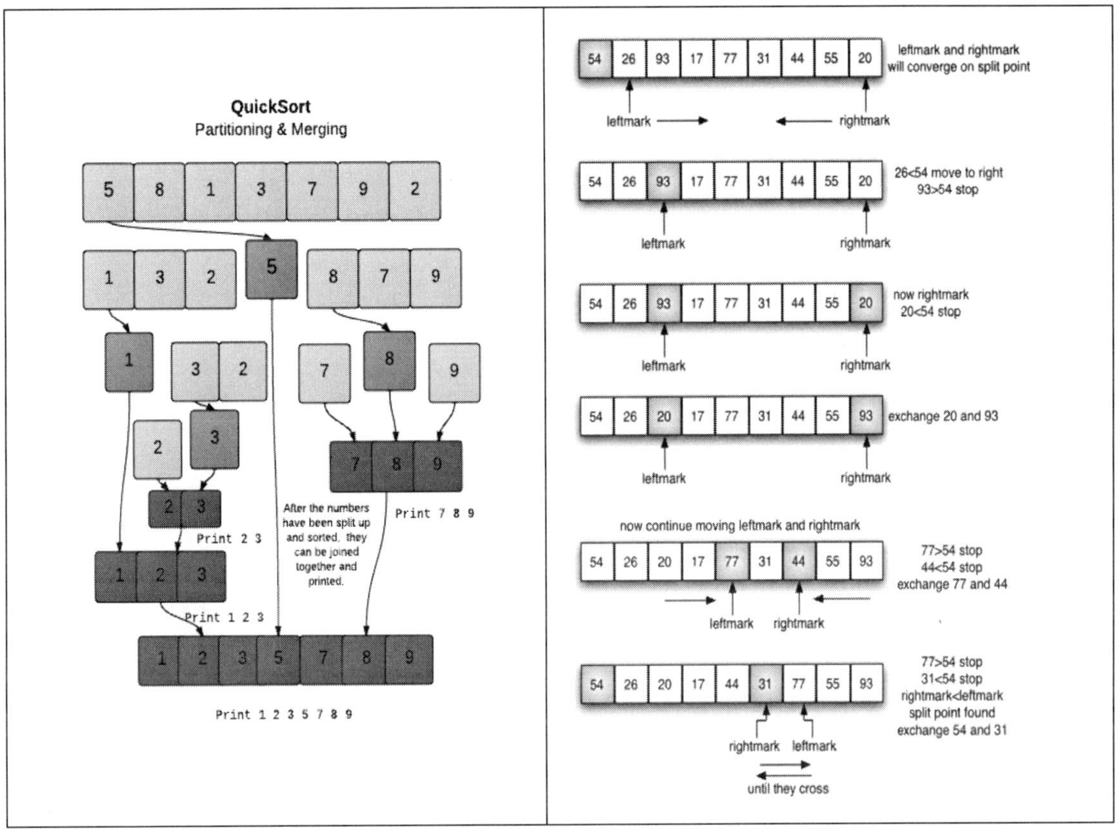

Quick sorting 알고리즘을 pseudo code로 쓰면 다음과 같다. quicksort(A, 0, length(A) - 1) 로 아래 알고리즘을 호출한다. 위의 partition 알고리즘에 따라 성능 차이가 나게 되는데, Hoare version 은 다음 오른쪽과 같다.

Quick sorting (또는 **partition-exchange sorting**) 는 Hoare가 개발한 정렬 알고리즘이다. 배열에서 하나의 원소 (pivot) 을 고른 뒤, 이 pivot을 기준으로 작으면 왼쪽, 크면 오른쪽으로 원소들을 배치시킨다. 정렬이 될 때까지 각 왼쪽과 오른쪽을 나누어서 분할 처리한다. 일반적인 경우 Quick 정렬은 다른 알고리즘에 비해 빠르게 동작하는 편이라 이름의 기원이 되었다.

<pre>algorithm quicksort(A, lo, hi) is
    if lo < hi then
        p := partition(A, lo, hi)
        quicksort(A, lo, p - 1)
        quicksort(A, p + 1, hi)
 	
algorithm partition(A, lo, hi) is
    pivot := A[hi]
    i := lo
    for j := lo to hi do
        if A[j] < pivot then
            swap A[i] with A[j]
            i := i + 1
    swap A[i] with A[hi]
    return i</pre>
	<pre>algorithm quicksort(A, lo, hi) is
	    if lo < hi then
	        p := partition(A, lo, hi)
	        quicksort(A, lo, p)
	        quicksort(A, p + 1, hi)
	
	algorithm partition(A, lo, hi) is
	    pivot := A[⌊(hi + lo) / 2⌋]
	    i := lo - 1
	    j := hi + 1
	    loop forever
	        do
	            i := i + 1
	        while A[i] < pivot
	        do
	            j := j - 1
	        while A[j] > pivot
	        if i ≥ j then
	            return j
	        swap A[i] with A[j]</pre>

7.3 Quick Sorting 알고리즘

Quick sorting 알고리즘은 아래와 같이 구현할 수 있다. 아래의 코드는, 배열의 원소 개수와 각 원소의 값을 사용자에게 입력 받은 후, 생성된 배열을 quick sorting 정렬한 뒤 출력하는 프로그램이다. 먼저 리스트의 정 가운데 있는 값을 pivot 값으로 선택하고, pivot 값보다 작은 값, 동일한 값 그리고 큰 값을 담아둘 3개의 리스트를 생성한다. 그리고 반복문을 통해 각 값을 pivot과 비교 후에 해당하는 리스트에 추가한다. 그 다음 작은 값과 큰 값을 담고 있는 배열을 대상으로 퀵 정렬 함수를 재귀적으로 호출한다. 마지막으로 재귀 호출의 결과를 다시 크기 순으로 합치면 정렬된 리스트를 얻을 수 있다.

```
def quick_sort(arr):
    if len(arr) <= 1:
        return arr
    pivot = arr[len(arr) // 2]
    lesser_arr, equal_arr, greater_arr = [], [], []
    for num in arr:
        if num < pivot:
            lesser_arr.append(num)
```

```
        elif num > pivot:
            greater_arr.append(num)
        else:
            equal_arr.append(num)
    return quick_sort(lesser_arr) + equal_arr + quick_sort(greater_arr)
```

위의 구현은 간결하고 이해하기 쉽지만 매번 재귀 호출될 때 마다 새로운 리스트를 생성하여 리턴하기 때문에 메모리 사용 측면에서 비효율적이다. 큰 사이즈의 입력 데이터를 다뤄야하는 상용 코드에서는 이러한 단점은 치명적으로 작용할 수 있기 때문에 추가 메모리 사용이 적은 in-place 정렬을 사용해야 한다.

```
def quick_sort(arr):
    def sort(low, high):
        if high <= low:
            return

        mid = partition(low, high)
        sort(low, mid - 1)
        sort(mid, high)

    def partition(low, high):
        pivot = arr[(low + high) // 2]
        while low <= high:
            while arr[low] < pivot:
                low += 1
            while arr[high] > pivot:
                high -= 1
            if low <= high:
                arr[low], arr[high] = arr[high], arr[low]
                low, high = low + 1, high - 1
        return low
    sort(0, len(arr) - 1)
    return arr

arr = [1, 3, 4, 2, 7, 5]
print(quick_sort(arr))
```

```
[1, 2, 3, 4, 5, 7]
```

7.4 Quick Sorting의 Time Complexity

Average Time Complexity n개의 원소를 가진 배열이 두 개의 거의 같은 부분 집합으로 나뉜다고 가정하여 얻을 수 있는 평균 time complexity는 다음과 같다. 즉 최선의 경우에, 데이터 개수 n이 $n=2^k$ 라고 가정하면 순환 호출의 깊이는 $k=\log_2 n$ 이 되고 각 단계별로 평균 n번의 비교가 이루어지므로 time complexity는 O(nlogn)이다. 수식으로 정리하면 아래 식과 같이 유도할 수 있다. (T(n): 배열을 정리하는 데 걸리는 시간, c: 상수)

$$\begin{aligned} T(n) &\geq cn + 2T\left(\frac{n}{2}\right) \\ &\geq cn + 2\left\{\frac{cn}{2} + 2T\left(\frac{n}{4}\right)\right\} \\ &\geq 2cn + 4T\left(\frac{n}{4}\right) \\ &\cdots \\ &\geq cn\log_2 n + nT(1) = O(n\log_2 n) \end{aligned}$$

Worst-case Time Complexity pivot이 배열 안에서 최소값이거나 최대값에 해당하는 상황이 매번 일어날 때 발생할 수 있다. 즉, n개의 데이터를 정렬할 때, 리스트의 순서가 정렬 순서의 반대인 경우에는 순환 호출의 깊이가 n이 되고 각 단계마다 전부 비교한다고 가정하면 평균 n번의 비교가 이루어지므로 time complexity는 $O(n^2)$이다. 예를 들어, increasing order (오름차순) 로 정렬할 때, 데이터 값이 거꾸로 되어 있었다면 계산 시간은 최악이 된다.

Name	Best	Avg	Worst	Run-time(정수60,000개) 단위: sec
삽입정렬	n	n^2	n^2	7.438
선택정렬	n^2	n^2	n^2	10.842
버블정렬	n^2	n^2	n^2	22.894
셸 정렬	n	$n^{1.5}$	n^2	0.056
퀵 정렬	$n\log_2 n$	$n\log_2 n$	n^2	0.014
힙 정렬	$n\log_2 n$	$n\log_2 n$	$n\log_2 n$	0.034
병합정렬	$n\log_2 n$	$n\log_2 n$	$n\log_2 n$	0.026

7.5 Merge Sorting 알고리즘 동작 원리와 Python 구현

춤으로 표현한 Merge Sorting:
https://www.youtube.com/watch?v=XaqR3G_NVoo&feature=emb_title

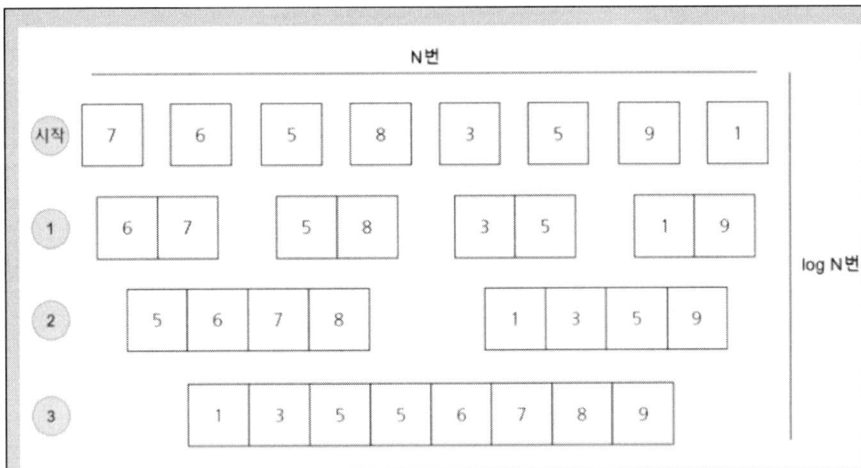

Merge Sorting: (병합 정렬 또는 합병 정렬)는 1945년에 존 폰 노이만이 개발한 대표적인 Divide & Conquer 알고리즘이다. 리스트를 두 개로 분할하고 분할한 각각의 리스트를 정렬한 후에 그 결과를 하나의 리스트로 병합하는 방식이다.

1. 리스트의 길이가 1 이하이면 이미 정렬된 것으로 본다. 그렇지 않으면
2. **분할 (divide)**: 정렬되지 않은 리스트를 절반으로 잘라 비슷한 크기의 두 부분 리스트로 나눈다.
3. **정복 (conquer)**: 각 부분 리스트를 재귀적으로 합병 정렬을 이용해 정렬한다.
4. **결합(combine)**: 두 부분 리스트를 다시 하나의 정렬된 리스트로 합병한다. 이때 정렬 결과가 임시배열에 저장된다.
5. **복사 (copy)**: 임시 배열에 저장된 결과를 원래 배열에 복사한다.

예를 들어, (7, 6, 5, 8, 3, 5, 9, 1) 데이터를 정렬하는 경우, 다음과 같이 진행한다. 일단 (7,6,5,8) 부분과 (3,5,9,1) 부분으로 나눈다.

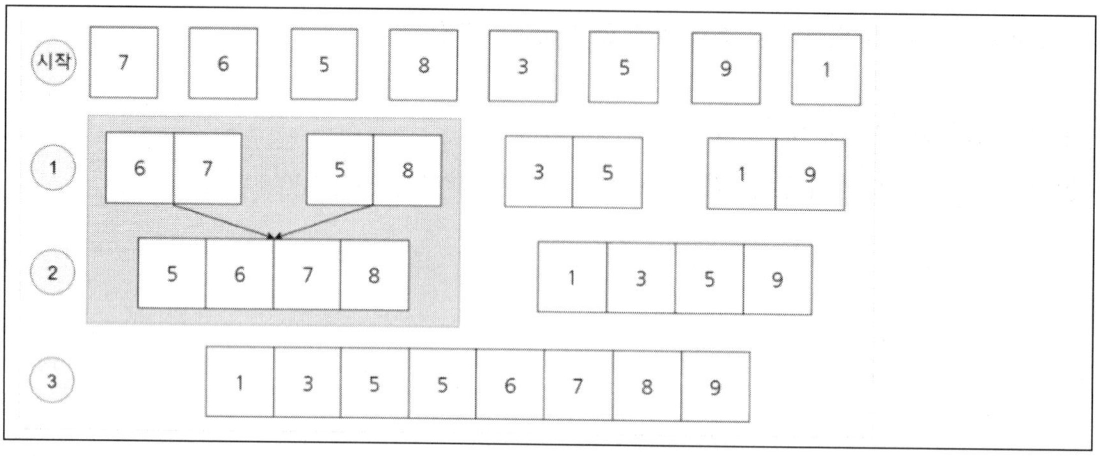

하나의 큰 문제를 두개의 작은 문제로 분할한 뒤에 각자 계산하고 합치는 방법을 채택하며 합치는 순간에 정렬을 수행한다.

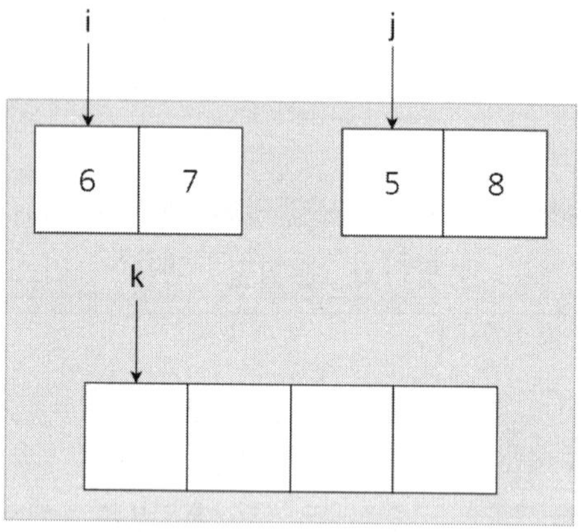 Step 1	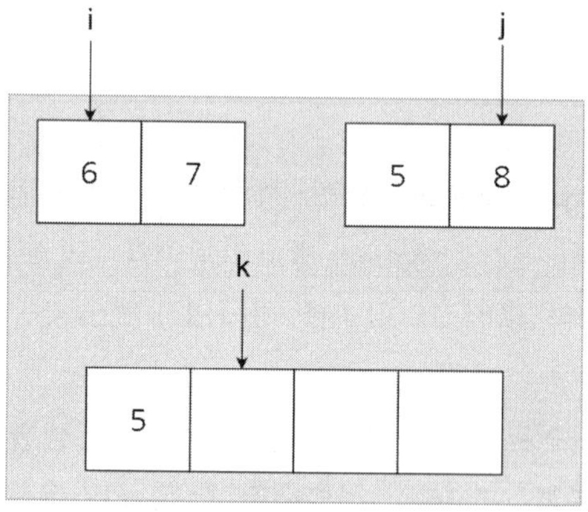 Step 2
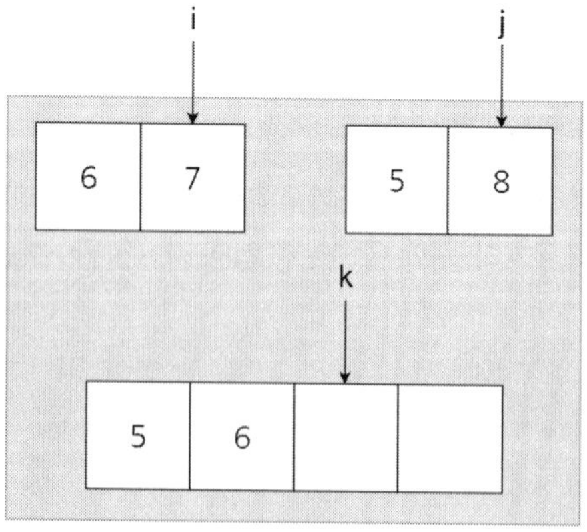 Step 3	비어있는 정렬을 만들고 왼쪽(i) 오른쪽(j)을 비교하여 숫자를 k에 넣는다.

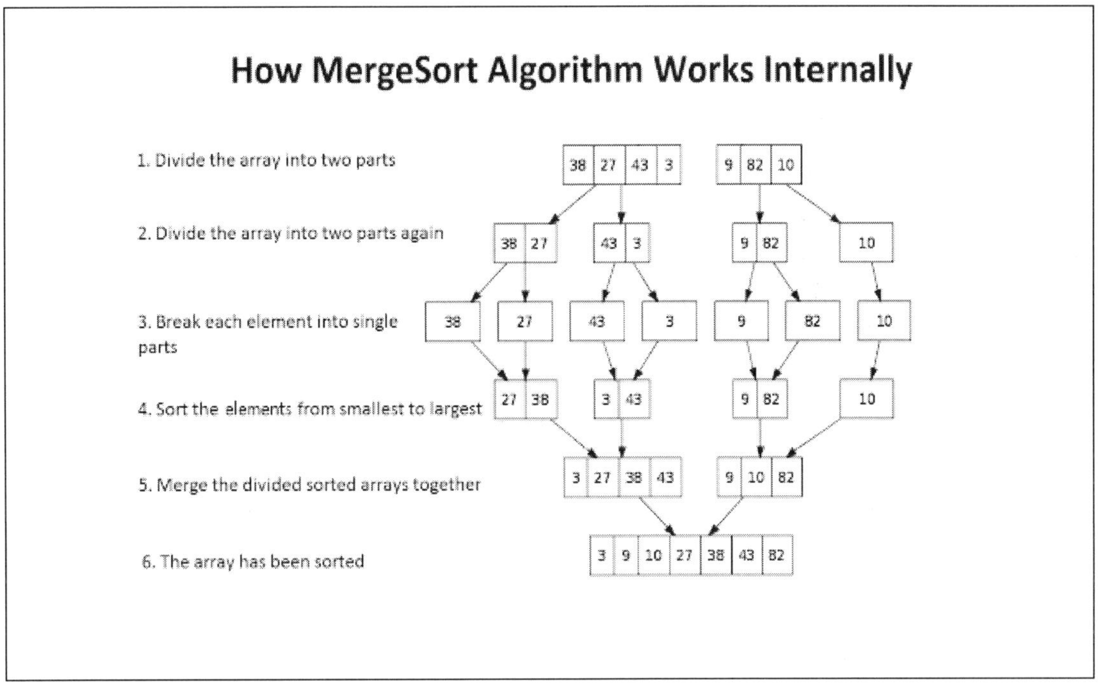

다음은 Merge Sorting 알고리즘을 구현한 Python 코드이다.

```
def merge_sort(list):
    if len(list) <= 1:
        return list
    mid = len(list) // 2
    leftList = list[:mid]
    rightList = list[mid:]
    leftList = merge_sort(leftList)
    rightList = merge_sort(rightList)
    return merge(leftList, rightList)

def merge(left, right):
    result = []
    while len(left) > 0 or len(right) > 0:
        if len(left) > 0 and len(right) > 0:
            if left[0] <= right[0]:
                result.append(left[0])
                left = left[1:]
            else:
                result.append(right[0])
```

```
                    right = right[1:]
            elif len(left) > 0:
                result.append(left[0])
                left = left[1:]
            elif len(right) > 0:
                result.append(right[0])
                right = right[1:]
        return result


n_list = [1, 6, 4, 8, 3, 9, 2]
n_list = merge_sort(n_list)
print(n_list)
```

```
[1, 2, 3, 4, 6, 8, 9]
```

7.6 Merge Sorting의 Time Complexity

데이터 집합의 크기를 n이라 하자. 우선 이 데이터 집합을 한 번 분할하면 n/2의 크기를 갖는 데이터 집합이 2개 생긴다. 한 번 더 분할하면 크기가 n/4인 데이터 집합이 4개가 생긴다. 즉, $\log_2 n$번 분할을 반복하면 크기가 1인 데이터 집합을 만들어낼 수 있다. 그리고 각 단계는 2^i개의 집합이 있고 하나의 집합 안에 있는 데이터의 크기는 $\frac{n}{2^i}$이므로 Merge Sort의 시간 복잡도는 $O(n \log n)$이며, 최선의 시간 복잡도와 최악의 시간 복잡도가 항상 같다.

Quick Sort는 Pivot 값을 선정한 후 데이터가 정렬되기 때문에 내부 루프가 수행된다. 반면, Merge Sort는 정렬되지 않은 데이터 쌍에서 데이터 쌍을 나누고 정렬하는 외부 루프가 필요하다. 최악의 경우 Quick Sort는 $O(n^2)$의 시간 복잡도를 갖지만 Merge Sort는 항상 $O(n \log n)$의 시간 복잡도를 가지게 되고, 일반적인 상황이면 내부 루프로 수행되는 Quick Sort 방식이 데이터 정렬을 조금 더 빠르게 수행할 수 있다.

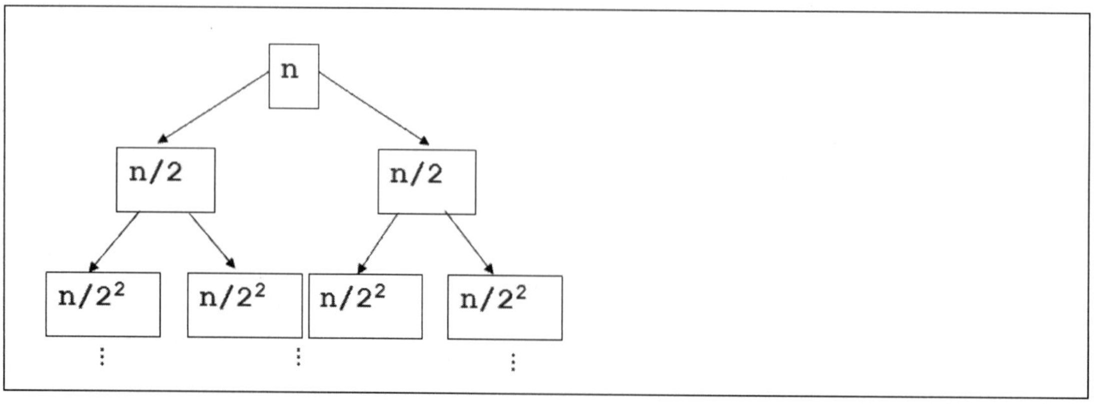

그러면 Quick Sort에 비해 Merge Sort가 성능이 떨어지고, 데이터 크기만큼의 메모리가 추가적으로 더 필요한데 왜 사용되는 것일까? 이는 Merge Sort의 장점인 안정성에서 기인한다. Merge Sort는 데이터의 상태에 영향을 받지 않기 때문에, Quick Sort에서 잘못 배열될 수 있는 데이터도 올바른 순서로 정렬한다. 그리고 정렬되어 있는 두 집합을 병합할 때 이 알고리즘의 마지막 단계를 이용하면 가장 빠르게 수행할 수 있다. 즉, Quick Sort와 Merge Sort는 장단점을 가지고 있으며 Quick Sort는 데이터 양이 적을 경우 빠르고 Merge Sort는 대규모 데이터 정렬 과정에서 매우 효율적인 것으로 알려져 있다.

Merge Sorting의 장점: 데이터 이동이 local 하게 이루어지므로, SSD 등의 하드디스크 장치의 정렬에서 많이 이용된다.

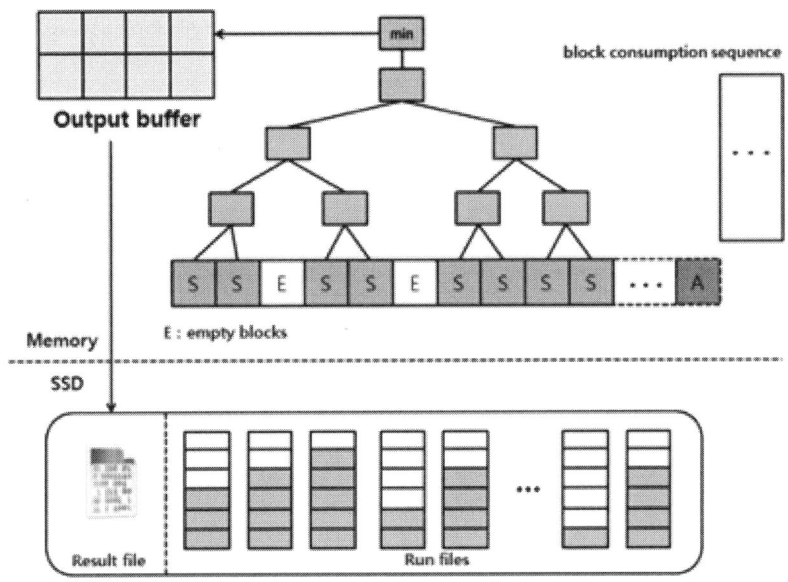

8장. 특수한 자료 구조를 사용해 빨라진 Heap Sort 알고리즘

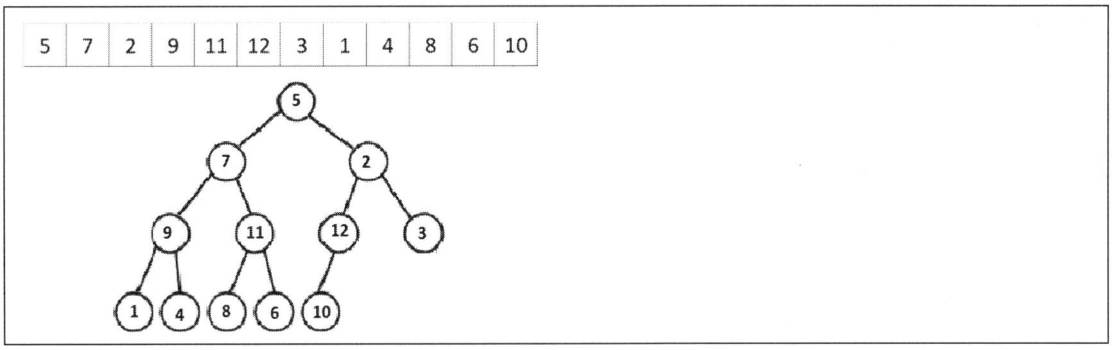

컴퓨터과학부의 <자료구조>라는 과목을 접하고 나면, 처음에는 당연한 것을 왜 배우나 하고 생각하다가, 어느 순간 데이터 자체가 기본적인 알고리즘 특성을 하도록 만들어놓으면 단순히 데이터를 넣어두는 공간이 아니라 쉽게 데이터를 처리할 수 있다는 것을 알 수 있게 된다. 예를 들어, 창고를 관리하는 관리자가 있는데, 단순히 물건이 들어오면 물건을 창고에 넣는 역할만 하는 창고지기가 있는가 하면, 창고 안의 물건 들을 장부에 기입해두고, 물건을 찾으면 장부에서 물건의 위치를 확인해서 찾아주는 창고지기도 있게 된다. 가장 늦게 들어온 물건을 가장 먼저 내주는 STACK 이라는 창고지기, 먼저 들어온 물건을 먼저 빼주는 QUEUE 라는 창고지기, 물건에 임의의 숫자를 붙여서 창고에 저장하는 HASH 까지 다양한 자료구조가 있다. 이 장에서는 HEAP 이라는 특수한 창고지기를 활용한 HEAP SORT에 대해서 배운다. 장의 구성은 다음과 같다.

8.1 Heap 이란 무엇인가
8.2 Heap 을 배열로 표현하기
8.3 데이터를 추가하고 삭제해도 Heap 을 유지하는 Heapify 연산
8.4 데이터를 추가하고 삭제해도 Heap 을 유지하는 Heapify 연산의 구현
8.5 Heap Sorting 알고리즘 동작
8.6 Heap Sorting 알고리즘의 구현
8.7 Heap Sort (Priority Queue)의 응용 분야
8.8 Heap Sorting Analysis: Input/Output and Time Complexity

8.1 Heap 이란 무엇인가

트리 (tree) 는 acyclic connected graph (사이클이 없는, 둥그렇게 이어지는 회로가 없는 연결 그래프) 이다. 트리는 하나의 루트 노드 (root node)를 가지며, 리프 노드 (leaf node)를 제외한 모든 노드들은 자식 노드를 가지며, 루트 노드를 제외한 모든 노드들은 부모 노드를 가진다.

이진 트리 (binary tree) 는, 아래 그림과 같이, 자식 노드를 최대 2개 밖에 가지지 못하는 형태이다.

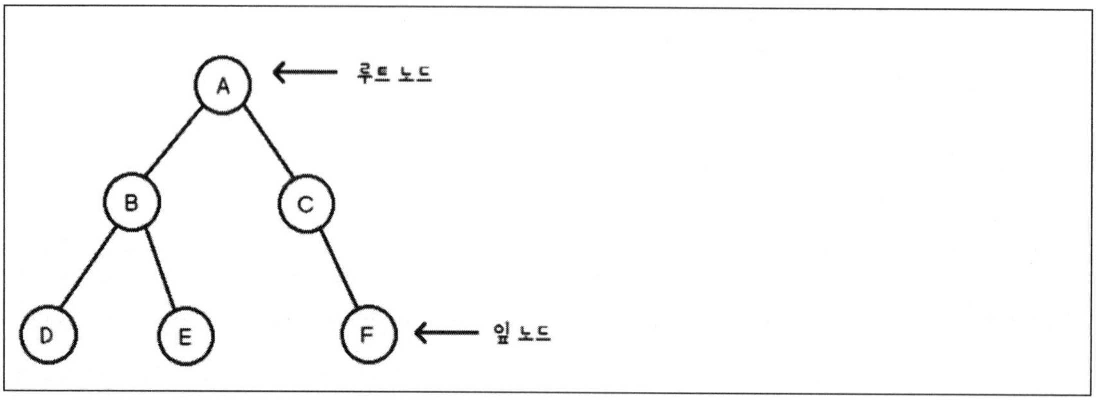

완전 이진트리 (complete binary tree) 는 이진 트리 형태를 만족하면서 노드들이 채워질때 왼쪽부터 삽입되는 이진트리이다 (오른쪽은 완전 이진트리이고, 왼쪽은 아니다). 완전 이진 트리의 장점은 아무리 값이 많아져도 트리의 높이가 그리 크지 않다는 점으로, 부모 노드 하나당 자식 노드 2개를 가지는 형태 이므로 트리의 높이는 노드의 개수가 n 개 일 경우에 log2(n)에 올림 한 값이 된다. n 의 값이 1,000,000이 되어도 트리의 높이는 20 밖에 되지 않으므로 높이 길지 않다는 장점을 가지게 된다

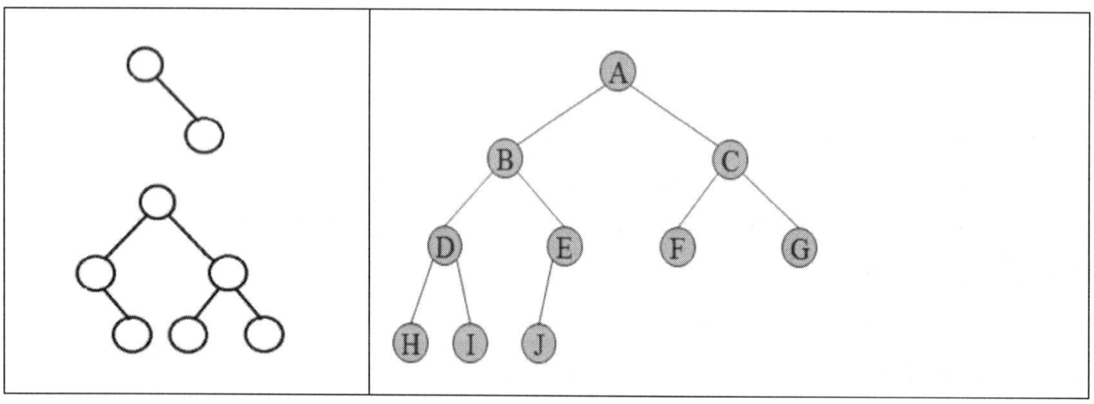

Max Heap과 Min Heap: 최대 힙 (max heap) 이란 완전 이진트리를 만족하면서 부모 노드의 값이 자식 노드보다 같거나 큰 구조이고, 최소 힙 (min heap) 이란 완전 이진트리를 만족하면서 부모노드의 값보다 자식노드의 값이 같거나 큰 구조이다. 그러면 항상 최대 힙의 루트 노드의 값은 가장 큰 값이 차지하게 되고, 최소 힙의 루트 노드는 항상 가장 작은 값이 차지하게 되는 형태를 가지고, 이를 이용하면, 힙 정렬를 할 수 있다.

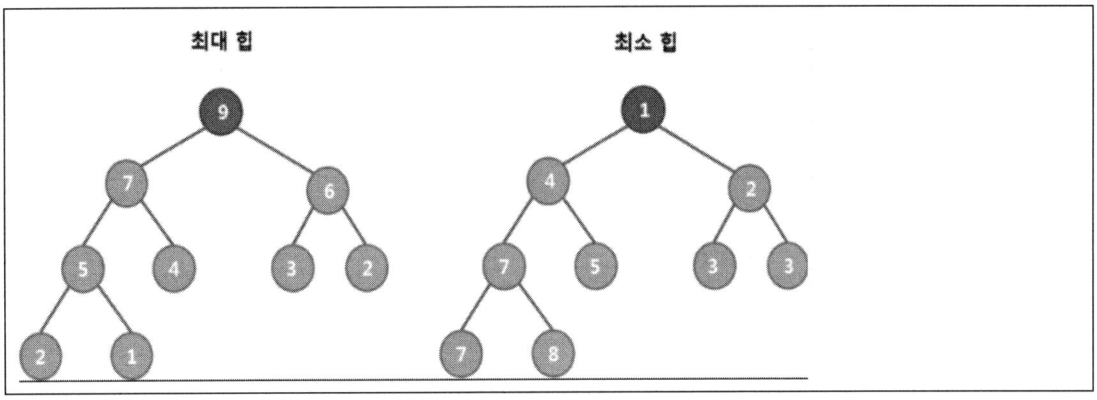

이렇게 특이한 성격을 가진 구조를 이용해서 문제 풀이를 쉽게 할 수 있다. Max heap 을 쓰면 내가 max heap 에 데이터를 넣을 때마다 항상 맨 위에는 가장 큰 수가 있기 때문에 큰 수부터 하나씩 끄집어 내면 정렬을 쉽게 할 수 있게 된다.

Heap Sorting: 특별한 자료구조인 heap을 이용하여 정렬하는 기법이다. heap이란 자료 구조는 트리구조로, 여기서는 배열을 이용한다. heap의 특징은 반 (half) 정렬 상태인데, Max Heap의 경우 루트의 값이 항상 최댓값이고, 부모 노드는 항상 자식 노드들 보다 크거나 작다 (min heap의 경우는 반대). heap은 항상 이러한 상태를 유지하므로, heap에서 루트의 값을 계속 제거하면 heap내의 최댓값들만 순서대로 모을 수 있으므로 내림차/오름차순 정렬이 가능하다.

8.2 Heap 을 배열로 표현하기

Heap 자료구조: Heap Sort을 설명하려면 heap이라는 자료구조의 설명을 빼 놓을 수 없다. Heap Sorting을 위의 다른 정렬들과 구분하는 가장 큰 특징은 바로 heap을 사용한다는 것이다. 배열 (리스트)를 이용하여 heap을 구현한다. 그러나 처음부터 배열로 이해하고자 하면 어려우니 그림과 함께 살펴보자.

Max Heap이 만족해야 하는 3가지 조건: 아래 그림은 **max heap** 으로 다음 3가지 조건을 만족하는 'tree'모양의 자료구조이다.

(1) root에 항상 최대 값이 존재하고 있으며 (최소 값은 어디에 있는지 모른다), (2) 노드의 값은 바로 위 노드의 값보다 작거나 같다. (**반 정렬 상태**), (3) 완전 이진 트리 (노드가 level 별로 왼쪽에서 오른쪽으로 다 채워진다 (**Min heap**의 경우 최솟값은 루트에 존재하며 노드의 값은 바로 위 노드의 값보다 작거나 같다)

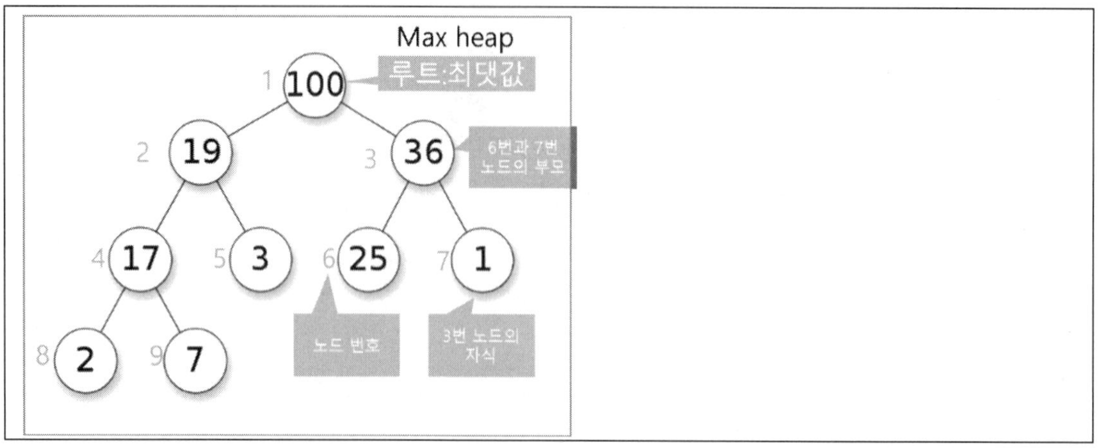

루트에 최댓값이 항상 존재하므로 우선순위 큐라는 자료구조에도 heap이 사용된다. heap은 위와 같은 이진 트리 구조로 많이 나타내며 원소의 개수가 N이면 항상 logN 혹은 logN+1의 높이를 갖는다. 그리고 루트 노드의 번호를 1이라고 했을 때, 임의의 노드 번호 n에 대하여 왼쪽 자식 노드 번호는 2n, 오른쪽 자식 노드 번호는 2n+1, 부모 노드 번호는 n/2이다.

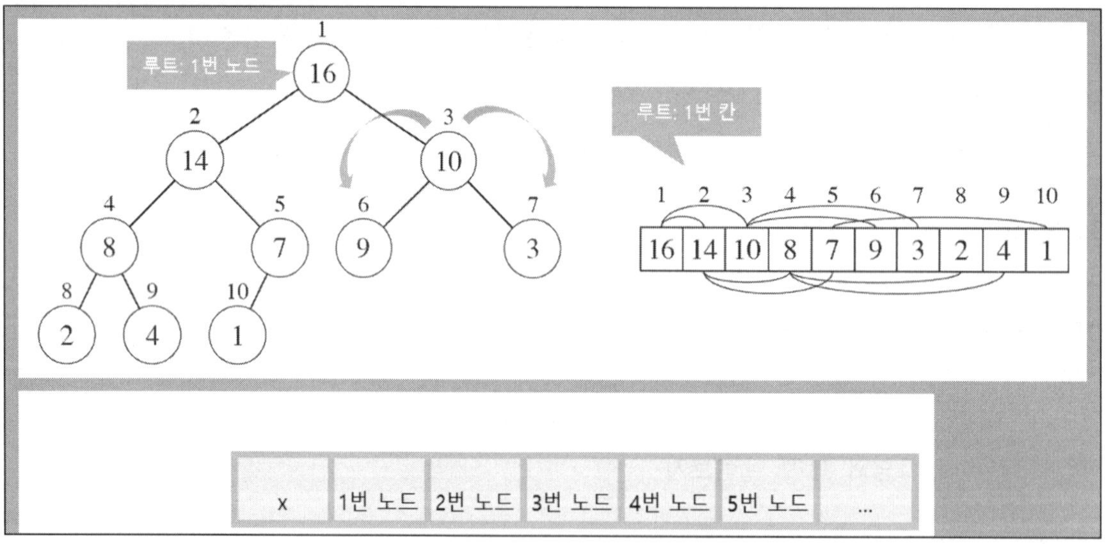

위의 그림처럼, heap 이라는 일종의 tree를 배열로 표현한다. Heap은 완전 이진트리(complete binary tree)이므로, 항상 1계층이 다 채워져야 다음 계층이 차게 된다는 점을 이용해서 베열로 쉽게 표현이 가능하다. 위의 그림처럼 1단계의 1번 노드는 arr[1]에, 2단계의 2번 노드와 3번 노드는 arr[2]와 arr[3]에 저장하고, 3단계의 4,5,6,7 노드는 각각 arr[4], arr[5], arr[6], arr[7]에 저장한다 (위의 식을 써보면, 2번 (n) 노드의 자식 노드는 2n (4번 노드), 2n+1 (5번 노드) 임을 알 수 있다.

8.3 데이터를 추가하고 삭제해도 Heap 을 유지하는 Heapify 연산

Heapify 연산 (반정렬 상태를 유지하는 연산): heap이라는 자료구조를 살펴보았다. 그러면 어떻게 heap을 이용하여 정렬을 할까? heap의 반 정렬 상태를 유지(복구)하는 연산을 Heapify라고 한다. Heapfiy 는 아래 노드들 중에서 자식 노드를 가진 노드들부터 점검을 시작하게 된다. 아래 그림에서는 3번 노드는 자식이 없으므로, 12번 노드 (10번 자식노드를 가짐)부터 반정렬 (자식 노드들부터 자신의 값이 큰지) 이 되어 있는지를 점검해간다. 4번째 단계에서 2번 노드가 자식들 (12, 3) 보다 작으므로, 값이 큰 12를 자신의 위치로 옮기고 자신은 내려간다. 5번째 단계에서도 7번은 11번과 교체된다. 6번째 단계에서도 5번과 12번이 교체된다.

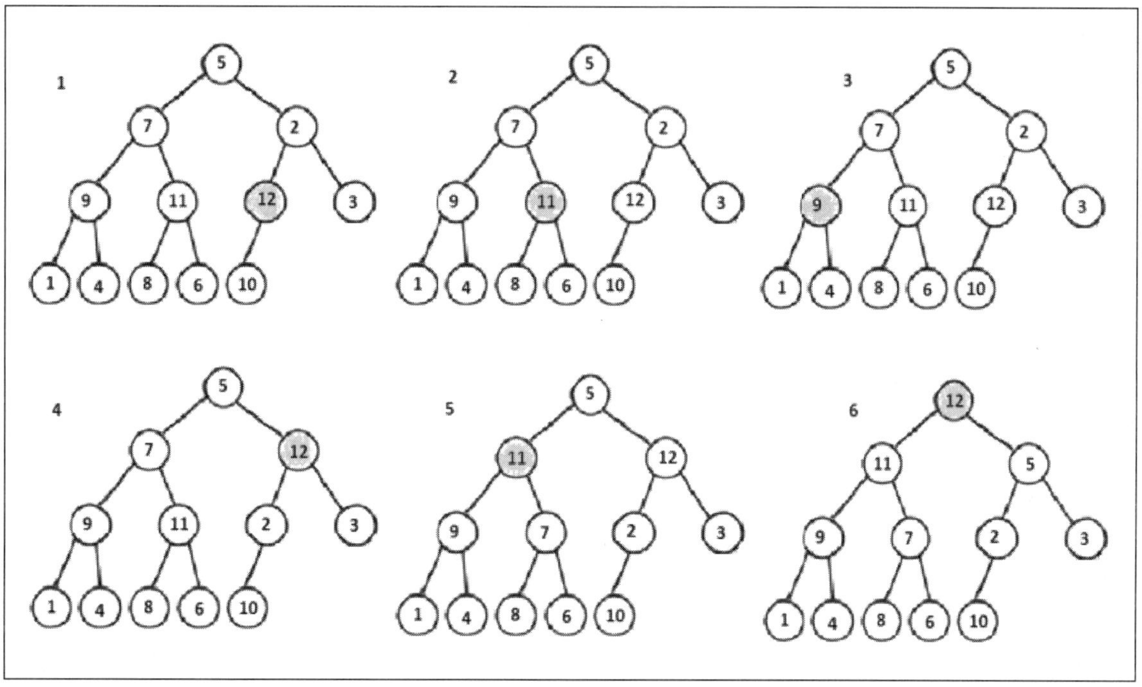

Heapify 연산은 새로운 원소(노드)가 추가되거나 루트가 삭제된 후에 수행된다. 연산 내용은 다음과 같다.

삽입연산:
1. 마지막 노드 다음에 추가한다.
2. (자신의 값) > (부모의 값)이면 부모와 자리를 바꾼다.
3. (자신의 값) <= (부모의 값)을 만족할 때까지 부모와 자리를 바꾼다. (2번을 반복한다.)
4. (자신의 값)<= (부모의 값)이거나 루트에 도달하면 연산이 끝난다.
연산이 끝난 후 힙은 반정렬 상태이다.

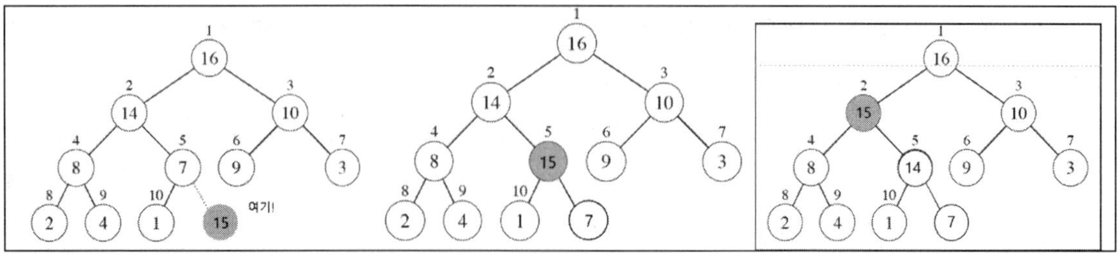

삭제연산:

1. 루트의 값을 힙에서 제거한다.
2. 번호가 가장 큰 노드 (배열에서 가장 뒤에 있는 노드)를 루트로 옮긴다.
3. (자신의값)<(자식의 값) 이면, 두 자식 중 값이 큰 자식과 자리를 바꾼다.
4. (자신의 값) >= (자식의 값)을 만족할 때까지 자식과 자리를 바꾼다.

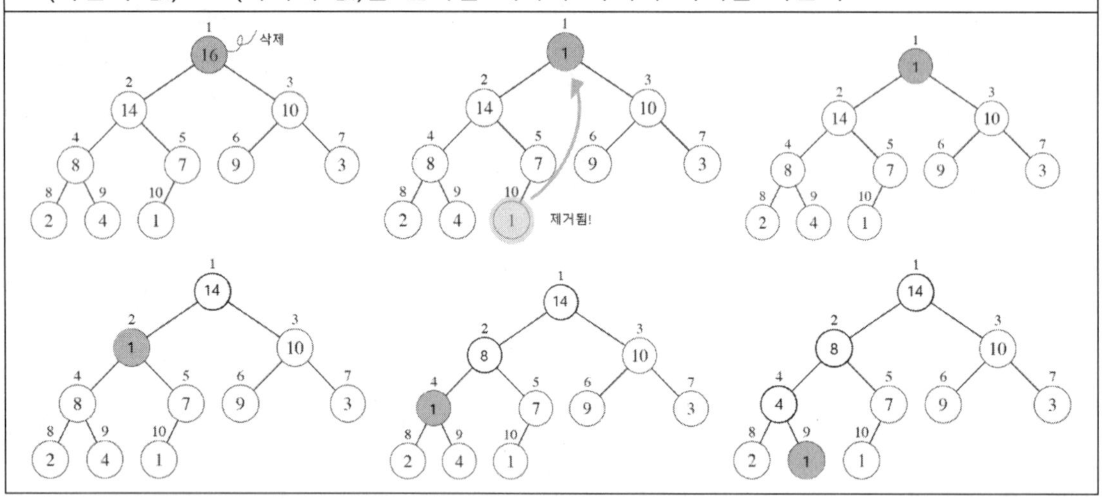

8.4 데이터를 추가하고 삭제해도 Heap 을 유지하는 Heapify 연산 (Python 구현)

다음은 Heapify 연산을 수행하는 Python 코드와 실행 결과를 소개한다.

```
import random


def insert_max_heap(heap, n, item):
    i = n + 1
    heap.append(item)
    while item > heap[i//2]:
        heap[i//2], heap[i] = heap[i], heap[i//2]
        i //= i
        if i == 0:
            break
```

```
def delete_max_heap(heap, n):
    print(heap[0], end=" ")
    heap[0], heap[n-1] = heap[n-1], heap[0]
    del(heap[n-1])
    parent, child = 0, 1

    while child <= n-1:
        if child < n-1 and heap[child] < heap[child + 1]:
            child += 1
        if heap[parent] >= heap[child]:
            break
        heap[parent], heap[child] = heap[child], heap[parent]
        parent = child
        child *= 2

heap = [0]
n = 0
insert_max_heap(heap, n, 10)
del(heap[1])
insert_max_heap(heap, n, 5)
n += 1
insert_max_heap(heap, n, 30)
n += 1
delete_max_heap(heap, n)
n -= 1
delete_max_heap(heap, n)
n -= 1
delete_max_heap(heap, n)
n -= 1
```

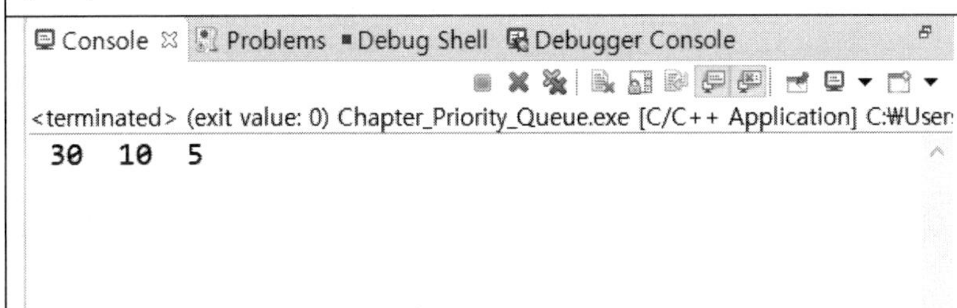

10-5-30 의 순으로 heap에 원소를 넣었다.

30-10-5순으로 내림차순의 결과를 얻었다.

8.5 Heap Sorting 알고리즘 동작

춤으로 표현한 Heap Searching https://www.youtube.com/watch?v=Xw2D9aJRBY4

Heap Sorting: 이제 Heap Sort에 대해 살펴보자. Heap Sort은 추가적인 메모리 공간을 요구하지 않는다. 다시 말하면, 입력이 어떤 배열로 주어졌을 때, 해당 배열내에서 정렬이 가능하고, 새로운 배열을 선언하여 메모리를 할당 받지 않아도 된다. 물론 정렬과정에서 필요한 각종 변수나 배열의 크기를 나타내는 변수는 필요하지만, 그 외에 입력의 개수 N이 변함에 따라 추가적으로 메모리를 요구하지는 않는다.

(1) root 에서부터 Heapify 하는 방법: arr에 정렬하고자 하는 숫자들이 있다고 하면, (단계 1) arr의 원소들을 하나씩 힙에 삽입한다. (단계 2) 힙의 루트는 항상 힙 원소 중 최댓값이다. 따라서, 힙의 루트에서 원소를 하나씩 빼내서, 빼낸 원소를 arr의 끝에 넣고 Heapify 연산을 수행한다. (단계 3) 나머지 부분에 대해서 다시 단계 2를 반복하면, 원소들이 arr에 정렬된다.

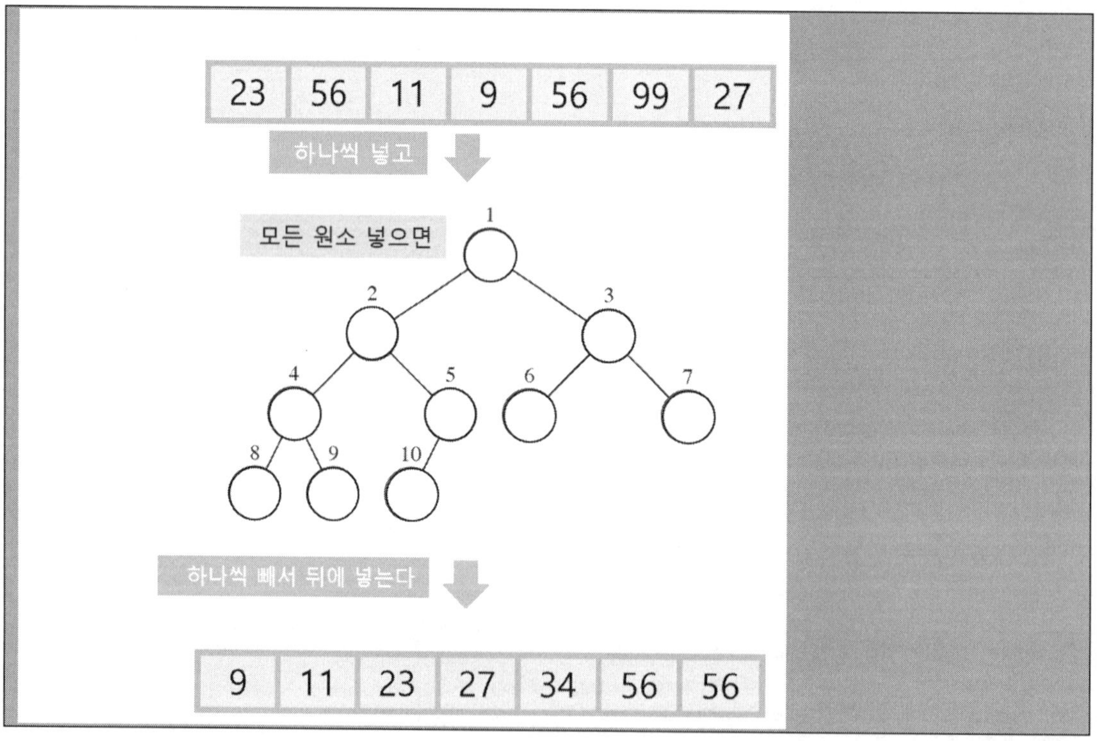

(2) 말단에서부터 Heapify 하는 방법: 입력배열을 트리에 나타낸 모습은 다음과 같다고 하자.

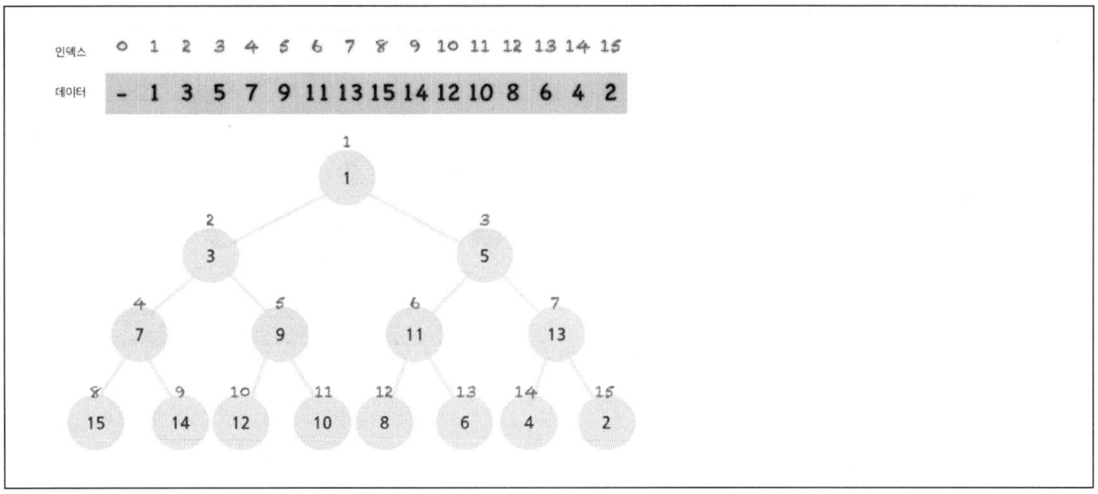

배열을 heap의 성질에 맞게 바꿀 것이다. 작은 sub트리부터 공략하여, (부모 노드의 값) >= (자식 노드의 값)의 성질을 만족하도록 한다. 점점 큰 sub트리를 공략하다 보면 전체 트리(전체 배열)이 완전한 heap의상태를 가지게 된다. => 반드시 heapify연산이 끝나게 된다.

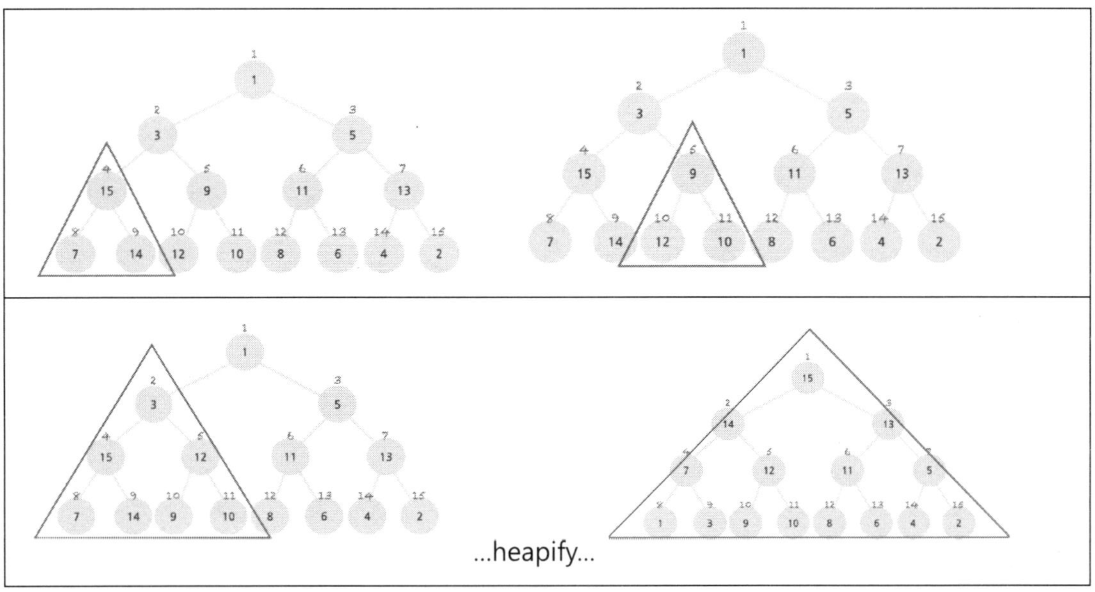

이제 heap의 루트를 삭제하고 heapify한다. 그리고 배열의 마지막 자리에 삭제한 노드의 값을 넣어준다. 노드를 i번 삭제 하면 arr[size-i+1]번째 자리에 값을 넣는다. heap의 모든 원소가 삭제될 때까지 반복하고 난 후에는 배열을 heap의 자료구조가 아닌 단순히 배열로 읽으면 되는데, 인덱스 1번부터 값을 살펴보면 오름차순으로 원소들이 정렬되었다. → 추가적인 메모리를 사용하지 않고 정렬이 안정적으로 완료된다.

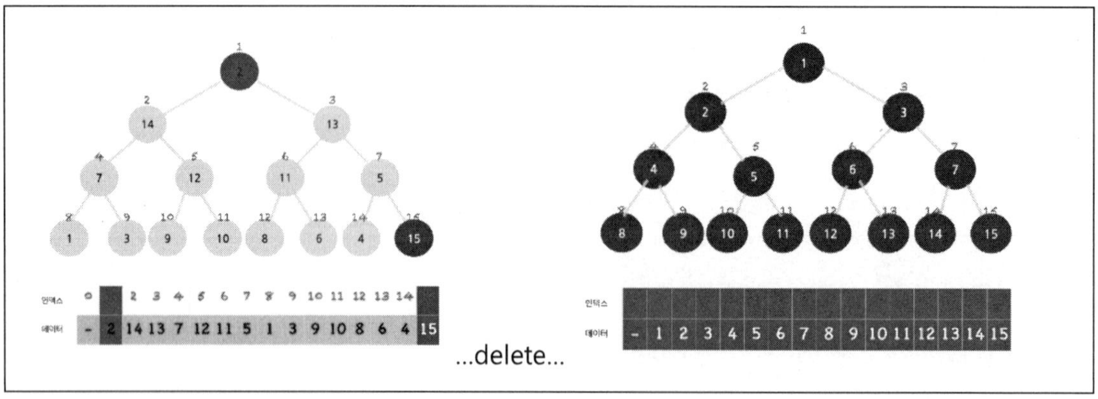

Max heap의 경우에 맨 앞에는 가장 큰 값이 있으므로, 가장 큰 값을 빼고, 맨 뒤에 있던 값을 root에 넣은 다음에 다시 heapfiy를 하는 식으로 n 번 하게 되면 다음 그림과 같이 정렬이 완성된다.

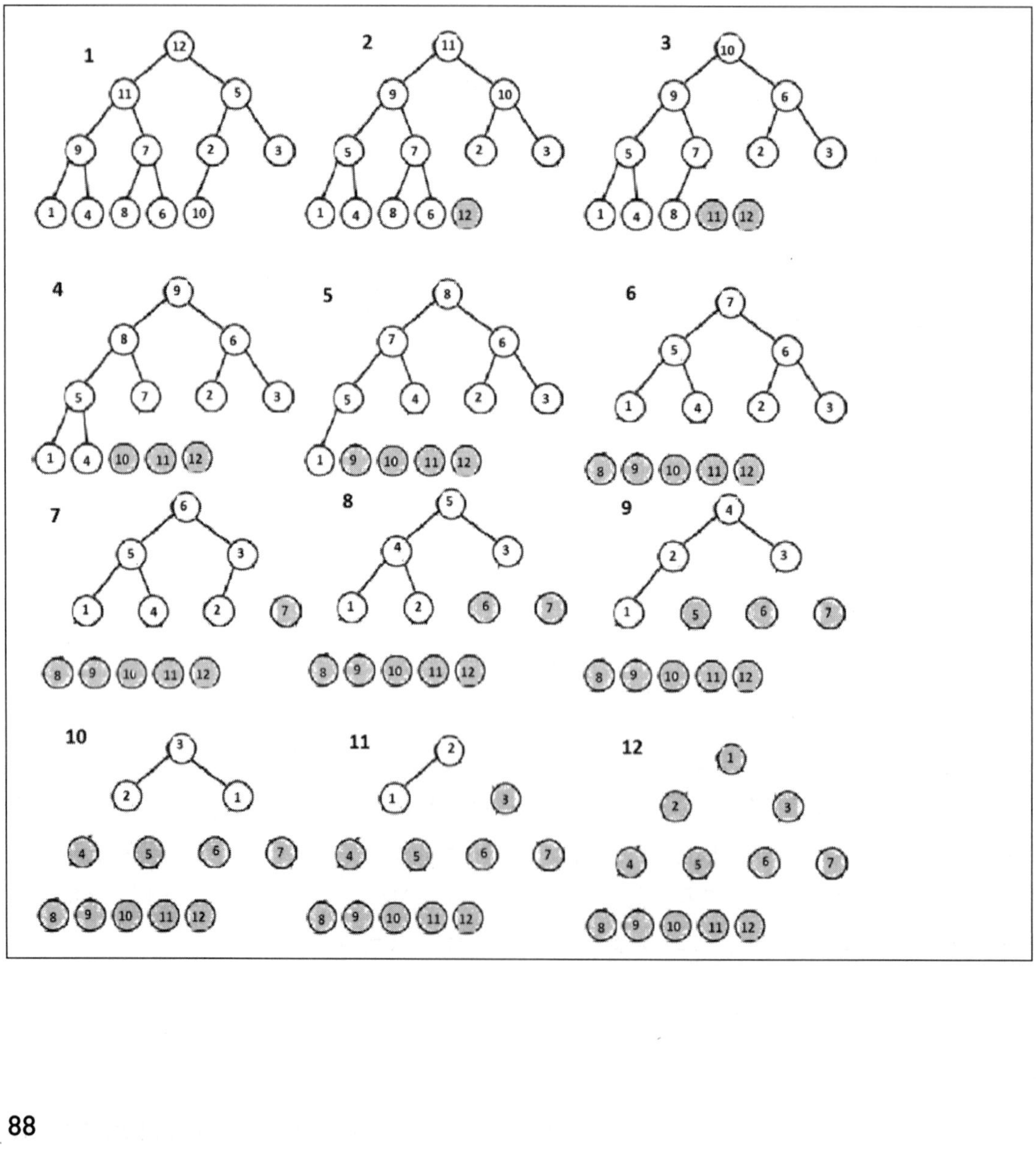

8.6 Heap Sorting 알고리즘 (Python 구현)

다음은 Heap Sort를 수행하는 Python 코드와 실행 결과이다.

```
import random

def HeapifyRoot(list, root, n):
    left = root * 2
    right = root * 2 + 1
    parent = root
    if (left <= n and list[parent] > list[left]):
        parent = left
    if (right <= n and list[parent] > list[right]):
        parent = right
    if parent != root:
        list[root], list[parent] = list[parent], list[root]
        return HeapifyRoot(list, parent, n)

def HeapSort(list):
    n = len(list)

    for i in range(n-1, -1 , -1): #min heap 생성
        HeapifyRoot(list, i, n-1)

    for i in range(n-1, -1 , -1): #min element extract & heap
        print(list[0], end=" ")
        list[i], list[0] = list[0], list[i]
        HeapifyRoot(list, 0, i-1)

print("ORIGINAL:")
list = [random.randint(1, 10) for i in range(10)]
print(list)
print("RESULT:")
HeapSort(list)
```

```
Console ⌧  Problems  ■ Debug Shell  Debugger Console
<terminated> (exit value: 0) Chapter_Priority_Queue.exe [C/C++ Application] C:₩Users₩moran₩eclipse-works
ORIGINAL:
22 62 79 99 28 82 60 42 47  4 44 98 87 87 36 90 93 50 16 37
RESULT:
 4 16 22 28 36 37 42 44 47 50 60 62 79 82 87 87 90 93 98 99
```

랜덤함수로 생성된 20개의 10이하 정수들이 오름차순으로 정렬된 모습을 확인할 수 있다.

```
#Heap Soring을 활용한 내림차순 정렬
import random

def heap_sort(array):
    n = len(array)
    for i in range(n):      # heap 구성
        child = i
        while child != 0:
            root = (child-1)//2
            if (array[root] > array[child]):
                array[root], array[child] = array[child], array[root]
            child = root

    for j in range(n-1, -1, -1):      # 크기를 줄여가면서 heap 구성
        array[0] , array[j] = array[j], array[0]
        root = 0
        child = 1
        while child<j:
            child = 2*root +1

            if (child<j-1) and (array[child] > array[child+1]):
            # 자식 중 더 큰 값 찾기
                child += 1
            if (child<j) and (array[root] > array[child]):
            # 루트보다 자식이 크다면 교환
                array[root], array[child] = array[child], array[root]
```

```
            root = child
        print(array)


list = [random.randint(1, 10) for i in range(10)]
print("ORIGINAL : ")
print(list)
print("RESULT : ")
heap_sort(list)
```

```
ORIGINAL :
[9, 9, 10, 6, 6, 6, 8, 8, 1, 5]
RESULT :
[10, 9, 9, 8, 8, 6, 6, 6, 5, 1]
>>>
```

8.7 Heap Sort (Priority Queue)의 응용 분야

Heap Sort은 O(NlogN)의 시간 복잡도를 가지는 빠른 정렬알고리즘 중 하나이다. Heap Sort은 최댓값 혹은 최솟값을 빈번하게 구하거나, 데이터가 계속 추가/삭제 되는 환경에서 유용하게 쓰인다. 이는 우선순위 큐 (Priority Queue: 큐에 원소가 임의의 순서로 추가되어도 우선순위가 큰 원소부터 삭제되는 자료구조)에 대표적으로 사용된다. 우선순위 큐는 컴퓨터 스케줄링에 핵심적인 자료구조라고 할 수 있다.

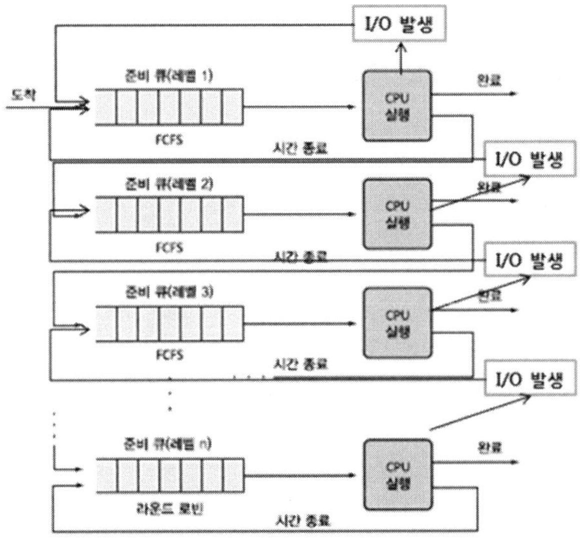

우선순위 큐와 관련된 그림

다음은 Python에서 제공하는 heapq 모듈을 사용한 Heap Sort 구현이다.

```
import random
import heapq  #우선순위 큐를 사용하고 싶을 때는 heapq 모듈을 사용한다

def heapsort(iterable):
    heap = []
    for item in iterable:
        heapq.heappush(heap, item)
        #힙 불변성을 유지하면서, item 값을 heap으로 푸시한다
    return [heapq.heappop(heap) for i in range(len(heap))]
    #힙 불변성을 유지하면서, heap에서 가장 작은 항목을 팝하고 반환한다.

list = [random.randint(1, 10) for i in range(10)]
print("ORIGINAL : ")
print(list)
print("RESULT : ")
heapsort(list)
print(list)
```

```
ORIGINAL :
[10, 10, 7, 9, 9, 7, 6, 9, 7, 3]
RESULT :
[10, 10, 7, 9, 9, 7, 6, 9, 7, 3]
>
```

참고사이트: https://docs.python.org/ko/3/library/heapq.html

8.8 Heap Sorting Analysis: Input/Output and Time Complexity

Well-defined Input: 정렬하고자 하는 원소들이 존재하는 배열과, 원소들의 개수(배열의 크기)가 입력이 된다.

Well-defined Output: 원소들이 정렬된 배열이 출력이 된다.

Clear and Unambiguous: 항상 정렬된 원소들의 배열이 출력된다. 정렬 시 원소 (혹은 원소의 key)들을 비교하여 순서를 결정하는데, 같은 값을 가진 원소들의 상대적인 순서가 최종 정렬후에는 뒤바뀔 수가 있다. 이는 Heapify연산의 특징이다.

예시) 입력: 2, 7, 3, 1(a), ... , 1(b), ... 1(c), ... 9, 5, 6
출력: 1(b), 1(c), 1(a), 2, 3, 5, 6, 7, 9, ...
입력 배열에서 1이 나타난 순서는 a-b-c이지만, 출력에서는 b-c-a이다.

Heap 자료구조의 Heapify 연산 계산량과 Heap Sort의 계산량:

아래 표와 같은, 삽입과 삭제연산은 자신의 값과 부모의 값, 혹은 자식의 값의 비교&대입 연산이 주를 이룬다. 그리고 부모-자식 관계로 이루어진 계보를 따라 이동하며 비교연산과 대입연산을 수행하므로 0~logN(트리의 높이회의 이동이 일어난다. 평균적인 경우를 생각하여 시간 복잡도를 big-O 표기법으로 나타내면 O(logN)이다.

삽입연산:	**삭제연산:**
1. 마지막 노드 다음에 새로운 노드를 추가한다. 2. (자신의 값) > (부모의 값)이면 부모와 자리를 바꾼다. 3. (자신의 값) <= (부모의 값)을 만족할 때까지 부모와 자리를 바꾼다. (2번을 반복한다.) 4. (자신의 값)<= (부모의 값)이거나 루트에 도달하면 연산이 끝난다. 연산이 끝난 후 heap은 반 정렬 상태이다.	1. 루트의 값을 heap에서 제거한다. 2. 번호가 가장 큰 노드 (배열에서 가장 뒤에 있는 노드)를 루트로 옮긴다. 3. (자신의 값)<(자식의 값) 이면 자식과 자리를 바꾼다. 4. (자신의 값) >= (자식의 값)을 만족할 때까지 자식과 자리를 바꾼다.

Heap Sorting의 계산량은 아래 표와 같이, delete 와 heapify로 구성되므로, 연산은 O(NlogN)+O(NlogN) = O(NlogN)의 복잡도를 갖는다.

주어진 배열을 Max Heap으로 만드는 연산: 말단 노드부터 heap의 루트까지 모든 노드들에 대하여 각 노드들이 루트인 서브 트리에서 heapify연산을 수행한다. (heap의 삽입연산과 유사)	**Delete로 정렬된 배열을 만드는 연산:** heap에서 노드를 하나씩 삭제하여 heap이 존재하는 배열의 끝에서부터 차례대로 채운다. (heap의 삭제연산과 유사)
노드의 개수는 N이고, heapify연산은 O(logN)의 복잡도를 갖는다. 모든 노드에 대하여 heapify연산을 한 번씩 수행하는 것과 유사하므로, 이 연산은 O(NlogN)의 시간 복잡도를 갖는다.	노드의 개수는 N이고, heapify연산은 O(logN)의 복잡도를 갖는다. 배열의 임의의 자리에 값을 대입하는 것은 복잡도가 O(1)이므로, 이 연산은 O(NlogN)의 시간 복잡도를 갖는다.

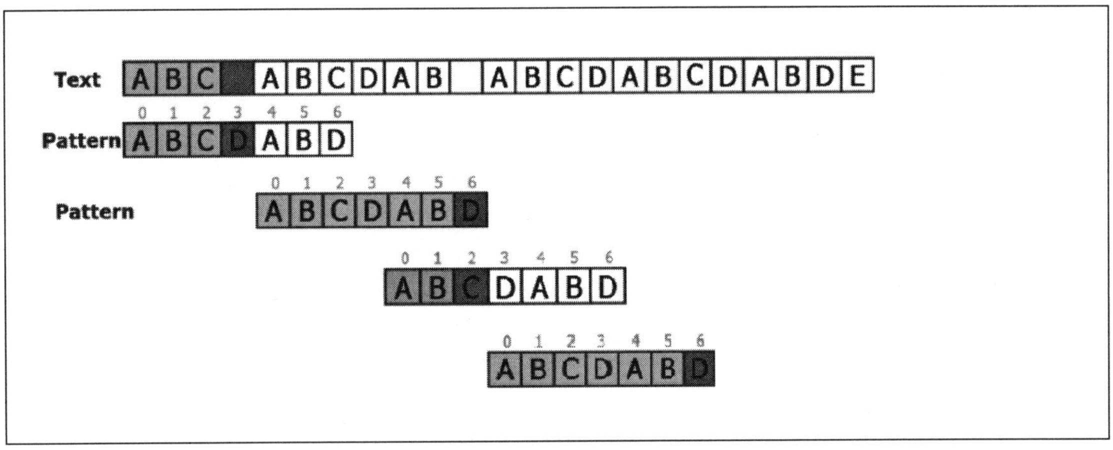

String Matching 알고리즘은 워드프로그램의 탐색&바꾸기 기능에 사용된다. 텍스트 에디터 프로그램은 기본적으로 탐색&바꾸기 기능을 제공한다. 일반적인 데이터에 대해, 선형 탐색과 이진 탐색을 적용할 수 있다. 정렬되지 않은 데이터를 찾을 때는 처음부터 원소를 하나씩 대조해서 찾는 선형 탐색을 사용할 수밖에 없고, 정렬된 데이터들은 이진탐색으로 탐색 시간을 줄일 수 있다. 그러나 String Matching에서는 데이터를 정렬할 수 없다. 정렬을 할 수는 있지만, 정렬하게 되면 원래 문서가 갖고 있던 정보들은 쓰레기가 될뿐더러, 하나의 원소가 아닌 문자열을 찾는 것이기 때문이다. 문서가 길어질수록 한 글자씩 대조하는 String Matching Algorithm은 시간적으로도 비효율적이다. 따라서, 시간 복잡도가 O(N+M)인 알고리즘을 찾아야 한다. 본 장의 구성은 다음과 같다.

9.1 String Matching 알고리즘의 정의 및 응용 분야
9.2 간단한 String Matching 알고리즘
9.3 KMP 알고리즘의 아이디어
9.4 KMP 알고리즘을 위한 기본 이해
9.5 KMP 알고리즘의 구현
9.6. KMP 알고리즘의 time complexity

9.1 String Matching 알고리즘의 정의 및 응용 분야

String Matching (문자열 검색 또는 단어 검색) 알고리즘은 문자열 S (길이는 n) 와 찾고자 하는 문자열 P (길이는 m) 가 있으면, 문자열 S에서 문자열 P를 찾는 알고리즘이다.

우리나라에 청 테이프가 있다면, 미국에는 덕트 테이프가 있다. 덕트 테이프는 1942년 제 2차 세계대전 당시 미군 탄약상자의 습기를 막기 위해 존슨앤 존슨(Johnson & Johnson)사가 개발했다. 이후 민간에 보급되어 환기구 공사에 주로 사용되면서 배관을 뜻하는 '덕트(Duct)'라는 단어와 결합하여 덕트 테이프라고 불리게 됐다. 아울러 오리를 뜻하는 '덕(Duck)'이라는 단어를 붙여 '덕 테이프(Duck Tape)'라고 부르기도 하는데, 이는 마치 오리 깃털처럼 방수가 잘된다고 해서 그렇게 이름이 붙었다. 미국에서는 전자가 조금 더 일반적이기는 하나 두 단어 모두 사용되고 있다.

덕트 테이프는 면 소재의 테이프에 한쪽 면에는 폴리에틸렌 수지를 코팅하고 다른 면에는 고무를 기반으로 한 접착제를 발라서 만든다. 접착력이 우수하고, 직각으로 찢으면 손으로도 쉽게 뜯어지므로 원하는 길이만큼 잘라 편리하게 사용할 수 있다는 게 장점이다. 미국에서는 3M, 헨켈(Henkel), IPG 등이 덕트 테이프를 제조하고 있다. 우수한 접착력과 내구성으로 다양한 분야에서 활용 덕트 테이프는 특히 각종 건설공

String Matching 알고리즘은 단순히 문자열에서 검색하는 것으로 생각할 수도 있지만, 아래 그림과 같이, DNA 염기서열 검색에도 응용이 가능하다. DNA의 염기서열 길이는 보통 수십억 개로 염기서열을 비교하는데, 길이가 길므로 빠른 알고리즘이 중요하다. 아래 그림은 주어진 DNA 염기서열에서 ATCACATCATCA 서열이 있는지 조사하는 예이다.

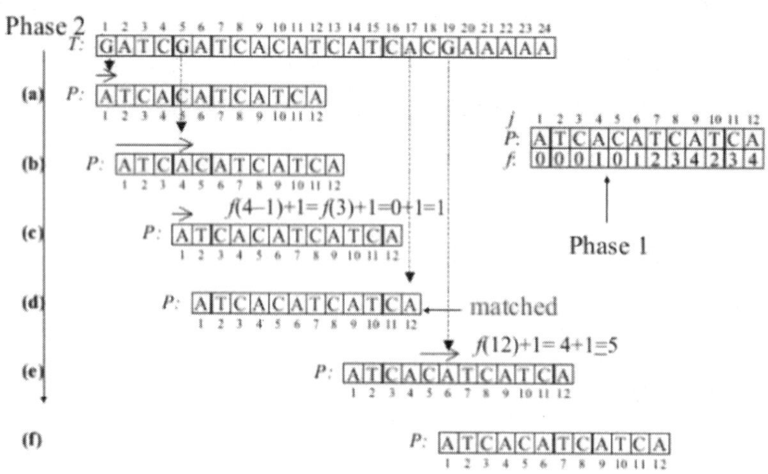

9.2 간단한 String Matching 알고리즘

이를 위한 가장 단순한 방법은 패턴 (찾고자 하는 문자열)을 문자열 내에서 한 자리씩 옮겨가면서 하나씩 비교하는 Naïve String Search Algorithm 이 가능하다. 이러한 단순한 알고리즘은 문자열이 짧을 때는 괜찮은 방법이 될 수 있지만, 문자열의 길이가 길어지면 상당한 시간이 걸림이 자명하다. 즉, 시간 복잡도 (time complexity)가 문자열의 길이가 n, 패턴의 길이가 m일 때 O(nm)이라 시간이 많이 걸린다.

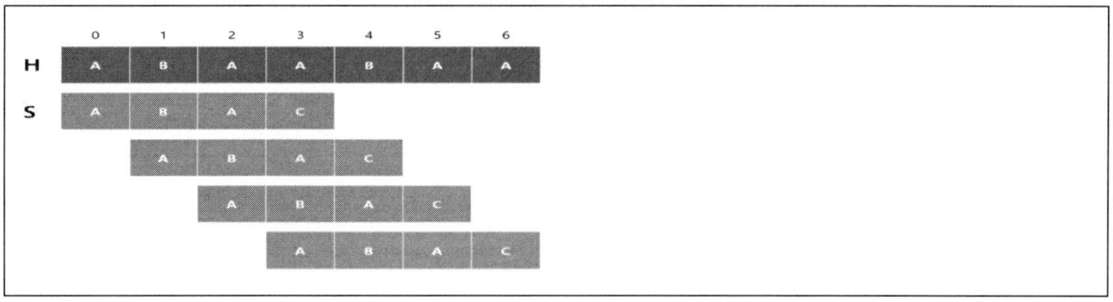

예시로 문자열 "ABCDABCDABEE"에서 패턴 "ABCDABE"를 찾는 상황을 살펴보자. 첫 번째 시도는 다음과 같다. (6번째 문자 C가 다르다).

인덱스	0	1	2	3	4	5	6	7	8	9	10	11
텍스트	A	B	C	D	A	B	C	D	A	B	E	E
패턴	A	B	C	D	A	B	E					

두 번째 시도 (1번째 문자 B가 다르다).

인덱스	0	1	2	3	4	5	6	7	8	9	10	11
텍스트	A	B	C	D	A	B	C	D	A	B	E	E
패턴		A	B	C	E	A	B	E				

알고리즘 실행 과정을 살펴보면, 첫 번째 시도에서 두 번째 시도로 넘어갈 때, 0~5번째 인덱스까지의 문자들은 모두 일치하지만, 오직 6번째 인덱스의 문자만 일치하지 않는다는 정보를 전혀 활용하고 있지 않다. 이제, 이 정보를 이용하면 검색 속도를 향상시킬 수 있고, 이것이 KMP 알고리즘의 핵심이 된다.

아래 그림의 예시를 살펴보자. 원문은 "ABABBDABABABABDAB" 이고, 찾고자 하는 패턴은 "ABABD" 인 경우이다.

i	0	1	2	3	4	5	6	7	8	9	10	11	12	13	14
text	A	B	A	B	B	D	A	B	A	B	A	B	D	A	B
pat	A	B	A	B	D										
일치	1	1	1	1	0										

0번 인덱스에서 문자열을 매칭하고 있다. text와 pat이 겹치는 부분이 일치하지 않으므로 원하는 탐색의 결과는 아니지만, 유용한 정보를 제공한다. 순차탐색이라면 이 다음에 아래

그림처럼 1번 인덱스에서 문자열 매칭을 시도할 것이다.

i	0	1	2	3	4	5	6	7	8	9	10	11	12	13	14
text	A	B	A	B	B	D	A	B	A	B	A	B	D	A	B
pat		A	B	A	B	D									
일치		0													

당연하게도 문자열 탐색에 실패했다. KMP알고리즘은 0번 인덱스에서 문자열 매칭한 다음에, 실패를 알게 되면 바로 3번 인덱스부터 문자열 매칭을 시작할 수 있다.

i	0	1	2	3	4	5	6	7	8	9	10	11	12	13	14
text	A	B	A	B	B	D	A	B	A	B	A	B	D	A	B
pat			A	B	A	B	D								
일치			0												

어떻게 바로 3번 인덱스 검사로 넘어올 수 있었을까? 첫 번째 그림 일부만 떼어 살펴보자. 아래에서 AB는 longest prefix suffix가 된다.

i	0	1	2	3	4
text	A	B	A	B	B
pat	A	B	A	B	D
일치	1	1	1	1	0

pat문자열은 처음에 AB(파란색)로 시작한다. 그리고 text에서도 AB(초록색) 문자열이 존재한다. 그렇다면 pat의 AB와 text의 AB사이에서는 pat과 매칭되는 문자열이 시작할 수 없고, text의 AB에서부터 pat과 매칭되는 문자열이 시작할 수도 있다는 가능성을 제시한다. 이를 적용시켜서 text에서 pat을 찾아보자.

text	A	B	A	B	B	D	A	B	A	B	A	B	D	A	B
pat	A	B	A	B	D										

text와 pat의 0~3부분이 일치하고, text의 2~3과 pat의 0~1이일치하므로 특별히 두 칸을 건널 수 있다.

text	A	B	A	B	B	D	A	B	A	B	A	B	D	A	B

pat			A	B	A	B	D								

두 칸을 건널 수 있다.

text	A	B	A	B	B	D	A	B	A	B	A	B	D	A	B
pat					A	B	A	B	D						

text의 4번과 pat의 0번이 일치하지 않으므로 text의 다음 칸으로 이동해서 비교한다.

text	A	B	A	B	B	D	A	B	A	B	A	B	D	A	B
pat						A	B	A	B	D					

text의 5번과 pat의 0번이 일치하지 않으므로 text의 다음 칸으로 이동해서 비교한다.

text	A	B	A	B	B	D	A	B	A	B	A	B	D	A	B
pat							A	B	A	B	D				

text의 6~9번과 pat의 0~3번이 일치하지만 text의 10번과 pat의 4번이 일치하지 않는다. 파란부분과 초록부분이 일치하므로 pat이 두 칸 건너뛸 수 있다.

text	A	B	A	B	B	D	A	B	A	B	A	B	D	A	B
pat									A	B	A	B	D		

text의 8번~과 pat의 0번~을 차례차례 비교한 결과, 모두 일치하였다. 탐색을 성공하였다

다음은 무작위 스트링 찾기 (brute force string searching) 알고리즘을 구현한 Python 코드와 실행 결과이다.

```
# Brute force string matching
def string_match(text, pattern):
    for i in range(len(text)-len(pattern)+1):
        index = i
        for j in range(len(pattern)):
            if text[index] == pattern[j]:
                index += 1
            else:
```

```
            break
        if index-i == len(pattern):
            return i
    return -1


if __name__ == "__main__":
    print(string_match("ABABBDABABABABDAB", "ABABD"))
```

```
10
```

참고사이트: https://ofstack.com/python/25642/python-implements-string-matching-algorithm-code-example.html

9.3 KMP 알고리즘의 아이디어

KMP algorithms은 문자열 A와 문자열 B가 있을 때, 문자열 A에서 문자열 B를 찾아주는 알고리즘이다. KMP는 찾는 문자열과 비교하는 문자열이 다르다는 걸 알게 되었을 때 failure function 값을 참고하여 다음 비교 위치를 정한다. failure function은 LPS (longest prefix suffix)를 이용한다.

위의 Naïve String Search Algorithm 알고리즘에서, 전부가 다 일치하는 것은 아니더라도 일부가 일치했다는 사실에 주목하고, 중간의 불필요한 중간 단계를 생략하여 더 빠르게 검색이 가능하게 할 수 있다. 앞서 들었던 예시를 다시 가져오자.

인덱스	0	1	2	3	4	5	6	7	8	9	10	11
텍스트	A	B	C	D	A	B	C	D	A	B	E	E
패턴	A	B	C	D	A	B	E					

첫 번째 시도에서 "ABCDAB"가 일치한다는 사실을 알아낼 수 있다. 그리고 일치했던 부분들(0번째부터 5번째 문자들)의 접두사 AB와 접미사 AB가 일치하고, 이때 접두사와 접미사가 같은 접두사들 중 길이가 최대가 된다. 그래서 중간 단계를 생략하고 바로 다음 단계로 뛰어넘는 것이 가능하다. 심지어 4번째와 5번째 인덱스는 첫 번째 시도에서 접미사 = 접두사였던 부분이었으므로 같다는 것을 알고, 6번째 인덱스부터 비교를 하면 된다.

인덱스	0	1	2	3	4	5	6	7	8	9	10	11
텍스트	A	B	C	D	A	B	C	D	A	B	E	E
패턴					A	B	C	D	A	B	E	

9.4 KMP 알고리즘을 위한 기본 이해

KMP 알고리즘은, 알고리즘을 만든 사람들인 Knuth, Morris, Pratt의 앞 글자를 따서 이름 붙인 문자열 검색 (string search, 문자열 S에서 패턴 P를 찾는) 알고리즘이다. 기존 오토마타 (finite-state automaton based search)의 문제점을 극복하기 위해 개발되었고, 뛰어난 시/공간 복잡도를 가지고 있다.

KMP를 알기 전에 우선 접두사와 접미사에 대해 알 필요가 있다. 우선, 접두사 (prefix)와 접미사 (suffix)가 무엇인지는 예시를 통해 직관적으로 확인이 가능하다.

예시 단어	
apple	
접두사	**접미사**
a	e
ap	le
app	ple
appl	pple
apple	apple

이제, prefix와 suffix 가 일치하는 가장 긴 길이를 구해보자. 즉, 아래 예시와 같이 접두사와 접미사에서 일치하는 형태의 문자열이 나올 경우에 과연 이 길이가 얼마인가를 배열에 저장한다. 이 배열의 이름은 통상적으로 LPS 라고 부르는데 이는 longest-prefix-suffix의 약자이다. 처음에 index를 나타낼 변수 i, j 를 만들고, j를 0으로 초기화하고, i 를 1부터 pattern의 끝까지 확인한다. 만일 pattern[i]와 pattern[j] 가 서로 같다면 i와 j를 각각 1씩 증가시켜 LPS 배열에 i index 자리에 j 값을 저장시켜 준다. 만일 다를 시에는 j를 LPS[j-1]로 값을 바꿔 주는데 이는 전에 j 의 인덱스가 가르키는 LPS 배열의 값이 새로운 j 가 된다.

길이	문자열	최대 일치 길이
1	a	0
2	ab	0
3	aba	1
4	abac	0
5	abaca	1
6	abacaa	1
7	abacaab	2
8	abacaaba	3

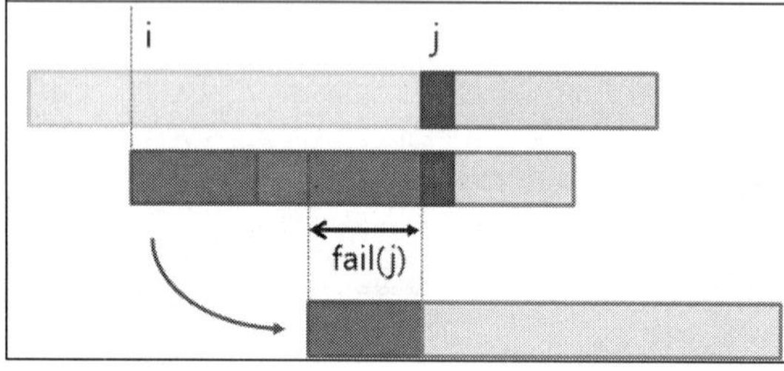

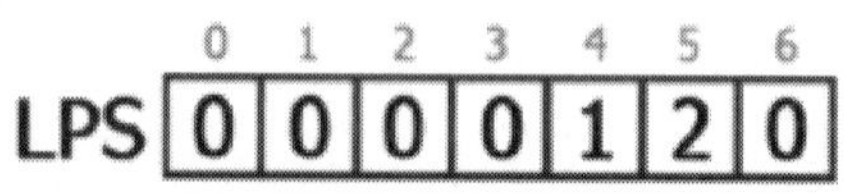

실패 함수 (failure function) 는 문자 불일치가 발생했을 때, 어디로 이동해야 할지를 나타내는 값이다. 실패 함수는 문자열의 0~i까지의 부분 문자열 중에서 접두사와 접미사가 같은 것들 중에서 가장 긴 것 (longest) 의 길이로 정의한다. 이때 접두사가 0~i까지의 부분 문자열과 같으면 안 된다. 예를 들어, AA라는 부분 문자열에서 접두사 = 접미사인 접두사는 A와 AA가 있다. 그러나 AA는 주어진 부분 문자열과 동일하므로 제외시켜야 한다. pi배열도 예시를 통해 빠르게 이해할 수 있다.

문자열		
ABAABAB		
i	**부분 문자열**	**pi[i]**
0	A	0
1	AB	0
2	ABA	1
3	ABAA	1
4	ABAAB	2
5	ABAABA	3

6	ABAABAB	2

text와 pat 의 값을 비교하면서, 값이 불일치 할 때에 text와 pat의 새로운 대조 위치를 정하기 위해 실패 함수를 사용한다. 실패 함수는 pat의 배열 길이와 같고, pi라고 쓰도록 하자. pi는 pat과 길이가 같은 배열이다. pat의 0~n번까지의 원소만 떼어 이 부분을 문자열 pat_n이라고 하자. pat_n에서 접두사와 접미사가 같은 최대 길이가 pi[n]의 값이 된다. 주의해야 할 사항은, 접미사에는 pat_n의 마지막 원소가 들어가면 안 되고, 접두사에는 pat_n의 0번 원소가 들어가면 안 된다. 즉 pat_n=접미사=접두사인 경우를 제외하고 가장 긴 접미사 길이를 pi[n]이라고 한다. pi[0]=0이어야 한다. 아래 pat의 실패함수 pi를 구해보자.

(1) pi[0] = 0 으로 설정한다.

i	0	1	2	3	4
pat	A	B	A	B	D

(2) pi[1] = 0: 접두사는 "A", 접미사는 "B"이므로 접두사와 접미사가 일치하는 경우가 없다.

i	0	1	2	3	4
pat_n	A	B			

(3) pi[2] = 1: 접두사와 접미사가 모두 "A"인 경우가 존재하므로 접두사의 최대길이는 1이다

i	0	1	2	3	4
pat_n	A	B	A		
pat_n			A	B	A

.

(4) pi[3] = 2:

i	0	1	2	3	4	
pat_n	A	B	A	B		
pat_n			A	B	A	B

(5) pi[4] = 0: 접두사와 접미사가 일치하는 경우가 없다.

i	0	1	2	3	4					

pat_n	A	B	A	B	D					
pat_n						A	B	A	B	D

이제 정리하면 다음과 같다.

i	0	1	2	3	4
pi[]	0	0	1	2	0

(예) 원문은 "ABABBDABABABABDAB" 이고, 찾고자 하는 패턴은 "ABABD" 인 경우에, failure function을 적용한 KMP 알고리즘의 동작은 다음과 같다.

(1) 초기에 i=j=0이다. text[i]==pat[j]이면 i와 j를 1씩 증가시킨다. text[i]!=pat[j]이 되면 멈춘다. 아래는 i와 j가 4일 때 문자가 불일치한 모습이다.

i	0	1	2	3	4	5	6	7	8	9	10	11	12	13	14
text	A	B	A	B	B	D	A	B	A	B	A	B	D	A	B
j	0	1	2	3	4										
pat	A	B	A	B	D										
pi	0	0	1	2	0										

(2) 그렇다면 pi의 값을 살핀다. j=pi[j-1]의 값을 넣는다. j의 값에는 pi[3]=2이 들어가게 된다. 이는 아래처럼 pat이 두 칸 이동하는 것처럼 보일 수 있다. j=pi[j-1]을 한 후에 다시 text[i]==pat[j]이면 i와 j를 1씩 증가시킨다. text[i]!=pat[j]이 되면 멈춘다. 그런데, text[i] != pat[j]이어서 i와 j를 증가시키지 않는다.

i	0	1	2	3	4	5	6	7	8	9	10	11	12	13	14
text	A	B	A	B	B	D	A	B	A	B	A	B	D	A	B
j			0	1	2	3	4								
pat			A	B	A	B	D								
pi			0	0	1	2	0								

(3) j=pi[j-1] = pi[1]=0이 되어 아래 그림처럼 된다. i는 여전히 4이고 j는 0이다.

i	0	1	2	3	4	5	6	7	8	9	10	11	12	13	14
text	A	B	A	B	B	D	A	B	A	B	A	B	D	A	B

j					0	1	2	3	4						
pat					A	B	A	B	D						
pi					0	0	1	2	0						

(4) 그런데 text[i]!=pat[j]이므로 i에 1을 더해 text의 다음 문자와 pat을 비교한다. i=5이고 j=0이다.

i	0	1	2	3	4	5	6	7	8	9	10	11	12	13	14
text	A	B	A	B	B	D	A	B	A	B	A	B	D	A	B
j						0	1	2	3	4					
pat						A	B	A	B	D					
pi						0	0	1	2	0					

(6) text[i]!=pat[j]이므로 i에 1을 더해 text의 다음 문자와 pat을 비교한다. i=6이고 j=0이다.

i	0	1	2	3	4	5	6	7	8	9	10	11	12	13	14
text	A	B	A	B	B	D	A	B	A	B	A	B	D	A	B
j							0	1	2	3	4				
pat							A	B	A	B	D				
pi							0	0	1	2	0				

(7) text[i] == pat[j]이므로 i와 j를 하나씩 증가시킨다. text[i] != pat[j]이면 멈춘다.

i	0	1	2	3	4	5	6	7	8	9	10	11	12	13	14
text	A	B	A	B	B	D	A	B	A	B	A	B	D	A	B
j							0	1	2	3	4				
pat							A	B	A	B	D				
pi							0	0	1	2	0				

i	0	1	2	3	4	5	6	7	8	9	10	11	12	13	14
text	A	B	A	B	B	D	A	B	A	B	A	B	D	A	B
j							0	1	2	3	4				
pat							A	B	A	B	D				
pi							0	0	1	2	0				

i	0	1	2	3	4	5	6	7	8	9	10	11	12	13	14

text	A	B	A	B	B	D	A	B	A	B	A	B	D	A	B
j							0	1	2	3	4				
pat							A	B	A	B	D				
pi							0	0	1	2	0				

(8) i=10, j=4에서 text[i]!=pat[j]여서 멈춘다.

i	0	1	2	3	4	5	6	7	8	9	10	11	12	13	14
text	A	B	A	B	B	D	A	B	A	B	A	B	D	A	B
j							0	1	2	3	4				
pat							A	B	A	B	D				
pi							0	0	1	2	0				

(9) j=pi[j-1] = 2를 한다.

i	0	1	2	3	4	5	6	7	8	9	10	11	12	13	14
text	A	B	A	B	B	D	A	B	A	B	A	B	D	A	B
j									0	1	2	3	4		
pat									A	B	A	B	D		
pi									0	0	1	2	0		

(10) text[i] == pat[j]이므로 i와 j를 1씩 증가시킨다. j가 pat의 마지막 원소를 가리키고 text[i] == pat[j]이면 모든 pat과 매칭되는 부분 문자열을 찾은 것이다.

i	0	1	2	3	4	5	6	7	8	9	10	11	12	13	14
text	A	B	A	B	B	D	A	B	A	B	A	B	D	A	B
j									0	1	2	3	4		
pat									A	B	A	B	D		
pi									0	0	1	2	0		

가능한 최소한의 시간을 생각해보면 M+N을 도출할 수 있는데, 시간 복잡도 O(n+m)을 달성하는 알고리즘 중의 하나가 KMP 알고리즘이다.

9.5 KMP 알고리즘의 구현

다음은 KMP 알고리즘을 구현한 Python 코드와 실행 결과이다.

```
def makeLPS(pattern, lps):
    patternSize = len(pattern)
    j=0

    for i in range(patternSize):
        while j<patternSize & (pattern[i] !=
        pattern[j]):
            j = lps[j-1]
        if pattern[i] == pattern[j]:
            lps[i] = j+1
            j += 1

def KMPSearch(string, pattern):
    stringSize = len(string);
    patternSize = len(pattern);
    j = 0;
    lps = [0 for i in range(patternSize)]
    makeLPS(pattern, lps)
    for i in range(stringSize
):
        while j<patternSize & (string[i] !=
pattern[j]):
            j = lps[j-1]
        if string[i] == pattern[j]:
            if j == patternSize -1:
                return (i - patternSize +2)
            else:
                j += 1
    return -1

print('%d 번째에서
찾음\n' %(KMPSearch("ABCDABCDABEE",
"ABCDABE")))
```

```
5번째에서 찾음
```

9.6. KMP 알고리즘의 time complexity

Failure function의 prefix=suffix 계산에 가장 간단한 방법을 이용하면 M^3이다. 문자열은 N개로 비교 횟수의 최대는 N이므로 time complexity는 O(M^3+N)이다. KMP는 또다시 Failure function에 KMP 방식을 적용하여 Failure function의 최적화를 통해 결과적으로 **O(M + N)**의 Time complexity를 가진다. 이는 텍스트 길이 N과 비교하는 문자열 길이 M의 합으로 비교할 수 있는 이론상 가장 최소 값이다.

10장. String Matching 알고리즘 만들기: Rabin-Karp 와 Boyer-Moore 알고리즘

Rabin-Karp Algorithm은 크기가 n인 문자열 T와 크기가 m인 (m <= n) 찾고자 하는 문자열 P가 있을 때, T와 P의 해시 값 (hash value)를 비교하여 T 안에서 모든 P를 찾는 string matching 알고리즘의 하나이다. 찾고자 하는 문자열 P를 해싱한 뒤, 실제 문자열 T 안에서 해시 값이 일치하는 번지를 찾아내는 방식으로 진행된다.

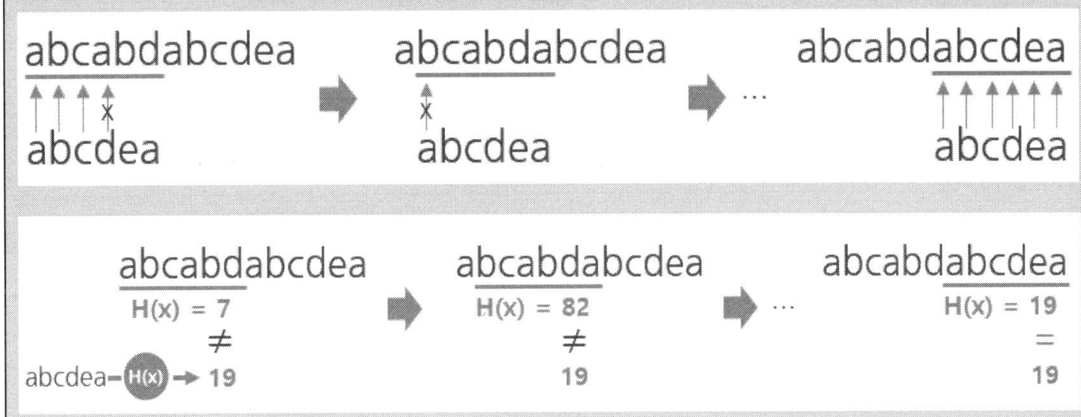

이 장에서는, KMP 세 명이 만든 KMP 알고리즘 외에, 다른 두 그룹이 만든 string matching 알고리즘을 살펴본다. 본 장의 구성은 다음과 같다.

10.1 Rabin-Karp 알고리즘의 아이디어
10.2 Rabin-Karp 알고리즘의 설계
10.3 Rabin-Karp 알고리즘의 구현
10.4 Rabin-Karp 알고리즘의 time complexity
10.5 Boyer Moore 알고리즘의 아이디어
10.6 Boyer Moore 알고리즘의 구현

10.1 Rabin-Karp 알고리즘의 아이디어

Rabin-Karp 알고리즘은 해시 (Hash)를 이용해서 문자에서 특정 문자열 (target)을 찾는 매칭 알고리즘으로 여러 개의 문자열을 비교할 때 항상 해시 값을 구하여 비교하고 긴 글 (text)과 부분 문자열이 일치하는 경우에만 문자열을 직접 검사하여 정확히 일치하는지 확인하는 알고리즘이다. Rabin-Karp 알고리즘은 Hashing 기법에 기반하여 작동한다. Hashing이란 하나의 문자열을 더욱 빨리 찾을 수 있도록 많은 양의 값들을 해시 함수에 대입하여 나온 결과를 인덱스로 하여 해시테이블에 저장하는 방식으로 값을 보존하는 것이다. Rabin-Karp 알고리즘은 주로 Rabin-Fingerprint 알고리즘을 이용하여 해시 값을 구한다.

라빈-카프 알고리즘은 문자열의 해시 값을 비교함으로써 일치 여부를 확인하는 일대일 매칭 알고리즘이다. 즉, 문자열 S에 대하여 문자열 패턴 P를 수치로 변환시킨 후 순차적으로 탐색한다. 라빈-카프 알고리즘은 긴 문자열을 해싱할 때에 많이 쓰인다.

먼저 라빈-카프 알고리즘에서 사용되는 문자열을 변환 해시함수에 대해 알아보자.

$$f(x) = m_0 + m_1 x + \underline{m_k} x^k + \ldots + m_{n-1} x^{n-1}$$

k번째 문자의 아스키 코드

이러한 함수를 다음과 같이 나타낼 수도 있다.

$$H[i] = S[i] * x^{M-1} + S[i+1] * x^{M-2} + \cdots + S[i+M-1] * x^0$$

$$H[i+1] = S[i+1] * x^{M-1} + S[i+2] * x^{M-2} + \cdots S[i+M-1] * x^1 + S[i+M] * x^0$$
$$= x * (\underbrace{S[i+1] * x^{M-2} + S[i+2] * x^{M-3} + \cdots + S[i+M-1] * x^0}_{= H[i] - S[i] * x^{M-1} \quad \because H[i] = S[i] * x^{M-1} + S[i+1] * x^{M-2} + \cdots + S[i+M-1] * x^0}) + S[i+M] * x^0$$
$$= x * (H[i] - S[i] * x^{M-1}) + S[i+M] * x^0$$

이때 H[i]는 i번째 문자열로부터의 해시 값, S[i]는 i번째 문자열의 아스키코드, M은 패턴의 길이를 뜻한다. 이 계산식을 i+1번째 문자열에 대하여 해싱 값을 구하도록 정리하였을 때 위의 두 번째 공식처럼 정리할 수 있다. x값의 경우 자유롭게 쓸 수 있지만 주로 2를 사용한다.

(예) 전체 문자열 "deabc"에서 길이가 3인 패턴 "abc"를 찾는다고 가정한다. 수식으로부터 패턴 abc의 해시 값은 (97*2^2)+(98*2^1)+(99*2^0) = 683 이다. 이를 토대로 전체 문자열의 H[i] 값과 순차적으로 비교해 나간다.

i	a	b	c
S[i]	97	98	99
x^(M-1)	2^2	2^1	2^0

먼저, dea를 선택한다. dea의 해시 값은 (100*2^2)+(101*2^1)+(97*2^0) = 699 로, 찾으려는 패턴의 해시 값과 일치하지 않으므로 넘어간다.

i	d	e	a	b	c
S[i]	100	101	97	-	-
x^(M-1)	2^2	2^1	2^0	-	-

다음으로 eab를 선택하면 이전 해시 값을 알고 있으므로 더 간편한 수식을 이용할 수 있다. 따라서 eab의 해시 값은 2*(699-100*2^2)+(98*2^0) = 696 으로, 찾으려는 패턴의 해시 값과 일치하지 않으므로 넘어간다.

i	d	e	a	b	c
S[i]	-	101	97	98	-
x^(M-1)	-	2^2	2^1	2^0	-

마지막 문자열 abc의 해시 값은 2*(696-101*2^2)+(99*2^0) = 683 으로, 찾으려는 패턴의 해시 값과 일치하므로 알고리즘을 종료한다.

i	d	e	a	b	c
S[i]	-	-	97	98	99
x^(M-1)	-	-	2^2	2^1	2^0

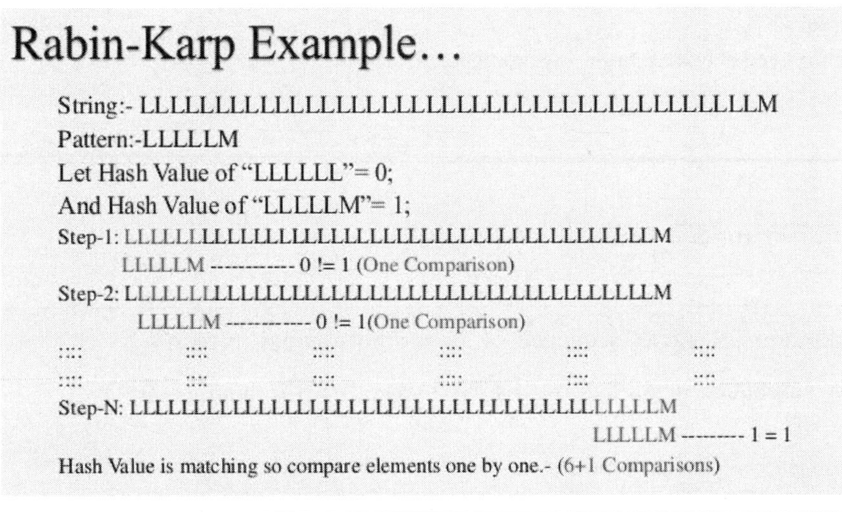

10.2 Rabin-Karp 알고리즘의 설계

"IHABCEA" 라는 문자열 안에서 "ABC"라는 패턴을 찾는다고 해보자. 우선, 해시 함수를 통해 패턴의 해시 값을 알아낸다.

$$PH = ('A' * 2^{len-1}) + ('B' * 2^{len-2}) + ('C' * 2^{len-3})$$

문자열의 0 ~ 2 번지까지의 해시 값이 패턴의 해시 값과 일치하는지 검사한다.

$$H[0] = (str[0]*2^2)+(str[1]*2^1)+(str[2]*2^0)$$

해시 값이 불일치하면 다음 번지 1 ~ 3 번지로 넘어가서 해시 값을 비교한다. 식을 정리하면 해시 값은 다음과 같이 구할 수도 있다. 전에 구한 H[i-1] 을 사용한다는 점이 중요하다.

$$H[i] = 2(H[i-1]-(str[i-1]*2^{len-1}))+str[i-1+len] \quad (i > 0)$$

위 과정을 반복한다. 이 때, 해싱의 특성 상, 서로 다른 문자열에서에서 같은 해시 값이 나올 수 있기 때문에, 해시 값이 패턴과 문자열 일부의 해시 값이 일치하더라도, 다시 한 번 두 문자열을 검사해야한다. (아래 pseudo code 에서 Brute force comparison 에 해당)

Pseudo Code…

```
Length of pattern = M;
Hash(p) = hash value of pattern;
Hash(t) = hash value of first M letters in body of text;
do
  if (hash(p) == hash(t))
        brute force comparison of pattern and selected section of
  text
       hash(t) = hash value of next section of text, one character
  over
while (end of text or brute force comparison == true)
```

위의 식을 좀더 일반화하면 (b=2로 하면 위의 식이 된다),

➢Let's take an m-character sequence as an m-digit number in base b. The text subsequence t[i .. i + m-1] is mapped to the number as follows-

$$x(i) = t[i].b^{m-1} + t[i+1].b^{m-2} + t[i+2].b^{m-3} + \ldots\ldots t[i+m-1]$$

➢If m is very large then the hash value will be very large in size, so we can *hash* the value by taking mod a prime number, *say q*.

$$h(i)=((t[i]\cdot b^{m-1} \bmod q) +(t[i+1]\cdot b^{m-2} \bmod q) + \ldots +(t[i+M-1] \bmod q)) \bmod q$$

10.3 Rabin-Karp 알고리즘의 Python 구현

다음은 Rabin-Karp String Matching 알고리즘을 구현한 Python 코드와 실행 결과를 소개한다. https://github.com/mccricardo/Rabin-Karp/blob/master/rabin_karp.py

```
class RollingHash:
        def __init__(self, string, size):
                self.str   = string
                self.hash = 0

                for i in range(0, size):
                        self.hash += ord(self.str[i])

                self.init = 0
                self.end   = size
        def update(self):
                if self.end <= len(self.str) -1:
                        self.hash -= ord(self.str[self.init])
                        self.hash += ord(self.str[self.end])
                        self.init += 1
                        self.end   += 1
        def digest(self):
                return self.hash
        def text(self):
                return self.str[self.init:self.end]

def rabin_karp(substring, string):
        if substring == None or string == None:
                return -1
        if substring == "" or string == "":
                return -1

        if len(substring) > len(string):
                return -1
        hs          = RollingHash(string, len(substring))
        hsub = RollingHash(substring, len(substring))
```

```
        hsub.update()

        for i in range(len(string)-len(substring)+1):

                if hs.digest() == hsub.digest():
                        if hs.text() == substring:
                                return i
                hs.update()
        return -1

text = "deabc" #전체 문자열 deabc로 설정
target = "abc" #타겟 문자열 abc로 설정

print("전체 문자열 %s에 대하여 타겟 문자열 %s를 탐색합니다.\n" %(text, target));
print("index %d에서 발견하였습니다." %(rabin_karp(target, text)))
```

```
전체 문자열 deabc에 대하여 타겟 문자열 abc를 탐색합니다.

index 2에서 발견하였습니다.
```

10.4 Rabin-Karp 알고리즘의 time complexity

문자열의 길이를 M이라고 할 때, 해시 값 H[i]의 생성은 시간 복잡도 O(M)이 소요되며 이전 문자열의 해시 값을 알고 있다면 O(1)의 시간 복잡도로 처리할 수 있다. 또한 선택하는 모든 문자열이 구하고자 하는 패턴과 같은 해시 값을 가지는 최악의 경우 시간 복잡도 O(MN)를 기록하지만, 이러한 상황은 드물며 일반적으로는 빠른 편에 속한다.

해싱 일반 식에서 소수 q를 큰 수로 잡을수록, 서로 다른 패턴이 같은 해시 값을 가질 확률이 작아지게 된다. 이 경우, time complexity는 주어진 문자열의 크기 혹은 주어진 문자열의 문자 개수 N에 대해 *O(N)*이 된다. Worst case time complexity는 반대로 소수 q가 매우 작을 때 얻어진다. 패턴 안의 문자 개수를 M이라고 하면, time complexity는 *O(MN)*이 된다.

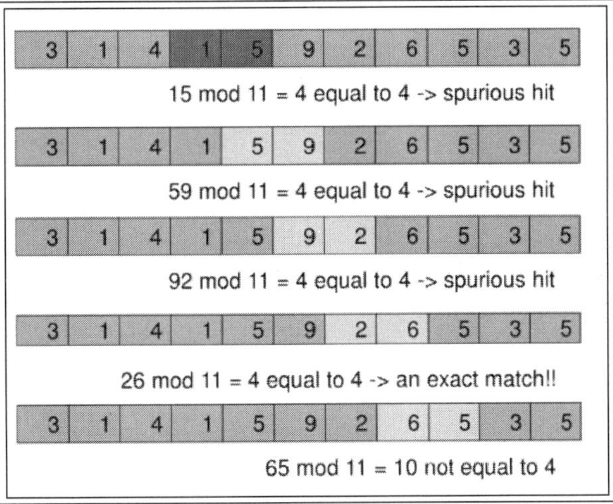

Hashing의 Time complexity: 기존에는 Hashing을 이용하여 문자의 해시 값을 구하는데 문자열의 길이만큼의 시간(O(M))이 걸리지만 Rabin-Fingerprint알고리즘을 이용하면 한 문자의 해시 값만 구하면 다음 문자열의 값을 구하는데 기존 값을 이용하면 되므로 O(1)의 시간 복잡도를 가진다.

Rabin-Karp의 Time complexity: 최악의 경우 모든 검사하는 문자열의 해시 값이 target의 해시 값과 일치하여 모든 문자열을 실제로 검사해 O(M*N)(M: text 문자열의 길이, N: target 문자열의 길이)의 시간 복잡도를 가지지만 평균적으로 실제 text의 문자열은 target과 일치하지 않지만 해시 값만 일치하는 경우는 거의 없으므로 문자열을 한번 만 검사해도 되므로 O(M)의 시간 복잡도를 가진다.

10.5 Boyer Moore 알고리즘의 아이디어

Boyer-Moore algorithm 의 첫번째 특징은, P를 분석하는 전처리과정 (preprocess)을 거친다는 점이다. 전처리과정에서 얻어진 결과물은 T와 P의 비교불일치가 일어났을 때, Brute-force method처럼 비교 위치를 무조건 한 칸만 이동시키는 것이 아니라 문자의 배열에 따라 최소 한 칸부터 최대 P의 길이만큼 이동시킨다. 이는 비약적으로 비교 속도를 향상시키며 미리 분석한 정보를 사용하기에 P가 T에 비해 짧을 수록, T가 길수록 더욱더 상대적인 효율이 향상된다. 두번째 차이점은 T의 비교하고자 하는 sub-string과 P를 비교할 때에 앞의 문자부터 비교하는 것이 아니라 뒤의 문자부터 비교한다는 점이다. 이는 두 문자열을 비교 시에 앞의 문자가 일치하더라도 뒤의 문자가 불일치하면 비교할 필요가 없음을 생각하면 쉽게 타당성을 납득할 수 있다. 뒤에서부터 검사하는 방식은 P의 shift를 효과적으로 수행할 수 있도록 만들어준다.

Boyer-Moore 알고리즘은 다음과 같이 동작한다.

Input: Text T (size n) and Pattern P (size m) with index starting from zero (0)
단계 1: Pattern P와 Text T는 같은 시작점에 정렬된다.
단계 2: P[m-1]와 T[m-1]를 비교하며 일치 시에 앞의 character를 비교해 나간다.
단계 3: 비교는 P의 Beginning까지 진행되거나 비교 불일치가 일어날 때까지 진행한다.
단계 4: 불일치가 일어났을 경우에는 P의 전처리 정보를 활용해 가능한 한 최대의 Shift를 반영한다. (예) 만약 shift = 3이라면 P[3 + m- 1] 와 T[m-1]에서부터 비교 시작.
단계 5: 비교는 새로운 Alignment에서 진행된다.
단계 6: 위의 과정을 반복한다

이제 shift 를 어떻게 구할지 정해야 하는데, (1) Bad Character Rule과 (2) Good Suffix Rule 중에서 shift 가 큰 것으로 결정한다.

Bad Character Rule: Bad Character (불일치가 발생한 문자) Rule은 비교가 실패한 T의 character를 이용하는 rule이다. 예를 들어, T와 P를 비교하던 중 T[i], P[j]에서 불일치가 일어났다고 가정해보자. 이 경우, Bad character rule의 적용은 크게 3가지 경우로 나뉘게 된다. (1) **T[i]와 같은 문자가 P에 없는 경우**에는 T의 T의 비교 시작 위치를 `j + 1`만큼 shift 시킨다. (2) **T[i]와 같은 문자가 이미 비교한 P에 존재하는 경우** (T[i] == P[k] (k > j)), T의 비교 시작 위치를 한 칸 shift 시킨다. (3) **T[i]와 같은 문자가 아직 비교하지 않은 P에 존재하는 경우** (T[i] == P[k] (k < j)), T의 비교 시작 위치를 `j - k`만큼 shift 시킨다.

배열의 index는 0에서 시작한다.

Text(T)   H E S S A A C A T W M M M W L C
Pattern(P) C A T
Compare

1. Because T[2] is not included in the pattern, We don't need to check P[0], P[1]. Shift pattern by length of it.

T[i]는 i=2, P[j]의 j=2가 다르고, T[2]는 P에 없다. **(1번 적용하여, j+1 = 2+1 칸 이동)**

Text(T)   H E S S A A C A T W M M M W L C
Pattern(P)   C A T

2. Although T[5] and P[2] are different, the same character with T[5] is in Pattern P[2]. Shift pattern one index.

T[5]와 P[2] 비교하였으나 실패. 하지만 P[2]의 A 는 (아직 비교 안한) P에 존재한다 **(3번 적용하여, j-k (2-1) = 1칸 이동)**

Text(T)   H E S S A A C A T W M M M W L C
Pattern(P)   C A T

3. The same character with T[6] is at the first index of pattern. Shift pattern two index

T[6]와 P[2] 비교하였으나 실패. 하지만 P[2]의 C 는 (아직 비교 안한) P에 존재한다 **(3번**

적용하여, j-k (2-0) = 2칸 이동)	
Text(T) H E S S A A C A T W M M W L C Pattern(P) C A T 찾기 성공	4. Finally, we found the pattern in the text

Bad Character Rule을 적용하여 shift 만큼 이동하는 코드를 작성하면 다음과 같다. Shift 값은 delta 배열에 설정한다. **다음은 Python 코드와 실행 결과이다.**
https://github.com/dilshandcs/BoyerMooreParallel-Python/blob/master/boyerMooreParallel.py

```
import threading
import time

class BadCharShift(threading.Thread):
    def __init__(self, term):
        threading.Thread.__init__(self)
        self.term = term

    def run(self):
        self.skipList = self.generateBadCharShift(self.term)

    def generateBadCharShift(self,term):
        skipList = {}
        for i in range(0, len(term)-1):
            skipList[term[i]] = len(term)-i-1
        return skipList


class SuffixShift(threading.Thread):
    def __init__(self,key):
        threading.Thread.__init__(self)
        self.key = key

    def run(self):
```

```
        self.skipList = self.generateSuffixShift(self.key)

    def generateSuffixShift(self,key):
        skipList = {}
        buffer = ""
        for i in range(0, len(key)):
            skipList[len(buffer)] = self.findSuffixPosition(key[len(key)-1-i], buffer, key)
            buffer = key[len(key)-1-i] + buffer
        return skipList

    def findSuffixPosition(self,badchar, suffix, full_term):
        for offset in range(1, len(full_term)+1)[::-1]:
            flag = True
            for suffix_index in range(0, len(suffix)):
                term_index = offset-len(suffix)-1+suffix_index
                if term_index < 0 or suffix[suffix_index] == full_term[term_index]:
                    pass
                else:
                    flag = False
            term_index = offset-len(suffix)-1
            if flag and (term_index <= 0 or full_term[term_index-1] != badchar):
                return len(full_term)-offset+1


# Actual Search Algorithm
def BMSearch(haystack, needle):
    thread1 = None
    thread2 = None
    goodSuffix = None
    badChar = None
    try:
        thread1 = SuffixShift(needle)
        thread2 = BadCharShift(needle)
        thread1.start()
        thread2.start()
        #waiting for the threads to be finished...
```

```
            thread1.join()
            thread2.join()
            #checking whether threads have finished
            if   not(thread1.is_alive() or thread2.is_alive()):
                goodSuffix = thread1.skipList
                badChar = thread2.skipList
            else:
                return -1
        except Exception as ex:
            print("Thread Error ",ex)
            return -1

        i = 0
        while i < len(haystack)-len(needle)+1:
            j = len(needle)
            while j > 0 and needle[j-1] == haystack[i+j-1]:
                j -= 1
            if j > 0:
                badCharShift = badChar.get(haystack[i+j-1], len(needle))
                goodSuffixShift = goodSuffix[len(needle)-j]
                if badCharShift > goodSuffixShift:
                    i += badCharShift
                else:
                    i += goodSuffixShift
            else:
                return i
        return -1

if __name__ == "__main__":
    block = "This is a simple example"
    text = "ABECHWSSDWE"
    pattern = "WSS"
    print(text)
    start = time.process_time()
    result = BMSearch(text,pattern)
    end = time.process_time()
```

```
print("pattern found at ",result)
print("User + System Time for the Task in seconds: ",end-start)
```

```
ABECHWSSDWE
pattern found at  5
User + System Time for the Task in seconds:  0.0012011100000000052
> 
```

Good Suffix Rule: Bad character rule은 굉장히 이해하기 쉬우며 구현하기도 쉽다. 하지만, 항상 최고의 효율을 보여준다고 할 수는 없다. 예를 들어, Pattern 내에 여러 개의 중복된 문자가 존재할 경우에 한 칸씩만 앞으로 이동하는 경우가 생길 수 있다. 이는 전처리과정에서는 character 들 중 가장 오른쪽의 위치 정보만 저장하기 때문이다. Good suffix rule은 이름에서 알 수 있는 것처럼 이미 비교 과정에서 일치한 문자들 (일치한 T의 sub-string을 t라 하자)의 정보를 이용한다. Good suffix rule은 크게 3가지의 경우로 나눌 수 있다.

(1) **P에 t와 일치하는 string이 없는 경우,** Pattern의 앞 부분을 확인할 필요가 없기 때문에 Pattern을 길이만큼 shift시킨다.

배열의 index는 0에서 시작한다.

	Mismatch t	
Text(T)	A A B A B B A B C A B D D C B A	1. Mismatch is occurred at index 2. There are no occurrence of t in the pattern except matched region.
Pattern(P)	B A C A B	
Text(T)	A A B A B B A B C A B D D C B A	2. Shift the pattern by its length.
Pattern(P)	B A C A B	

일치한 T의 substring t ("AB")가 P에 없으므로, P 만큼 건너 뛴다.

(2) P**의 prefix와 t의 suffix들 중 일치하는 string이 존재하는 경우,** 해당 index로 shift 한다.

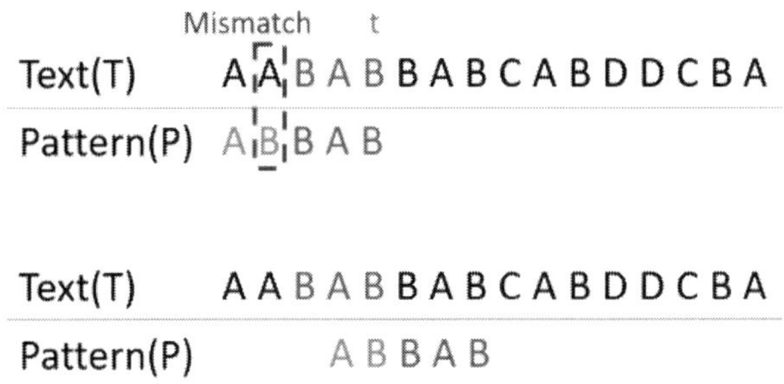

1. Mismatch is occurred after checking character from 2 to 4. We can find T[3..4] is equivalent with prefix of pattern P[0..1].
2. Shift the pattern three times.

일치한 T의 substring t ("BAB")의 suffix 중에서 "AB"가 P의 prefix로 있으므로, T의 "AB" 위치로 옮긴다.

(3) **P에서 이미 비교한 부분을 제외하고 t와 동일한 string이 존재하는 경우**, 이미 확인된 t와 일치하는 string을 P에서 찾고 만약 있다면 해당 index 차이만큼 shift시키는 것이다.

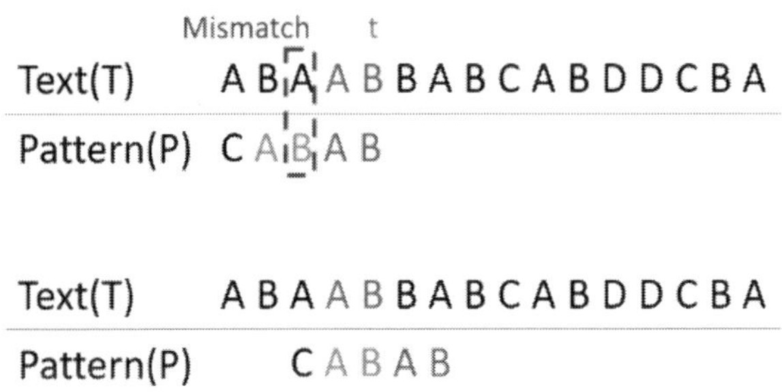

1. The mismatch is occurred at the index 2. We can use the information that there are string P[1..2] which is same with substring t.
2. Shift the pattern two times.

일치한 t ("AB") 가 아직 비교하지 않은 P 안에 들어있는 경우, T의 "AB" 위치로 옮긴다. 이 경우에 앞에 있는 C가 매칭이 되는지를 검사하고 가야 한다.

10.6 Boyer Moore 알고리즘의 구현

다음은 Boyer-Moore String Matching 알고리즘을 구현한 Python 코드와 실행 결과를 소개한다. https://hanco.tistory.com/1

```
def initSkip(pattern):
    NUM = 27  # 알파벳 수
    M = len(pattern) # 패턴의 길이
    skip = [M for i in range(NUM)] #skip 함수를 모두 M값으로 초기화
    for i in range(M):
        skip[ord(pattern[i]) - ord('A')] = M - i - 1
    return skip # skip 배열 반환
```

```
def BoyerMoore(pattern, text):
    M = len(pattern)
    N = len(text)
    skip = initSkip(pattern)

    i = M-1
    j = M-1

    while j >= 0:
        while text[i] != pattern[j]:
            k = skip[ord(text[i]) - ord('A')]
            if M - j > k:
                i = i + M - j
            else:
                i = i + k
            if i >= N:
                return N
            j = M - 1
        i = i-1
        j = j-1
    return i+1

print(BoyerMoore("ATION","VISOINQUESTIONONIONCAPTIONGRADUATION"))
```

```
31
```

11장. Geometric (Convex Hull) 문제를 푸는 Graham' 알고리즘

Convex Hull Problem 은 평면상에서 유한한점들의 볼록 껍질을 찾는 방법이다. 볼록 껍질이란 2차원 평면 상에서 주어진 점들을 모두 포함하는 가장 작은 다각형을 뜻하는 용어로서 기하 알고리즘에서 자주 응용되기 때문에 중요하다. 이 장에서는 이 볼록 껍질을 구하는데 사용되는 알고리즘인 Graham's Scan Algorithm을 다음 순서로 공부한다.

11.1 Convex Hull Problem
11.2 Convex Hull 문제를 손으로 풀어보기
11.3 Graham Scan 알고리즘 동작
11.4 Graham Scan 알고리즘 구현을 위한 준비
11.5 Graham Scan 알고리즘의 구현

11.1 Convex Hull Problem

우리말로 볼록 껍질 문제 (알고리즘)이라고 한다. 내용은 간단하다. 2차원 평면에 여러 개의 점들, 혹은 영역들의 집합이 있다. 간단하게 점이라고 생각하고 문제를 풀어보자. 임의로 주어진 점들을 모두 감쌀 수 있는 가장 작은 볼록 다각형 껍질을 만드는 것이다. 다각형의 모든 꼭지점은 점들의 집합의 부분 집합이라고 할 수 있다. 아래의 그림을 보면 어떤 문제인지 이해가 쉬울 것이다. 파란 점들이 공간에 무작위로 퍼져 있고, 그것들을 모두 감쌀 수 있도록 바깥쪽 점들을 이어 붉은 선을 그려 볼록한 도형을 만든다.

11.2 Convex Hull 문제를 손으로 풀어보기

만약 Convex Hull 문제를 사람이 푼다고 하면, 어떻게 풀까 그림으로 나타내 보았다. 맨 왼쪽 점 P0부터 시작해서, 시작 점 P0을 제외하고 다른 모든 점들을 시작점 P0에서의 방향 각도로 정렬하고, 정렬된 점 중에서 가장 각도가 작은 점 P1을 고른다. P0-P1을 잇는다. P2를 고르고, 시계 반대 방향으로 가는지 체크한다. P2를 둘레 점에 넣는다. 두번째 그림에서 P3를 넣는다 (시계 반대 방향이므로). 세번째 그림에서 P4를 넣는다. 그런데 이번에는 시계 방향이므로, 지금까지 넣었던 방향과 다르므로, P3을 제거하고, P4와 P2를 잇는다. P2-P4가 P1-P2와 시계 반대방향인지 확인한다. 시계 반대 방향이므로 P1은 그대로 둔다. 이런 식으로 진행하면 된다.

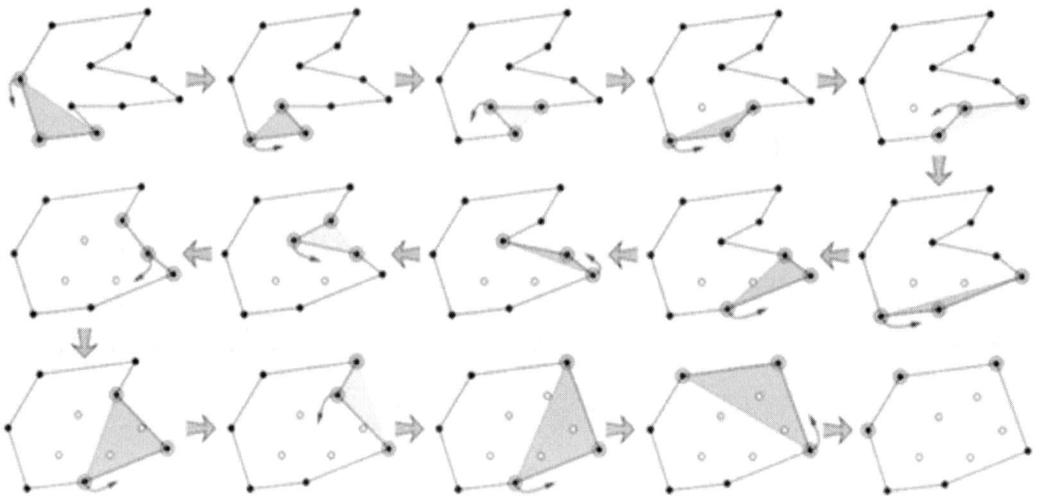

The 'three-penny' scanning phase of Graham's scan.

여기서 P1-P2와 P2-P3가 시계 반대 방향인지를 확인하는 공식이 필요한데, 이는 P1-P2 vector와 P2-P3 vector 간의 outer product를 구하는 식을 이용한다. ccw > 0이면 세 점은 반시계 방향이고, 시계방향이면 ccw < 0이다. 그리고 만약 ccw = 0 이면 일직선 상에 있는 것인데, 왜냐하면 ccw는 p1, p2 그리고 p3로 이루어진 부호가 붙은 삼각형 넓이의 두배를 돌려주기 때문이다

```
function ccw(p1, p2, p3):
    return (p2.x - p1.x)*(p3.y - p1.y) - (p2.y - p1.y)*(p3.x - p1.x)
```

11.3 Graham Scan 알고리즘 동작

이 문제는 고전적인 문제로, 여러가지 해결방법이 나와있다. 그 중 Graham Scan방법을 사용하여 푼다. 어떤 내용인지 대략적으로 살펴보자. Graham Scan 알고리즘은 다음과 같이 동작한다.

(단계 1) y값이 가장 작은 점을 찾는다. (여러 개면 그 중 x 값이 가장 작은 점 선택)
(단계 2) 단계 1에서 구한 점을 기준으로 다른 모든 점의 각도를 구한다.
(단계 3) 단계 2에서 구한 각도들을 작은 것에서 큰 순서대로 정렬한다.
(단계 4) 단계 1에서 구한 점과 정렬된 점 2개를 Convex hull에 추가한다.
(단계 5) 그 다음 점을 현재 점으로 하고, Convex hull의 마지막 직선과 현재 점이 이루는

방향이 CCW (counter clock wise)가 아니면 마지막 점을 Convex hull에서 제외한다 (마지막 점이 현재 점과 CCW를 만족할 때까지 마지막 점을 제거한다). 현재 점이 마지막 직선과 CCW를 이루면 현재 점을 Convex hull에 추가하고 다음 점을 가져온다.
(단계 6) 모든 점에 대해서 단계 5를 반복해서 수행한다.
(단계 7) Convex hull을 이루고 있는 점을 이어준다.

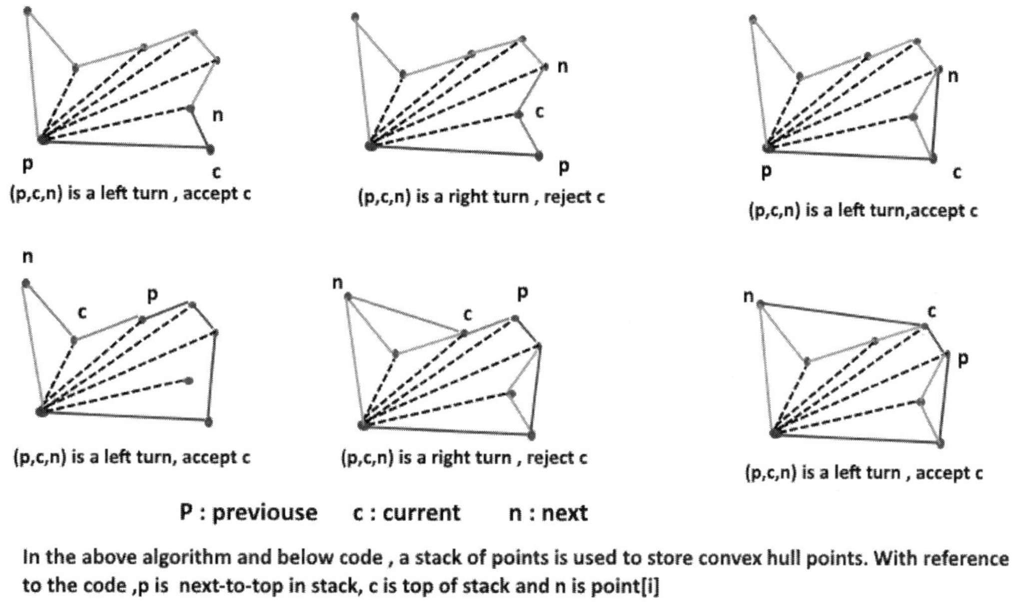

Graham Scan 알고리즘은 스택 (stack) 자료구조를 이용하면 편하게 구현할 수 있다. 스택은 LIFO (last in first out) 이라고 해서, 접시를 쌓으면 제일 나중에 올린 접시를 가장 먼저 가져와야 한다. 중간의 접시를 뺀다고 하면 접시들이 무너질 것이다. 이렇게 스택에 접시 또는 데이터를 넣는 명령어를 push() 라고 하고, 맨 위의 접시를 빼는 명령어를 pop() 이라고 한다. 아래 알고리즘을 돌리면, 스택에 점 3개를 넣고 시작한다.

```
# N은 점의 개수이고 points[N] 은 점들의 배열
# 가장 y 좌표가 작은 점을 point[0]로 한다.
# 만약 y 좌표가 같은 점이 여러 개 있다면 x 좌표가 가장 작은 것으로 고른다.
Sort N-1 points with increasing order (p의 점들을 p[0]와 이루는 polar coordinate 상의 각
도)
let stack = NULL
push points[0] to stack
push points[1] to stack
push points[2] to stack
for i = 3 to N:
```

```
    while ccw(next_to_top(stack), top(stack), points[i]) <= 0:
        pop stack
    push points[i] to stack
end
```

위의 알고리즘을 가지고, 아래 예를 들어 동작을 설명한다.

<table>
<tr>
<td>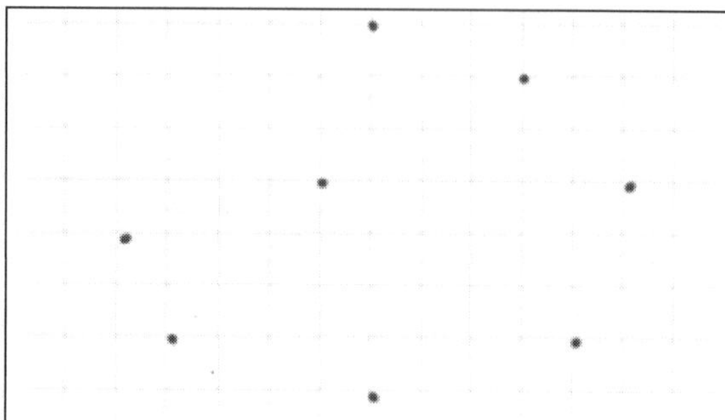
임의의 점들을 만든다.</td>
<td>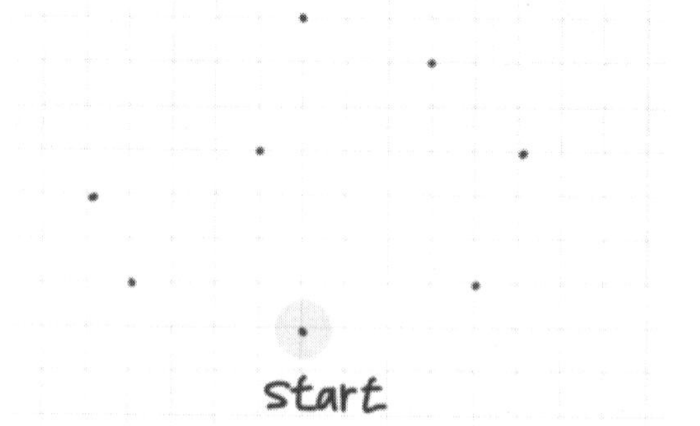

정렬하여 y좌표가 가장 작은 점을 찾아서 이 점을 시작점으로 삼는다. 시작점이 최종적으로 완성된 볼록 껍질의 일부분이어야 하므로 점 집단의 가장 바깥쪽에 있어야 한다. x좌표가 가장 작거나 큰 점, y좌표가 가장 작거나 큰 점 중 아무거나 선택하면 된다.</td>
</tr>
<tr>
<td>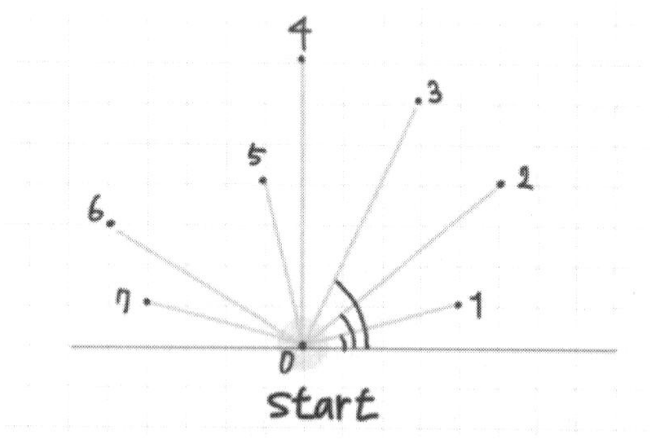

선택한 점을 기준으로 좌표 평행이동 하여 기준점을 원점으로 만든다. 기준점과 점을 이은 벡터가 x축과 이루는 각도를 기준으로 다시 정렬한다. 기준점은 0번, 각도가 작은 점부터 1,2,3... 번호를 매긴다.</td>
<td>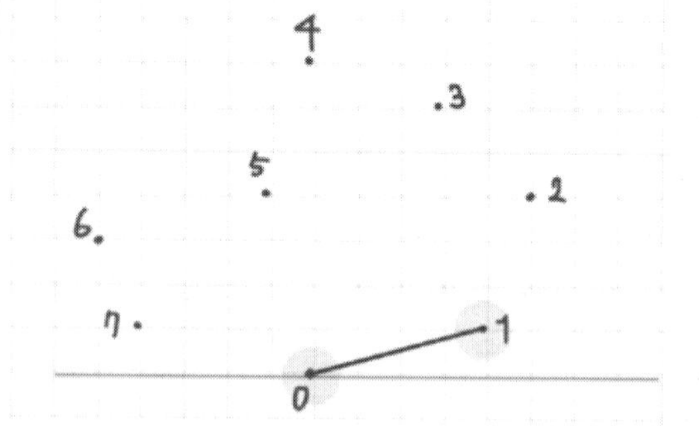

스택에 0번과 1번을 넣는다. 스택에 들어있는 점들이 마지막에 convex hull이 될 것이다. 스택에 대해서는 다음 목차에서 설명한다.</td>
</tr>
</table>

<table>
<tr>
<td>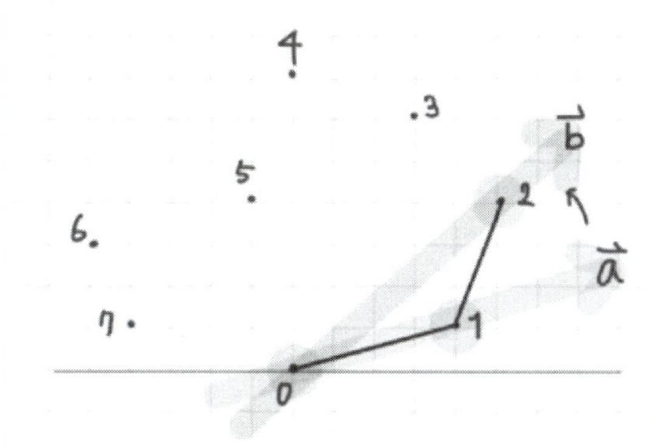
2번 점을 추가할지 말지 결정하려고 한다. 벡터**a**(0,1)과 **b**(0,2)를 비교하여 결정하는데, 그림과 같이 b가 a보다 반시계방향으로 틀어져 있으면 스택 (볼록 껍질)에 추가한다. 비교하는 방법은 벡터의 외적을 이용한다.</td>
<td>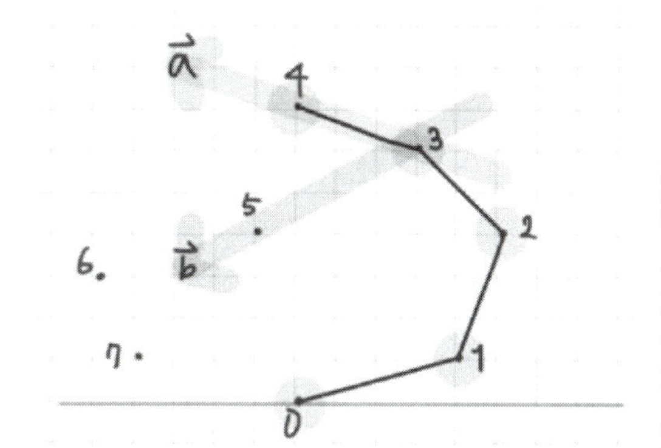
같은 방법으로 계속 점들을 스택에 추가한다. 5번 점을 추가할지 결정해보자. 이때도 3번 점을 기준으로 만들어진 벡터 a(3,4), b(3,5)를 살펴보았을 때 b가 역시나 a보다 반시계 방향으로 회전되어 있기 때문에 이를 스택에 추가한다.</td>
</tr>
<tr>
<td>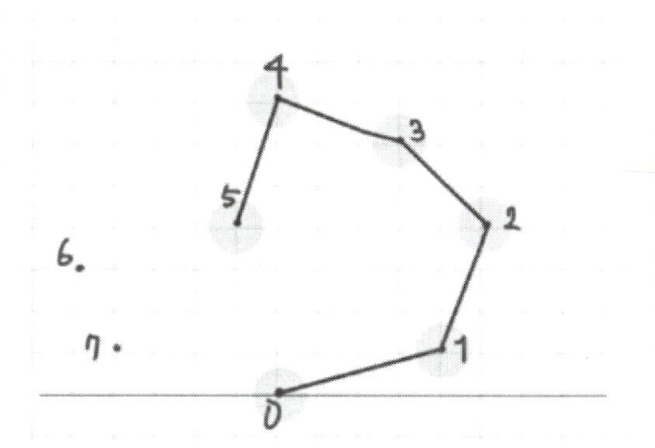
5번 점을 스택에 추가한 모습이다.</td>
<td>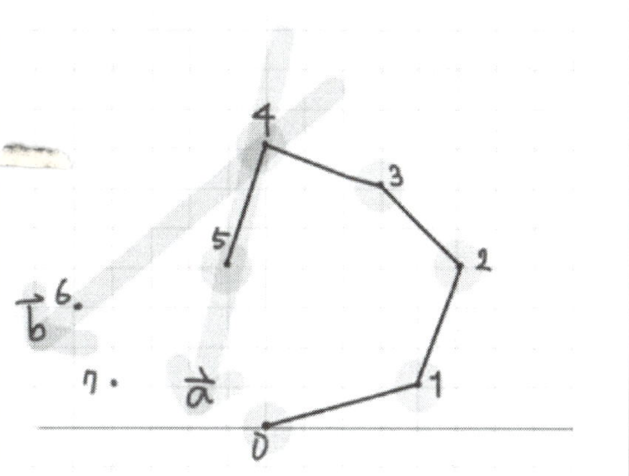
다음 6번 점에 대해서도 동일한 검사를 해보자. 4번 점을 기준으로 벡터 a(4,5), b(4,6)을 살펴보면 이전과 다르게 b가 a보다 시계방향으로 회전되어 있다.</td>
</tr>
<tr>
<td>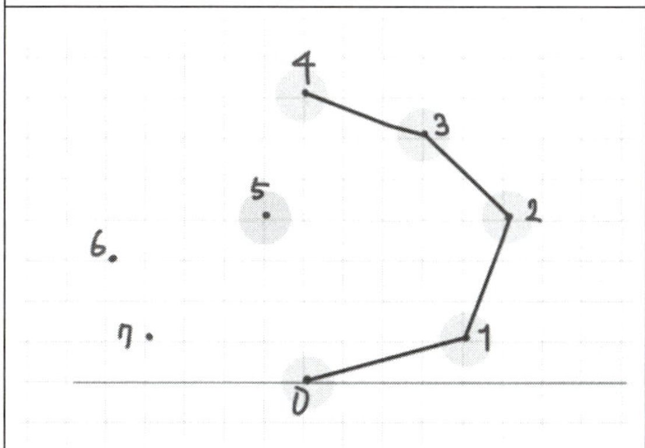
그럼 5번 점을 스택에서 빼버린다.</td>
<td>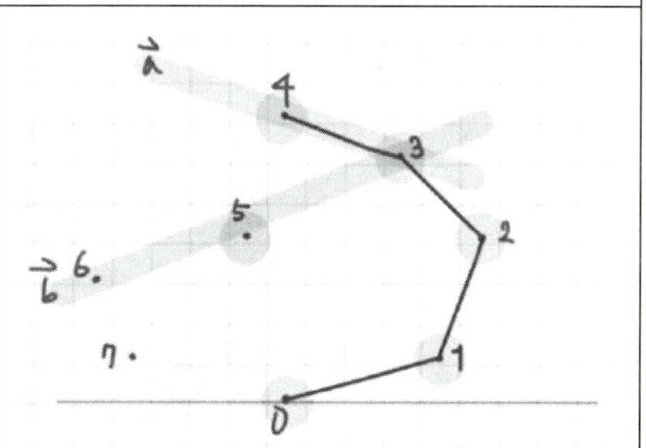
다시 6번 점에 대해 검사를 해보니 b가</td>
</tr>
</table>

	a보다 반시계방향 회전되어 있으니 6번 점을 스택에 추가한다.
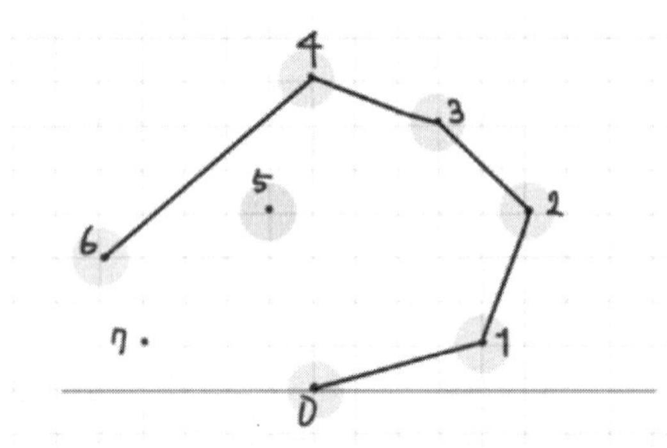 6번 점을 스택에 추가한 모습이다.	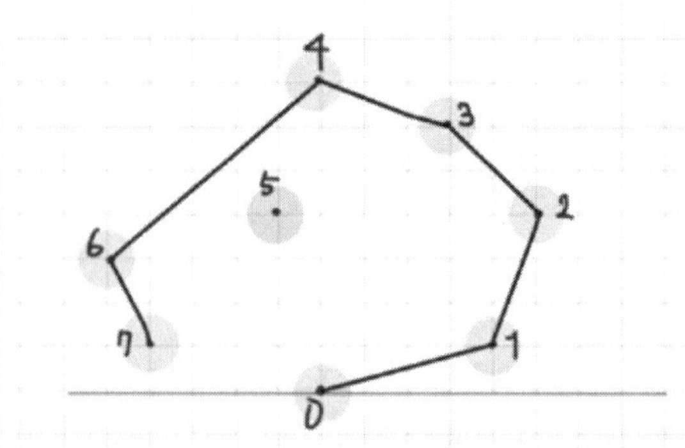 같은 방식으로 점들을 계속 검사하고 추가한다. 모든 점들을 검사하였다.
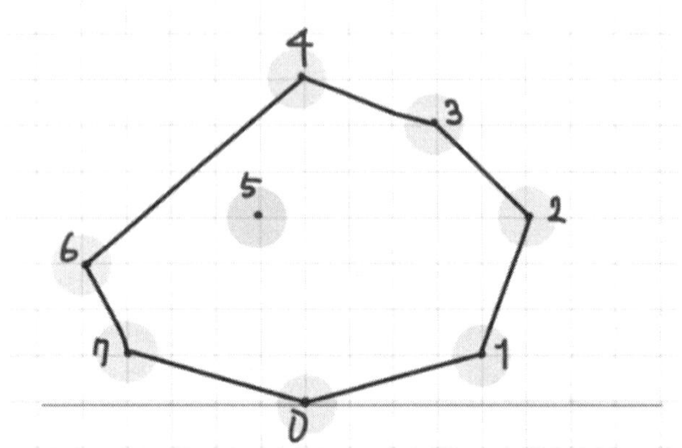	검사를 마친 후에 마지막 점과 처음 시작점을 이어주면 된다.

11.4 Graham Scan 알고리즘 구현을 위한 준비

stack: First In Last Out (FILO) 의 자료구조이다. 무거운 책들을 세로로 쌓아 놓으면, 중간에 있는 책을 꺼내기 위해서는 그 위에 있는 책들을 모두 옮겨야 하는 상황과 비슷하다. 스택은 가장 최근에 사용한 정보를 가장 빨리 꺼낼 수 있다. c에서 배열을 사용하여 쉽게 구현할 수 있다.

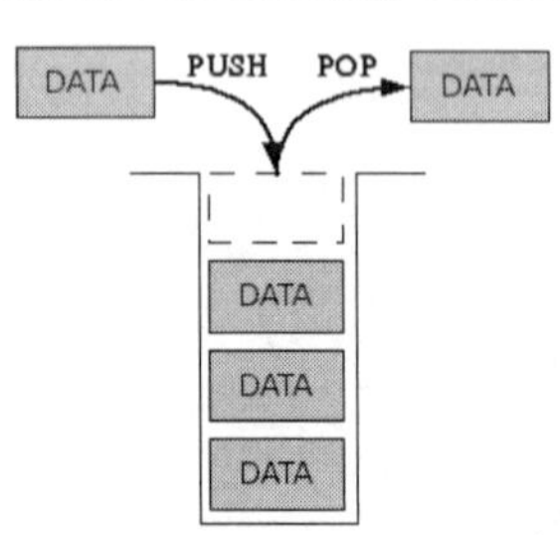

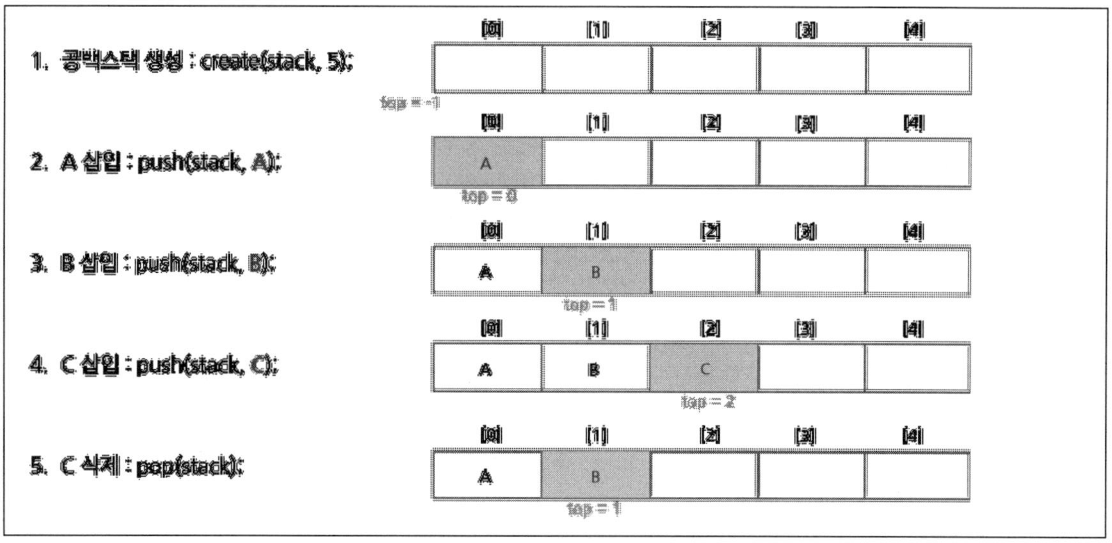

스택의 연산들은 push(element), pop, Is Empty, Is Full등의 연산을 사용한다.

Counter-Clock Wise (CCW) 판단: 평면에 놓인 세 점의 방향관계를 구하는 알고리즘이다. 외적을 이용해서 구한다. 아래 그림과 설명을 살펴보자.

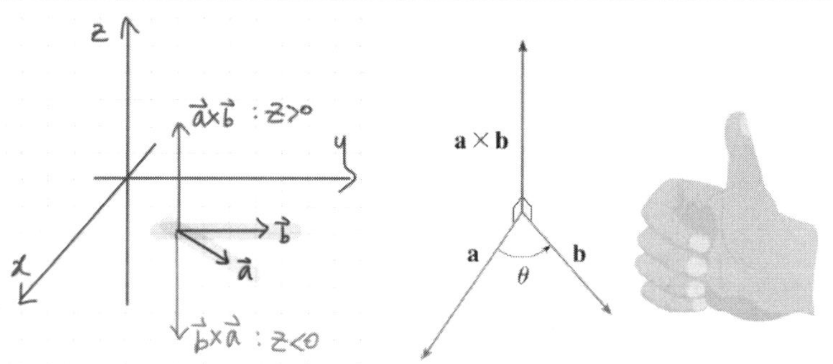

x, y 평면에 있는 벡터 a(x1, y1, 0), b(x2, y2, 0)가 있다고 하자. 3차원 벡터의 외적 공식은 다음과 같다. 왼쪽 그림과 같이 a벡터가 b벡터보다 시계 방향에 있으므로 aXb의 z성분은 0보다 크다. 이는 오른쪽 그림에 나타난 오른손 법칙을 이용해서도 구할 수 있다. aXb일 때 손바닥을 a벡터와 나란하게 두고 b벡터를 감싸는 방향으로 손가락을 감쌌을 때 엄지손가락이 가리키는 방향이 aXb의 z성분이다.

어떤 두 벡터 $\vec{u} = (m_1,\ m_2,\ m_3), \vec{v} = (n_1,\ n_2,\ n_3)$가 있다고 합시다. $\vec{u} \times \vec{v}$의 결과는 다음과 같습니다.

$$\vec{u} \times \vec{v} = \begin{vmatrix} \hat{i} & \hat{j} & \hat{k} \\ m_1 & m_2 & m_3 \\ n_1 & n_2 & n_3 \end{vmatrix} = \begin{vmatrix} m_2 & m_3 \\ n_2 & n_3 \end{vmatrix} \hat{i} - \begin{vmatrix} m_1 & m_3 \\ n_1 & n_3 \end{vmatrix} \hat{j} + \begin{vmatrix} m_1 & m_2 \\ n_1 & n_2 \end{vmatrix} \hat{k}$$

$$= (m_2 n_3 - m_3 n_2,\ m_3 n_1 - m_1 n_3,\ m_1 n_2 - m_2 n_1)$$

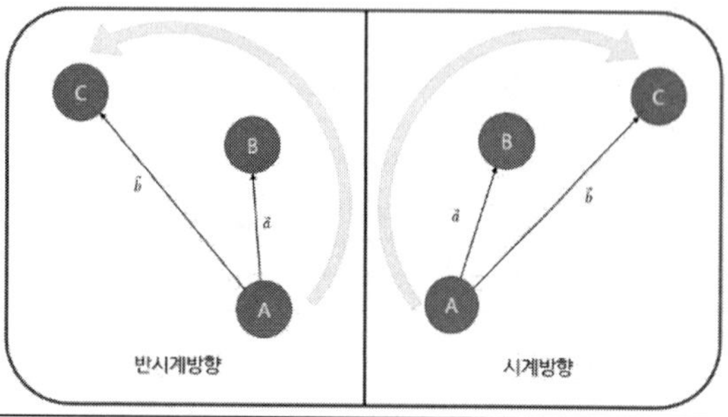

프로그래밍 구현 방법은 위의 식을 사용한다. aXb = (0, 0, x1y2 - y1x2)이다. 이므로, z=x1y2 - y1x2 >0이면 b벡터가 a벡터의 반 시계방향에, z<0이면 a벡터의 시계방향에 있음을 쉽게 구할 수 있다.

11.5 Graham Scan 알고리즘 (Python 구현)

다음은 Graham Scan 알고리즘을 구현한 Python 코드와 실행 결과이다.

```
from matplotlib import pyplot as plt # for plotting
from random import randint # for sorting and creating data pts
from math import atan2 # for computing polar angle

# Returns a list of (x,y) coordinates of length 'num_points',
# each x and y coordinate is chosen randomly from the range
# 'min' up to 'max'.
# list = [[26,6],[92,16],[96,19],[77,38],[44,18]
# ,[78,60],[81,90],[75,98],[55,75],[39,41],[30,37]
# ,[33,82],[28,29],[24,44],[9,63]]

def create_points(ct,min=0,max=100):
    return [[randint(min,max),randint(min,max)] \
            for _ in range(ct)]
# Creates a scatter plot, input is a list of (x,y) coordinates.
# The second input 'convex_hull' is another list of (x,y) coordinates
# consisting of those points in 'coords' which make up the convex hull,
# if not None, the elements of this list will be used to draw the outer
# boundary (the convex hull surrounding the data points).
```

```
def scatter_plot(coords,convex_hull=None):
    xs,ys=zip(*coords) # unzip into x and y coord lists
    plt.scatter(xs,ys) # plot the data points

    if convex_hull!=None:
        # plot the convex hull boundary, extra iteration at
        # the end so that the bounding line wraps around
        for i in range(1,len(convex_hull)+1):
            if i==len(convex_hull): i=0 # wrap
            c0=convex_hull[i-1]
            c1=convex_hull[i]
            plt.plot((c0[0],c1[0]),(c0[1],c1[1]),'r')
    plt.show()


# Returns the polar angle (radians) from p0 to p1.
# If p1 is None, defaults to replacing it with the
# global variable 'anchor', normally set in the
# 'graham_scan' function.
def polar_angle(p0,p1=None):
    if p1==None: p1=anchor
    y_span=p0[1]-p1[1]
    x_span=p0[0]-p1[0]
    return atan2(y_span,x_span)


# Returns the euclidean distance from p0 to p1,
# square root is not applied for sake of speed.
# If p1 is None, defaults to replacing it with the
# global variable 'anchor', normally set in the
# 'graham_scan' function.
def distance(p0,p1=None):
    if p1==None: p1=anchor
    y_span=p0[1]-p1[1]
    x_span=p0[0]-p1[0]
    return y_span**2 + x_span**2
```

```
#Returns the determinant of the 3x3 matrix...
#      [p1(x) p1(y) 1]
#     [p2(x) p2(y) 1]
#      [p3(x) p3(y) 1]
# If >0 then counter-clockwise
# If <0 then clockwise
# If =0 then collinear
def det(p1,p2,p3):
    return    (p2[0]-p1[0])*(p3[1]-p1[1]) \
            -(p2[1]-p1[1])*(p3[0]-p1[0])



# Sorts in order of increasing polar angle from 'anchor' point.
# 'anchor' variable is assumed to be global, set from within 'graham_scan'.
# For any values with equal polar angles, a second sort is applied to
# ensure increasing distance from the 'anchor' point.
def quicksort(a):
    if len(a)<=1: return a
    smaller,equal,larger=[],[],[]
    piv_ang=polar_angle(a[randint(0,len(a)-1)]) # select random pivot
    for pt in a:
        pt_ang=polar_angle(pt) # calculate current point angle
        if    pt_ang<piv_ang:   smaller.append(pt)
        elif pt_ang==piv_ang: equal.append(pt)
        else:                          larger.append(pt)
    return    quicksort(smaller) \
            +sorted(equal,key=distance) \
            +quicksort(larger)



#Returns the vertices comprising the boundaries of
# convex hull containing all points in the input set.
# The input 'points' is a list of (x,y) coordinates.
# If 'show_progress' is set to True, the progress in
```

```
# constructing the hull will be plotted on each iteration.
def graham_scan(points,show_progress=False):
    global anchor # to be set, (x,y) with smallest y value

    # Find the (x,y) point with the lowest y value,
    # along with its index in the 'points' list. If
    # there are multiple points with the same y value,
    # choose the one with smallest x.
    min_idx=None
    for i,(x,y) in enumerate(points):
        if min_idx==None or y<points[min_idx][1]:
            min_idx=i
        if y==points[min_idx][1] and x<points[min_idx][0]:
            min_idx=i

    # set the global variable 'anchor', used by the
    # 'polar_angle' and 'distance' functions
    anchor=points[min_idx]

    # sort the points by polar angle then delete
    # the anchor from the sorted list
    sorted_pts=quicksort(points)
    del sorted_pts[sorted_pts.index(anchor)]

    # anchor and point with smallest polar angle will always be on hull
    hull=[anchor,sorted_pts[0]]
    for s in sorted_pts[1:]:
        while det(hull[-2],hull[-1],s)<=0:
            del hull[-1] # backtrack
            #if len(hull)<2: break
        hull.append(s)
        if show_progress: scatter_plot(points,hull)
    return hull

# For each size in the 'sizes' list, compute the average
# time to find the Convex Hull for a dataset of that size,
```

```
# the range used for max and min for the create_points function
# is always 10 times the highest value in the 'sizes' list.
def benchmark(sizes=[10,100,1000,10000,100000]):
    for s in sizes:
        tot=0.0
        for _ in range(3):
            pts=create_points(s,0,max(sizes)*10)
            t0=time()
            hull=graham_scan(pts,False)
            tot+=(time()-t0)
        print ("size %d time: %0.5f"%(s,tot/3.0))


pts=create_points(15)
print("Points:",pts)
hull=graham_scan(pts,True)
print ("Hull:",hull)
scatter_plot(pts,hull)
```

다음은 샘플 데이터에 대해 convex hull 문제를 푼 실행결과이다. 아래 결과는 scatter_plot 함수를 사용하여 점들과 볼록 껍질 (convex hull) 에 포함된 점들을 표시해 보았다. 빨간 점들이 바로 볼록 껍질을 이루는 점 (convex hull)들이다. 그림처럼 볼록 껍질이 다른 모든 점을 감싼 것을 볼 수 있다.

```
Points: [[95, 93], [93, 17], [24, 11], [78, 35], [48, 13], [57, 97], [27, 67], [68, 8], [42, 39], [13, 51], [72, 33], [25, 11], [21, 79], [82, 63], [24, 30]]
```

```
Hull: [[68, 8], [93, 17], [95, 93], [57, 97], [21, 79], [13, 51], [24, 11]]
```

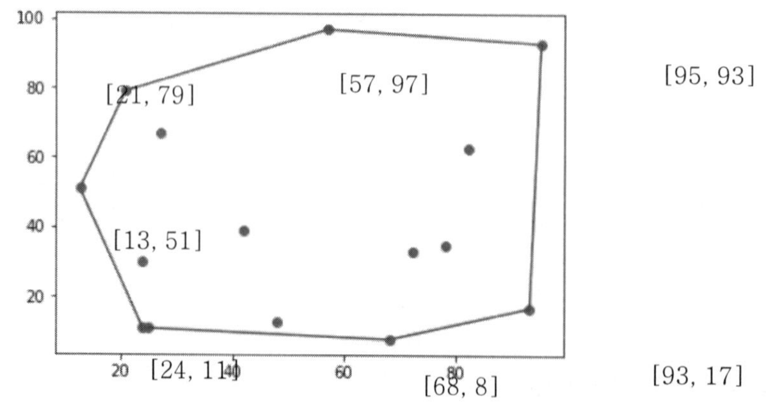

12장. 대칭 암호화 (Symmetric Encryption) 알고리즘

컴퓨터 보안 (computer security) 분야는 크게 (1) 암호 (encryption): 평문 (plaintext)를 열쇠 (key)를 가지고 있지 않으면 해독이 어려운 암호문 (ciphertext)으로 바꾸는 방법, (2) 인증 (authentication): 어떤 사람이 X 인지를 시스템에 증명하는 방법, (3) 네트워크 보안 (network security): 컴퓨터의 security hole에 대한 해킹 공격을 방어하는 방법 으로 나눈다. 이 장에서는 암호 기술이 무엇인지, 그리고 고전 암호 기술과 대칭키 (symmetric key: 암호화할 때와 해독할 때의 암호 키가 같은 암호 체제) 암호 기술을 정리한다. 이 장의 순서는 다음과 같다.

12.1 암호학 (cryptography) 의 역사
12.2 암호 메커니즘: 대칭 키와 비대칭 키, 그리고 Hash 함수
12.3 대칭 키 암호 시스템 (symmetric key encryption)
12.4 고전 대칭키 암호 방식: 단일 문자 대치 암호화
12.5 고전 대칭키 암호 방식: 단일 문자 대치 암호화 (덧셈 암호화 방식의 구현)
12.6 고전 대칭키 암호 방식: 다중 문자 대치 암호화
12.7 고전 대칭키 암호 방식: 전치 암호화
12.8 현대 대칭키 암호 방식: DES (Data Encryption Standard)
12.9 현대 대칭키 암호 방식: DES (Data Encryption Standard)의 구현
12.10 현대 대칭키 암호 방식: AES (Advanced Encryption Standard)

12.1 암호학 (cryptography) 의 역사

암호학의 역사: 암호학의 기원은 수천 년 전부터 이뤄, 수십 년까지의 기간을 일컫는다. 역사상 기록으로 남은 가장 오래된 암호는 율리우스 카이사르가 사용한 카이사르 (Caesar cipher) 암호이다. 카이사르 암호는 암호화하고자 하는 내용을 알파벳 별로 일정한 거리만큼 밀어서 다른 알파벳으로 치환하는 방식이다. 예를 들어 3글자씩 밀어내는 카이사르 암호로 'COME TO ROME'을 암호화하면 'FRPH WR URPH'가 된다. 카이사르는 'RUSQHUVKBVEHQIIQIYDQJEH' 라는 암호를 받았다. 해독하면 BECAREFULFORASSASINATOR, 암살자를 조심하라는 뜻이 된다. 카이사르는 이 암호를 해독하지 못해 암살자에게 암살당하고 말았다고 하는데, 이런 카이사르 암호는 **순환 치환 암호 (cyclic substitution cipher)** 라고 한다.

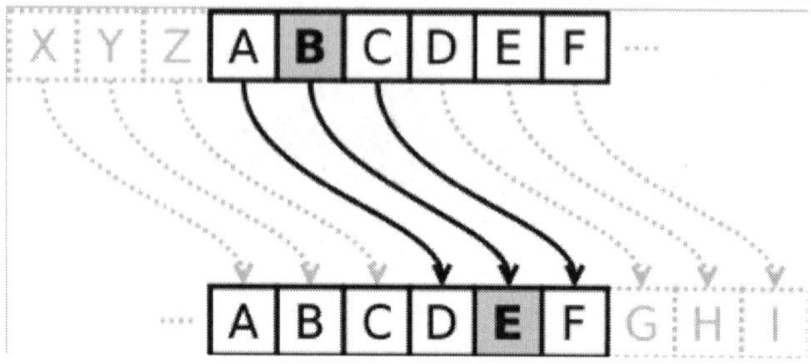

원문	b	r	u	t	u	s		i	s		b	e	t	r	a	y	e	r
키	d	d	d	d	d	d		d	d		d	d	d	d	d	d	d	d
암호문	F	V	Y	X	Y	W		M	W		F	I	X	V	E	C	I	V

또한 이를 보완하여 만든 비즈네르 암호가 있다. 카이사르 암호는 키 값이 26개 밖에 존재하지 않는다는 단점이 있었기 때문이다. 여기서 키는 한 글자가 아닌 하나의 단어로 키 칸에 계속 반복되게 적는다. 그럼 같은 단어라도 키에서 다른 위치에 걸리게 되면 암호화 글자는 달라지게 된다. 상세히 적자면, A에0, B에 1. ..., Z에 25의 숫자를 대입해서 원문 키의 숫자를 더한 결과값을 나타낸 것이다.

원문	b	r	u	t	u	s		i	s		b	e	t	r	a	y	e	r
키	d	o	g	d	o	g		d	o		g	d	o	g	d	o	g	d
암호문	E	F	A	W	I	Y		L	G		H	H	H	X	D	M	K	U

고대 그리스 (2500년전) 의 스파르타 에서 사용되던 스키테일 암호체계도 있다. 스키테일 암호체계는 사실상 역사상 가장 오래된 암호로 기원전 450년 경 그리스인들이 고안해 낸 암호이다. 당시 그리스 도시국가에서는 제독이나 장군을 다른 지역에 파견할 때 길이와 굵기가 같은 2개의 나무봉을 만들어 하나는 본부에 두었고 나머지 하나는 파견인에게 주었다. 이 나무봉에 종이테이프를 서로 겹치지 않도록 감아올린 뒤 그 위에 가로로 글씨를 쓴다. 테이프를 풀어 세로로 길게 늘어선 글을 읽으면 무슨 뜻인지 전혀 알수 없다. 하지만 풀어진 테이프의 해독을 위해 같은 크기의 나무봉에 감아 가로로 글을 읽으면 비로소 내용이 드러난다. 이 나무봉을 스키테일 (scytale)이라 불렀기 때문에 `스키테일 암호`라 부른다.

이 시기의 암호화 기법을 고전 암호학이라 부르는데, 고전 암호학의 암호학 기법은 대체로 큰 차이가 없었다. 이런 고전 암호화 기법은 20세기 초가 되어서야 변화가 생겼는데, 에니그마가 사용한 **다중 치환 암호 방식이 대표적이다**. 기본적인 치환 암호는 각 알파벳을 그에 대응되는 다른 알파벳으로 바꾸는 방식을 사용하는데, 기계식 암호 기계는 각 알파벳에 대응되는 암호 알파벳을 전기 회로로 연결해서 사용했다. 회전판 암호 기계는 여기서 한발 더 나가 암호의 배열이 한 글자를 칠 때마다 매번 바뀌도록 설계되었다.

엔트로피는 정보를 얼마나 얻을 수 있는지를 결정한다. 정보 이론의 기본 개념에 따르면, 정보 엔트로피가 높은 정보를 얻을 가능성이 낮고, 정보를 얻기도 어렵다. 정보를 얻기 어렵다는 것은 그 정보는 보안성이 뛰어나다고 평가할 수 있다. 암호학의 주된 목적은 키를 가지고 있으면 해독이 쉽다. 즉, 올바른 키, 해독법을 가지고 있으면 엔트로피는 매우 낮을 것이고, 키가 없으면 엔트로피는 매우 높아야 한다. 이를 **정보 이론적 보안 (Information theoretic Security)라고 한다.**

12.2 암호 메커니즘: 대칭 키와 비대칭 키, 그리고 Hash 함수

암호 알고리즘을 설명할 때 등장하는 대표적인 주인공들이 있다. Alice는 정보를 보내는 사람 (암호화하는 사람), Bob은 정보를 받는 사람 (복호화하는 사람), Eve는 도청하는 사람을 지칭한다.

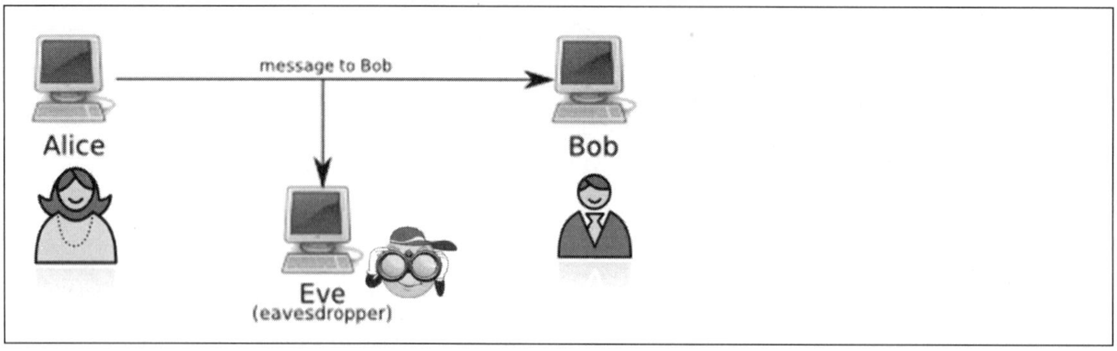

암호 메커니즘은 대칭 키 암호화, 비대칭 키 암호화로 나눌 수 있다. 대칭 키는 암호화 할 때와 해독할 때 같은 키를 쓰는 암호화 기법이고, 비대칭 키는 암호화 할 때 쓰는 키와 해독할 때 쓰는 키가 다르게 만드는 암호화 기법이다. 아래 그림에서 Decryption Key가 f(Encryption Key)로 표시되어 있다. Identity Function f 가 되어, Encryption Key와 Decryption Key가 같으면 Symmetric Key Encryption 이라고 하고, 1:1 mapping function f가 되어, Encryption Key와 Decryption Key가 달라지게 되면, Asymmetric Key Encryption 이라고 한다.

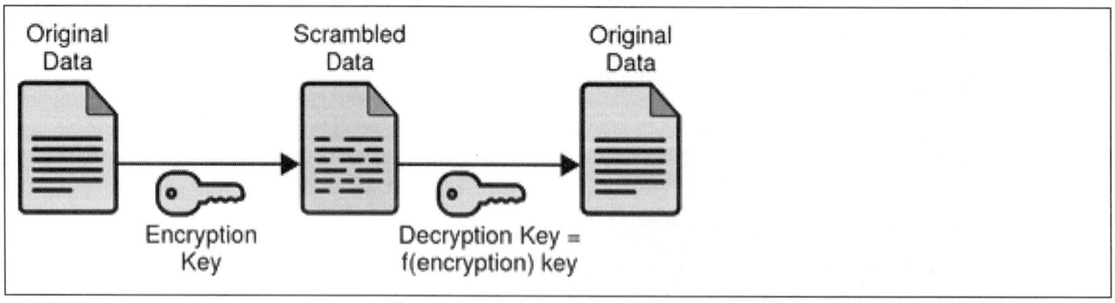

(1) **대칭 키 암호화 (Symmetric Key Encryption):** 비밀 키 암호화라고 하기도 하는 대칭 키 암호화는 암호화와 복호화에 하나의 같은 비밀 키 (secret key)를 이용한다. 그래서 암호화 키만 알게 되어도 그 반대 과정인 복호화가 가능하고, 이것의 반대도 가능하다.

(2) **비대칭 키 암호화 (Asymmetric Key Encryption):** 다른 이름은 공개 키 암호화 (Public Key Encryption)이다. 대칭 키 암호화와 다르게 비대칭 키 암호화는 공개 키 (Public Key)와 개인 키 (Private Key)를 따로 가진다. 예를 들어, Alice는 공개 키로 메시지를 암호화 하고 Bob은 개인 키로 메시지를 복호화 (해독) 한다.

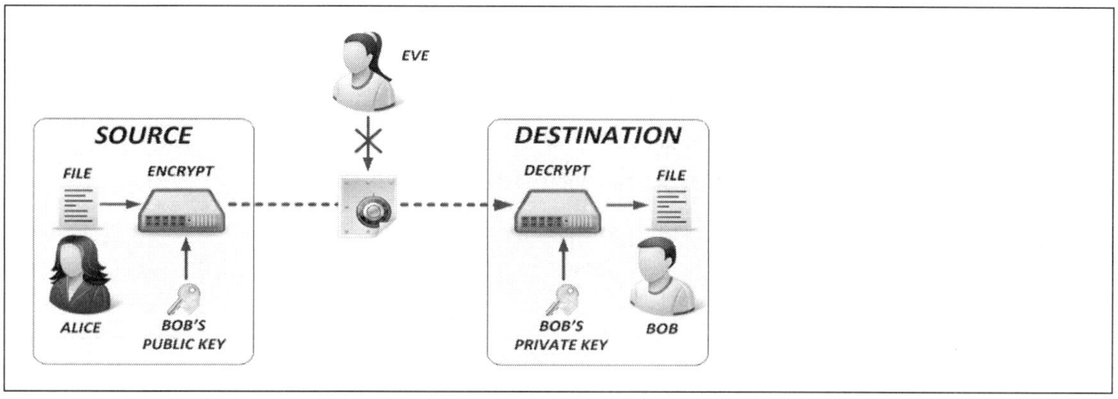

(3) Hash 함수: digital signature를 통해서 사인을 할 때, 전체 문서에 대해서 사인하기 보다는 전체 문서의 요약본이나 전체 문서를 대표할 수 있는 정보에 encryption 을 하는 것이 빠르고 효율적이 될 텐데 이를 위해 해시를 사용할 수 있다. 해시는 message digest (MD)라고 불린다

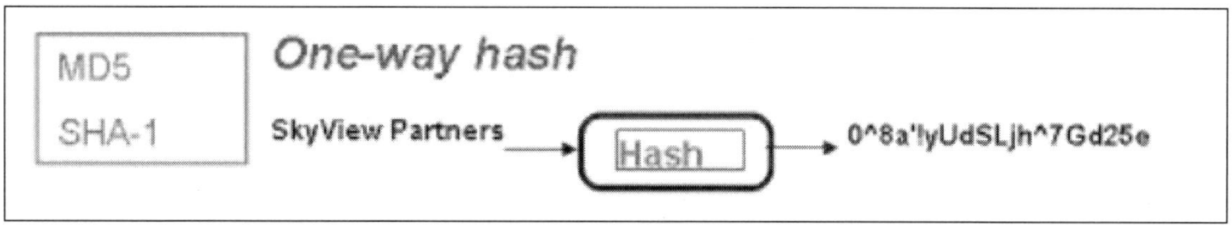

12.3 대칭 키 암호 시스템 (symmetric key encryption)

대칭 키 암호 (symmetric key encryption) 시스템은 암호문을 생성할 때 사용하는 키와 암호문으로부터 평문을 복원할 때 사용하는 키가 동일한 암호 시스템이다. 암호 시스템의 안전성은 키의 길이, 키의 안전한 관리에 상대적으로 의존성이 높다. 암호문의 작성자와 이의 수신자가 동일한 키를 비밀리에 관리해야 하므로 폐쇄적인 특성을 갖는 사용자 그룹에 적합한

암호 시스템이다.

(예 1): 냉전시절 워싱턴과 모스크바 사이의 핫라인에 적용되었던 OTP는 대칭 키 암호 시스템의 예이다. OTP (One-Time Pad): OTP란, 1번쓰고 버려지는 암호 키를 말한다. OTP를 사용하면, 암호화된 메시지는 공격자에게 원래의 메시지에 대한 정보를 일절 제공하지 않기 때문에, 정보 이론적으로 안전하다고 할 수 있다. 그 이유는 OTP로 암호화를 할 때, OTP는 한 번만 쓰이고 폐기될 키로, 무작위 암호화가 이루어지고, 이런 무작위 암호화는 결과적으로 Plain Text과 Cypher Text이 아무런 관계도 없도록 만들 수 있기 때문이다.

e=000 h=001 i=010 k=011 l=100 r=101 s=110 t=111

Encryption: Plaintext ⊕ Key = Ciphertext

	h	e	i	l	h	i	t	l	e	r
Plaintext:	001	000	010	100	001	010	111	100	000	101
Key:	111	101	110	101	111	100	000	101	110	000
Ciphertext:	110	101	100	001	110	110	111	001	110	101
	s	r	l	h	s	s	t	h	s	r

엔트로피로 나타내면, Plain Text P에 대한 엔트로피를 H(P), Cypher Text C가 있다는 전제 하에 P에 대한 엔트로피인 H(P|C)에 대하여 OTP로 암호 체계를 사용한다면, H(P)=H(P|C)가 성립한다. 즉, Cypher Text C가 있으나마나 암호화되지 않은 Plain Text P를 알아내는 난이도에는 변함이 없음을 나타낸다. 이러한 암호화 방식은 무차별 공격에 해당하는 Brute-Force 알고리즘에 기반한 공격에도 시간상으로 뚫는 것이 불가능하다. 현재 널리 사용되는 수학적 복잡도에 의존하는 비대칭 암호화 방식들은 (예를 들어, 소인수분해를 활용한 암호화) 양자 컴퓨터 등에 의해 뚫릴 가능성이 존재하는 반면, OTP 방식은 양자 컴퓨터가 나오더라도 뚫는 것이 불가능하다. 정보 이론상으로 완벽함이 증명된 사례로 대표적이라고 볼 수 있다.

OTP의 방식은 다음과 같다. 먼저, Plain Text P와, Plain Text P의 길이와 동일한 키 (Key)를 준비하고 암호화한다. 이 과정에서 나온 Cypher Text C는 키가 Plain Text P의 각 글자에 대응되어 암호화가 되었기 때문에 키가 없다면, P와 C는 아무런 연관도 없다.

```
     H       E       L       L       O  message
   7 (H)   4 (E)  11 (L)  11 (L)  14 (O) message
+ 23 (X)  12 (M)   2 (C)  10 (K)  11 (L) key
= 30      16      13      21      25     message + key
=  4 (E)  16 (Q)  13 (N)  21 (V)  25 (Z) (message + key) mod 26
     E       Q       N       V       Z  → ciphertext
```

암호 해독자는 키를 받아서 Plain Text C를 만든다. 키만 잘 가지고 있으면 원래의 정보를 얻는 데 큰 수고가 들지 않는다.

```
      E       Q       N       V       Z  ciphertext
    4 (E)  16 (Q)  13 (N)  21 (V)  25 (Z) ciphertext
 -  23 (X)  12 (M)   2 (C)  10 (K)  11 (L) key
 = -19       4      11      11      14     ciphertext - key
 =   7 (H)   4 (E)  11 (L)  11 (L)  14 (O) ciphertext - key (mod 26)
      H       E       L       L       O  → message
```

하지만, 이렇게 정보이론적으로 완벽해 보이는 OTP는 다소 문제가 존재한다. 일단 가장 큰 문제는 키의 길이인데, 키가 Plain Text만큼 길어야 한다는 것이다. 결과적으로 그 길이에 한계가 존재한다. 그리고 이러한 대칭 키 알고리즘 (암호화와 복호화에 동일한 키를 사용)은 치명적인 문제로 키 자체의 관리가 어렵다는 점인데, OTP 역시 대칭 키 알고리즘이기 때문에 키 관리의 문제에서 벗어날 수 없다. 따라서, 1회용 OTP를 교환할 때의 보안만큼만 안전하다고 볼 수 있다.

난수 생성기는 만들 수 있는가? 물론 키 교환이 완벽하다면 정보이론적으로 완벽하기 때문에 뚫리기는 힘들다. 하지만, 문제는 무작위 공격에서 키 생성에 있다. 키를 생성하는 것은 기본적으로 난수 생성기를 사용한다. 암호학에서 난수 생성기를 사용해 키를 생성하는 것은 이론상으론 완벽하다고 생각할 수 있지만, 문제는 완벽한 난수 생성기는 존재하지 않는다는 점이다. 기본적으로 난수 생성기는 컴퓨터 장비 위에서 돌아가고, 컴퓨터는 비결정적 이지 않고, 상태를 예측할 수 있는 결정적인 기계라고 할 수 있으며, 어떤 난수 생성 함수를 사용하더라도 이는 변하지 않는다. 물론 난수를 생성할 때 사용되는 Seed가 완전히 무작위라면 완벽한 난수 생성기를 만들 수 있지만, 무작위인 Seed 값 역시 존재하지 않는다.

난수 생성기가 충분한 랜덤성을 가졌는지의 측정: 암호학에서 난수 생성기를 평가할 때 역시 정보 이론을 적용시킬 수 있다. 난수 생성기를 정보이론적으로 분석하여 충분한 랜덤성 (randomness) 을 가졌는지 확인하기 위해서 최소 엔트로피 (Minimum Entropy)를 측정하는 방법을 사용한다. 이 엔트로피는 Renyi Entropy의 일반화된 경우 중 하나인데, 어떤 시스템의 다양성, 불확실성, 무작위성을 정량화 하는 데 사용된다.

$$\mathrm{H}_\infty(X) \doteq \min_i(-\log p_i) = -(\max_i \log p_i) = -\log \max_i p_i$$

먼저, 난수 생성기를 L 번 실행시켜 데이터 세트 S를 구한다. 이 집합 S 중, 가장 빈도수가 높은 값의 빈도수를 구한다.

$$\hat{p} \leftarrow \max_{1 \le i \le k} \frac{S\text{에서 } x_i\text{의 개수}}{L}$$

이제 이 비율에 대해 99%의 신뢰구간을 이용해 신뢰구간의 상한을 구한다.

$$p_u \leftarrow \min\left(1,\ \hat{p} + 2.576\sqrt{\frac{\hat{p}(1-\hat{p})}{L}}\right)$$

이렇게 구한 신뢰구간의 상한이 곧 확률 p가 가질 수 있는 최댓값이다. 이 값을 이용해 최소 엔트로피를 다음과 같이 구할 수 있다.

$$H_\infty \leftarrow (-\log_2(p_u))$$

난수 생성기의 엔트로피 분석도 암호학의 엔트로피 분석과 마찬가지로 엔트로피 값이 최대한 높을수록 난수에 가깝다고 수학적으로 측정할 수 있다.

12.4 고전 대칭키 암호 방식: 단일 문자 대치 암호화

대칭 키 암호는 오래 전부터 사용된 암호 알고리즘이다. 고전 암호는 크게 **대치 암호 (Substitution Ciphers)**와 **전치 암호 (Transposition Ciphers)**가 있다. 대치 암호는 하나의 기호를 다른 기호로 대체한다. 전치 암호는 문자의 위치를 바꾸는, 즉, 문자를 재정렬하는 암호 체계이다. 대치 암호는 다시 **단일 문자 암호 (Mono-Alphabetic Ciphers)**와 **다중 문자 암호 (Poly-Alphabetic Ciphers)**로 구분이 가능하다.

우선, 단일 문자 암호는 평문에서 하나의 문자가 암호문에서 항상 같은 문자로 대체된다. 그래서 평문의 기호와 그에 대응되는 암호문의 기호는 항상 일대일 대응 관계를 가지게 된다. 그리고 일대응 대응을 만드는 방법에 따라, (1) **덧셈 암호 (Additive Cipher), (2) 곱셈 암호 (Multiplicative Cipher), (3) 아핀 암호 (Affine Cipher)**로 나눌 수 있다.

(1) **덧셈 (additive) 암호:** 가장 간단한 암호이면서 널리 알려진 암호로는 로마의 군인 율리우스 카이사르가 자신의 부하와 통신할 때 이용했던 "카이사르 암호 (Caesar Cipher)" 이다. 아래 그림과 같이, 각각의 알파벳에 key 가 3인 경우에는 3번째 다음 문자를 대응하게 된다. 이렇게 평문의 문자들을 n칸씩 밀어서 암호문을 만들게 되어, 이동 암호 (shift cipher) 또는 덧셈 암호 라고 부른다. 아래 예시로 든 그림에서는 3칸씩 밀어서 암호를 만들었다.

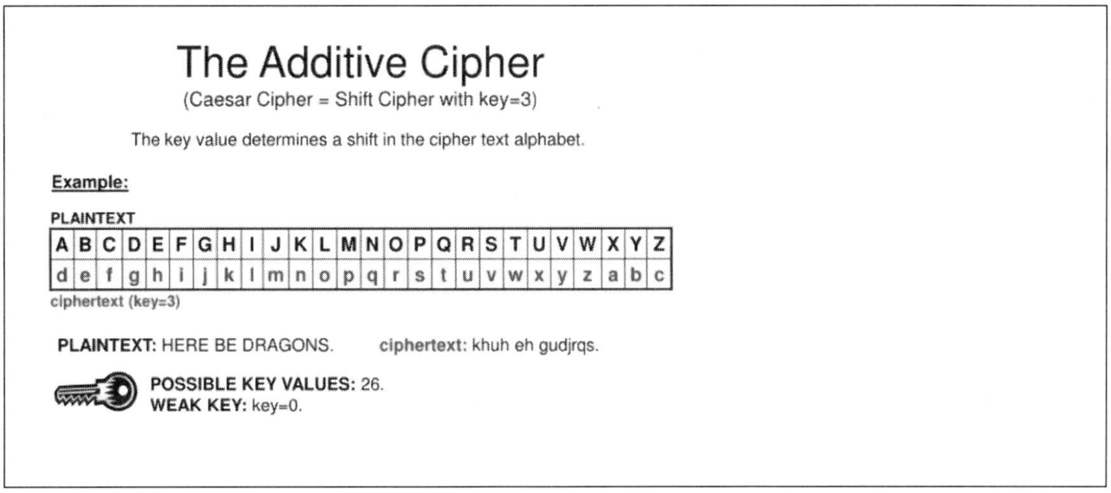

평문 (Plaintext)를 P, 암호문 (Cipher text)를 C, 키 (Key)를 k라고 하고 이를 수식으로 나타내면 암호화 과정은 **C = (P + k) mod 26**, 복호화 과정은 **P = (C - k) mod 26**으로 표현 가능하며, 이 과정들은 서로 역함수 관계이다. (모듈러 연산을 적용하는 이유는 각각의 문자들을 Z_{26}의 원소에 대응하기 때문이다)

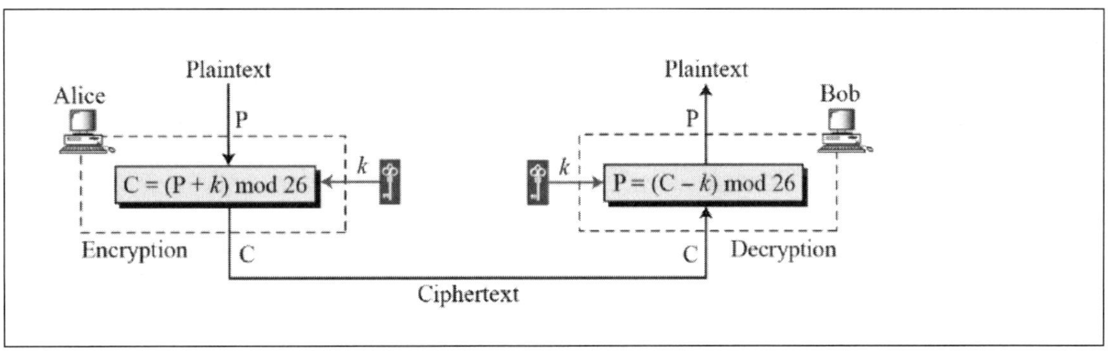

덧셈 암호는 단지 26개의 키가 존재하기 때문에 (그러나 키가 0이면 평문과 동일하기 때문에 사실상 25개의 키를 갖는다.) 키 공간이 매우 작다는 단점이 있다.

(2) 곱셈 (multiplicative) 암호의 암호화 과정은 평문에 키를 곱하고 (**C = (P * k) mod 26**), 복호화 과정은 암호문을 키로 나눈다 (**P = (C * k^{-1}) mod 26**, 그림에는 잘못 나타나 있음.) 예를 들어 평문 'HELLO'를 키가 7인 곱셈 암호를 이용하여 암호화하면, h는 7에 대응하고, 암호화를 하면 (7 * 7) mod 26 = 23이므로 평문의 'H'는 암호문의 'X'에 대응된다. 마찬가지로 평문의 다른 문자들에 대해 암호화 과정을 거치면 'XCZZU' 라는 암호문을 얻을 수 있다. 덧셈 암호처럼 곱셈 암호의 연산도 Z_{26}에서 수행되고, 암호화와 복호화가 서로 역함수 관계이므로 키는 Z_{26}^*(gcd(n,26) = 1인 자연수 n들의 집합)의 원소이며 Z_{26}^* = {1, 3, 5, 7, 9, 11, 15, 17, 19, 21, 23, 25}이므로 곱셈 암호의 키 공간은 덧셈 암호의 키 공간보다 작다.

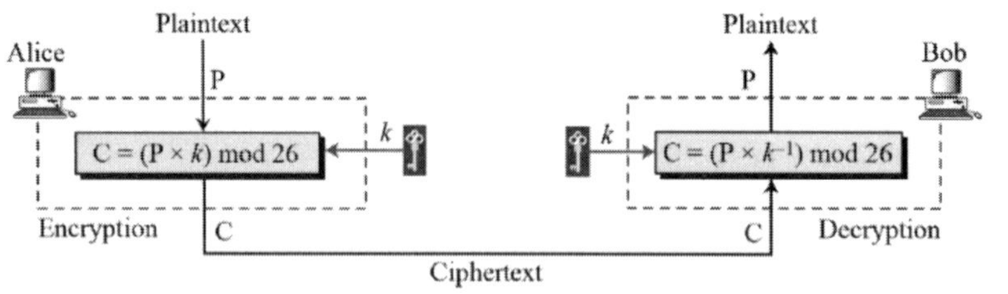

(3) 아핀 (affine) 암호는 덧셈 암호와 곱셈 암호를 결합하여 두 개의 키를 사용하는 암호이다. 그림에서 나타나 있듯, 첫 번째 키(k_1)는 곱셈 암호에, 두 번째 키(k_2)는 덧셈 암호에 사용된다. 이를 수식으로 나타내면 암호 알고리즘은 **C = (P * k_1 + k_2) mod 26**, 복호 알고리즘은 **P = ((C - k_2) * k_1^{-1}) mod 26** 이다. 아핀 암호는 총 12 * 26 = 312개의 키를 가질 수 있다. 그렇지만 아핀 암호의 키 공간도 크다고 할 수 없으므로, 단일 문자 암호는 전수조사 공격이나 문자의 출현 빈도수를 이용한 통계적인 공격에 취약하다.

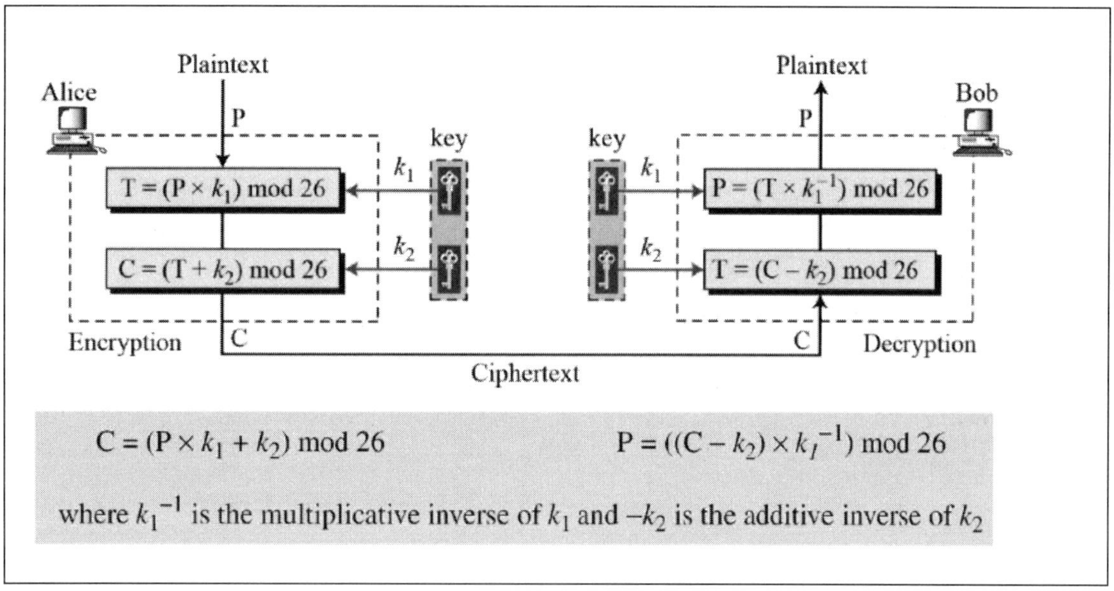

12.5 고전 대칭키 암호 방식: 단일 문자 대치 암호화 (덧셈 암호화 구현)

다음은 대칭키 알고리즘을 구현한 Python 코드와 실행 결과이다.

```
// 덧셈 암호화 (암호화 부분)
#include<stdio.h>
int main(void) {
    char message[100], ch;
    int i, key;

    printf("Enter a message to encrypt: ");
    gets(message);
    printf("Enter key: ");
    scanf("%d", &key);

    for(i = 0; message[i] != '\0'; ++i) {
        ch = message[i];
        if(ch >= 'a' && ch <= 'z'){
            ch = ch + key;
            if(ch > 'z') ch = ch - 'z' + 'a' - 1;
            message[i] = ch;
        } else if(ch >= 'A' && ch <= 'Z') {
            ch = ch + key;
```

```
            if(ch > 'Z') ch = ch - 'Z' + 'A' - 1;
            message[i] = ch;
        }
    }
    printf("Encrypted message: %s", message);
}
```

```
// 덧셈 암호화 (복호화 부분)
#include<stdio.h>
int main(void) {
    char message[100], ch;
    int i, key;

    printf("Enter a message to decrypt: ");
    gets(message);
    printf("Enter key: ");
    scanf("%d", &key);

    for(i = 0; message[i] != '\0'; ++i) {
        ch = message[i];
        if(ch >= 'a' && ch <= 'z'){
            ch = ch - key;
            if(ch < 'a') ch = ch + 'z' - 'a' + 1;
            message[i] = ch;
        } else if(ch >= 'A' && ch <= 'Z') {
            ch = ch - key;
            if(ch < 'A') ch = ch + 'Z' - 'A' + 1;
            message[i] = ch;
        }
    }
    printf("Decrypted message: %s", message);
}
```

Enter a message to encrypt: Father of all Enter key: 3 Idwkhu ri doo	Enter a message to encrypt: Idwkhu ri doo Enter key: 3 Father of all

12.6 고전 대칭키 암호 방식: 다중 문자 대치 암호화

다중 문자 암호에서는 하나의 문자가 여러 문자로 대치된다. 예를 들어 단일 문자 암호에서 평문의 'A'가 암호문의 'D'와 대응된다고 할 때 암호문에서 어디 위치하든 항상 'D'로 나타난다. 그렇지만 다중 문자 암호에서는 문장이 시작할 때는 'E'이고, 문장 중간에서는 'R'일 수 있다. 다중 문자 암호에는 **자동키 암호 (Autokey Cipher), 플레이페어 암호 (Playfair Cipher), Vigenere 암호 (Vigenere Cipher), Hill 암호 (Hill Cipher), Rotor 암호 (Rotor Cipher)** 등이 있다.

(1) 자동키 (autokey) 암호는 키가 부분 키들로 구성된 키 수열이다. 첫 번째 부분 키 (k_1)는 Alice와 Bob이 사전에 미리 정해놓은 값이다. 두 번째 부분 키는 첫 번째 평문의 값이 되고, 세 번째 부분키는 두 번째 평문의 값이 된다.

Autokey Cipher

$P = P_1P_2P_3 \ldots$ $C = C_1C_2C_3\ldots$ $k = (k_1, P_1, P_2, \ldots)$

Encryption: $C_i = (P_i + k_i) \bmod 26$ Decryption: $P_i = (C_i - k_i) \bmod 26$

평문이 'attack is today'이고 첫 번째 부분 키를 12라 하자. 'A' (Z_{26}에서 0에 대응) 는 12라는 키를 이용하여 'M'으로 암호화되고, 'A'의 값인 0이 두 번째 부분 키가 되어, 두 번째 문자인 'T'를 0이라는 키를 이용하여 암호화 하면, 'T' 가 되고, 'T'는 Z_{26}에서 19에 대응되므로, 19는 세 번째 부분 키가 되어, 'T'를 암호화 하면, 19+19 % 26 = 10 ('M')이 된다. 이런 과정을 반복하면 "MTMTCM SA LHRDY"라는 암호문을 얻는다. 자동키 암호는 평문의 단일 문자 빈도 통계를 숨기는 장점이 있지만, 전수조사 공격을 할 때 최대 26번만 시도해보면 되므로 덧셈 암호처럼 전수조사 공격에 취약하다.

Plaintext:	a	t	t	a	c	k	i	s	t	o	d	a	y
P's Values:	00	19	19	00	02	10	08	18	19	14	03	00	24
Key stream:	*12*	*00*	*19*	*19*	*00*	*02*	*10*	*08*	*18*	*19*	*14*	*03*	*00*
C's Values:	12	19	12	19	02	12	18	00	11	7	17	03	24
Ciphertext:	**M**	**T**	**M**	**T**	**C**	**M**	**S**	**A**	**L**	**H**	**R**	**D**	**Y**

(2) 플레이페어 (playfair) 암호는 제 1차 세계 대전 때 영국군이 사용한 암호이다. C.

Wherestone에 의해 개발되고 Playfair에 의해 알려진 이 암호는 행렬을 이용하여 두 문자씩 암호화한다. 암호화 과정은 다음의 세 가지 주요한 법칙을 따른다. (1) 두 문자가 같은 행에 있으면 오른쪽 다음 글자로 대치한다. (2) 두 문자가 같은 열에 있으면 아래 다음 글자로 대치한다. (3) 행과 열이 다른 경우, 각 문자에 대응되는 암호 문자는 그 자신의 행에 있지만 다른 문자와 같은 열에 위치한 문자이다.

Secret Key =

L	G	D	B	A
Q	M	H	E	C
U	R	N	I/J	F
X	V	S	O	K
Z	Y	W	T	P

위의 키를 이용해서 평문 'HELLO'를 암호화하는 예시를 들어보자. 두 문자씩 묶으면 HE, LL, O가 되는데 LL은 서로 같은 문자 이므로 중간에 더미 데이터 X를 넣은 'HELXLO'를 암호화한다. 두 문자씩 묶으면 HE, LX, LO이고, H와 E는 행렬에서 같은 행에 위치하므로 오른쪽 다음 글자로 대치한다. 즉, 'H'는 'E'로, 'E'는 'C'로 대치한다 (1번 법칙). L과 X는 같은 열에 위치하므로 아래 다음 글자로 대치한다. 즉, 'L'은 'Q'로, 'X'는 'Z'로 대치한다 (2번 법칙). L과 O는 같은 행이나 열에 위치하고 있지 않으므로, 1행 1열의 'L'은 1행 4열의 'B'로, 4행 4열의 'O'는 4행 1열의 'X'로 대치한다 (3번 법칙). 따라서, 최종적으로 얻는 암호문은 'ECQZBX'이다. 플레이페어 암호의 키 공간의 크기는 25!이므로 전수조사 공격을 하기가 힘들고, 단일 문자 빈도를 감추는 장점이 있다. 그러나 두 문자열의 빈도는 보존되기 때문에 이에 기반한 공격이 가능하다.

(3) Vigenere 암호는 16세기 프랑스 수학자 Blaise de Vigenere에 의해 개발된 암호로, 키 수열은 길이가 m (26보다 크거나 작은 자연수)인 초기 비밀 키 수열의 반복이다. 예를 들어 "PASCAL"을 이용하여 키 수열을 만든다고 하면, 키 수열은 15 0 18 2 0 11을 암호화 과정이 끝날 때까지 반복된다. 이 키 수열을 이용하여 평문 'she is listening'을 암호화하는 과정은 아래 그림에서 확인할 수 있다.

Vigenere 암호(Vigenere Cipher)

$P = P_1P_2P_3 \ldots$ $C = C_1C_2C_3 \ldots$ $K = [(k_1, k_2, \ldots, k_m), (k_1, k_2, \ldots, k_m), \ldots]$

Encryption: $C_i = P_i + k_i$ Decryption: $P_i = C_i - k_i$

Plaintext:	s	h	e	i	s	l	i	s	t	e	n	i	n	g
P's values:	18	07	04	08	18	11	08	18	19	04	13	08	13	06
Key stream:	*15*	*00*	*18*	*02*	*00*	*11*	*15*	*00*	*18*	*02*	*00*	*11*	*15*	*00*
C's values:	**07**	**07**	**22**	**10**	**18**	**22**	**23**	**18**	**11**	**6**	**13**	**19**	**02**	**06**
Ciphertext:	**H**	**H**	**W**	**K**	**S**	**W**	**X**	**S**	**L**	**G**	**N**	**T**	**C**	**G**

Vigenere 암호에 대한 공격으로는 Kasiski test (동일한 문자열 검색 후 문자열 간의 거리 측정 후 주기 탐색)나 Index of Coincidence (영문의 빈도수를 이용하여 주기를 찾는 방법)이 있다.

(4) Hill 암호는 Lester S. Hill이 고안한 암호로, 문자를 크기가 m인 블록으로 분할하고 m*m 정방 행렬인 키를 이용하여 암호화한다. 암호화 과정은 아래 그림에서 오른쪽 부분에 해당한다. 복호화 과정에서 키의 역원을 이용하는데 만약 키로 사용된 행렬의 역행렬이 존재하지 않으면 복호화가 불가능하다. 따라서, Hill 암호의 키는 가역 행렬 (invertible matrix)이 되어야 한다.

Figure 3.15 Hill 암호의 키

$$K = \begin{bmatrix} k_{11} & k_{12} & \cdots & k_{1m} \\ k_{21} & k_{22} & \cdots & k_{2m} \\ \vdots & \vdots & & \vdots \\ k_{m1} & k_{m2} & \cdots & k_{mm} \end{bmatrix}$$

$$C_1 = P_1 k_{11} + P_2 k_{21} + \cdots + P_m k_{m1}$$
$$C_2 = P_1 k_{12} + P_2 k_{22} + \cdots + P_m k_{m2}$$
$$\cdots$$
$$C_m = P_1 k_{1m} + P_2 k_{2m} + \cdots + P_m k_{mm}$$

아래는 'CODEISREADY라는 암호문에 더미 데이터 'z'를 삽입해서 'CODEISREADYZ'로 암호화하고 그것을 복호화하는 예시이다. Hill 암호는 암호문 단독 공격은 매우 힘들지만 공격자가 최소 m개의 평문과 암호문 쌍을 알면 키가 m×m 정방행렬이라는 사실을 이용하여 공격이 가능하다.

$$\overset{C}{\begin{bmatrix} 14 & 07 & 10 & 13 \\ 08 & 07 & 06 & 11 \\ 11 & 08 & 18 & 18 \end{bmatrix}} = \overset{P}{\begin{bmatrix} 02 & 14 & 03 & 04 \\ 08 & 18 & 17 & 04 \\ 00 & 03 & 24 & 25 \end{bmatrix}} \overset{K}{\begin{bmatrix} 09 & 07 & 11 & 13 \\ 04 & 07 & 05 & 06 \\ 02 & 21 & 14 & 09 \\ 03 & 23 & 21 & 08 \end{bmatrix}}$$

a. Encryption

$$\overset{P}{\begin{bmatrix} 02 & 14 & 03 & 04 \\ 08 & 18 & 17 & 04 \\ 00 & 03 & 24 & 25 \end{bmatrix}} = \overset{C}{\begin{bmatrix} 14 & 07 & 10 & 13 \\ 08 & 07 & 06 & 11 \\ 11 & 08 & 18 & 18 \end{bmatrix}} \overset{K^{-1}}{\begin{bmatrix} 02 & 15 & 22 & 03 \\ 15 & 00 & 19 & 03 \\ 09 & 09 & 03 & 11 \\ 17 & 00 & 04 & 07 \end{bmatrix}}$$

b. Decryption

(5) Rotor 암호는 변형된 대치 암호의 기계식 암호이다. 처음에 정한 비밀 키가 rotor의 초기 설정이며, 첫 번째 평문 문자가 초기 설정을 이용하여 암호화되고, 두 번째 평문 문자는 첫 번째 회전 이후 암호화되며, 나머지도 같은 방법으로 암호화된다. 예로 평문 'BEE'는 위의 그림에서 (Initial Position에서 B는 B로 가고, First Rotation에서 E는 C로 가고, Second Rotation에서 E는 A로 간다) "BCA"로 암호화된다..

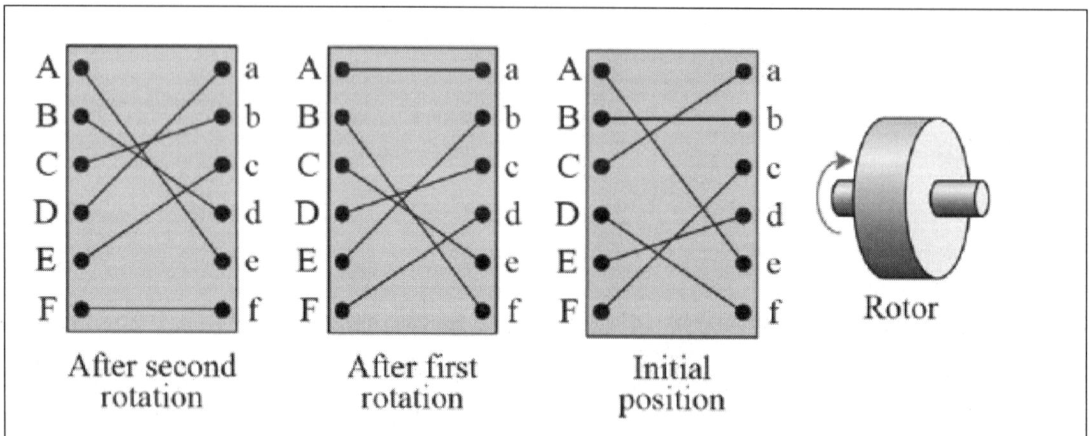

이는 제 2차 세계 대전 중 독일군이 사용했던 **에니그마 (enigma: 독일어로 수수께끼 라는 뜻)**에 사용되었다. 아래와 같이 밑에 키보드가 있어서, 키보드로 'BEE"라고 치면, 위에 알파벳 램프에 "BCA"라고 나타난다. 알파벳 램프 위에는 rotor (회전자)가 3개가 보이는데, 맨 오른쪽 회전자가 1에서 26까지 돌면 가운데 회전자가 1에서 2가 되고, 다시 맨 오른쪽 회전자가 1에서 26까지 돌게 된다. 가운데가 1에서 26으로 한 바퀴 돌면, 맨 왼쪽 회전자가 1에서 2로 바뀌게 된다. 첫 번째 회전자는 한 글자를 타이핑 할 때 마다 1자 간격으로 회전하게 되어 있으며, 첫 번째 회전자가 한 바퀴를 돌면, 두 번째 회전자가 한 글자 간격으로 회전하며, 두 번째 회전자가 한 바퀴 돌면, 세 번째 회전자가 한 글자 간격으로 회전하도록 설계되어 있다. 회전자를 사용하는 목적은, 한 글자를 타이핑 할 때 마다 위치가 변경되므로, 동일한 글자를 타이핑 하더라도 다른 글자가 암호문으로 나오게 된다.. 즉 빈도 분석으로 공략할 수 없게 만드는 효과가 있다.

회전자 3개가 전부가 아니고, 중간에 플러그 보드 (plug board)가 있어서, 알파벳끼리 변환하는 역할을 한다. 예를 들어, T와 K가 연결되어 있으면, 키보드에서 T를 입력하면 K로 변환된다. 만약 T가 다른 알파벳과 연결이 없으면 그대로 T로 된다.

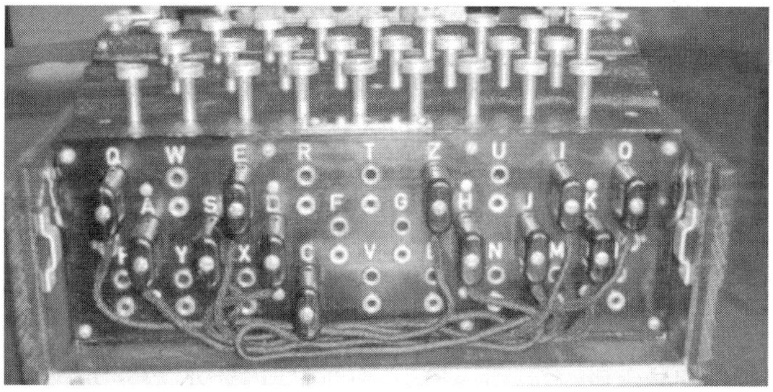

이제 전체 구조를 보면, 오른쪽 그림과 같이, 키보드에서 누른 알파벳은 플러그 보드를 통해 다른 알파벳으로 바뀌고, 3개의 회전자의 상태에 따라 다른 문자로 바뀌어서, 다시 플러그보드를 통과해서 다른 문자로 바뀌게 되는 원리이다.

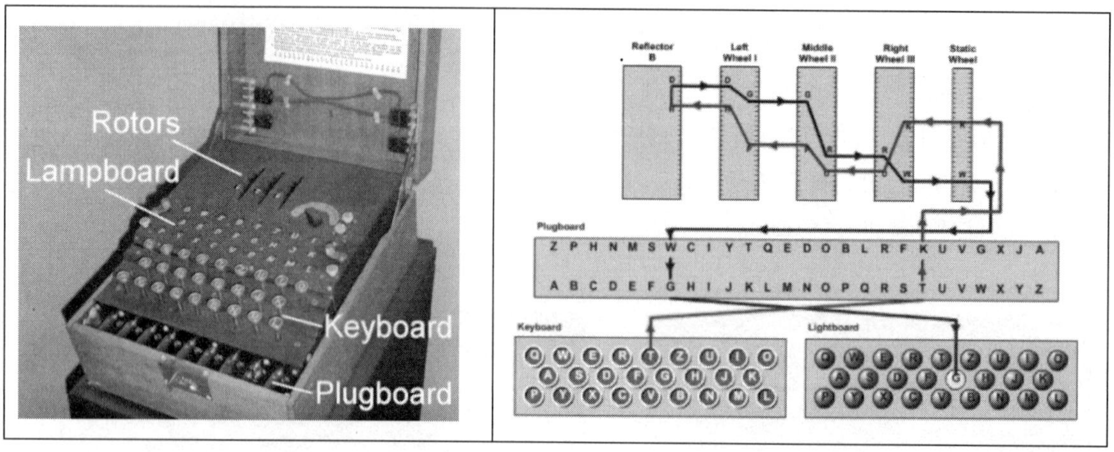

에니그마가 작동되는 원리를 설명하기 위하여, 6자의 알파벳만 사용하는 아래의 개념도를 가지고 설명한다. 일단 자판에서 "b" 를 타이핑하면, 램프보드에 있는 "C" 에 불이 들어 오는데 (평문 "b" 에 대한 암호문 "C"), 자판에서 "C"를 타이핑 하면, 반사판 기능으로 인해, 램프보드에 있는 "b"에 불이 들어 온다. 즉 반사판 기능으로 인해 해독도 자동으로 되는 특징이 있는데, 이 점이 암호학적으로 단점이 된다. .

배선반 (Plugboard)은 일종의 치환을 하는 하나의 테이블 기능을 수행하는 것으로, 여기서는 6자 중에 한 쌍만 치환 할 수 있게 되어 있지만, 실제 에니그마에서는 26자 중에서 6쌍을 선택해서 치환 할 수 있게 되어 있다. n개 글자 중에서 m 쌍을 선택하는 경우의 수를 구하면, C(n,2) x C(n-2, 2) x C(n-4, 2) x C(n-6, 2) x ... x C (n-2(m-1) 2) 가 되고, 26개 중에서 6개를 선택하는 경우는 C(26, 2) x C(24, 2) x C(22, 2) x C(20, 2) x C(18, 2) x C(16, 2) 가 된다. 그런데 실제로는 C(n,2) x C(n-2, 2) x C(n-4, 2) x C(n-6, 2) x ... x C (n-2(m-1) 2) / m! 로 계산하는데, 애니그마의 배선반에 있는 전선이 색깔로 구분되지 않기 때문이라고 한다. 따라서 C(26, 2) x C(24, 2) x C(22, 2) x C(20, 2) x C(18, 2) x C(16, 2) / 6! 로 계산한다.

첫 번째 회전자는 한 글자를 타이핑 할 때 마다 1자 간격으로 회전하게 되어 있으며, 첫 번째 회전자가 한 바퀴를 돌면, 두 번째 회전자가 한 글자 간격으로 회전하며, 두 번째 회전자가 한 바퀴 돌면, 세 번째 회전자가 한 글자 간격으로 회전하도록 설계되어 있다. 회전자를 사용하는 목적은, 한 글자를 타이핑 할 때 마다 위치가 변경되므로, 동일한 글자를 타이핑하더라도 다른 글자가 암호문으로 나오게 되어, 빈도 분석으로 공략할 수 없게 만드는 효과가 있다. 에니그마에서는 26자를 사용하므로, 회전자로 인해 만들어지는 경우의 수는, 3개의 회전자를 사용하므로, 회전자 위치의 경우의 수는 26 x 26 x 26 = 17,576 이 되며, 또한 회전자가 3개 이므로, 회전자를 배열하는 순서 (1-2-3, 3-2-1, 2-3-1 등)에 따라 6가지 경우의 수가 발생하므로, 17,576 x 6 = 105,456 으 경우의 수가 된다.

따라서 에니그마에서 배선반과 3개의 회전자로 인해 만들어지는 경우의 수는, 총 105,456 x

C(26, 2) x C(24, 2) x C(22, 2) x C(20, 2) x C(18, 2) x C(16, 2) / 6! 가 되어, 약 10,000,000,000,000,000 (1경) 가 된다.

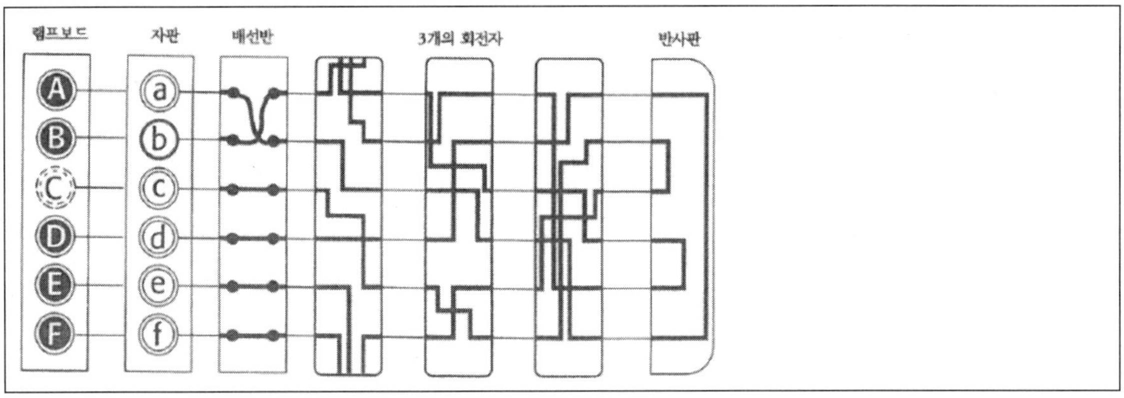

에니그마를 사용하는 송신자와 수신자는, 자신이 소유한 에니그마에서, 배전반 전선 연결 방법, 회전자의 배치 순서, 각 회전자의 시작 위치를 서로 동일하게 맞추어야 한다. 즉 배전반 전선 연결 방법, 회전자의 배치 순서, 각 회전자의 시작 위치의 정보가 암호 열쇠 역할을 하고 있다. 따라서 동일한 암호 열쇠를 가지기 위한 합의 과정이 먼저 필요한데, 이를 통해 에니그마를 도난 당했다고 하더라도, 암호 열쇠가 노출이 되지 않는 한, 암호문은 안전하게 지켜진다.

회전자 설정을 맞추어야 전송 받은 암호문을 해독할 수 있는데, 독일군의 경우에 매달 날짜별로 사용해야 하는 회전자의 상태가 적힌 책을 만들어 배포했다고 한다. 이제 책을 읽어보니 다음과 같은 설정을 받으면, "회전자 순서는 III, I, II, 회전자 링의 설정은 XYZ, 플러그판은 (OG)(WK)(SY)(UP)(ZN)(MS)(TC)" 라고 받으면, 세개의 회전자를 빼서, 첫번째 회전자를 가운데 끼고, 두번째 회전자를 오른쪽에 끼고, 세번째 회전자를 왼쪽에 낀 다음에, 각각 XYZ 로 맞춘다. 플러그판은 O를 G에 끼고, W를 K에 끼는 식으로 끼운다.

그럼 암호문을 받는 것이 아니라, 잠수함에서 본부로 암호를 전달하는 경우에는 어떻게 하는가? 일단 내가 보낼 메시지의 키를 보내기 위해, XYZ 설정으로 해서 ABCABC를 보낸다. (ABC를 키로 사용하는 경우이며, 두 번 중복해서 보낸다). 그럼 받는 사람은 XYZ 설정으로 되어 있으므로 JTEQGL로 받고, XYZ 설정으로 해독하면 ABCABC가 나온다. 이후에는 내가 암호문을 보낼 때는 ABC로 설정을 바꾸어서 보내면 된다. 이렇게 모든 부대들이 자신만의 키를 사용해서 본부에 암호문을 전달할 수 있는 강점이 있는 반면에, 부대원들의 경우에 매일 키를 바꾸기보다는 귀찮아서 같은 설정 값을 쓰게 되었는데, 이게 회근이 되어서 나중에 애니그마 암호가 노출되는 불행이 나오게 되었다고 한다.

12.7 고전 대칭키 암호 방식: 전치 암호화

전치 암호는 문자의 위치를 바꾸는, 즉, 문자를 재정렬하는 암호로 **키가 없는 전치 암호 (Keyless Transposition Ciphers)**와 **키가 있는 전치 암호 (Keyed Transposition Ciphers)**가 있다. 키가 없는 전치 암호는 크게 두 가지 방법이 있다.

(1) 첫 번째는 **Rail Fence 암호**로, 평문을 지그재그 패턴으로 배열하고 행 순서의 패턴으로 읽어서 암호문을 생성하는 방법이다. 다음은 Rail Fence 암호로 평문 'meet me at the park'를 암호화하는 예시이다.

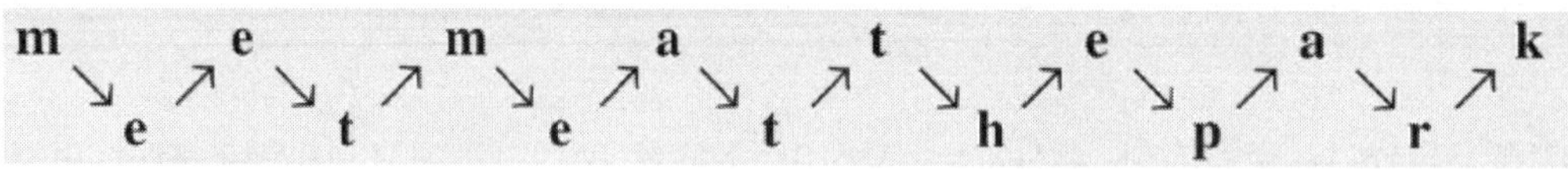

암호문: MEMATEAKETETHPR

(2) 두 번째 방법은 **Scytale-like 암호**로, 미리 정한 열의 개수에 따라 평문을 행 순서로 기록하고 열 순서로 읽어서 암호문을 생성하는 방법이다.

m	e	e	t
m	e	a	t
t	h	e	p
a	r	k	

암호문: MMTAEEHREAEKTTP

(3) 키가 있는 전치 암호는 평문을 m 블록 단위로 permutation을 이용하여 문자 순서를 바꾼다. 예시로 평문을 'enemy attacks tonight', m = 5, permutation = (3 1 4 5 2)라 하고 평문에 더미 데이터 'z'를 추가했다고 하자. 첫 번째 블록 enemy에서 (3 1 4 5 2)에 의해 세 번째 문자 'e'는 암호문의 첫 번째 문자가 되고, 첫 번째 문자 'e'는 암호문의 두 번째 문자가 되고, 나머지도 같은 방법으로 암호화를 하면 암호문의 첫 번째 블록은 'EEMYN'가 된다. 이런 방법을 통해 암호문 'EEMYN TAACT TKONS HITZG'를 얻을 수 있다.

덧셈 암호와 곱셈 암호를 결합한 아핀 암호처럼, 키가 없는 전치 암호와 키가 있는 전치 암호 두 가지 방법을 결합한 암호도 존재한다. 이 암호는 평문을 행 순서로 기록하고 permutation을 이용하여 순서를 섞은 다음에 열 순서로 읽는 암호화 과정을 거친다. 그러나 전치 암호는 단순히 문자를 재정렬하기 때문에 전수조사 공격에도 통계적인 공격에도 취약하다. 그래서 이를 보완하기 위해 위의 과정을 두 번 반복하는 **이중 전치 암호(Double Transposition Cipher)**도 있다.

12.8 현대 대칭키 암호 방식: DES (Data Encryption Standard)

컴퓨터의 발전으로 인해 문자 기반 암호인 고전 대칭 키 암호 외에도 비트 기반 암호인 현대 대칭 키 암호가 등장했다. 현대 대칭 키 암호는 데이터를 일정한 블록 단위로 나눈 후 암호화 하는 **블록 암호 (block cipher)** 와 데이터를 비트 혹은 바이트 단위로 암호화하는 **스트림 암호 (stream cipher)** 로 종류를 나눌 수 있다.

블록 암호는 평문을 일정한 크기의 블록으로 잘라낸 후에 암호화 알고리즘을 적용하는 방법으로, DES, 3DES, AES (Rijndael), ARIA, Twofish, IDEA, Rc5, SEED 등이 있다. 스트림 암호는 데이터 스트림을 순차적으로 암호화 하는 방법으로 LFSR (linear feedback shift register), RC4, A5/1 등이 있다. 여기서는 현대 대칭 키 암호를 대표하는 DES와 AES에 대해 좀 더 자세히 살펴본다

DES (Data Encryption Standard)는 대칭 키 블록 암호로 1975년에 미국 국립기술표준원(NIST, National Institute of Standards Technology)에서 발표한 국가 표준으로 정한 암호이다. DES는 64비트 평문으로 64비트 암호문을 생성한다. 복호화 과정에서는 64비트 암호문으로 64비트 평문을 만든다. 이때 두 과정에 사용되는 키는 56비트짜리 키이다.

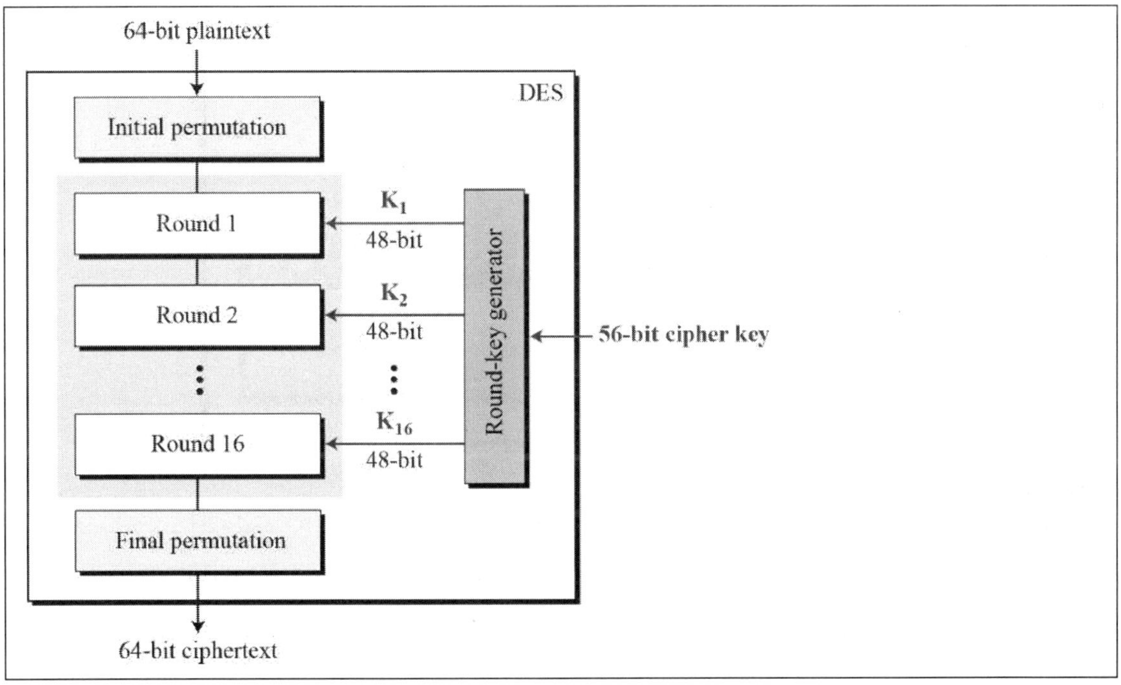

DES 구조에서 Initial Permutation과 Final Permutation은 서로 역함수이며, 아래 그림과 같다. 초기 치환 (Initial permutation)과 최종 치환 (Final permutation) 단계에 해당되는 P-박스 (permutation box) 이다. 초기 치환과 최종 치환은 서로 역 관계에 있으며, 이 단계에서 permutation에 따라 비트의 위치가 섞인다.

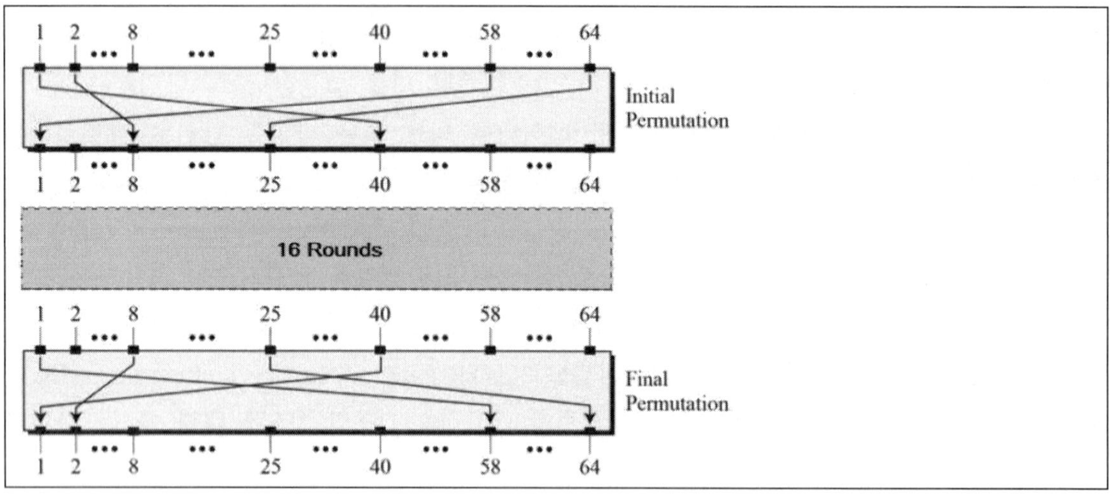

다음 그림은 DES의 각 라운드 (Round) 단계이다. DES는 16번의 라운드를 이용하며 각 라운드는 Feistel 암호다.

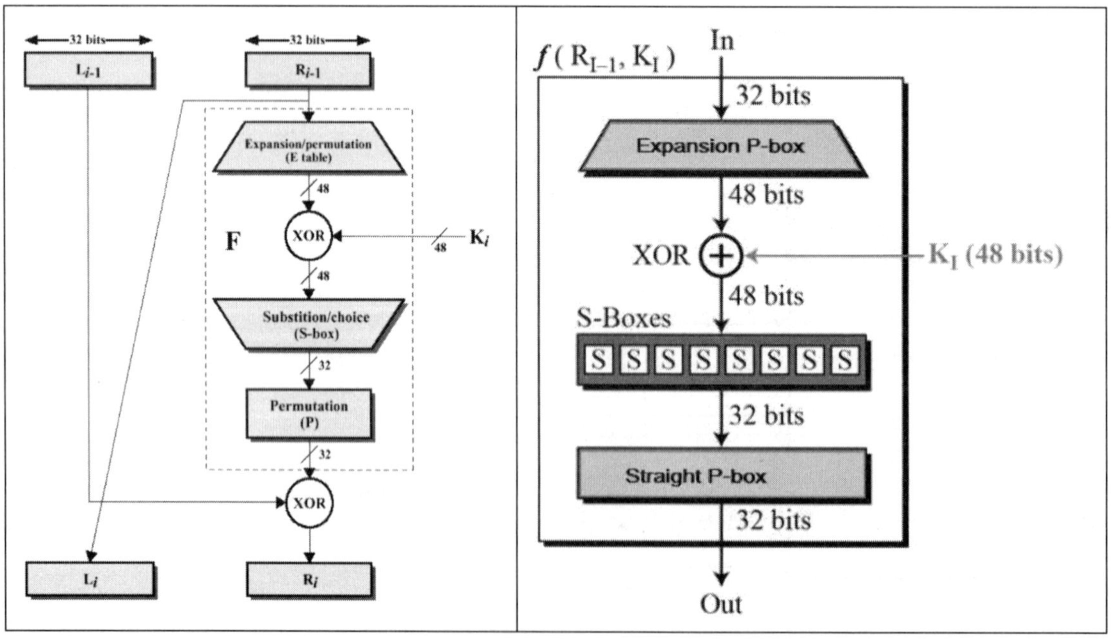

각각의 round에서는 $R_i = L_{i-1} \oplus F(R_{i-1}, K_i)$ 값을 계산하는데, 여기서 R_i 은 I 단계 결과의

오른쪽 32비트이고, L_i 는 I 단계 결과의 왼쪽 32비트이다. F는 DES 라운드 함수이고, K_i 는 부분 키이다. F 함수는 확장 P-박스, 키 XOR, 8개의 S-박스, 단순 P-박스로 구성되어 있다.

아래 그림은 Expansion P-박스이다. R_{i-1}은 32비트이고, K_i는 48비트이므로 R_{i-1}을 48비트로 확장한다. 우선, 4비트씩 R_{i-1}을 나누고 각 4비트값들은 그림처럼 6비트로 확장한다. 이런 확장 치환을 거친 후, DES는 확장된 오른쪽 부분과 라운드 키를 XOR 연산한다.

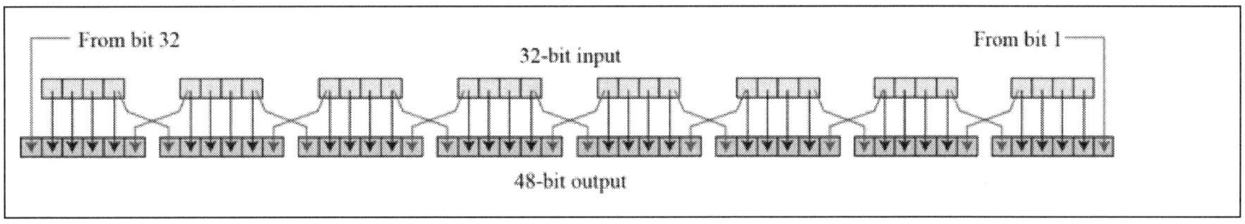

아래 그림은 S-박스에 해당하는 부분이다. DES는 6비트 입력 값과 4비트 출력 값을 갖는 8개의 S-박스를 사용한다. 각 S-박스는 자신의 표를 가지고 있어서 미리 결정된 규칙에 따라 일정하게 대치된다. 그리고 S-박스를 거쳐서 나온 32비트는 Straight P-박스에 의해 순서가 섞인다. 이것으로 DES 함수는 종료된다. DES의 암호화와 복호화 과정은 서로 역 관계이기 때문에 암호화 과정 중 마지막 라운드에는 스와퍼가 없다.

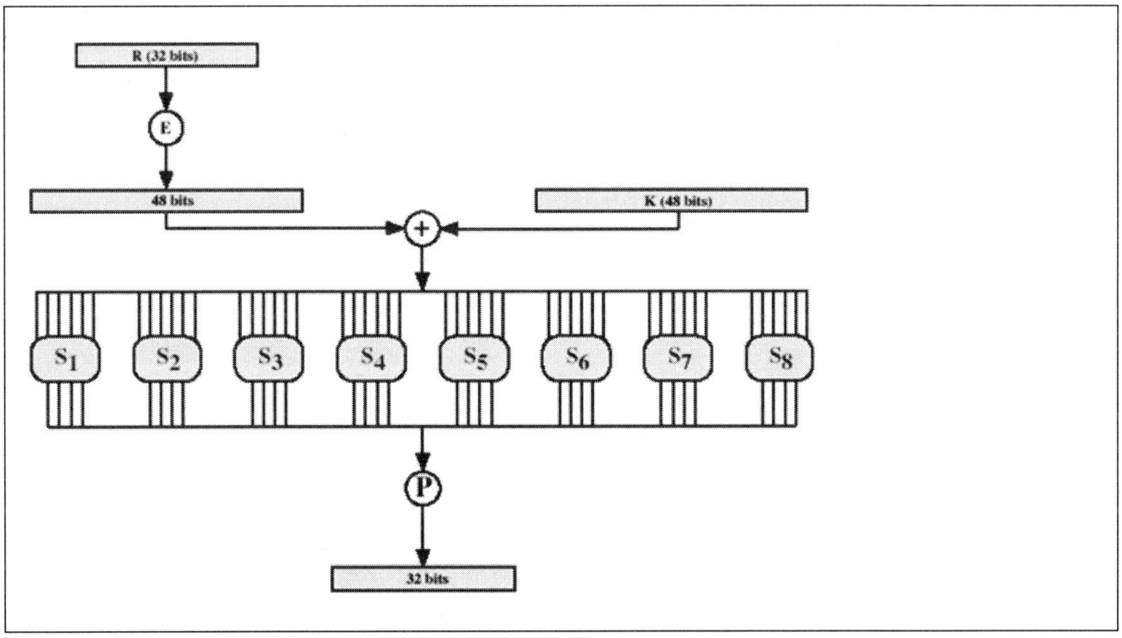

다음은 DES 암호화 과정에 대한 Pseudo Code이다.

```
Cipher (plainBlock[64], RoundKeys[16, 48], cipherBlock[64]) {
        permute (64, 64, plainBlock, inBlock, InitialPermutationTable)
        split (64, 32, inBlock, leftBlock, rightBlock)
        for (round = 1 to 16) {
                mixer (leftBlock, rightBlock, RoundKeys[round])
                if (round!=16) swapper (leftBlock, rightBlock)
        }
        combine (32, 64, leftBlock, rightBlock, outBlock)
        permute (64, 64, outBlock, cipherBlock, FinalPermutationTable)
}

mixer (leftBlock[48], rightBlock[48], RoundKey[48]) {
        copy (32, rightBlock, T1)
        function (T1, RoundKey, T2)
        exclusiveOr (32, leftBlock, T2, T3)
        copy (32, T3, rightBlock)
}
swapper (leftBlock[32], rigthBlock[32]) {
        copy (32, leftBlock, T)
        copy (32, rightBlock, leftBlock)
        copy (32, T, rightBlock)
}
function (inBlock[32], RoundKey[48], outBlock[32]) {
        permute (32, 48, inBlock, T1, ExpansionPermutationTable)
        exclusiveOr (48, T1, RoundKey, T2)
        substitute (T2, T3, SubstituteTables)
        permute (32, 32, T3, outBlock, StraightPermutationTable)
}
substitute (inBlock[32], outBlock[48], SubstitutionTables[8, 4, 16]) {
        for (i = 1 to 8) {
                row ← 2 × inBlock[i × 6 + 1] + inBlock [i × 6 + 6]
                col ← 8 × inBlock[i × 6 + 2] + 4 × inBlock[i × 6 + 3] +
                        2 × inBlock[i × 6 + 4] + inBlock[i × 6 + 5]

                value = SubstitutionTables [i][row][col]
```

```
            outBlock[[i × 4 + 1] ← value / 8;    value ← value mod 8
            outBlock[[i × 4 + 2] ← value / 4;     value ← value mod 4
            outBlock[[i × 4 + 3] ← value / 2;     value ← value mod 2
            outBlock[[i × 4 + 4] ← value
        }
}
```

이제 DES의 키 생성에 대해 알아보자. 아래 그림은 DES의 라운드 키 생성기 (Round-key generator)이며, 다음과 같은 4단계로 구성되어 있다.

1단계. 키와 패리티 비트를 포함한 64비트 값을 입력 받는데 패리티 제거 과정에서 패리티 비트 제거 표에 의해 8의 배수들을 버린다. 따라서 남아있는 56비트 값이 라운드 키를 생성하기 위해 사용되는 실제 암호 키가 된다.

2단계. 56비트 키를 스왑 연산을 통해 두 개의 28비트 블록으로 나눈다.

3단계. 두 개의 블록은 1, 2, 9, 16 라운드의 키를 만들 때는 1비트 왼쪽 순환 이동을 하고, 나머지 라운드 키를 만들 때는 2비트 순환 이동을 한다.

14	17	11	24	01	05	03	28
15	06	21	10	23	19	12	04
26	08	16	07	27	20	13	02
41	52	31	37	47	55	30	40
51	45	33	48	44	49	39	56
34	53	46	42	50	36	29	32

4단계. 각 28비트 블록은 Compression P-박스를 통해 축소 치환되며, 이때 56비트가 48비트가 된다. 위는 축소 치환에 이용되는 키 축소 표이다.

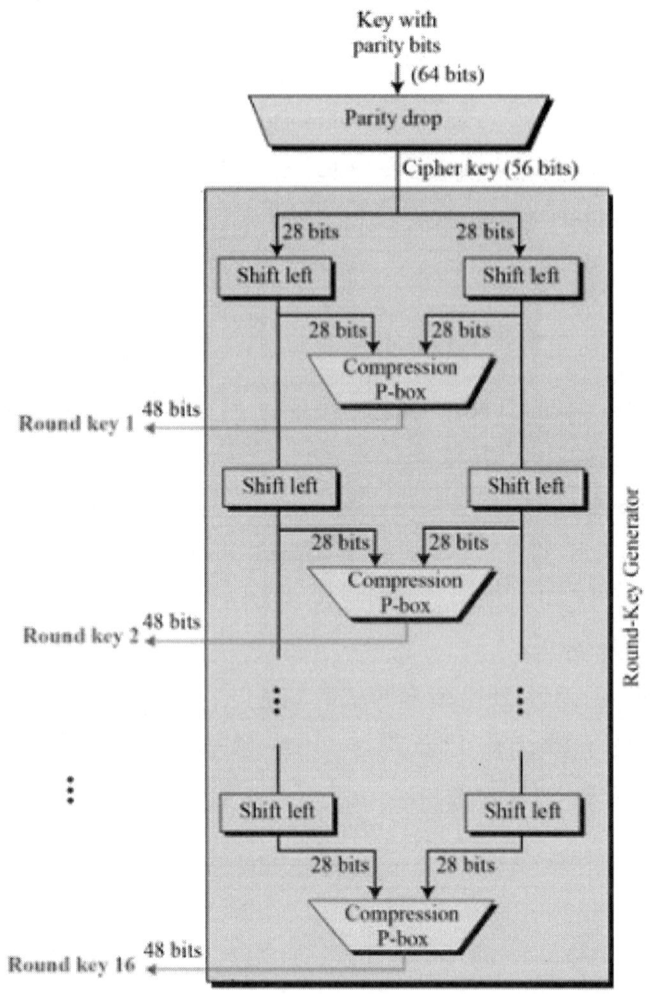

다음은 DES의 라운드 키 생성을 위한 Pseudo Code이다.

```
Key_Generator (keyWithParities[64], RoundKeys[16, 48], ShiftTable[16]) {
    permute (64, 56, keyWithParities, cipherKey, ParityDropTable)
    split (56, 28, cipherKey, leftKey, rightKey)
    for (round = 1 to 16) {
        shiftLeft (leftKey, ShiftTable[round])
        shiftLeft (rightKey, ShiftTable[round])
        combine (28, 56, leftKey, rightKey, preRoundKey)
        permute (56, 48, preRoundKey, RoundKeys[round], KeyCompressionTable)
    }
}
shiftLeft (block[28], numOfShifts) {
```

```
    for (i = 1 to numOfShifts) {
        T ← block[1]
        for (j = 2 to 28) {
            block [j−1] ← block [j]
        }
        block[28] ← T
    }
}
```

12.9 현대 대칭키 암호 방식: DES (Data Encryption Standard)

다음은 DES 암호 알고리즘을 구현한 Python 코드와 실행 결과이다.

```
# Hexadecimal to binary conversion
def hex2bin(s):
    mp = {'0' : "0000",
          '1' : "0001",
          '2' : "0010",
          '3' : "0011",
          '4' : "0100",
          '5' : "0101",
          '6' : "0110",
          '7' : "0111",
          '8' : "1000",
          '9' : "1001",
          'A' : "1010",
          'B' : "1011",
          'C' : "1100",
          'D' : "1101",
          'E' : "1110",
          'F' : "1111" }
    bin = ""
    for i in range(len(s)):
        bin = bin + mp[s[i]]
    return bin
```

```
# Binary to hexadecimal conversion
def bin2hex(s):
    mp = {"0000" : '0',
          "0001" : '1',
          "0010" : '2',
          "0011" : '3',
          "0100" : '4',
          "0101" : '5',
          "0110" : '6',
          "0111" : '7',
          "1000" : '8',
          "1001" : '9',
          "1010" : 'A',
          "1011" : 'B',
          "1100" : 'C',
          "1101" : 'D',
          "1110" : 'E',
          "1111" : 'F' }
    hex = ""
    for i in range(0,len(s),4):
        ch = ""
        ch = ch + s[i]
        ch = ch + s[i + 1]
        ch = ch + s[i + 2]
        ch = ch + s[i + 3]
        hex = hex + mp[ch]

    return hex

# Binary to decimal conversion
def bin2dec(binary):


    binary1 = binary
    decimal, i, n = 0, 0, 0
    while(binary != 0):
        dec = binary % 10
```

```
        decimal = decimal + dec * pow(2, i)
        binary = binary//10
        i += 1
    return decimal

# Decimal to binary conversion
def dec2bin(num):
    res = bin(num).replace("0b", "")
    if(len(res)%4 != 0):
        div = len(res) / 4
        div = int(div)
        counter =(4 * (div + 1)) - len(res)
        for i in range(0, counter):
            res = '0' + res
    return res

# Permute function to rearrange the bits
def permute(k, arr, n):
    permutation = ""
    for i in range(0, n):
        permutation = permutation + k[arr[i] - 1]
    return permutation

# shifting the bits towards left by nth shifts
def shift_left(k, nth_shifts):
    s = ""
    for i in range(nth_shifts):
        for j in range(1,len(k)):
            s = s + k[j]
        s = s + k[0]
        k = s
        s = ""
    return k

# calculating xow of two strings of binary number a and b
def xor(a, b):
```

```
    ans = ""
    for i in range(len(a)):
        if a[i] == b[i]:
            ans = ans + "0"
        else:
            ans = ans + "1"
    return ans

# Table of Position of 64 bits at initial level: Initial Permutation Table
initial_perm = [58, 50, 42, 34, 26, 18, 10, 2,
                60, 52, 44, 36, 28, 20, 12, 4,
                62, 54, 46, 38, 30, 22, 14, 6,
                64, 56, 48, 40, 32, 24, 16, 8,
                57, 49, 41, 33, 25, 17, 9, 1,
                59, 51, 43, 35, 27, 19, 11, 3,
                61, 53, 45, 37, 29, 21, 13, 5,
                63, 55, 47, 39, 31, 23, 15, 7]

# Expansion D-box Table
exp_d = [32, 1 , 2 , 3 , 4 , 5 , 4 , 5,
         6 , 7 , 8 , 9 , 8 , 9 , 10, 11,
         12, 13, 12, 13, 14, 15, 16, 17,
         16, 17, 18, 19, 20, 21, 20, 21,
         22, 23, 24, 25, 24, 25, 26, 27,
         28, 29, 28, 29, 30, 31, 32, 1 ]

# Straight Permutation Table
per = [ 16,  7, 20, 21,
        29, 12, 28, 17,
         1, 15, 23, 26,
         5, 18, 31, 10,
         2,  8, 24, 14,
        32, 27,  3,  9,
        19, 13, 30,  6,
        22, 11,  4, 25 ]
```

```
# S-box Table
sbox =  [[[14, 4, 13, 1, 2, 15, 11, 8, 3, 10, 6, 12, 5, 9, 0, 7],
         [ 0, 15, 7, 4, 14, 2, 13, 1, 10, 6, 12, 11, 9, 5, 3, 8],
         [ 4, 1, 14, 8, 13, 6, 2, 11, 15, 12, 9, 7, 3, 10, 5, 0],
         [15, 12, 8, 2, 4, 9, 1, 7, 5, 11, 3, 14, 10, 0, 6, 13 ]],

        [[15, 1, 8, 14, 6, 11, 3, 4, 9, 7, 2, 13, 12, 0, 5, 10],
          [3, 13, 4, 7, 15, 2, 8, 14, 12, 0, 1, 10, 6, 9, 11, 5],
          [0, 14, 7, 11, 10, 4, 13, 1, 5, 8, 12, 6, 9, 3, 2, 15],
          [13, 8, 10, 1, 3, 15, 4, 2, 11, 6, 7, 12, 0, 5, 14, 9 ]],

        [ [10, 0, 9, 14, 6, 3, 15, 5, 1, 13, 12, 7, 11, 4, 2, 8],
          [13, 7, 0, 9, 3, 4, 6, 10, 2, 8, 5, 14, 12, 11, 15, 1],
          [13, 6, 4, 9, 8, 15, 3, 0, 11, 1, 2, 12, 5, 10, 14, 7],
           [1, 10, 13, 0, 6, 9, 8, 7, 4, 15, 14, 3, 11, 5, 2, 12 ]],

        [ [7, 13, 14, 3, 0, 6, 9, 10, 1, 2, 8, 5, 11, 12, 4, 15],
          [13, 8, 11, 5, 6, 15, 0, 3, 4, 7, 2, 12, 1, 10, 14, 9],
          [10, 6, 9, 0, 12, 11, 7, 13, 15, 1, 3, 14, 5, 2, 8, 4],
           [3, 15, 0, 6, 10, 1, 13, 8, 9, 4, 5, 11, 12, 7, 2, 14] ],

        [ [2, 12, 4, 1, 7, 10, 11, 6, 8, 5, 3, 15, 13, 0, 14, 9],
          [14, 11, 2, 12, 4, 7, 13, 1, 5, 0, 15, 10, 3, 9, 8, 6],
           [4, 2, 1, 11, 10, 13, 7, 8, 15, 9, 12, 5, 6, 3, 0, 14],
          [11, 8, 12, 7, 1, 14, 2, 13, 6, 15, 0, 9, 10, 4, 5, 3 ]],

        [ [12, 1, 10, 15, 9, 2, 6, 8, 0, 13, 3, 4, 14, 7, 5, 11],
          [10, 15, 4, 2, 7, 12, 9, 5, 6, 1, 13, 14, 0, 11, 3, 8],
           [9, 14, 15, 5, 2, 8, 12, 3, 7, 0, 4, 10, 1, 13, 11, 6],
           [4, 3, 2, 12, 9, 5, 15, 10, 11, 14, 1, 7, 6, 0, 8, 13] ],

        [ [4, 11, 2, 14, 15, 0, 8, 13, 3, 12, 9, 7, 5, 10, 6, 1],
          [13, 0, 11, 7, 4, 9, 1, 10, 14, 3, 5, 12, 2, 15, 8, 6],
           [1, 4, 11, 13, 12, 3, 7, 14, 10, 15, 6, 8, 0, 5, 9, 2],
           [6, 11, 13, 8, 1, 4, 10, 7, 9, 5, 0, 15, 14, 2, 3, 12] ],
```

```
        [ [13, 2, 8, 4, 6, 15, 11, 1, 10, 9, 3, 14, 5, 0, 12, 7],
          [1, 15, 13, 8, 10, 3, 7, 4, 12, 5, 6, 11, 0, 14, 9, 2],
          [7, 11, 4, 1, 9, 12, 14, 2, 0, 6, 10, 13, 15, 3, 5, 8],
          [2, 1, 14, 7, 4, 10, 8, 13, 15, 12, 9, 0, 3, 5, 6, 11] ] ]

# Final Permutation Table
final_perm = [ 40, 8, 48, 16, 56, 24, 64, 32,
               39, 7, 47, 15, 55, 23, 63, 31,
               38, 6, 46, 14, 54, 22, 62, 30,
               37, 5, 45, 13, 53, 21, 61, 29,
               36, 4, 44, 12, 52, 20, 60, 28,
               35, 3, 43, 11, 51, 19, 59, 27,
               34, 2, 42, 10, 50, 18, 58, 26,
               33, 1, 41, 9, 49, 17, 57, 25 ]

def encrypt(pt, rkb, rk):
    pt = hex2bin(pt)

    # Initial Permutation
    pt = permute(pt, initial_perm, 64)
    print("After initial permutation", bin2hex(pt))

    # Splitting
    left = pt[0:32]
    right = pt[32:64]
    for i in range(0, 16):
        #  Expansion D-box: Expanding the 32 bits data into 48 bits
        right_expanded = permute(right, exp_d, 48)

        # XOR RoundKey[i] and right_expanded
        xor_x = xor(right_expanded, rkb[i])

        # S-boxex: substituting the value from s-box table by calculating row and column
        sbox_str = ""
        for j in range(0, 8):
            row = bin2dec(int(xor_x[j * 6] + xor_x[j * 6 + 5]))
```

```
            col = bin2dec(int(xor_x[j * 6 + 1] + xor_x[j * 6 + 2] + xor_x[j * 6 + 3] + xor_x[j * 6 +
4]))
            val = sbox[j][row][col]
            sbox_str = sbox_str + dec2bin(val)

        # Straight D-box: After substituting rearranging the bits
        sbox_str = permute(sbox_str, per, 32)

        # XOR left and sbox_str
        result = xor(left, sbox_str)
        left = result

        # Swapper
        if(i != 15):
            left, right = right, left
        print("Round ", i + 1, " ", bin2hex(left), " ", bin2hex(right), " ", rk[i])

    # Combination
    combine = left + right

    # Final permutation: final rearranging of bits to get cipher text
    cipher_text = permute(combine, final_perm, 64)
    return cipher_text

pt = "123456ABCD132536"
key = "AABB09182736CCDD"

# Key generation
# --hex to binary
key = hex2bin(key)

# --parity bit drop table
keyp = [57, 49, 41, 33, 25, 17, 9,
        1, 58, 50, 42, 34, 26, 18,
        10, 2, 59, 51, 43, 35, 27,
        19, 11, 3, 60, 52, 44, 36,
```

```
        63, 55, 47, 39, 31, 23, 15,
        7, 62, 54, 46, 38, 30, 22,
        14, 6, 61, 53, 45, 37, 29,
        21, 13, 5, 28, 20, 12, 4 ]

# getting 56 bit key from 64 bit using the parity bits
key = permute(key, keyp, 56)

# Number of bit shifts
shift_table = [1, 1, 2, 2,
               2, 2, 2, 2,
               1, 2, 2, 2,
               2, 2, 2, 1 ]

# Key- Compression Table : Compression of key from 56 bits to 48 bits
key_comp = [14, 17, 11, 24, 1, 5,
            3, 28, 15, 6, 21, 10,
            23, 19, 12, 4, 26, 8,
            16, 7, 27, 20, 13, 2,
            41, 52, 31, 37, 47, 55,
            30, 40, 51, 45, 33, 48,
            44, 49, 39, 56, 34, 53,
            46, 42, 50, 36, 29, 32 ]

# Splitting
left = key[0:28]    # rkb for RoundKeys in binary
right = key[28:56]  # rk for RoundKeys in hexadecimal

rkb = []
rk  = []
for i in range(0, 16):
    # Shifting the bits by nth shifts by checking from shift table
    left = shift_left(left, shift_table[i])
    right = shift_left(right, shift_table[i])

    # Combination of left and right string
```

```
    combine_str = left + right

    # Compression of key from 56 to 48 bits
    round_key = permute(combine_str, key_comp, 48)

    rkb.append(round_key)
    rk.append(bin2hex(round_key))

print("Encryption")
cipher_text = bin2hex(encrypt(pt, rkb, rk))
print("Cipher Text : ",cipher_text)

print("Decryption")
rkb_rev = rkb[::-1]
rk_rev = rk[::-1]
text = bin2hex(encrypt(cipher_text, rkb_rev, rk_rev))
print("Plain Text : ",text)
```

```
Encryption
After initial permutation 14A7D67818CA18AD
Round  1   18CA18AD   5A78E394   194CD072DE8C
Round  2   5A78E394   4A1210F6   4568581ABCCE
Round  3   4A1210F6   B8089591   06EDA4ACF5B5
Round  4   B8089591   236779C2   DA2D032B6EE3
Round  5   236779C2   A15A4B87   69A629FEC913
Round  6   A15A4B87   2E8F9C65   C1948E87475E
Round  7   2E8F9C65   A9FC20A3   708AD2DDB3C0
Round  8   A9FC20A3   308BEE97   34F822F0C66D
Round  9   308BEE97   10AF9D37   84BB4473DCCC
Round  10   10AF9D37   6CA6CB20   02765708B5BF
Round  11   6CA6CB20   FF3C485F   6D5560AF7CA5
Round  12   FF3C485F   22A5963B   C2C1E96A4BF3
Round  13   22A5963B   387CCDAA   99C31397C91F
Round  14   387CCDAA   BD2DD2AB   251B8BC717D0
Round  15   BD2DD2AB   CF26B472   3330C5D9A36D
Round  16   19BA9212   CF26B472   181C5D75C66D
Cipher Text :  C0B7A8D05F3A829C
```

```
Cipher Text :  C0B7A8D05F3A829C
Decryption
After initial permutation 19BA9212CF26B472
Round  1   CF26B472   BD2DD2AB   181C5D75C66D
Round  2   BD2DD2AB   387CCDAA   3330C5D9A36D
Round  3   387CCDAA   22A5963B   251B8BC717D0
Round  4   22A5963B   FF3C485F   99C31397C91F
Round  5   FF3C485F   6CA6CB20   C2C1E96A4BF3
Round  6   6CA6CB20   10AF9D37   6D5560AF7CA5
Round  7   10AF9D37   308BEE97   02765708B5BF
Round  8   308BEE97   A9FC20A3   84BB4473DCCC
Round  9   A9FC20A3   2E8F9C65   34F822F0C66D
Round  10   2E8F9C65   A15A4B87   708AD2DDB3C0
Round  11   A15A4B87   236779C2   C1948E87475E
Round  12   236779C2   B8089591   69A629FEC913
Round  13   B8089591   4A1210F6   DA2D032B6EE3
Round  14   4A1210F6   5A78E394   06EDA4ACF5B5
Round  15   5A78E394   18CA18AD   4568581ABCCE
Round  16   14A7D678   18CA18AD   194CD072DE8C
Plain Text :  123456ABCD132536
```

참고 사이트: https://www.geeksforgeeks.org/data-encryption-standard-des-set-1/

12.10 현대 대칭키 암호 방식: AES (Advanced Encryption Standard)

DES는 공식적으로 깨졌다. 따라서 공모를 통해 2001년 12월 NIST는 DES를 대체할 대칭 키 블록 암호 알고리즘인 **AES (Advanced Encryption Standard)**를 공표한다. AES는 암호화 키로 128, 192, 256비트를 가질 수 있으며 암호화 키의 길이에 따라 실행하는 라운드 수가 다르다는 특징을 가지고 있다. AES는 DES의 취약점들을 해결하였기 때문에 DES보다 안전하다. 그 이유는, 키 사이즈가 DES보다 크기 때문에 전수조사 공격이 어렵고, 통계적인 공격도 실패하였고, 아직까지 AES에 대한 차분 분석과 선형 분석이 알려지지 않았기 때문이다. 또한 DES처럼 심각한 취약 키가 AES에는 존재하지 않으며, 키 확장 과정은 모든 계산을 GF(2^8)이나 GF(2) 체를 사용하여 쉽게 구현할 수 있다. 현재 존재하는 AES에 대한 공격 방법은 없으며, 여러 가지 길이의 키를 가지기 때문에 현재 H/W, S/W에서 널리 사용되고 있는 암호화 기법이다.

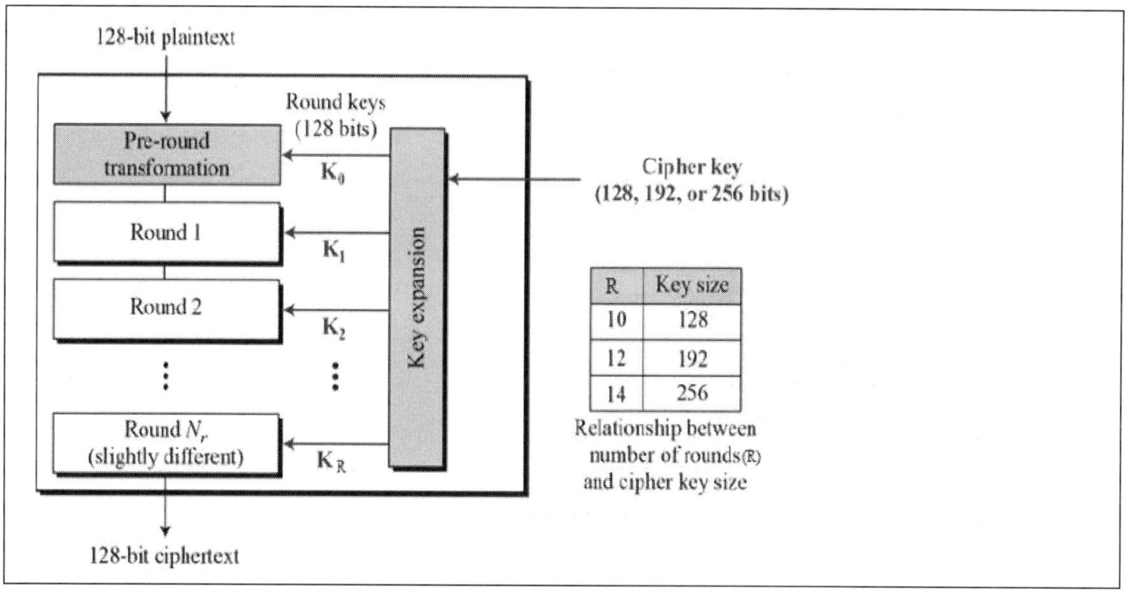

R	Key size
10	128
12	192
14	256

아래 그림은 AES의 구조를 나타낸다. AES는 각 라운드마다 4개의 절차를 가지고 있는데, 안정성을 위해 대치 (Substitution), 치환 (Permutation), 섞음 (Mixing), 키 덧셈 (Key-adding)의 네 가지 형태의 변환을 제공한다. DES처럼 암호화와 복호화 과정을 비슷하게 만들기 위해 암호화의 마지막 라운드에서는 MixColumns 연산이 제외된다.

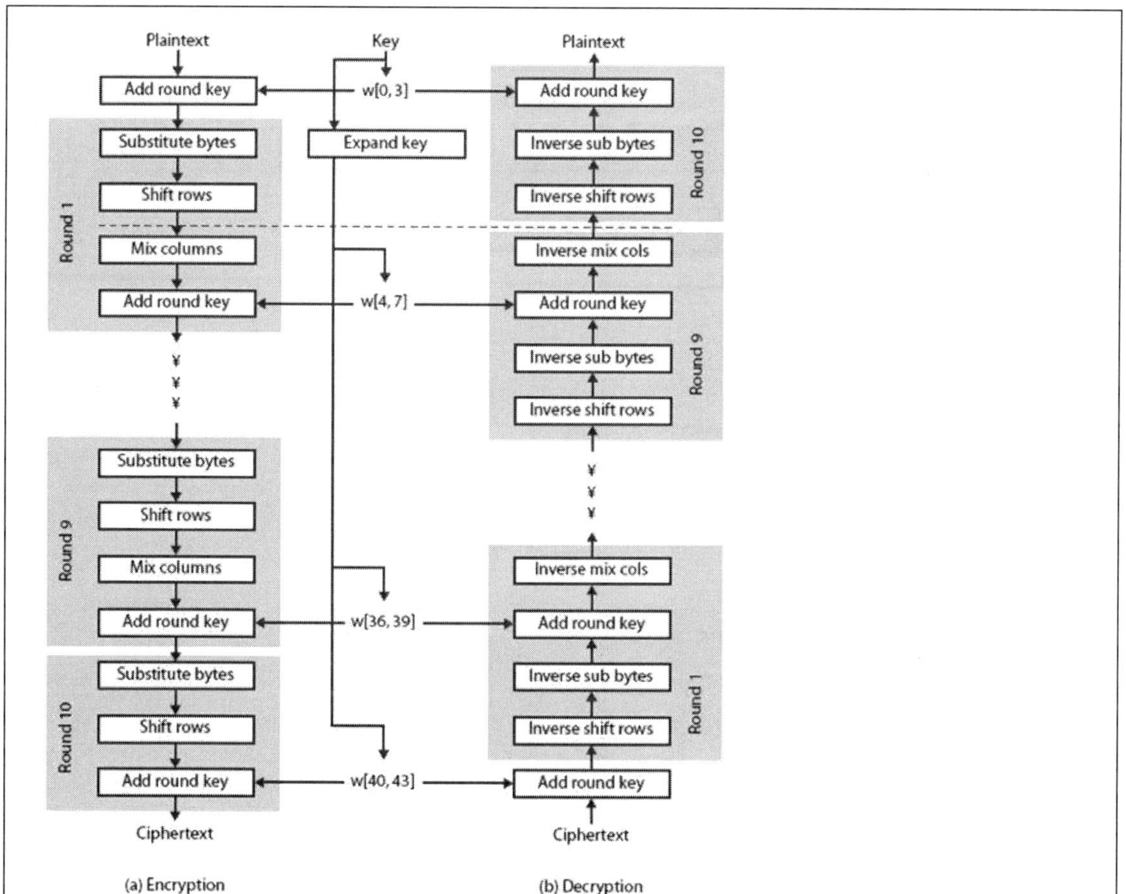

(a) Encryption (b) Decryption

(1) SubBytes 단계에서는 아래 그림처럼 대치가 이루어진다. 즉, S-박스 표를 이용하여 바이트 단위로 블록을 교환하는데, 각 바이트를 4비트씩 2개의 16진수로 계산하여 왼쪽 4비트는 행, 오른쪽 4비트는 열로 표를 읽는다. Pseudo Code는 다음과 같다.

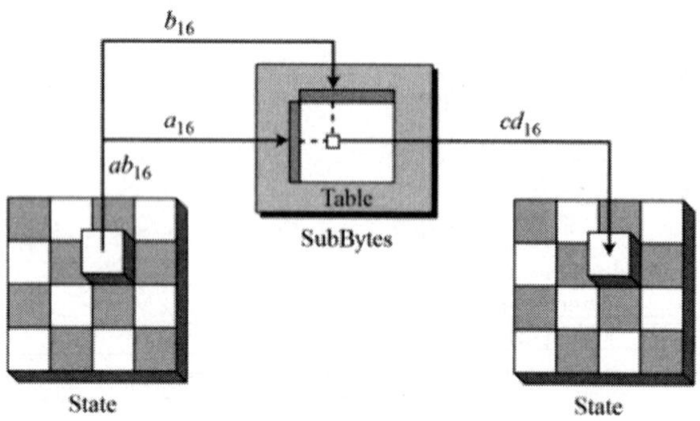

Table 7.1 *SubBytes transformation table*

	0	1	2	3	4	5	6	7	8	9	A	B	C	D	E	F
0	63	7C	77	7B	F2	6B	6F	C5	30	01	67	2B	FE	D7	AB	76
1	CA	82	C9	7D	FA	59	47	F0	AD	D4	A2	AF	9C	A4	72	C0
2	B7	FD	93	26	36	3F	F7	CC	34	A5	E5	F1	71	D8	31	15
3	04	C7	23	C3	18	96	05	9A	07	12	80	E2	EB	27	B2	75
4	09	83	2C	1A	1B	6E	5A	A0	52	3B	D6	B3	29	E3	2F	84
5	53	D1	00	ED	20	FC	B1	5B	6A	CB	BE	39	4A	4C	58	CF
6	D0	EF	AA	FB	43	4D	33	85	45	F9	02	7F	50	3C	9F	A8

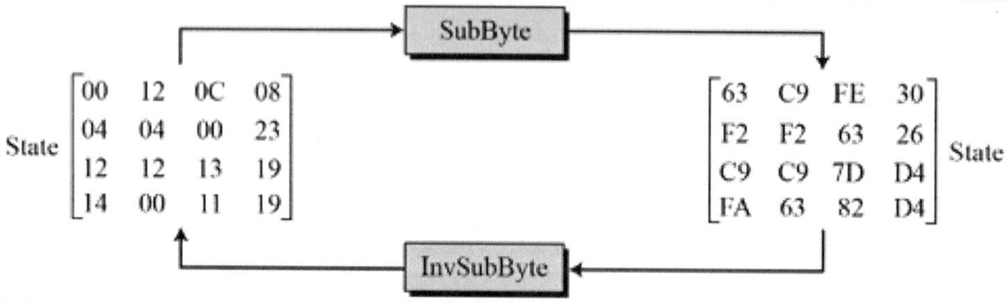

SubBytes (S) {

for (r = 0 to 3)

for (c = 0 to 3) $S_{r,c}$ = subbyte ($S_{r,c}$)

}

subbyte (byte) {

a ← $byte^{-1}$ // Multiplicative inverse in GF(2^8) with inverse of 00 to be 00

```
    ByteToMatrix (a, b)
    for (i = 0 to 7)    {

        c_i ← b_i ⊕ b_(i+4)mod8 ⊕ b_(i+5)mod8 ⊕ b_(i+6)mod8 ⊕ b_(i+7)mod8

        d_i ← c_i ⊕ ByteToMatrix (0x63)

    }
    MatrixToByte (d, d)
    byte ← d
}
```

(2) ShiftRows 단계에서는 4개의 행이 각각 왼쪽으로 이동하는데, 행의 첫 번째 값은 그 행의 맨 오른쪽 값으로 이동한다. Pseudo Code는 다음과 같다.

```
ShiftRows (S) {
    for (r = 1 to 3)

        shiftrow (s_r, r)    // s_r is the rth row

}
shiftrow (row, n) {   // n is the number of bytes to be shifted
    CopyRow (row, t)    // t is a temporary row
    for (c = 0 to 3)

        row_(c-n) mod 4 ← t_c

}
```

(3) MixColumns 단계에서는 각각의 열을 상수 행렬과 곱해서 새로운 값을 가지는 열을 반환하는 열 단위 연산을 수행한다.

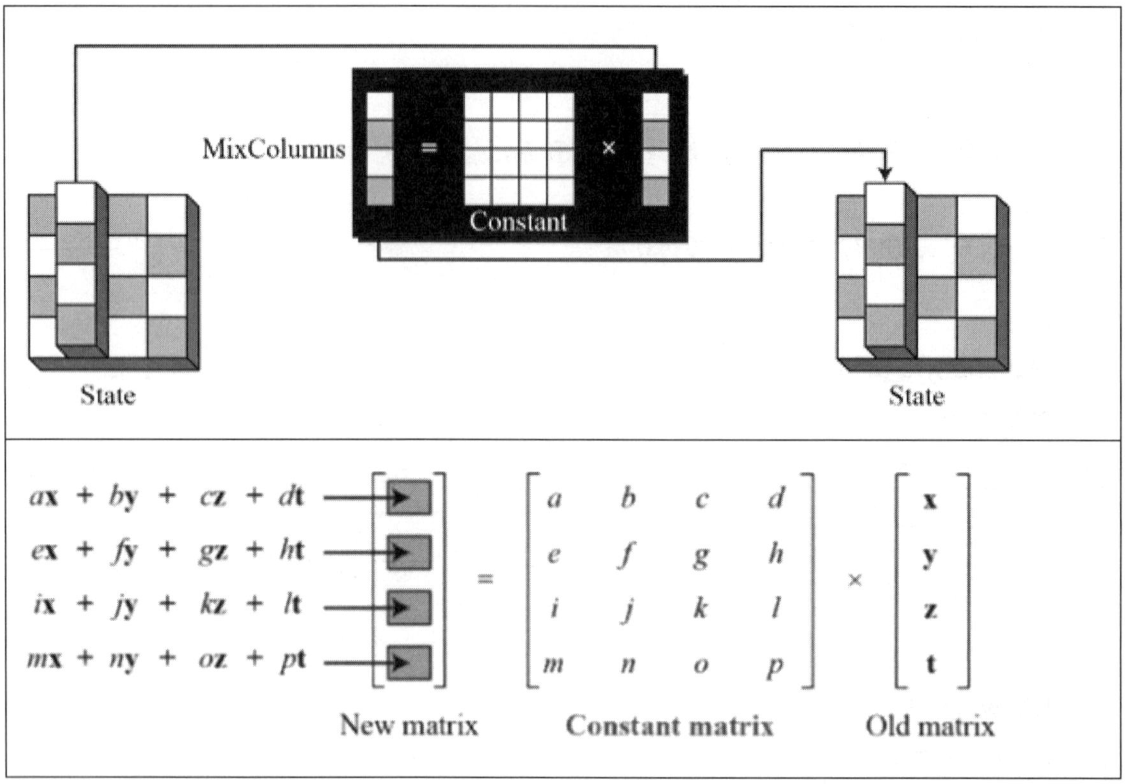

Pseudo Code는 다음과 같다.

MixColumns (S) {

  for (c = 0 to 3)

    mixcolumn (S_c)

}

mixcolumn (col) {

  CopyColumn (col, t) // t is a temporary column

  $\boldsymbol{col_0} \leftarrow$ (0x02) • $\boldsymbol{t_0}$ ⊕ (0x03 • $\boldsymbol{t_1}$) ⊕ $\boldsymbol{t_2}$ ⊕ $\boldsymbol{t_3}$

  $\boldsymbol{col_1} \leftarrow$ $\boldsymbol{t_0}$ ⊕ (0x02) • $\boldsymbol{t_1}$ ⊕ (0x03) • $\boldsymbol{t_2}$ ⊕ $\boldsymbol{t_3}$

  $\boldsymbol{col_2} \leftarrow$ $\boldsymbol{t_0}$ ⊕ $\boldsymbol{t_1}$ ⊕ (0x02) • $\boldsymbol{t_2}$ ⊕ (0x03) • $\boldsymbol{t_3}$

  $\boldsymbol{col_3} \leftarrow$ (0x03 • $\boldsymbol{t_0}$**)** ⊕ $\boldsymbol{t_1}$ ⊕ $\boldsymbol{t_2}$ ⊕ (0x02) • $\boldsymbol{t_3}$

}

(4) AddRoundKey 단계에서는 한 번에 한 열씩, 각 State 열 행렬에 Round Key word를 XOR 연산을 수행한다.

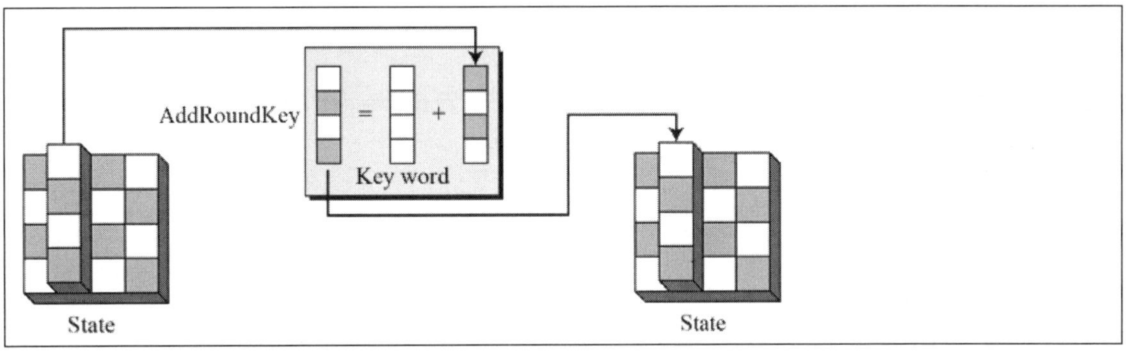

Pseudo Code는 다음과 같다.

```
AddRoundKey (S) {
    for (c = 0 to 3)
        s_c ← s_c ⊕ w_{round+4c}
}
```

(5) 각 라운드에 사용하는 라운드 키를 생성하기 위해 AES는 키 확장 (Key Expansion) 과정을 사용한다. 아래는 AES-128에서 키 확장이 일어나는 그림이다. 키 확장은 4개의 바이트로 이루어진 워드를 가지고 워드 단위로 라운드 키를 생성한다. 10개의 라운드가 있는 AES-128은 44개의 워드가 필요하다.

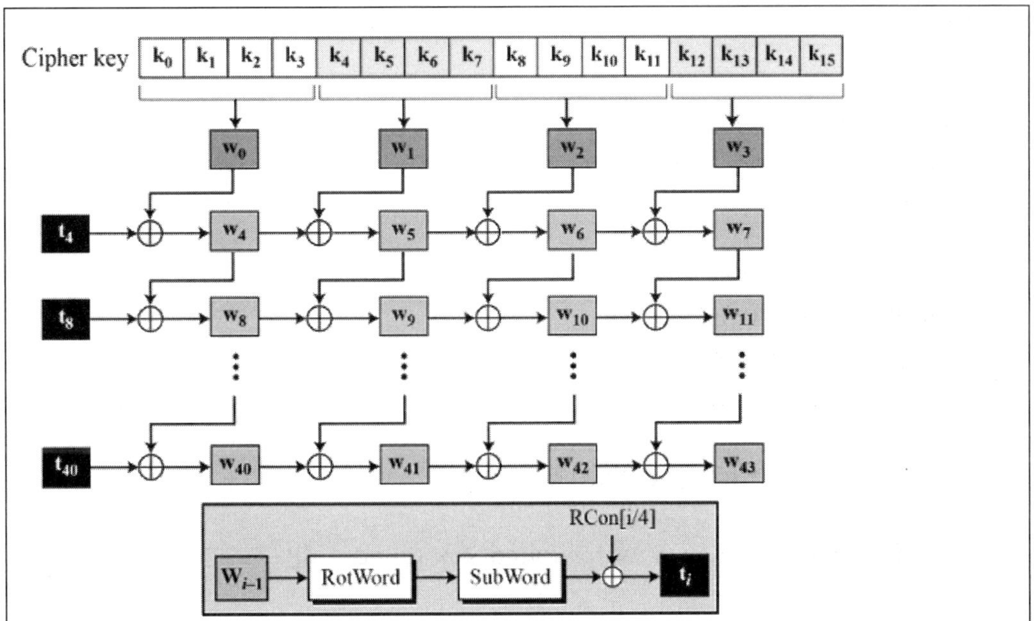

Making of t_i (temporary) words $i = 4\ N_r$

워드들은 각 라운드마다 RotWord, SubWord, RCon의 단계를 거친다. RotWord는 하나의 열에만 적용되며, 하나의 워드를 왼쪽으로 1바이트씩 입력시킨다. SubWord는 4바이트 단위로 워드의 각 바이트를 S-박스를 이용하여 대치한 후 출력한다. RCon은 4바이트 값인 라운드 상수로, 가장 오른쪽의 3바이트는 모두 0이다. Pseudo Code는 다음과 같다.

```
KeyExpansion ([key_0 to key_15], [w_0 to w_43]) [
    for (i = 0 to 3)
        w_i ← key_4i + key_4i+1 + key_4i+2 + key_4i+3
    for (i = 4 to 43) {
        if (i mod 4 ≠ 0)    w_i ← w_i-1 + w_i-4
        else {
            t ← SubWord (RotWord (w_i-1)) ⊕ RCon_i/4    // t is a temporary word

            w_i ← t + w_i-4
        }
    }
}
```

마지막으로, 아래는 AES-128의 암호화 알고리즘에 대한 Pseudo Code이다.

```
Cipher (InBlock [16], OutBlock[16], w[0 ... 43]) {
    BlockToState (InBlock, S)

    S ← AddRoundKey (S, w[0...3])
    for (round = 1 to 10) {
        S ← SubBytes (S)
        S ← ShiftRows (S)
        if (round ≠ 10)    S ← MixColumns (S)
        S ← AddRoundKey (S, w[4 × round, 4 × round + 3])
    }
    StateToBlock (S, OutBlock);
```

```
}
```

전체 프로그램은 AES 구현 부분과 AES 함수를 호출하는 것으로 소개한다. 다음은 AES 알고리즘의 Python 코드이다.

```
"""Tham module provides encrypting/decrypting according AES(128) standart.
Based on Rijndael algorithm, AES uses 4 transformation for encrypting: SubSytes(), ShiftRows(),
MixColumns() and AddRoundKey(). For decrypting it uses inverse functions of that fout.
Detales you can read here:
http://csrc.nist.gov/publications/fips/fips197/fips-197.pdf
or here:
http://en.wikipedia.org/wiki/Advanced_Encryption_Standard
or here:
http://www.cs.bc.edu/~straubin/cs381-05/blockciphers/rijndael_ingles2004.swf
or somewhere else.
Comments rather won't help if don't read documentation of the algorithm.
"""

nb = 4  # number of coloumn of State (for AES = 4)
nr = 10  # number of rounds ib ciper cycle (if nb = 4 nr = 10)
nk = 4  # the key length (in 32-bit words)

# This dict will be used in SubBytes().
hex_symbols_to_int = {'a': 10, 'b': 11, 'c': 12, 'd': 13, 'e': 14, 'f': 15}

sbox = [
    0x63, 0x7c, 0x77, 0x7b, 0xf2, 0x6b, 0x6f, 0xc5, 0x30, 0x01, 0x67, 0x2b, 0xfe, 0xd7, 0xab, 0x76,
    0xca, 0x82, 0xc9, 0x7d, 0xfa, 0x59, 0x47, 0xf0, 0xad, 0xd4, 0xa2, 0xaf, 0x9c, 0xa4, 0x72, 0xc0,
    0xb7, 0xfd, 0x93, 0x26, 0x36, 0x3f, 0xf7, 0xcc, 0x34, 0xa5, 0xe5, 0xf1, 0x71, 0xd8, 0x31, 0x15,
    0x04, 0xc7, 0x23, 0xc3, 0x18, 0x96, 0x05, 0x9a, 0x07, 0x12, 0x80, 0xe2, 0xeb, 0x27, 0xb2, 0x75,
    0x09, 0x83, 0x2c, 0x1a, 0x1b, 0x6e, 0x5a, 0xa0, 0x52, 0x3b, 0xd6, 0xb3, 0x29, 0xe3, 0x2f,
```

```
0x84,
    0x53, 0xd1, 0x00, 0xed, 0x20, 0xfc, 0xb1, 0x5b, 0x6a, 0xcb, 0xbe, 0x39, 0x4a, 0x4c, 0x58,
0xcf,
    0xd0, 0xef, 0xaa, 0xfb, 0x43, 0x4d, 0x33, 0x85, 0x45, 0xf9, 0x02, 0x7f, 0x50, 0x3c, 0x9f,
0xa8,
    0x51, 0xa3, 0x40, 0x8f, 0x92, 0x9d, 0x38, 0xf5, 0xbc, 0xb6, 0xda, 0x21, 0x10, 0xff, 0xf3,
0xd2,
    0xcd, 0x0c, 0x13, 0xec, 0x5f, 0x97, 0x44, 0x17, 0xc4, 0xa7, 0x7e, 0x3d, 0x64, 0x5d, 0x19,
0x73,
    0x60, 0x81, 0x4f, 0xdc, 0x22, 0x2a, 0x90, 0x88, 0x46, 0xee, 0xb8, 0x14, 0xde, 0x5e, 0x0b,
0xdb,
    0xe0, 0x32, 0x3a, 0x0a, 0x49, 0x06, 0x24, 0x5c, 0xc2, 0xd3, 0xac, 0x62, 0x91, 0x95,
0xe4, 0x79,
    0xe7, 0xc8, 0x37, 0x6d, 0x8d, 0xd5, 0x4e, 0xa9, 0x6c, 0x56, 0xf4, 0xea, 0x65, 0x7a, 0xae,
0x08,
    0xba, 0x78, 0x25, 0x2e, 0x1c, 0xa6, 0xb4, 0xc6, 0xe8, 0xdd, 0x74, 0x1f, 0x4b, 0xbd, 0x8b,
0x8a,
    0x70, 0x3e, 0xb5, 0x66, 0x48, 0x03, 0xf6, 0x0e, 0x61, 0x35, 0x57, 0xb9, 0x86, 0xc1, 0x1d,
0x9e,
    0xe1, 0xf8, 0x98, 0x11, 0x69, 0xd9, 0x8e, 0x94, 0x9b, 0x1e, 0x87, 0xe9, 0xce, 0x55, 0x28,
0xdf,
    0x8c, 0xa1, 0x89, 0x0d, 0xbf, 0xe6, 0x42, 0x68, 0x41, 0x99, 0x2d, 0x0f, 0xb0, 0x54, 0xbb,
0x16
]

inv_sbox = [
    0x52, 0x09, 0x6a, 0xd5, 0x30, 0x36, 0xa5, 0x38, 0xbf, 0x40, 0xa3, 0x9e, 0x81, 0xf3,
0xd7, 0xfb,
    0x7c, 0xe3, 0x39, 0x82, 0x9b, 0x2f, 0xff, 0x87, 0x34, 0x8e, 0x43, 0x44, 0xc4, 0xde,
0xe9, 0xcb,
    0x54, 0x7b, 0x94, 0x32, 0xa6, 0xc2, 0x23, 0x3d, 0xee, 0x4c, 0x95, 0x0b, 0x42, 0xfa,
0xc3, 0x4e,
    0x08, 0x2e, 0xa1, 0x66, 0x28, 0xd9, 0x24, 0xb2, 0x76, 0x5b, 0xa2, 0x49, 0x6d, 0x8b,
0xd1, 0x25,
    0x72, 0xf8, 0xf6, 0x64, 0x86, 0x68, 0x98, 0x16, 0xd4, 0xa4, 0x5c, 0xcc, 0x5d, 0x65, 0xb6,
0x92,
```

```
    0x6c, 0x70, 0x48, 0x50, 0xfd, 0xed, 0xb9, 0xda, 0x5e, 0x15, 0x46, 0x57, 0xa7, 0x8d, 0x9d,
0x84,
    0x90, 0xd8, 0xab, 0x00, 0x8c, 0xbc, 0xd3, 0x0a, 0xf7, 0xe4, 0x58, 0x05, 0xb8, 0xb3, 0x45,
0x06,
    0xd0, 0x2c, 0x1e, 0x8f, 0xca, 0x3f, 0x0f, 0x02, 0xc1, 0xaf, 0xbd, 0x03, 0x01, 0x13, 0x8a,
0x6b,
    0x3a, 0x91, 0x11, 0x41, 0x4f, 0x67, 0xdc, 0xea, 0x97, 0xf2, 0xcf, 0xce, 0xf0, 0xb4, 0xe6,
0x73,
    0x96, 0xac, 0x74, 0x22, 0xe7, 0xad, 0x35, 0x85, 0xe2, 0xf9, 0x37, 0xe8, 0x1c, 0x75, 0xdf,
0x6e,
    0x47, 0xf1, 0x1a, 0x71, 0x1d, 0x29, 0xc5, 0x89, 0x6f, 0xb7, 0x62, 0x0e, 0xaa, 0x18, 0xbe,
0x1b,
    0xfc, 0x56, 0x3e, 0x4b, 0xc6, 0xd2, 0x79, 0x20, 0x9a, 0xdb, 0xc0, 0xfe, 0x78, 0xcd, 0x5a,
0xf4,
    0x1f, 0xdd, 0xa8, 0x33, 0x88, 0x07, 0xc7, 0x31, 0xb1, 0x12, 0x10, 0x59, 0x27, 0x80, 0xec,
0x5f,
    0x60, 0x51, 0x7f, 0xa9, 0x19, 0xb5, 0x4a, 0x0d, 0x2d, 0xe5, 0x7a, 0x9f, 0x93, 0xc9, 0x9c,
0xef,
    0xa0, 0xe0, 0x3b, 0x4d, 0xae, 0x2a, 0xf5, 0xb0, 0xc8, 0xeb, 0xbb, 0x3c, 0x83, 0x53, 0x99,
0x61,
    0x17, 0x2b, 0x04, 0x7e, 0xba, 0x77, 0xd6, 0x26, 0xe1, 0x69, 0x14, 0x63, 0x55, 0x21, 0x0c,
0x7d
]

rcon = [[0x01, 0x02, 0x04, 0x08, 0x10, 0x20, 0x40, 0x80, 0x1b, 0x36],
        [0x00, 0x00, 0x00, 0x00, 0x00, 0x00, 0x00, 0x00, 0x00, 0x00],
        [0x00, 0x00, 0x00, 0x00, 0x00, 0x00, 0x00, 0x00, 0x00, 0x00],
        [0x00, 0x00, 0x00, 0x00, 0x00, 0x00, 0x00, 0x00, 0x00, 0x00]
]


def encrypt(input_bytes, key):
    """Function encrypts the input_bytes according to AES(128) algorithm using the key
    Args:
        input_bytes -- list of int less than 255, ie list of bytes. Length of input_bytes is
constantly 16
```

```
        key -- a strig of plain text. Do not forget it! The same string is used in decryption
    Returns:
        List of int
    """

    # let's prepare our enter data: State array and KeySchedule
    state = [[] for j in range(4)]
    for r in range(4):
        for c in range(nb):
            state[r].append(input_bytes[r + 4 * c])

    key_schedule = key_expansion(key)

    state = add_round_key(state, key_schedule)

    for rnd in range(1, nr):
        state = sub_bytes(state)
        state = shift_rows(state)
        state = mix_columns(state)
        state = add_round_key(state, key_schedule, rnd)

    state = sub_bytes(state)
    state = shift_rows(state)
    state = add_round_key(state, key_schedule, rnd + 1)

    output = [None for i in range(4 * nb)]
    for r in range(4):
        for c in range(nb):
            output[r + 4 * c] = state[r][c]

    return output


def decrypt(cipher, key):
    """Function decrypts the cipher according to AES(128) algorithm using the key
    Args:
```

```
        cipher -- list of int less than 255, ie list of bytes
        key -- a strig of plain text. Do not forget it! The same string is used in decryption
    Returns:
        List of int
    """

    # let's prepare our algorithm enter data: State array and KeySchedule
    state = [[] for i in range(nb)]
    for r in range(4):
        for c in range(nb):
            state[r].append(cipher[r + 4 * c])

    key_schedule = key_expansion(key)

    state = add_round_key(state, key_schedule, nr)

    rnd = nr - 1
    while rnd >= 1:
        state = shift_rows(state, inv=True)
        state = sub_bytes(state, inv=True)
        state = add_round_key(state, key_schedule, rnd)
        state = mix_columns(state, inv=True)

        rnd -= 1

    state = shift_rows(state, inv=True)
    state = sub_bytes(state, inv=True)
    state = add_round_key(state, key_schedule, rnd)

    output = [None for i in range(4 * nb)]
    for r in range(4):
        for c in range(nb):
            output[r + 4 * c] = state[r][c]

    return output
```

```
def sub_bytes(state, inv=False):
    """That transformation replace every element from State on element from Sbox
    according the algorithm: in hexadecimal notation an element from State
    consist of two values: 0x<val1><val2>. We take elem from crossing
    val1-row and val2-column in Sbox and put it instead of the element in State.
    If decryption-transformation is on (inv == True) it uses InvSbox instead Sbox.
    Args:
        inv -- If value == False means function is encryption-transformation.
                True - decryption-transformation
    """

    if inv == False:   # encrypt
        box = sbox
    else:   # decrypt
        box = inv_sbox

    for i in range(len(state)):
        for j in range(len(state[i])):
            row = state[i][j] // 0x10
            col = state[i][j] % 0x10

            # Our Sbox is a flat array, not a bable. So, we use this trich to find elem:
            # And DO NOT change list sbox! if you want it to work
            box_elem = box[16 * row + col]
            state[i][j] = box_elem

    return state


def shift_rows(state, inv=False):
    """That transformation shifts rows of State: the second rotate over 1 bytes,
    the third rotate over 2 bytes, the fourtg rotate over 3 bytes. The transformation
doesn't
    touch the first row. When encrypting transformation uses left shift, in decription - right
shift
```

```
    Args:
        inv: If value == False means function is encryption mode. True - decryption mode
    """

    count = 1

    if inv == False:   # encrypting
        for i in range(1, nb):
            state[i] = left_shift(state[i], count)
            count += 1
    else:  # decryptionting
        for i in range(1, nb):
            state[i] = right_shift(state[i], count)
            count += 1

    return state


def mix_columns(state, inv=False):
    """When encrypting transformation multiplyes every column of State with
    a fixed polinomial a(x) = {03}x**3 + {01}x**2 + {01}x + {02} in Galua field.
    When decrypting multiplies with a'(x) = {0b}x**3 + {0d}x**2 + {09}x + {0e}
    Detailed information in AES standart.
    Args:
        inv: If value == False means function is encryption mode. True - decryption mode
    """

    for i in range(nb):

        if inv == False:   # encryption
            s0 = mul_by_02(state[0][i]) ^ mul_by_03(state[1][i]) ^ state[2][i] ^
state[3][i]
            s1 = state[0][i] ^ mul_by_02(state[1][i]) ^ mul_by_03(state[2][i]) ^
state[3][i]
            s2 = state[0][i] ^ state[1][i] ^ mul_by_02(state[2][i]) ^
mul_by_03(state[3][i])
```

```
            s3    =    mul_by_03(state[0][i])    ^    state[1][i]    ^    state[2][i]    ^
mul_by_02(state[3][i])
        else:  # decryption
            s0 = mul_by_0e(state[0][i]) ^ mul_by_0b(state[1][i]) ^ mul_by_0d(state[2][i])
^ mul_by_09(state[3][i])
            s1 = mul_by_09(state[0][i]) ^ mul_by_0e(state[1][i]) ^ mul_by_0b(state[2][i])
^ mul_by_0d(state[3][i])
            s2 = mul_by_0d(state[0][i]) ^ mul_by_09(state[1][i]) ^ mul_by_0e(state[2][i])
^ mul_by_0b(state[3][i])
            s3 = mul_by_0b(state[0][i]) ^ mul_by_0d(state[1][i]) ^ mul_by_09(state[2][i])
^ mul_by_0e(state[3][i])

        state[0][i] = s0
        state[1][i] = s1
        state[2][i] = s2
        state[3][i] = s3

    return state



def key_expansion(key):
    """It makes list of RoundKeys for function AddRoundKey. All details
    about algorithm is is in AES standart
    """

    key_symbols = [ord(symbol) for symbol in key]

    # ChipherKey shoul contain 16 symbols to fill 4*4 table. If it's less
    # complement the key with "0x01"
    if len(key_symbols) < 4 * nk:
        for i in range(4 * nk - len(key_symbols)):
            key_symbols.append(0x01)

    # make ChipherKey(which is base of KeySchedule)
    key_schedule = [[] for i in range(4)]
    for r in range(4):
```

```
        for c in range(nk):
            key_schedule[r].append(key_symbols[r + 4 * c])

    # Comtinue to fill KeySchedule
    for col in range(nk, nb * (nr + 1)):   # col - column number
        if col % nk == 0:
            # take shifted (col - 1)th column...
            tmp = [key_schedule[row][col - 1] for row in range(1, 4)]
            tmp.append(key_schedule[0][col - 1])

            # change its elements using Sbox-table like in SubBytes...
            for j in range(len(tmp)):
                sbox_row = tmp[j] // 0x10
                sbox_col = tmp[j] % 0x10
                sbox_elem = sbox[16 * sbox_row + sbox_col]
                tmp[j] = sbox_elem

            # and finally make XOR of 3 columns
            for row in range(4):
                s = (key_schedule[row][col - 4]) ^ (tmp[row]) ^ (rcon[row][int(col / nk - 1)])
                key_schedule[row].append(s)

        else:
            # just make XOR of 2 columns
            for row in range(4):
                s = key_schedule[row][col - 4] ^ key_schedule[row][col - 1]
                key_schedule[row].append(s)

    return key_schedule


def add_round_key(state, key_schedule, round=0):
    """That transformation combines State and KeySchedule together. Xor
    of State and RoundSchedule(part of KeySchedule).
    """
```

```
    for col in range(nk):
        # nb*round is a shift which indicates start of a part of the KeySchedule
        s0 = state[0][col] ^ key_schedule[0][nb * round + col]
        s1 = state[1][col] ^ key_schedule[1][nb * round + col]
        s2 = state[2][col] ^ key_schedule[2][nb * round + col]
        s3 = state[3][col] ^ key_schedule[3][nb * round + col]

        state[0][col] = s0
        state[1][col] = s1
        state[2][col] = s2
        state[3][col] = s3

    return state

# Small helpful functions block

def left_shift(array, count):
    """Rotate the array over count times"""

    res = array[:]
    for i in range(count):
        temp = res[1:]
        temp.append(res[0])
        res[:] = temp[:]

    return res


def right_shift(array, count):
    """Rotate the array over count times"""

    res = array[:]
    for i in range(count):
        tmp = res[:-1]
        tmp.insert(0, res[-1])
        res[:] = tmp[:]
```

```
    return res


def mul_by_02(num):
    """The function multiplies by 2 in Galua space"""

    if num < 0x80:
        res = (num << 1)
    else:
        res = (num << 1) ^ 0x1b

    return res % 0x100


def mul_by_03(num):
    """The function multiplies by 3 in Galua space
    example: 0x03*num = (0x02 + 0x01)num = num*0x02 + num
    Addition in Galua field is oparetion XOR
    """
    return (mul_by_02(num) ^ num)


def mul_by_09(num):
    # return mul_by_03(num)^mul_by_03(num)^mul_by_03(num) - works wrong, I don't know
why
    return mul_by_02(mul_by_02(mul_by_02(num))) ^ num


def mul_by_0b(num):
    # return mul_by_09(num)^mul_by_02(num)
    return mul_by_02(mul_by_02(mul_by_02(num))) ^ mul_by_02(num) ^ num


def mul_by_0d(num):
    # return mul_by_0b(num)^mul_by_02(num)
```

```
    return mul_by_02(mul_by_02(mul_by_02(num))) ^ mul_by_02(mul_by_02(num)) ^ num


def mul_by_0e(num):
    # return mul_by_0d(num)^num
    return mul_by_02(mul_by_02(mul_by_02(num))) ^ mul_by_02(mul_by_02(num)) ^
mul_by_02(num)

# End of small helpful functions block
```

다음은 AES 알고리즘 함수를 테스트하는 Python 코드와 실행 결과이다.

```
if __name__ == '__main__':

    import os
    import time

    import aes128

    print('Step 1:')
    while True:
        print('Press 1 for encription smth and 2 for decription')
        way = input()
        if way not in ['1', '2']:
            print('Action denied')
            continue
        else:
            break
    print()

    print('Step 2:')
    while True:
        print('Enter full name of file')
        input_path = os.path.abspath(input())

        if os.path.isfile(input_path):
```

```
            break
        else:
            print('This is not a file')
            continue
    print()

    print('Step 3:')
    while True:
        print('Enter your Key for encription/decription. The Key must be less than 16 symbols.
Please, don\'t forget it!')
        key = input()

        if len(key) > 16:
            print('Too long Key. Imagine another one')
            continue

        for symbol in key:
            if ord(symbol) > 0xff:
                print('That key won\'t work. Try another using only latin alphabet and
numbers')
                continue

        break
    print('\r\nPlease, wait...')

    time_before = time.time()

    # Input data
    with open(input_path, 'rb') as f:
        data = f.read()

    if way == '1':
        crypted_data = []
        temp = []
        for byte in data:
            temp.append(byte)
```

```
            if len(temp) == 16:
                crypted_part = aes128.encrypt(temp, key)
                crypted_data.extend(crypted_part)
                del temp[:]
        else:
            #padding v1
            # crypted_data.extend(temp)

            # padding v2
            if 0 < len(temp) < 16:
                empty_spaces = 16 - len(temp)
                for i in range(empty_spaces - 1):
                    temp.append(0)
                temp.append(1)
                crypted_part = aes128.encrypt(temp, key)
                crypted_data.extend(crypted_part)

        out_path    =    os.path.join(os.path.dirname(input_path)    ,    'crypted_'    +
os.path.basename(input_path))

        # Ounput data
        with open(out_path, 'xb') as ff:
            ff.write(bytes(crypted_data))

    else: # if way == '2'
        decrypted_data = []
        temp = []
        for byte in data:
            temp.append(byte)
            if len(temp) == 16:
                decrypted_part = aes128.decrypt(temp, key)
                decrypted_data.extend(decrypted_part)
                del temp[:]
        else:
            #padding v1
            # decrypted_data.extend(temp)
```

```
        # padding v2
        if 0 < len(temp) < 16:
            empty_spaces = 16 - len(temp)
            for i in range(empty_spaces - 1):
                temp.append(0)
            temp.append(1)
            decrypted_part = aes128.encrypt(temp, key)
            decrypted_data.extend(crypted_part)

    out_path = os.path.join(os.path.dirname(input_path) , 'decrypted_' + os.path.basename(input_path))

    # Ounput data
    with open(out_path, 'xb') as ff:
        ff.write(bytes(decrypted_data))

  time_after = time.time()

print('New file here:', out_path, '--', time_after - time_before, ' seconds')
print('If smth wrong check the key you entered')
```

```
Step 1:
Press 1 for encription smth and 2 for decription
1

Step 2:
Enter full name of file
test.txt

Step 3:
Enter your Key for encription/decription. The Key must be less than 16 symbols. Please, don't forget it!
0x01

Please, wait...
New file here: C:₩Users₩sueel₩crypted_test.txt -- 0.0019989013671875  seconds
If smth wrong check the key you entered
```

```
Step 1:
Press 1 for encription smth and 2 for decription
2

Step 2:
Enter full name of file
crypted_test.txt

Step 3:
Enter your Key for encription/decription. The Key must be less than 16 symbols. Please, don't forget it!
0x01

Please, wait...
New file here: C:₩Users₩sueel₩decrypted_crypted_test.txt -- 0.002998828887939453  seconds
If smth wrong check the key you entered
```

test - Windows 메모장	crypted_test - Windows 메모장
파일(F) 편집(E) 서식(O) 보기(V) 도움말(H) 12	파일(F) 편집(E) 서식(O) 보기(V) 도움말(H) #`$롪o?됌?풻?
decrypted_crypted_test - Windows 메모장 파일(F) 편집(E) 서식(O) 보기(V) 도움말(H) 12	

13장. 비대칭 암호화 (Asymmetric Encryption) 알고리즘

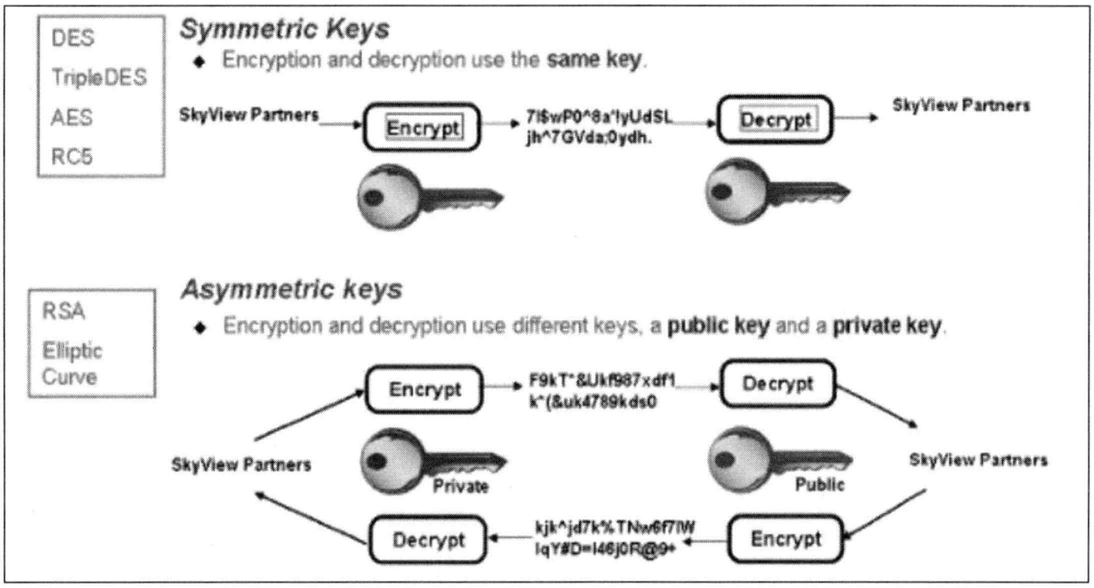

암호 알고리즘은 암호 부분과 해독 부분으로 나누고, 두 군데에서 같은 키를 사용하면 symmetric key encryption (대칭 암호화 기법), 두 군데에서 다른 키를 사용하면 asymmetric key encryption (비대칭 암호화 기법)이라고 구분한다. 같은 키를 쓰는 경우에는 키를 어떻게 송신자와 수신자 간에 전달할지 key sharing 문제가 발생하게 되는데, 주로 중간에 키가 노출되어 보안이 깨지게 된다. 비대칭의 경우에는 키가 2개이므로, 1개가 유출되어도 다른 키의 보안에는 문제가 없다고 하지만, 결국 1개의 키에서 다른 키를 유추하는 것이 쉽다면 역시 key sharing 문제가 걸리게 된다. 따라서 어떻게든 1개의 키에서 다른 키를 유추하지 못하도록 해야 하는데, 현대의 컴퓨터에서 단 시간 내에 풀기 어려운 아주 어려운 문제를 동원해서 키 설계를 하게 된다. 이 장의 순서는 다음과 같다.

13.1 비대칭 키 암호 시스템 (Asymmetric key encryption)
13.2 현대 비대칭키 암호 방식: RSA 암호
13.3 현대 비대칭키 암호 방식: RSA 암호의 구현
13.4 현대 비대칭키 암호 방식: Rabin 암호
13.5 현대 비대칭키 암호 방식: ElGamal 암호
13.6 타원 곡선 (elliptic curve)란
13.7 현대 비대칭키 암호 방식: 타원 곡선 암호
13.8 현대 비대칭키 암호 방식: 양자 암호

13.1 비대칭 키 암호 시스템 (Asymmetric key encryption)

대칭 키 암호 시스템의 가장 큰 약점은 키 관리의 어려움에 있다. 한 사용자가 관리해야 할 키의 수가 너무 많아지기 때문이다. 이러한 약점을 보완하기 위해 나타난 암호 시스템이 공개키 암호 시스템이다. 공개키 암호 시스템에서 각 사용자는 두 개의 키를 부여 받는다. 그 하나는 공개되고, 다른 하나는 사용자에 의해 비밀리에 관리되어야 한다. 공개키 암호시스템에서 각 사용자는 자신의 비밀키만 관리하면 되므로 키 관리의 어려움을 줄일 수 있다. 아래 그림에서 2가지 시나리오가 가능한데, public key로 암호화해서 보내면 내가 private key로 확인해보는 경우로 기밀문서에 해당한다. 반대로 private key로 암호화하고, public key로 해독하는 경우는 digital signature 의 경우로, 이 문서가 특정인에 의해서 사인 되었는지를 검사해서 부인 방지 (non-repudiation)에 사용할 수 있다.

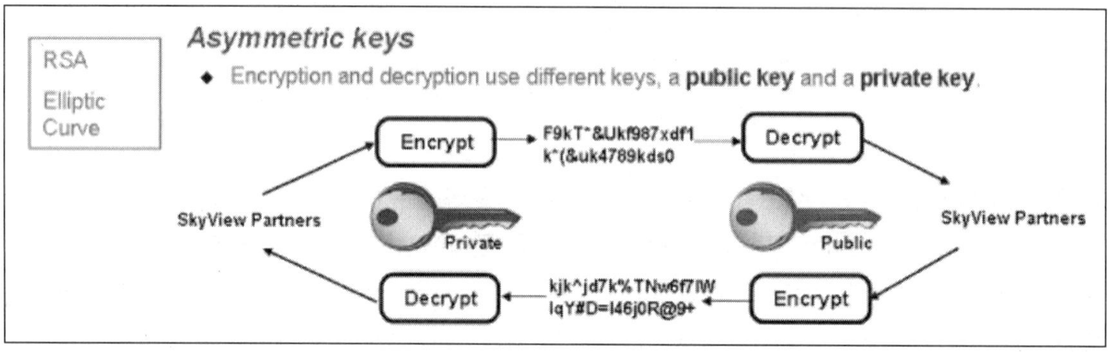

공개키 암호 시스템에서는 각 사용자의 공개키를 관리하는 공개키 관리 시스템이 필요하며 각 사용자는 이 시스템에 자유롭게 접근하여 다른 사용자의 공개키를 열람할 수 있어야 한다. 공개키 암호 시스템은 두 키의 수학적 특성에 기반하기 때문에, 메시지를 암호화 및 복호화 하는 과정에 여러 단계의 산술 연산이 들어간다. 따라서 대칭 키 암호 시스템에 비하여 속도가 매우 느리다는 단점을 가지고 있다.

대칭 키 암호와 다르게 비대칭 키 암호에서는 평문이나 암호문이 정수로 다루어진다. 비대칭 키 암호에서 주요하게 다루어지는 개념은 트랩도어 일방향 함수 (Trapdoor one-way function)이다. 이 함수를 f라 하면, f의 계산은 쉽지만 역함수를 계산하는 것은 어렵지만, y와 함께 트랩도어(비밀)이 주어지면 역함수를 쉽게 계산할 수 있는 함수를 의미한다. 이러한 특성 때문에 트랩도어를 가지고 있는 Bob은 복호화가 가능하지만 Eve는 복호화가 불가능하다. 비대칭 키 암호에는 **RSA 암호, Rabin 암호, ElGamal 암호, 타원 곡선 암호** 등이 있다.

비대칭 키 방식에서는 대칭 키처럼 1개의 키를 가지고 있지 않고, 2개의 키를 가진다. 그리고 2개의 키가 의미가 있으려면, 1개의 키를 훔치더라도, 훔친 키 또는 공개된 키에서 다른 키를 계산하는 것이 거의 불가능에 가까운 작업이어야 한다. 따라서 단시간에 풀 수

없는 문제에 기반하여 암호화 기법을 설계해야 한다

13.2 현대 비대칭키 암호 방식: RSA 암호

어려운 문제로 Factoring 문제를 쓰는 암호화 기법들: Factoring integers란 이름 그대로 어떤 자연수를 소인수로 분해하는 것이다. 어떤 수나 식을 곱하기 연산으로 표현했을 때 곱해지는 각각의 것들이 인수라면, 인수 중에서 소수인 것들을 소인수라고 한다. 소인수분해는 자연수를 소인수들의 곱으로 표현하는 것이다.

symbol	name of the task	input	find	examples of use
FACTORING	problem of factoring integers	composite number $n \in \mathbb{N}$	$p_i, e_i \in \mathbb{N}$: $n = p_1^{e_1} \dots p_k^{e_k}$	Rabin cryptosystem, RSA cryptosystem
RSA	RSA problem	composite number $n = p * q$, $e \in Z_n^*$, $c \in Z_n$	$m \in Z_n$: $m^e \equiv c \pmod n$	RSA cryptosystem
SQROOT	the task of extracting the square root modulo composite	composite number n, quadratic residue $a \in QR_n$	$x \in Z_n$: $x^2 \equiv a \pmod n$	Rabin cryptosystem, Fiat-Shamir protocol

RSA 암호는 1977년에 공개된 가장 많이 사용되는 공개 키 알고리즘으로, 개발자들 Rivest, Shamir, Adleman의 이름을 따서 만들어졌다. RSA는 암호화 뿐만 아니라 디지털 서명에도 이용된다. RSA는 암호화와 복호화 과정에서 모듈로 지수계산을 이용한다. 그리고 오일러 정리를 이용하면 암호화와 복호화 과정이 서로 역관계라는 사실도 알 수 있다. 다음의 Pseudo Code에 RSA의 키 생성, 암호화와 복호화 과정이 나타나있다.

```
RSA_Key_Generation {
    두 개의 p ≠ q인 큰 소수 p와 q를 선택한다.
    n ← p * q
    φ(n) ← (p – 1) * (q – 1)
    1<e<φ(n) 이면서 φ(n)과 서로소인 e를 선택한다.
    d ← e^-1 mod φ(n)     // d는 모듈로 φ(n)으로 e의 역원이다.
    Public_key ← (e, n)    // 이것은 공개한다.
    Private_key ← d     // 이것은 비밀로 유지한다.
    return Public_key and Private_key
}
RSA_Encryption (P, e, n) {   // P는 Z_n에서의 평문이고 P < n 이다.
    C ← Fast_Exponentiation (P, e, n)       // P^e mod n 계산하기
    return C
}
```

```
RSA_Decryption (C, d, n) {   // C는 Z_n에서의 암호문이다.
    P ← Fast_Exponentiation (C, d, n)     // C^d mod n 계산하기
    return P
}
```

요약하면, 다음 그림과 같다.

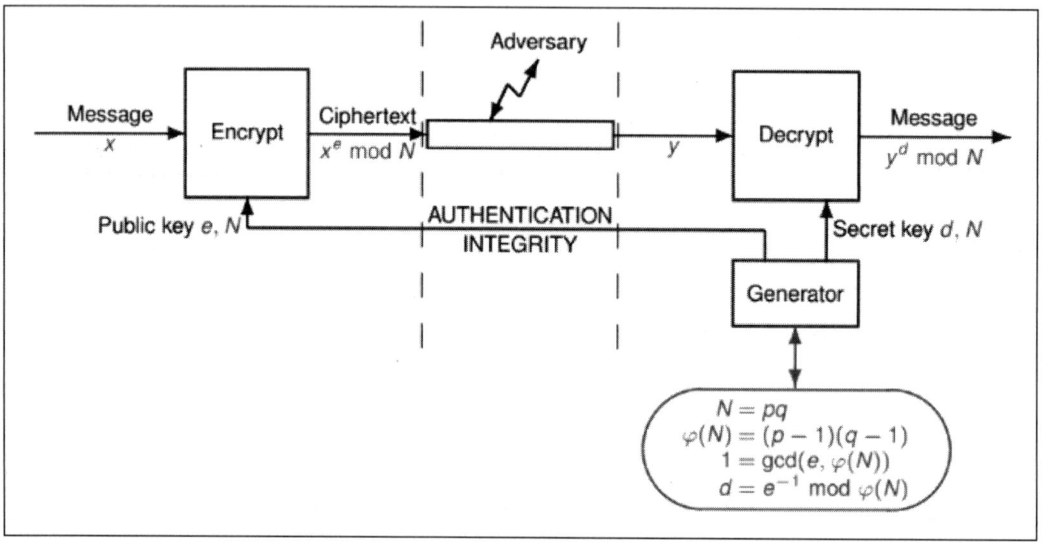

(예) Bob은 p와 q를 각각 7과 11로 선택해서 n = 77을 얻는다. 그러면 φ(n) = (7 – 1) * (11 – 1) = 60 이므로, Bob은 $Z_{60}{}^*$에서 두 개의 지수 e와 d를 선택하는데, 이때 e와 d는 서로 역원 관계에 있어 (e * d) mod 60 = 1를 만족해야 한다. e = 13, d = 37로 선택했다고 하자. 그러면 Alice는 공개된 값 13을 이용해서 다음처럼 암호화를 한다.

평문: 5 → C = 5^{13} = 26 mod 77 → 암호문 : 26

암호문 '26'을 수신한 Bob은 자신의 개인키 37을 이용하여 다음처럼 복호화를 한다

.

암호문: 26 → P = 26^{37} = 5 mod 77 → 평문: 5

(예) 두 소수 p와 q를 11과 37이라 가정한다. 그리고, 10 (11-1)과도 36 (37-1) 과도 서로소인 정수 e을 7로 정한다. Euler(N) = (p-1)*(q-1) = 360, 공개하는 정보는 **N=11*37=407**과 **e=7**이다. 다음으로 7***103** - 360*2 = 1 임을 이용해서 **103** 을 **d** 로 보관한다.

공개키를 이용해 RSA 방식으로 암호화를 하는 과정은 다음과 같다. 보내려는 평서문 a를 x ≡ a^e (mod N)으로 암호화한다. 평문 **240 (m)**을 암호화 한다. 240의 7제곱을 407로 나눈

나머지는 235이다. 235=240^7(mod 407) 235를 407의 소인수를 아는 상대방에게 보낸다. 참고로 여기서 N은 407이니, 평서문은 406 이하의 숫자만 가능하다.

RSA 방식으로 복호화를 하는 과정은 다음과 같다. 받은 암호문 x를 $a' \equiv x^d \pmod N$ 으로 복호화한다. 그러면 a'=a가 되어 앨리스는 밥의 메세지를 무사히 받을 수 있게 된다. 암호문 235를 받은 사람은 암호를 푼다. 받은 사람은 N과 d의 값이 각각 407 과 103 임을 알고 있으므로, 전달받은 235의 103제곱을 407로 나누면 나머지가 평서문이 된다. $240 = 235^{103} \pmod{407}$

암호가 풀리는 과정을 더 상세히 설명하자면, 먼저 암호를 풀기 위해서는 407의 오일러 함수 값을 알아야 한다. 오일러 함수 값은 어떤 수 x에 대해서 x와 같거나 작은 수들 중에서 x와 서로소인 수의 개수이다. 소인수들을 안다면 쉽게 알 수 있지만, 모른다면 구하기 힘들다. 407의 오일러함수값은 360이다. 407은 11, 37 두 소수를 곱한 수이므로, 407보다 작은 수들 중에 407과 서로소가 아닌 수는 각 소수의 배수들밖에 없다. 즉 407-(11-1)-(37-1)-1=360. 다음으로 7*103 - 360*2 = 1 임을 이용해서 235의 103제곱을 407로 나누면 나머지가 평서문이 된다. $240 = 235^{103} \pmod{407}$. 현재까지 RSA에 대한 치명적인 공격 방법은 존재하지 않는다.

13.3 현대 비대칭키 암호 방식: RSA 암호

다음은 RSA 방식의 Python 코드와 실행 결과이다. (https://hanco.tistory.com/4 참고)

```
def encipher(p, n, pk):
    c = ''
    i = 0
    while i < len(p):
        m = ''
        for j in range(4):
            m += p[i+j]
        i += 4
        a = int(m)
        t = a
        for k in range(pk):
            b = t % n
            t = a * b
        if b < 10:
```

```
                c += '000' + str(b)
            elif b < 100:
                c += '00' + str(b)
            elif b < 1000:
                c += '0' + str(b)
            else:
                c += str(b)

    return c

def encode(p):
    m = ''
    for i in range(len(p)):
        a = ord(p[i])
        if a == 32: a = 64
        a -= 64
        if a == 0:
            m += '00'
        elif a < 10:
            m += '0' + str(a)
        else:
            m += str(a)

    return m

def decipher(c, n, s):
    p = ''
    i = 0
    while i < len(c):
        m = ''
        for j in range(4):
            m += c[i+j]
        i += 4
        a = int(m)
        t = a
        for k in range(s):
```

```
            b = t % n
            t = a * b

        if b < 100:
            p += '00' + str(b)
        elif b < 1000:
            p += '0' + str(b)
        else:
            p += str(b)
    return p

plainText = 'SAVE PRIVATE RYAN '
N = 3713
S = 97
P = 37
plainMessage = encode(plainText)
print('평 문 : ', plainMessage)
cipherMessage = encipher(plainMessage, N, P)
print('암호문 : ', cipherMessage)
print('복호문 : ', decipher(cipherMessage, N, S))
```

```
평 문 :  190122050016180922012005001825011400
암호문 :  033514721447306015481608309106541414
복호문 :  190122050016180922012005001825011400
> 
```

13.4 현대 비대칭키 암호 방식: Rabin 암호

Rabin 암호는 M. Rabin이 고안한 RSA의 변형 알고리즘이다. 차이점이 있다면 RSA는 지수 합동, Rabin은 2차 합동을 이용하기 때문에 Rabin은 e=2, d=1/2인 RSA라 할 수 있다. 그렇기 때문에 p와 q 값을 버렸던 RSA와 다르게 Rabin에서는 Bob이 p와 q 값을 가지고 있어야 한다. 다음의 Pseudo Code에 Rabin 암호의 키 생성, 암호화와 복호화 과정이 나타나있다.

```
Rabin_Key_Generation {
    Choose two large primes p and q in the form 4k + 3 and p ≠ q.
```

```
    n ← p * q
    Public_key ← n    // 공개되는 값이다.
    Private_key ← (q, n)    // 비밀로 유지되는 값이다.
    return Public_key and Private_key
}
```

Rabin_Encryption (n, P) { // n은 공개 키; P는 $Z_n{}^*$ 안의 평문.

    C ← P^2 mod n   // C는 암호문이다.
    Return C
}

Rabin_Decryption (p, q, C) {   // C는 암호문; p, q는 개인 키.

    a_1 ← +($C^{(p+1)/4}$) mod p 이고, a_2 ← -($C^{(p+1)/4}$) mod p
    b_1 ← +($C^{(q+1)/4}$) mod q 이고 b_2 ← -($C^{(q+1)/4}$) mod q
    // 중국인의 나머지 정리 알고리즘을 4번 호출한다.
    P_1 <- Chinese_Remainder (a_1, b_1, p, q)
    P_2 <- Chinese_Remainder (a_1, b_2, p, q)
    P_3 <- Chinese_Remainder (a_2, b_1, p, q)
    P_4 <- Chinese_Remainder (a_2, b_2, p, q)
    return P_1, P_2, P_3, P_4
},

중국인의 나머지 정리는 4개의 제곱근을 구하기 위해 사용된다. 그러므로 복호화는 4개의 답을 제공하므로, 수신자는 4개 중에서 하나를 최종 답으로 선택해야 한다. 그렇지만 대체로 수신자는 쉽게 암호문이 무엇인지 알아낼 수 있다.

예시를 들어보자. Bob은 모듈로 4 연산을 했을 때 3으로 합동인 두 수 p=23, q=7을 선택한다. 그러면 n = p * q = 161이다. Bob은 n을 공개하고 p와 q를 비밀로 유지한다. Alice는 161과 서로소인 24를 평문으로 보내려고 한다. 다음과 같은 암호화 과정을 거친다.

평문: 24 → C = 24^2 = 93 mod 161 → 암호문: 93

암호문 '93'을 수신한 밥은 다음 4개의 값을 계산한다.

a_1 = +($93^{(23+1)/4}$) mod 23 = 1 mod 23
a_2 = -($93^{(23+1)/4}$) mod 23 = 22 mod 23
b_1 = +($93^{(7+1)/4}$) mod 7 = 4 mod 7
b_2 = -($93^{(7+1)/4}$) mod 7 = 3 mod 7

그리고 중국인의 나머지 정리를 사용해서 P_1, P_2, P_3, P_4을 계산한다. Bob은 116, 24, 137, 45를 얻는다. 이 4개의 값은 161과 서로 소이고 제곱을 해서 모듈로 값을 구하면 Alice의 암호문인 93이 된다. Bob은 주어진 상황을 고려해서 평문이 무엇인지 선택한다.

Rabin 암호의 복잡도는 큰 수 n을 두 개의 소수로 소인수분해 하는 수준의 복잡도와 동일하기 때문에 p와 q가 충분히 크면 안전하다.

13.5 현대 비대칭키 암호 방식: ElGamal 암호

어려운 문제로 Discrete Logarithm 문제를 쓰는 암호화 기법들: 이산대수 문제는 다음과 같다. 생성원 (generator) g 를 갖는 순환군 (cyclic group) G 가 있을 때, G 의 원소 x 는 g^m이다. (m 은 x 의 차수). 그런데, m 을 지정해서 g^m 으로 x 를 만드는 것은 쉬우나, G 의 원소 x 가 있을 때, $x = g^m$ 인 m 을 찾는 것은 쉽지 않다.

(예) 소수 p 에 대하여, 1,2,...,p-1 까지의 집합에 p를 modulo로 하는 연산을 준 경우이다. 이 군은 항상 순환군이다. p = 17 인 경우, { 1, 2, ..., 16 } 은 3 을 생성원으로 갖는다. 3, 3^2, 3^3, ..., 3^{16} 을 구해보면, 17 로 나눈 나머지는 3, 9, 10, 13, 5, 15, 11, 16, 14, 8, 7, 4, 12, 2, 6, 1의 순서로 나타난다. 규칙성은 거의 없다. 여기에서 m=13 을 알고 있으면, $3^{13} = 12 \pmod{17}$ 이라는 것은 쉽게 알 수 있지만, 무턱대고 주어진 x = 12 에 대하여 $12 = 3^m \pmod{17}$ 인 m 이 13 이라는 것을 알기가 쉽지 않다는 것이다.

위의 예시는 17 이라는 작은 소수를 택해서 그렇다는 것이고, 일반적으로 p 가 커지면 계산이 무척 복잡해진다. 이런 의미에서 이산대수 문제는 단방향 함수가 된다는 뜻이다. 즉, m 을 알면 x 를 쉽게 알지만, x 를 안다고 해서 m 을 구하는 것은 어렵다는 것이다.

symbol	name of the task	input	required	examples of use
DLP	discrete logarithm problem	abelian group $\langle G,\odot \rangle$; a, b ∈ G: $b = a^x$ for a number $x \in N$	find a number x	El Gamal cryptosystem, Massey-Omura cryptosystem, Diffie–Hellman key exchange protocol
CDHP	computational Diffie-Hellman problem	prime number p, generating element g of the multiplicative group Z_p^*, $g^a (\mathrm{mod}\ p)$, $g^b (\mathrm{mod}\ p)$	calculate the value $g^{ab} (\mathrm{mod}\ p)$	Diffie–Hellman key exchange protocol, Station-to-Station protocol STS, MTI protocol
DDHP	Decisional Diffie Hellman Problem	prime number p, generating element g of the multiplicative group Z_p^*, $g^a (\mathrm{mod}\ p)$, $g^b (\mathrm{mod}\ p)$, $g^c (\mathrm{mod}\ p)$	determine the truth of the expression: $g^c \equiv g^{ab}\ (\mathrm{mod}\ p)$	cryptosystem Cramer-Shoup

Taher ElGamal이 발명한 ElGamal 암호는 이산 대수 문제에 근거한다. 이산 대수 문제는, p가 매우 큰 소수, e_1이 **G** = **<$Z_p{}^*$, ×>**의 한 원시근, r을 정수라고 하면 고속 지수 알고리즘을 이용하여 $e_2 = e_1{}^r$ mod p를 계산하는 것은 쉽지만, e_1, e_2, p를 알아도 r = $\log_{e_1} e_2 \ mod\ p$를 계산하는 것은 불가능하다는 문제이다. 다음은 ElGamal 암호의 키 생성, 암호화와 복호화 Pseudo Code이다.

```
ElGamal_Key_Generation {
    Select a large prime p
    Select d to be a member of the group G = <Zp*, ×> such that 1 ≤ d ≤ p – 2
    Select e1 to be a primitive root in the group G = <Zp*, ×>
    e2 ← e1^d mod p
    Public_key ← (e1,e2,p)  // 공개되는 내용
    Private_key ← d   // 비밀로 유지되는 내용
    Return Public_key and Private_Key
}
```

```
ElGamal_Encryption (e1,e2,p,P) { // P는 평문
    Select a random integer r in the group G = <Zp*, ×>
    C1 ← e1^r mod p
    C2 ← (P × e2^r) mod p   // C1, C2는 암호문
    return C1 and C2
}
```

```
ElGamal_Decryption (d,p, C1, C2) {  // C1, C2는 암호문
    P ← [C2 × (C1^d)^-1] mod p   // P는 평문
    return P
```

```
}
```

EL Gamal 방법을 그림으로 요약하면 다음과 같다. 아래는 간단한 예시를 들고 있다.

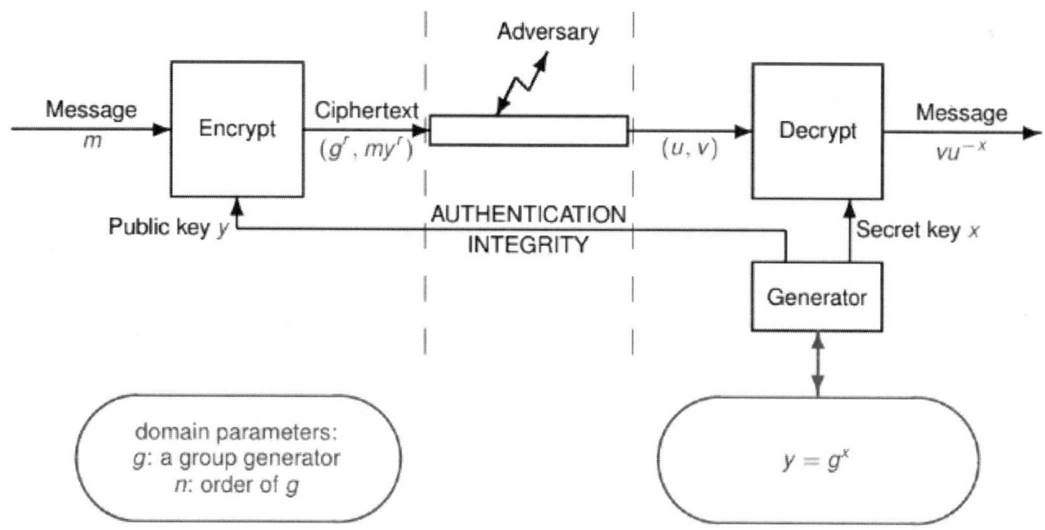

- use field GF(19) q=19 and a=10
- Alice computes her key:
  - A chooses $x_A=5$ & computes $y_A=10^5 \bmod 19 = 3$
- Bob send message m=17 as (11,5) by
  - chosing random k=6
  - computing $K = y_A^k \bmod q = 3^6 \bmod 19 = 7$
  - computing $C_1 = a^k \bmod q = 10^6 \bmod 19 = 11$;
    $C_2 = KM \bmod q = 7.17 \bmod 19 = 5$
- Alice recovers original message by computing:
  - recover $K = C_1^{xA} \bmod q = 11^5 \bmod 19 = 7$
  - compute inverse $K^{-1} = 7^{-1} = 11$
  - recover $M = C_2\ K^{-1} \bmod q = 5.11 \bmod 19 = 17$

(예) p=11, e_1=2($\boldsymbol{Z_{11}}^*$의 한 원시근)인 예시를 들어보자. Bob은 d=3을 선택하고 $e_2 = e_1^d$ = 8을 얻는다. 따라서 공개 키는 (2,8,11), 개인 키는 3이 된다. 다음은 Alice가 ElGamal 암호 시스템을 이용해 암호화를 하는 과정이다.

평문: 7 →
$C_1 = e_1^r$ mod 11 = 16 mod 11 = 5 mod 11
C_2 = (P × e_2^r) mod 11 = (7 × 4096) mod 11 = 6 mod 11
암호문: (5,6)

Bob은 암호문 (5,6)을 수신하고 다음처럼 복호화한다.

P = $[C_2 \times (C_1{}^d)^{-1}]$ mod 11 = $[6 \times (5^3)^{-1}]$ mod 11 = (6 × 3) mod 11 = 7 mod 11 평문: 7

13.6 타원 곡선 (elliptic curve)란

타원 곡선과 타원은 전혀 상관이 없다. 그럼에도 불구하고 "타원"이란 단어가 붙는 이유는 수학 역사적으로 타원의 둘레를 구하기 위해 적분하는 과정에서 도출된 식이기 때문이라고 한다. 타원 곡선이란 **$y^2 = x^3 + ax + b$** 와 같은 타원 곡선 방정식을 만족하는 (x, y) 집합을 곡선 그래프로 표시한 것이다. a와 b의 값에 따라 곡선의 모양이 다르며, 대표적인 두 개만 나타내면 아래와 같다.

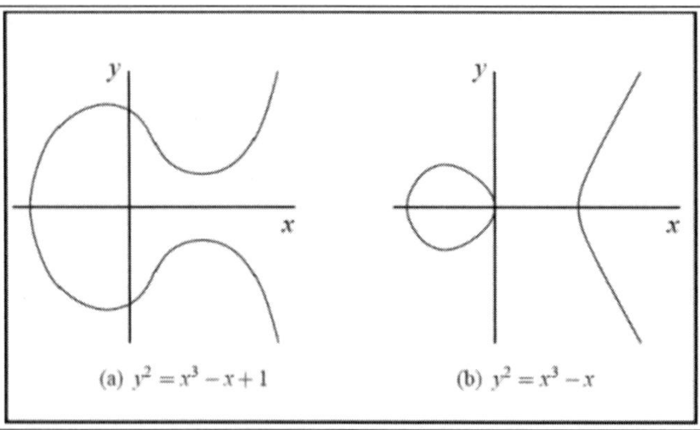

(예 1) 예를 들어, $y^2 = x^3 + x$ (finite field F_{23})의 elliptic curve를 그려보면, 아래 그림과 같은 정수 좌표 공간에서 식을 만족하는 정수 좌표를 표시하면 된다. y^2 mod p = x^3 + x mod p 를 만족하는 좌표를 하나 찾아보면, (9, 5) 점의 경우에, 25 mod 23 = 729 + 9 mod 23 → 25 mod 23 = 738 mod 23, 2 = 2 가 되어, 식을 만족한다. 만족하는 좌표는 23개가 되고, (0,0) (1,5) (1,18) (9,5) (9,18) (11,10) (11,13) (13,5) (13,18) (15,3) (15,20) (16,8) (16,15) (17,10) (17,13) (18,10) (18,13) (19,1) (19,22) (20,4) (20,19) (21,6) (21,17) 를 찍어보면 아래 그림과 같다.

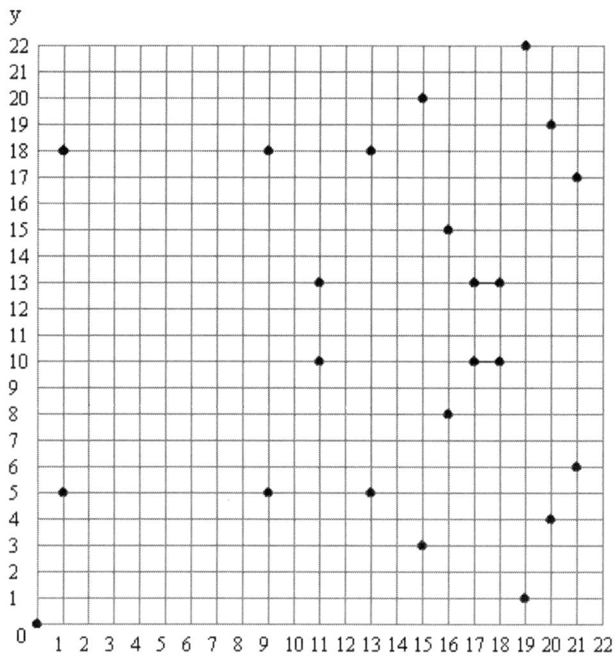

Elliptic curve equation: $y^2 = x^3 + x$ over F_{23}

소수 (Prime) p를 사용하는 유한체 상의 타원곡선을 수식으로 표시하면 아래와 같고,

$y^2 = x^3 + ax + b$ over F_p 또는

$y^2 \pmod p = x^3 + ax + b \pmod p$

집합으로 표시하면, 아래와 같다.

$E(F_p) = \{(x, y) | y^2 = x^3 + ax + b\} \cup \{O\}$

무한원점도 타원곡선에 포함된다고 정의하기 때문에, 무한원점을 표시하는 {O}도 포함되어 있다. x값과 y값이 정수이기 때문에, (x, y)값을 점으로 표시하면 곡선이 아니라 흩어져있는 점들로 보인다. x의 범위도 0부터 (p – 1)까지고, "mod p" 연산을 하기 때문에 음수 값이 없다.

타원곡선의 점들의 집합은 군 (group)을 형성한다: (1) the elements of the group are the points of an elliptic curve; (2) the identity element is the point at infinity 0; (3) the inverse of a point is the one symmetric about the x-axis; (4) 두 점 $P = (x_1, y_1)$ 와 $Q = (x_2, y_2)$ 가 있다고 할 때, 이들의 합 P + Q는 아래와 같이 정의한다.

타원곡선상의 두 점 P와 Q를 잇는 직선 L이 타원 곡선과 다른 한 점 $R = (x_3, y_3)$에서 만난다면, $P + Q = -R = (x_3, -y_3)$이 된다. R과 "P+Q"는 X축에 대하여 대칭인 점이 된다. 즉, 타원곡선에서 두 점의 합이 기하학적으로 정의된다.

< 두 포인터 P + Q 연산 >

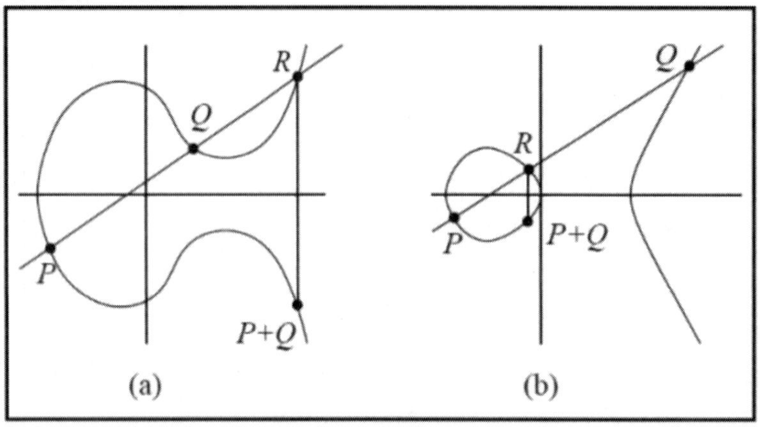

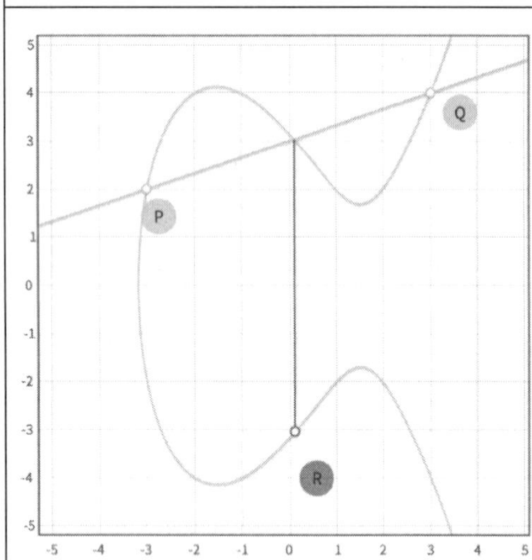

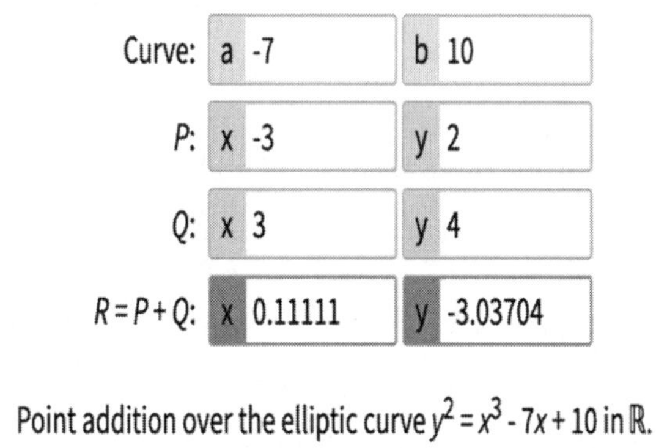

만약 직선 L이 일반 점하고 만나지 않을 때는 R은 무한 원점 ∞이 된다.

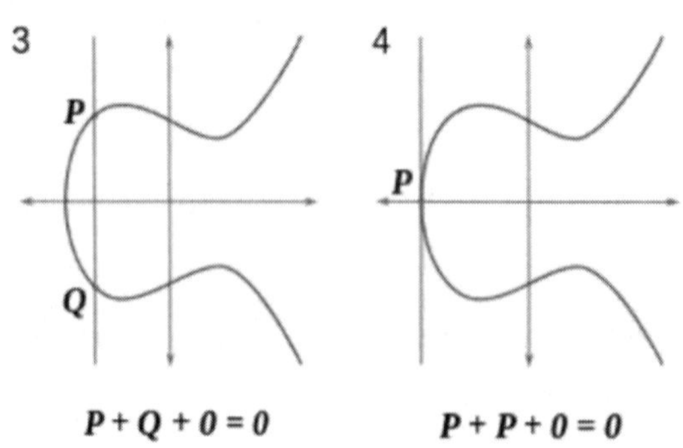

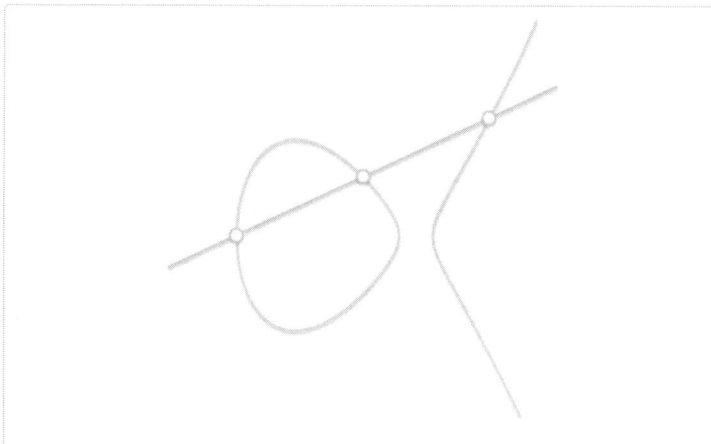

The sum of three aligned point is 0.

SUMMARY: 타원 곡선 (elliptic curve)는 additive group <EC, +> 로 다음의 성질을 가진다. (1) P+Q (Q가 –P가 아닌 경우) 는 다음 그림과 같이 정의된다. –P는 P 점을 x 축을 중심으로 반대 방향 점으로 정의한다. P+(-P) 의 경우에는 R을 구할 수 없으므로, 0 (additive identity) 을 정의한다. 2P (P+P)는 P 점의 tangent line을 그어서 R을 구하게 된다. 만약 P점의 기울기가 수직인 경우에는 2P = 0으로 정의한다. 3P = 2P + P 이므로 다시 P가 되고, 4P = 0, 5P=P, 6P=0, 7P=P가 된다.

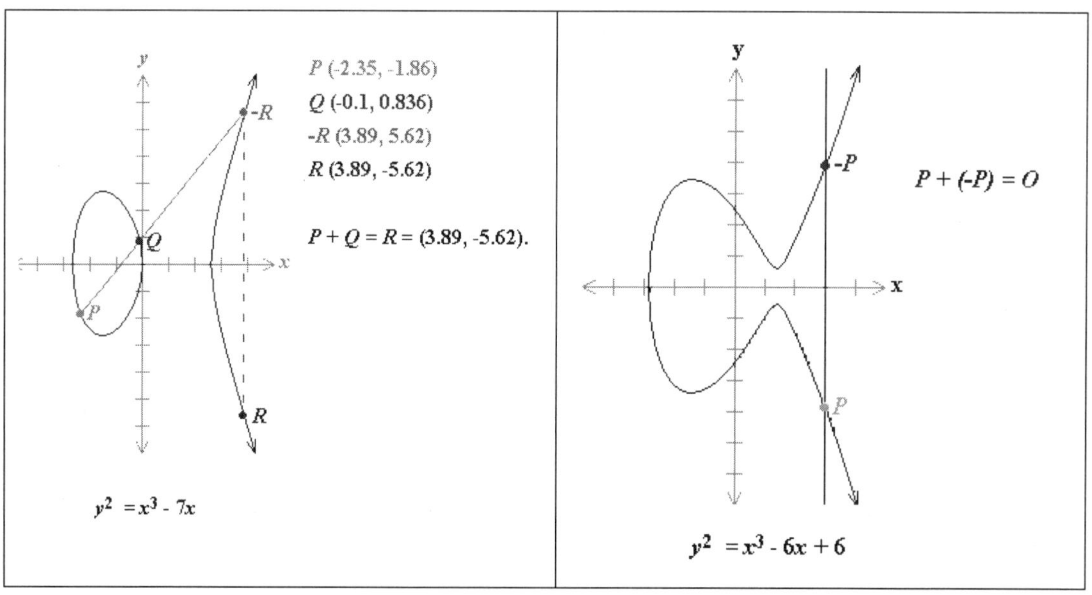

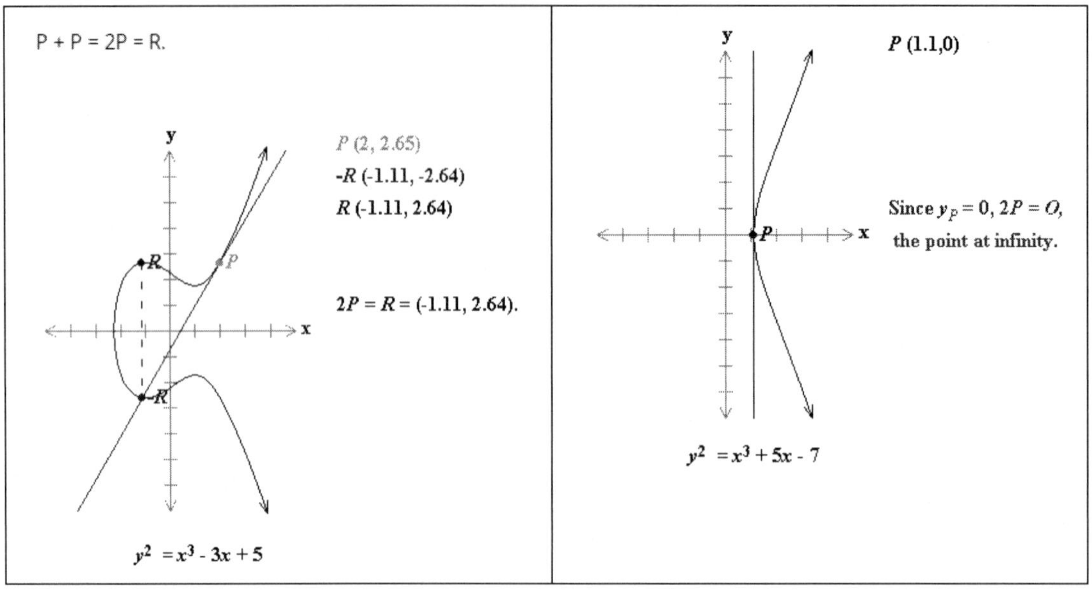

13.7 현대 비대칭키 암호 방식: 타원 곡선 암호

RSA와 ElGamal이 안전한 비대칭 키 암호이지만 키의 길이가 매우 커야 한다는 단점이 있다. 그래서 동일 수준의 보안성을 제공하면서 키의 길이가 짧은 타원 곡선 암호 (ECC; elliptic curve cryptosystem)이 개발되었다. ECC란 유한체 상의 타원 곡선 (Elliptic Curve)이란 수학적 성질을 이용한 암호 기술로, RSA나 El Gamal 와 같은 기존 암호 키 방식보다 짧은 암호키를 갖지만 비슷한 수준의 안전성을 제공한다는 이점이 있다.

타원곡선 상에서 임의의 점 P를 n번 더하면 절대로 수학적인 n*P가 되지 않는다. 단지 nP로 쓰기만 할 뿐 엄연히 다른 것이 된다. P룰 n번 더할 뿐이다. 타원곡선 암호에서는 두 점의 더하기가 연산으로 정의되어 있고, nP = Q일 때, P와 Q를 공개해도 n을 구하기 어렵다는데 기인한 것이다. 다시 말하면 점 P와 그것을 n번 더한 또 다른 점 Q (P를 더해봐야 곡선 위의 점이므로 Q 역시 곡선 상의 점이다)를 공개해도 Q를 보고서는 이게 도대체 P를 몇 번 더한 것인지를 찾기가 엄청 어렵다는 것이다.

타원 곡선 (elliptic curve) 이론에 기반하는 이 암호 시스템은 다음과 같은 키 생성, 암호화와 복호화 과정을 거친다. RSA는 공개 키를 먼저 구한 다음에 개인 키를 구한다. ECC의 경우 RSA와 반대로 개인 키를 먼저 구한 후 공개 키를 구한다

Private Key d: P보다 적은 소수 (prime)로, 난수생성기로 생성한다.
Public Key Q: "Q(x , y) = d x G(x_0, y_0)" 즉 타원 곡선의 "더하기 연산"으로 만들어진다.
" d x G" 란 "G를 d번 더한 값"을 의미한다. (Q = G + G + ... + G + G)

G는 이미 알려져 있고, Q는 키 생성 후 공개된다. 하지만, G와 Q를 안다고 해서 d값을 유추해 내기가 굉장히 어렵다. 이것을 ECDLP (Elliptic Curve Discrete Logarithm Problem)라고 부르며, 이러한 속성으로 인해 공개키 암호기술로 사용되었다.

공개 키와 개인 키 생성 1. Bob은 GF(p)나 GF(2^n) 상의 타원 곡선 하나와 E(a,b)를 선택한 후, 곡선 상의 한 점 $e_1(x_1, y_1)$과 정수 d를 선택한다. 2. $e_2(x_2, y_2)$ = d × $e_1(x_1, y_1)$를 계산한다. 3. 공개 키는 (E(a,b), $e_1(x_1, y_1)$, $e_2(x_2, y_2)$), Bob이 가지고 있는 개인 키는 d이다.
암호화 P는 곡선 상의 한 점이다. 다음을 계산해서 암호문 C_1, C_2을 만든다. C_1 = r × e_1 C_2 = P + r × e_2
복호화 P = C_2 − (d × C_1)

Bob이 GF(p) 상의 타원 곡선 E_{67}(2,3), e_1 = (2,22), d=4를 선택했다고 하자. 그러면 평문 P=(24,26)에 대한 암호문은 C_1=(35,1), C_2=(21,44)이 된다. 계산 과정은 생략한다.

다음은 타원 곡선 암호화의 Python 코드와 실행 결과이다.

Ec

```
import collections


def inv(n, q):
    """div on PN modulo a/b mod q as a * inv(b, q) mod q
    >>> assert n * inv(n, q) % q == 1
    """
    # n*inv % q = 1 => n*inv = q*m + 1 => n*inv + q*-m = 1
    # => egcd(n, q) = (inv, -m, 1) => inv = egcd(n, q)[0] (mod q)
    return egcd(n, q)[0] % q
    #[ref] naive implementation
    #for i in range(q):
    #    if (n * i) % q == 1:
    #        return i
    #    pass
    #assert False, "unreached"
```

```
    #pass

def egcd(a, b):
    """extended GCD
    returns: (s, t, gcd) as a*s + b*t == gcd
    >>> s, t, gcd = egcd(a, b)
    >>> assert a % gcd == 0 and b % gcd == 0
    >>> assert a * s + b * t == gcd
    """
    s0, s1, t0, t1 = 1, 0, 0, 1
    while b > 0:
        q, r = divmod(a, b)
        a, b = b, r
        s0, s1, t0, t1 = s1, s0 - q * s1, t1, t0 - q * t1
        pass
    return s0, t0, a

def sqrt(n, q):
    """sqrt on PN modulo: returns two numbers or exception if not exist
    >>> assert (sqrt(n, q)[0] ** 2) % q == n
    >>> assert (sqrt(n, q)[1] ** 2) % q == n
    """
    assert n < q
    for i in range(1, q):
        if i * i % q == n:
            return (i, q - i)
        pass
    raise Exception("not found")

Coord = collections.namedtuple("Coord", ["x", "y"])

class EC(object):
    """System of Elliptic Curve"""
    def __init__(self, a, b, q):
        """elliptic curve as: (y**2 = x**3 + a * x + b) mod q
        - a, b: params of curve formula
```

```
        - q: prime number
        """
        assert 0 < a and a < q and 0 < b and b < q and q > 2
        assert (4 * (a ** 3) + 27 * (b ** 2))  % q != 0
        self.a = a
        self.b = b
        self.q = q
        # just as unique ZERO value representation for "add": (not on curve)
        self.zero = Coord(0, 0)
        pass

    def is_valid(self, p):
        if p == self.zero: return True
        l = (p.y ** 2) % self.q
        r = ((p.x ** 3) + self.a * p.x + self.b) % self.q
        return l == r

    def at(self, x):
        """find points on curve at x
        - x: int < q
        - returns: ((x, y), (x,-y)) or not found exception
        >>> a, ma = ec.at(x)
        >>> assert a.x == ma.x and a.x == x
        >>> assert a.x == ma.x and a.x == x
        >>> assert ec.neg(a) == ma
        >>> assert ec.is_valid(a) and ec.is_valid(ma)
        """
        assert x < self.q
        ysq = (x ** 3 + self.a * x + self.b) % self.q
        y, my = sqrt(ysq, self.q)
        return Coord(x, y), Coord(x, my)

    def neg(self, p):
        """negate p
        >>> assert ec.is_valid(ec.neg(p))
        """
```

```
        return Coord(p.x, -p.y % self.q)

    def add(self, p1, p2):
        """<add> of elliptic curve: negate of 3rd cross point of (p1,p2) line
        >>> d = ec.add(a, b)
        >>> assert ec.is_valid(d)
        >>> assert ec.add(d, ec.neg(b)) == a
        >>> assert ec.add(a, ec.neg(a)) == ec.zero
        >>> assert ec.add(a, b) == ec.add(b, a)
        >>> assert ec.add(a, ec.add(b, c)) == ec.add(ec.add(a, b), c)
        """
        if p1 == self.zero: return p2
        if p2 == self.zero: return p1
        if p1.x == p2.x and (p1.y != p2.y or p1.y == 0):
            # p1 + -p1 == 0
            return self.zero
        if p1.x == p2.x:
            # p1 + p1: use tangent line of p1 as (p1,p1) line
            l = (3 * p1.x * p1.x + self.a) * inv(2 * p1.y, self.q) % self.q
            pass
        else:
            l = (p2.y - p1.y) * inv(p2.x - p1.x, self.q) % self.q
            pass
        x = (l * l - p1.x - p2.x) % self.q
        y = (l * (p1.x - x) - p1.y) % self.q
        return Coord(x, y)

    def mul(self, p, n):
        """n times <mul> of elliptic curve
        >>> m = ec.mul(p, n)
        >>> assert ec.is_valid(m)
        >>> assert ec.mul(p, 0) == ec.zero
        """
        r = self.zero
        m2 = p
        # O(log2(n)) add
```

```
        while 0 < n:
            if n & 1 == 1:
                r = self.add(r, m2)
                pass
            n, m2 = n >> 1, self.add(m2, m2)
            pass
        # [ref] O(n) add
        #for i in range(n):
        #     r = self.add(r, p)
        #     pass
        return r

    def order(self, g):
        """order of point g
        >>> o = ec.order(g)
        >>> assert ec.is_valid(a) and ec.mul(a, o) == ec.zero
        >>> assert o <= ec.q
        """
        assert self.is_valid(g) and g != self.zero
        for i in range(1, self.q + 1):
            if self.mul(g, i) == self.zero:
                return i
            pass
        raise Exception("Invalid order")
    pass

if __name__ == "__main__":
    # shared elliptic curve system of examples
    ec = EC(1, 18, 19)
    g, _ = ec.at(7)
    assert ec.order(g) <= ec.q
    print(ec.order(g))
```

```
19
```

다음은 EC (elliptic curve)와 ECDSA (elliptic curve digital signature algorithm)을 구현한 내용과 실행 결과이다.

```
# Basics of Elliptic Curve Cryptography implementation on Python
import collections


def inv(n, q):
    """div on PN modulo a/b mod q as a * inv(b, q) mod q
    >>> assert n * inv(n, q) % q == 1
    """
    # n*inv % q = 1 => n*inv = q*m + 1 => n*inv + q*-m = 1
    # => egcd(n, q) = (inv, -m, 1) => inv = egcd(n, q)[0] (mod q)
    return egcd(n, q)[0] % q
    #[ref] naive implementation
    #for i in range(q):
    #     if (n * i) % q == 1:
    #          return i
    #     pass
    #assert False, "unreached"
    #pass


def egcd(a, b):
    """extended GCD
    returns: (s, t, gcd) as a*s + b*t == gcd
    >>> s, t, gcd = egcd(a, b)
    >>> assert a % gcd == 0 and b % gcd == 0
    >>> assert a * s + b * t == gcd
    """
    s0, s1, t0, t1 = 1, 0, 0, 1
    while b > 0:
        q, r = divmod(a, b)
        a, b = b, r
        s0, s1, t0, t1 = s1, s0 - q * s1, t1, t0 - q * t1
        pass
    return s0, t0, a


def sqrt(n, q):
    """sqrt on PN modulo: returns two numbers or exception if not exist
```

```
    >>> assert (sqrt(n, q)[0] ** 2) % q == n
    >>> assert (sqrt(n, q)[1] ** 2) % q == n
    """
    assert n < q
    for i in range(1, q):
        if i * i % q == n:
            return (i, q - i)
        pass
    raise Exception("not found")

Coord = collections.namedtuple("Coord", ["x", "y"])

class EC(object):
    """System of Elliptic Curve"""
    def __init__(self, a, b, q):
        """elliptic curve as: (y**2 = x**3 + a * x + b) mod q
        - a, b: params of curve formula
        - q: prime number
        """
        assert 0 < a and a < q and 0 < b and b < q and q > 2
        assert (4 * (a ** 3) + 27 * (b ** 2))   % q != 0
        self.a = a
        self.b = b
        self.q = q
        # just as unique ZERO value representation for "add": (not on curve)
        self.zero = Coord(0, 0)
        pass

    def is_valid(self, p):
        if p == self.zero: return True
        l = (p.y ** 2) % self.q
        r = ((p.x ** 3) + self.a * p.x + self.b) % self.q
        return l == r

    def at(self, x):
        """find points on curve at x
```

```
        - x: int < q
        - returns: ((x, y), (x,-y)) or not found exception
        >>> a, ma = ec.at(x)
        >>> assert a.x == ma.x and a.x == x
        >>> assert a.x == ma.x and a.x == x
        >>> assert ec.neg(a) == ma
        >>> assert ec.is_valid(a) and ec.is_valid(ma)
        """
        assert x < self.q
        ysq = (x ** 3 + self.a * x + self.b) % self.q
        y, my = sqrt(ysq, self.q)
        return Coord(x, y), Coord(x, my)

    def neg(self, p):
        """negate p
        >>> assert ec.is_valid(ec.neg(p))
        """
        return Coord(p.x, -p.y % self.q)

    def add(self, p1, p2):
        """<add> of elliptic curve: negate of 3rd cross point of (p1,p2) line
        >>> d = ec.add(a, b)
        >>> assert ec.is_valid(d)
        >>> assert ec.add(d, ec.neg(b)) == a
        >>> assert ec.add(a, ec.neg(a)) == ec.zero
        >>> assert ec.add(a, b) == ec.add(b, a)
        >>> assert ec.add(a, ec.add(b, c)) == ec.add(ec.add(a, b), c)
        """
        if p1 == self.zero: return p2
        if p2 == self.zero: return p1
        if p1.x == p2.x and (p1.y != p2.y or p1.y == 0):
            # p1 + -p1 == 0
            return self.zero
        if p1.x == p2.x:
            # p1 + p1: use tangent line of p1 as (p1,p1) line
            l = (3 * p1.x * p1.x + self.a) * inv(2 * p1.y, self.q) % self.q
```

```
                pass
            else:
                l = (p2.y - p1.y) * inv(p2.x - p1.x, self.q) % self.q
                pass
            x = (l * l - p1.x - p2.x) % self.q
            y = (l * (p1.x - x) - p1.y) % self.q
            return Coord(x, y)

        def mul(self, p, n):
            """n times <mul> of elliptic curve
            >>> m = ec.mul(p, n)
            >>> assert ec.is_valid(m)
            >>> assert ec.mul(p, 0) == ec.zero
            """
            r = self.zero
            m2 = p
            # O(log2(n)) add
            while 0 < n:
                if n & 1 == 1:
                    r = self.add(r, m2)
                    pass
                n, m2 = n >> 1, self.add(m2, m2)
                pass
            # [ref] O(n) add
            #for i in range(n):
            #     r = self.add(r, p)
            #     pass
            return r

        def order(self, g):
            """order of point g
            >>> o = ec.order(g)
            >>> assert ec.is_valid(a) and ec.mul(a, o) == ec.zero
            >>> assert o <= ec.q
            """
            assert self.is_valid(g) and g != self.zero
```

```
        for i in range(1, self.q + 1):
            if self.mul(g, i) == self.zero:
                return i
            pass
        raise Exception("Invalid order")
    pass



class ElGamal(object):
    """ElGamal Encryption
    pub key encryption as replacing (mulmod, powmod) to (ec.add, ec.mul)
    - ec: elliptic curve
    - g: (random) a point on ec
    """
    def __init__(self, ec, g):
        assert ec.is_valid(g)
        self.ec = ec
        self.g = g
        self.n = ec.order(g)
        pass

    def gen(self, priv):
        """generate pub key
        - priv: priv key as (random) int < ec.q
        - returns: pub key as points on ec
        """
        return self.ec.mul(g, priv)

    def enc(self, plain, pub, r):
        """encrypt
        - plain: data as a point on ec
        - pub: pub key as points on ec
        - r: randam int < ec.q
        - returns: (cipher1, ciper2) as points on ec
        """
        assert self.ec.is_valid(plain)
```

```
        assert self.ec.is_valid(pub)
        return (self.ec.mul(g, r), self.ec.add(plain, self.ec.mul(pub, r)))

    def dec(self, cipher, priv):
        """decrypt
        - chiper: (chiper1, chiper2) as points on ec
        - priv: private key as int < ec.q
        - returns: plain as a point on ec
        """
        c1, c2 = cipher
        assert self.ec.is_valid(c1) and ec.is_valid(c2)
        return self.ec.add(c2, self.ec.neg(self.ec.mul(c1, priv)))
    pass

class DiffieHellman(object):
    """Elliptic Curve Diffie Hellman (Key Agreement)
    - ec: elliptic curve
    - g: a point on ec
    """
    def __init__(self, ec, g):
        self.ec = ec
        self.g = g
        self.n = ec.order(g)
        pass

    def gen(self, priv):
        """generate pub key"""
        assert 0 < priv and priv < self.n
        return self.ec.mul(self.g, priv)

    def secret(self, priv, pub):
        """calc shared secret key for the pair
        - priv: my private key as int
        - pub: partner pub key as a point on ec
        - returns: shared secret as a point on ec
        """
```

```
        assert self.ec.is_valid(pub)
        assert self.ec.mul(pub, self.n) == self.ec.zero
        return self.ec.mul(pub, priv)
    pass


class DSA(object):
    """ECDSA
    - ec: elliptic curve
    - g: a point on ec
    """
    def __init__(self, ec, g):
        self.ec = ec
        self.g = g
        self.n = ec.order(g)
        pass

    def gen(self, priv):
        """generate pub key"""
        assert 0 < priv and priv < self.n
        return self.ec.mul(self.g, priv)

    def sign(self, hashval, priv, r):
        """generate signature
        - hashval: hash value of message as int
        - priv: priv key as int
        - r: random int
        - returns: signature as (int, int)
        """
        assert 0 < r and r < self.n
        m = self.ec.mul(self.g, r)
        return (m.x, inv(r, self.n) * (hashval + m.x * priv) % self.n)

    def validate(self, hashval, sig, pub):
        """validate signature
        - hashval: hash value of message as int
```

```
        - sig: signature as (int, int)
        - pub: pub key as a point on ec
        """
        assert self.ec.is_valid(pub)
        assert self.ec.mul(pub, self.n) == self.ec.zero
        w = inv(sig[1], self.n)
        u1, u2 = hashval * w % self.n, sig[0] * w % self.n
        p = self.ec.add(self.ec.mul(self.g, u1), self.ec.mul(pub, u2))
        return p.x % self.n == sig[0]
    pass


ec = EC(1, 18, 19)
g, _ = ec.at(7)
assert ec.order(g) <= ec.q

# ElGamal enc/dec usage
eg = ElGamal(ec, g)
# mapping value to ec point
# "masking": value k to point ec.mul(g, k)
# ("imbedding" on proper n:use a point of x as 0 <= n*v <= x < n*(v+1) < q)
mapping = [ec.mul(g, i) for i in range(eg.n)]
plain = mapping[7]

priv = 5
pub = eg.gen(priv)

cipher = eg.enc(plain, pub, 15)
decoded = eg.dec(cipher, priv)
assert decoded == plain
assert cipher != pub

# ECDH usage
dh = DiffieHellman(ec, g)

apriv = 11
```

```
apub = dh.gen(apriv)

bpriv = 3
bpub = dh.gen(bpriv)

cpriv = 7
cpub = dh.gen(cpriv)
# same secret on each pair
assert dh.secret(apriv, bpub) == dh.secret(bpriv, apub)
assert dh.secret(apriv, cpub) == dh.secret(cpriv, apub)
assert dh.secret(bpriv, cpub) == dh.secret(cpriv, bpub)

# not same secret on other pair
assert dh.secret(apriv, cpub) != dh.secret(apriv, bpub)
assert dh.secret(bpriv, apub) != dh.secret(bpriv, cpub)
assert dh.secret(cpriv, bpub) != dh.secret(cpriv, apub)

# ECDSA usage
dsa = DSA(ec, g)

priv = 11
pub = eg.gen(priv)
hashval = 128
r = 7

sig = dsa.sign(hashval, priv, r)
assert dsa.validate(hashval, sig, pub)
print ( dsa.validate(hashval, sig, pub) )
pass
```

https://gist.github.com/bellbind/1414867/04ccbaa3fe97304d3d9d91c36520a662f2e28a45
ECDSA: https://asecuritysite.com/encryption/ecdsa3

13.8 현대 비대칭키 암호 방식: 양자 암호

트랩도어 일방향 함수의 특성은 비대칭 키 암호에게 안정성을 제공한다. 그렇지만 역함수를 구하는 방법이 밝혀지면 비대칭 키 암호를 더 이상 사용할 수 없을 것이다. 그래서 가장 안전한 암호 시스템은 평문들이 각각 무작위로 선택된 키에 의해 암호화되는 OTP(One Time Pad, Vernam Cipher)이다. 그렇지만 OTP는 키 생성과 키 분배 등 키 관리에 어려움이 있다. 양자 암호(혹은 양자 키 분배)는 이런 OTP의 키 분배 문제를 해결할 수 있다. 대표적인 양자 암호는 1984년에 발표된 Charles H. Bennett과 Gilles Brassard의 키 분배 프로토콜 BB84가 있다. BB84는 광자 편광(Photon polarization)의 상태를 수직, 수평, 두 대각선으로 나누어 표현하여 디지털 신호를 나타내는 방법을 키 분배에 이용한다. 그렇지만 광자 편광은 노이즈에 취약하기 때문에 실제로 구현할 때는 위상 차(phase)의 상태를 $0, \frac{1}{2}\pi, \pi, \frac{3}{2}\pi$로 나누어 Mach-Zehnder interferometer를 이용한다.

BB84 Protocols (quantum key distribution): BB84는 quantum 기술을 이용하여, alice와 bob 간에 key를 공유하는 방법이다. 설명은 다음과 같다. 우선 하드웨어 장비는 다음과 같이 배치한다.

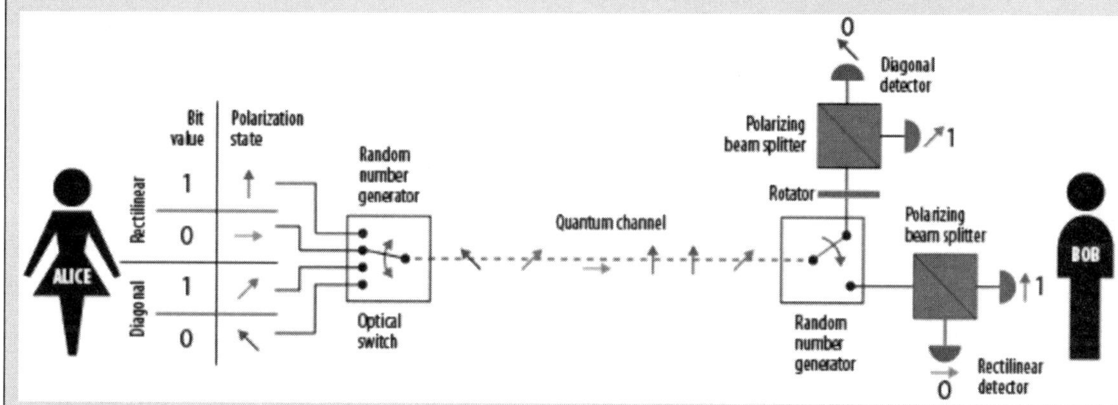

"Alice sends a beam of photons to Bob through a quantum channel such as an optical fiber. Each of these photons represent a bit of information (0 or 1), and have been polarised in some way (rectilinear or diagonal). Bob uses a set of polarising filters (are these called bases?) combined with photon detectors to pick up these photons. If the polarised photon from Alice passes through its corresponding filter on Bob's end, he will receive the associated bit of the photon (0 or 1). If the photon passes through a wrong filter, it has a 50% probability of getting a 0 or 1. All the photons from Alice are passed through Bob's filters, and Bob obtains a string of 0s and 1s. He then communicates over the public channel to Alice what polarisers (the filters) he used, and Alice tells him which filters are correct. As a result, both parties have a sifted key."

Quantum transmission & detection	ALICE sends photons	↖	↗	→	↑	↑	↗	↖	↑
	ALICE's random bits	0	1	0	1	1	1	0	1
	BOB's detection events	↑	↗	↖	↑	↗	↗	↖	↖
	BOB's detected bit values	1	1	0	1	1	1	0	0
Public discussion (i.e., sifting)	BOB tells ALICE the basis choices he made	Rect	Diag	Diag	Rect	Diag	Diag	Diag	Diag
	ALICE tells BOB which bits to keep		✔		✔		✔	✔	
	ALICE and BOB's shared sifted key	–	1	–	1	–	1	0	–

14장. 수치해석: f(x)=0의 해를 구하는 Newton-Raphson 알고리즘

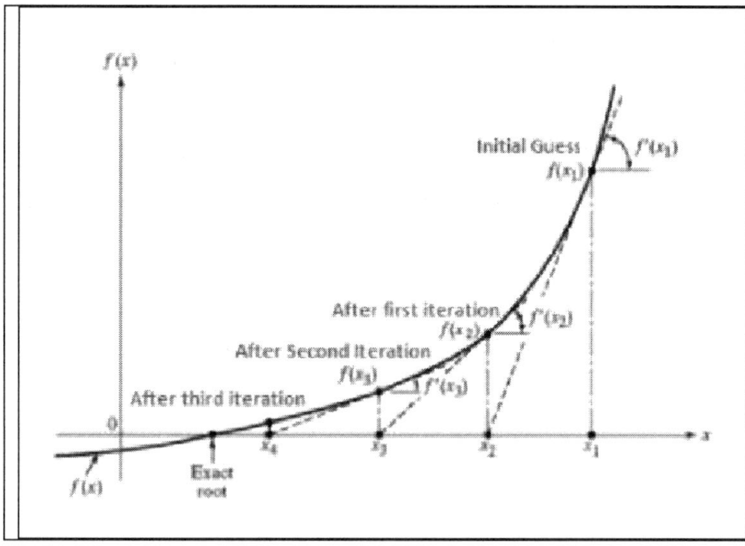

수치해석 (numerical analysis)란 어떤 수식의 해를 대수적으로 푸는 것 (기호와 방정식을 세워서 풀이)이 아니라, 컴퓨터로 근사 해서 푸는 것을 말한다. 예를 들어, 사각형 위에 임의로삐뚤삐뚤한 원을 그리고 면적을 구하라고 하면, 대수적인 식이 없으므로 구할 수 없지만, 컴퓨터는 수많은 점을 찍어 봄으로써 해결할 수 있다. 수치해석의 예로는 지금 설명한 Monte-Carlo Numerical Integration (수치 적분) 부터 수치 미분까지 다양하다. Newton-Raphson 법은 방정식 f(x)=0의 해를 미분을 이용한 접선의 기울기를 이용하여 근사적으로 찾을 때 사용되는 방법으로 현재 x값에서 접선을 그리고 접선이 x축과 만나는 지점으로 x를 이동시켜 가면서 점진적으로 해를 찾아가는 방법이다. 이 장의 순서는 다음과 같다.

14.1 Newton-Raphson법의 응용분야
14.2 Newton-Raphson법의 동작
14.3 Newton-Raphson 알고리즘 설계
14.4 Newton-Raphson 알고리즘 구현

14.1 Newton-Raphson법의 응용분야

Newton-Rapson 방법은 f(x) 함수의 해를 구하는 것으로, f(x) = 0을 만족하는 x를 찾는 문제를 컴퓨터로 해결하는 방법이다. 대수적이 아닌 컴퓨터로 해결한다고 해서 수치해석 (numerical analysis) 분야에 속한다. 다른 수치 해석 분야로는 수치 적분, 수치 미분 분야가 있다. 임의로 x0를 구한 후에, 아래 식과 같이 x1을 찾게 되고, 결국 x 값을 계속 추적해 나가다가 더 이상 값의 변화가 없으면 중지하는 알고리즘이다.

$x_1 = x_0 - \frac{f(x_0)}{f'(x_0)}$	$x_{n+1} = x_n - \frac{f(x_n)}{f'(x_n)}$

인수분해와 같은 방법으로 구하기 힘든 임의의 방정식 f(x)=0의 해를 근사적으로 구할 수 있는 Newton-Raphson법의 특징을 이용하여 서로 다른 두 함수 g(x), h(x)의 값을 같게 만들어주는 x 값을 구하거나 f(x)의 최소값 혹은 최대값을 구할 때 활용할 수 있다. Newton-Raphson법을 이용하여 주식에서의 옵션의 실제 현재가를 구하거나 카메라에서 왜곡 보정된 영상좌표를 구하는 등 다양한 분야에서 활용된다.

14.2 Newton-Raphson법의 동작

특정 방정식 f(x)의 해를 구하고 싶을 때 무작위의 값 x_1를 f(x)에 넣고 두 조건 $f(x_1)>0$ 그리고 $f'(x_1)>0$을 만족시키는지 확인하고 그렇다면 f(x)의 근인 x는 x_1보다 작은 값일 것이다. x값이 x_1보다 작다는 사실을 알았지만 무작정 x_1값을 줄일 수는 없으므로 f(x)의 그래프의 x_1에서의 접선인 $f'(x_1)$의 그래프가 x축과 만나는 점을 x_2라고 하고 해당 점에 대해서도 x_1에 적용시켰던 것과 똑같이 두 조건 $f(x_2)>0$ 그리고 $f'(x_2)>0$을 만족시키는지 확인하고 해당 점에서의 접선이 x 축과 만나는 점을 구하여 x_n값을 이동시키는 과정을 반복한다. 후에 x_n값의 변화가 거의 없을 때까지 반복하면 x_n값이 해가 되며 $f(x_n)=0$이라고 생각한다.

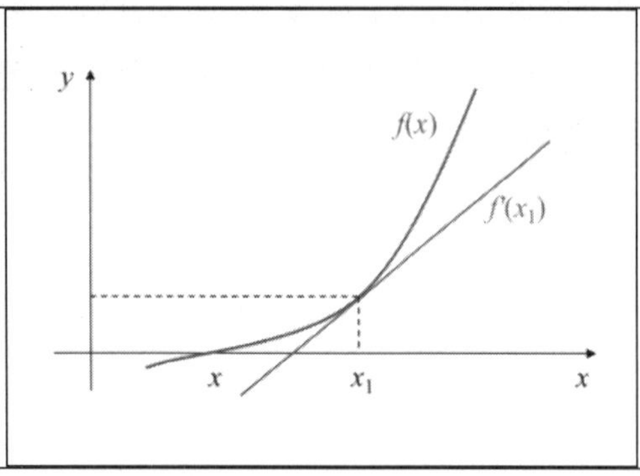

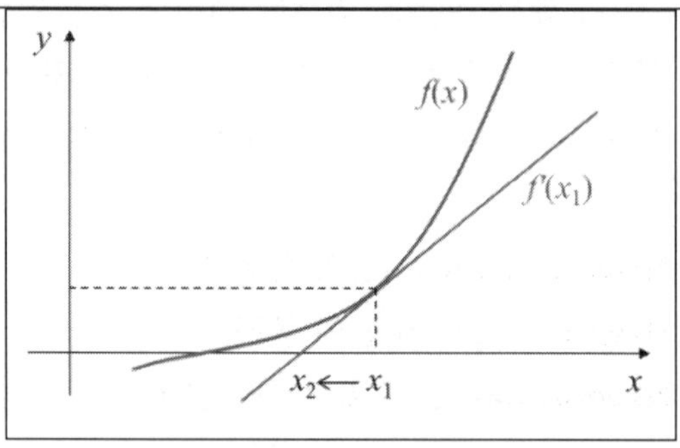

즉, $x_{n+1}=x_n-f(x_n)/f'(x_n)$의 수식에 따라 아래와 같이 x_n값을 계속 이동시켜 나가며 $|x_{n+1}-x_n|$ $(f(x_n)/f'(x_n))$이 매우 작은 값이면 반복을 중지하고 x_{n+1}을 방정식 f(x)의 해라고 생각하는 것이다.

(예) $x^2=538$의 근을 Newton-Raphson법을 이용하여 구해보면 $f(x)=x^2-538$ 이고 $f'(x)=2x$이다. 임의의 값 30을 x_1으로 하고 대입해보면 f(30)=362 이고, f'(30)=60 으로, 두 조건을 모두 만족시키므로, 다음 점을 구한다. 다음 점인 x_2값을 구해보면 x_2=30-6.03333333=23.96666667이다. x_2값을 f(x)와 f'(x)에 넣어 조건을 확인해보면, f(23.96666667) = 36.40111127, f'(23.96666667) = 47.93333334 이다. 이러한 과정을 반복해서 계산하면 x_3=23.20725545 → x_4=23.19483034 →

x_5=23.19482701 이 되는데 실제 538의 제곱근을 구해보면 23.1948270094864로 거의 흡사한 값이 나오는 것을 알 수 있다.

14.3 Newton-Raphson 알고리즘 설계

Well-Defined Inputs (1) 근을 구하고 싶은 방정식 f(x)과, (2) 해당 방정식에 대하여 두 조건 $f(x_1)>0$ 그리고 $f'(x_1)>0$을 만족시키는 무작위의 값 x_1, (3) 해와의 최대 차이 (에러) 값 EPSILON 을 입력으로 받는다 (부가적으로, f(x)의 미분 방정식 f′(x) 와 최대 반복 횟수 N을 입력 받는다)
Well-Defined Outputs $f(x_n)=0$을 만족시키는 f(x)의 해에 가까운 값 x_n을 출력한다.

```
i=0 //카운터 초기화
while i<N
    x = x1 - f(x1) / f1(x1)//접선의 방정식 해
    if (fabs(x – x1) < EPSILON)// 정지 조건
        print x (해를 구했을 경우)
    i=i+1//카운터 증가
    x=x1//초기값 갱신
    print i,x,f(x) //카운트 횟수, 현재 x값, 방정식에 x를 대입한 결과
```

Newton-Raphson법의 time complexity: 초기 대입 값인 x_1이 한 번에 잘 정해졌을 때 방정식 f(x)의 근을 n자리수의 정밀도로 구할 때의 시간 복잡도는 O((logn)*F(n))으로 F(n)은 $f(x_n)/f'(x_n)$의 값을 구하는 비용이다.

14.4 Newton-Raphson 알고리즘

위에서 예시로 든 함수 f(x)=x*x-538의 해를 구하기 위해 코드를 짜면 아래와 같다.

```
import sympy as sp
x = sp.symbols('x')
f_x = x**2 - 538
fp_x = sp.diff(f_x)
x_init = 5
Tolerance = 1e-6
x_tmp = x_init
i = 0
while True:
  i = i + 1
  x_numeric = float(x_tmp) - float(f_x.subs(x,x_tmp))/float(fp_x.subs(x,x_tmp))
  NR_error = f_x.subs(x, x_numeric)
  if NR_error <= Tolerance:
    break
```

```
    x_tmp = x_numeric

print('반복 횟수: '+ str(i))
print('근사해: '+ str(x_numeric))
```

실행 결과는 다음과 같다.

```
반복 횟수: 6
근사해: 23.194827009517468
```

참고 사이트:

https://study2give.tistory.com/entry/%EC%88%98%EC%B9%98%ED%95%B4%EC%84%9D-%EB%89%B4%ED%84%B4-%EB%9E%A9%EC%8A%A8Newton-Raphson%EB%B2%95

15장. 신호처리 알고리즘: Discrete Fourier Transform과 FFT

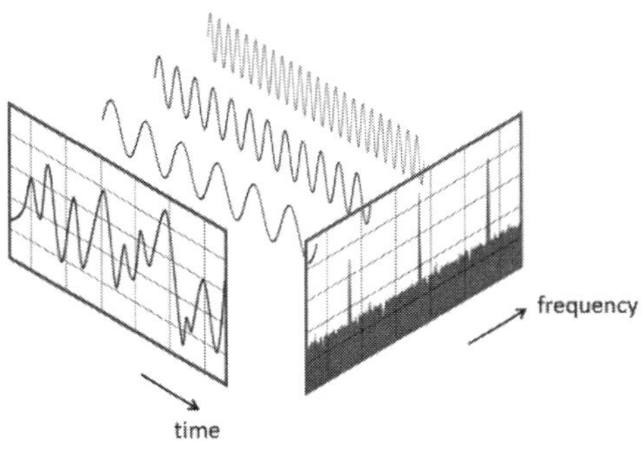

Discrete Fourier Transform (이하 DFT)란, 이산화(discrete; not continuous)된 시간 영역의 데이터를 푸리에 변환을 통하여 이산화된 주파수 영역으로 변환해주는 알고리즘이다. 즉, DFT는 디지털 신호를 디지털 주파수로 바꾸어주며, 따라서 신호 처리에 있어서 매우 중요한 역할을 한다. Fast Fourier Transform (이하 FFT)는 DFT 계산을 더욱 빠르게 해내는 방법으로서, 오늘날 신호 처리에 있어서는 대부분 FFT 가 사용된다. 이 장의 순서는 다음과 같다.

15.1 Discrete Fourier Transform (DFT) 의 응용분야
15.2 Discrete Fourier Transform (DFT) 의 정의
15.3 Fast Fourier Transform (FFT) 알고리즘
15.4 Fast Fourier Transform (FFT) 알고리즘
15.5 FFT 알고리즘을 사용한 1차원 신호 처리 예제

15.1 Discrete Fourier Transform (DFT) 의 응용분야

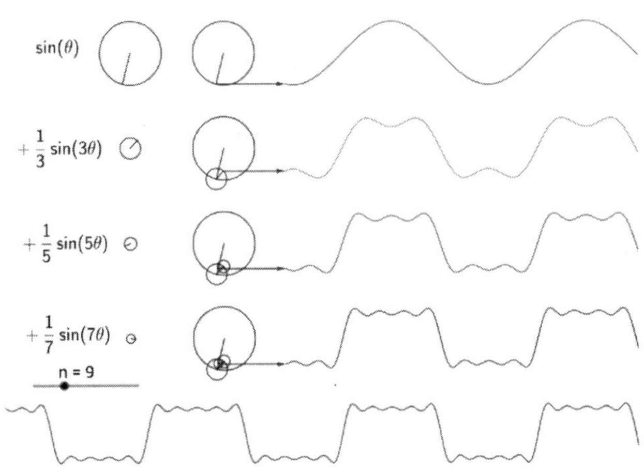

푸리에 변환을 통하여, 어떤 시간 영역의 신호를 주파수 영역에서 이해할 수 있다. 아래 그림에서 보는 바와 같이, 맨 아래 신호는 일견 복잡해 보이지만, 사실은 위의 4개 sine 함수를 더하면 구할 수 있다. 이는, 임의의 periodic (주기) 함수는 sine 함수의 linear combination (sine 함수 들에 실수 값을 곱해서 더한 결과)로 구할 수 있다는 프랑스 수학자 Fourier 의 정리에 기반하고 있다.

Fourier 변환은 디지털 신호 처리의 다양한 분야에서 사용된다. 이미지. 오디오, 레이더 (radar) 신호의 신호처리 등에 사용되고 있다. 아래 그림은 sound source 를 녹음해서 시간축에 따른 신호를 보여주는 방법 (time-amplitude)과 이를 주파수 성분에 따른 강도 차이를 보여주는 frequency-amplitude 방법을 보이고 있다. 1초에 10,000 번 음성 샘플을 잡는 마이크 (10,000 Hz)로 녹음을 하면, Nyquist sampling theorem 에 의해 5,000 Hz 까지의 음성 신호를 잡을 수 있다. 이제 Fourier transform을 통해서 아래 그림의 밑 부분 그림과 같이, 3000 Hz 신호가 얼마나 강한지, 5000 Hz 신호가 얼마나 강한지 볼 수 있다.

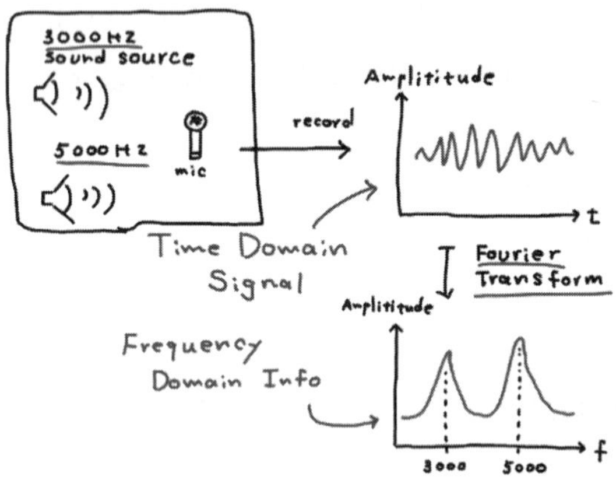

15.2 Discrete Fourier Transform (DFT) 의 정의

DFT는 연속적인 아날로그 신호를 시간에 따라 sampling을 한 뒤, 이 신호들을 위와 같은 푸리에 변환식 그대로 계산하여 주파수 영역으로 변환한다. Sampling frequency (fs)와 frequency resolution (fr)은 DFT에 있어서 중요한 인자이다. 어떤 신호 x에 대한 DFT는 다음과 같이 정의한다.

$$X_k = \sum_{n=0}^{N-1} x_n e^{-\frac{2\pi i}{N}nk} \qquad k = 0, \dots, N-1.$$

fs: 1초에 측정되는 데이터의 개수이다. 예를 들어 0.1초 간격으로 데이터를 측정하면 fs = 1/0.1 = 10Hz가 된다. 이 때, fs의 중간값(Nyquist 주파수)을 기준으로 주파수가 대칭성을 가진다.

fr: 결과에서 주파수 사이의 간격이다. fr = fs / N 에 해당하며, 이에 따라 데이터의 개수 N 이 클수록 fr이 작아져서 보다 더 촘촘하고 정확한 결과를 얻을 수 있다.

DFT의 time complexity 분석: DFT를 계산하기 위한 시간을 계산해보면, 일단 계산해야 할 식은 다음과 같다. 각 k는 N개의 점을 나타낸다.

$X[k] = x[0]W_N^0 + x[1]W_N^k + x[2]W_N^{2k} + \ldots + x[N-1]W_N^{(N-1)k} \quad (k = 0,1,\ldots,N-1)$

W_N^{kn} : *회전인자 (twiddle factor)* ($W_N^{kn} = e^{-j\,2\pi/N\,kn}$)

위 식에서 N개의 X[k] 계산을 진행하며, 각 X[k]의 계산은 N개 항의 곱셈과 (N-1)개의 덧셈을 필요로 한다. 즉, N개의 점에 대한 DFT 계산은 N^2 번의 곱셈 (N개 점의 각 k에서 N개 곱셈 필요)과 N(N-1)번의 덧셈 (N개 점의 각 k에서 (N-1)개의 합 필요)을 요하고, 이에 따라 시간 복잡도는 $O(N^2)$에 해당한다.

15.3 Fast Fourier Transform (FFT) 알고리즘

DFT가 계산 시간이 오래 걸리기 때문에, 신호 처리를 더 빠르게 하기 위하여 고안된 방법이 FFT이다. 이는 DFT를 사용할 때보다 최고 1000배까지 더 빨라지기 때문이다. FFT 계산의 대표적인 알고리즘은 Cooley-Tukey 알고리즘으로 불리며, 이 알고리즘은 N개의 점에 대한 DFT를 구할 때, N을 재귀적으로 2등분하여 매 번 작은 DFT계산을 해낸다. 자세한 동작 원리는 아래와 같다.

정의에서 $W = e^{-2\pi i/n}$ 라고 하고 다시 정리하면,

$$f_j = \sum_{k=0}^{n-1} x_k W^{jk} \qquad j = 0, \ldots, n-1$$

예를 들어 $N = 4$일 때, 이 식을 아래와 같이 행렬로 표현할 수 있다.

$$\begin{bmatrix} f_0 \\ f_1 \\ f_2 \\ f_3 \end{bmatrix} = \begin{bmatrix} W^0 & W^0 & W^0 & W^0 \\ W^0 & W^1 & W^2 & W^3 \\ W^0 & W^2 & W^4 & W^6 \\ W^0 & W^3 & W^6 & W^9 \end{bmatrix} \begin{bmatrix} x_0 \\ x_1 \\ x_2 \\ x_3 \end{bmatrix}.$$

지수의 짝홀을 기준으로 위의 식을 다음과 같이 변형할 수 있다.

$$\begin{bmatrix} f_0 \\ f_1 \\ f_2 \\ f_3 \end{bmatrix} = \begin{bmatrix} W^0 & W^0 & W^0 & W^0 \\ W^0 & W^2 & W^1 & W^3 \\ W^0 & W^4 & W^2 & W^6 \\ W^0 & W^6 & W^3 & W^9 \end{bmatrix} \begin{bmatrix} x_0 \\ x_2 \\ x_1 \\ x_3 \end{bmatrix} = \begin{bmatrix} W^0 & W^0 & W^0W^0 & W^0W^0 \\ W^0 & W^2 & W^1W^0 & W^1W^2 \\ W^0 & W^0 & W^2W^0 & W^2W^0 \\ W^0 & W^2 & W^3W^0 & W^3W^2 \end{bmatrix} \begin{bmatrix} x_0 \\ x_2 \\ x_1 \\ x_3 \end{bmatrix}$$

이는 다음과 같이 다시 쓸 수 있으므로, $N = 4$인 DFT는 $N = 2$인 DFT 두 개를 사용해서 계산할 수 있다.

$$= \begin{bmatrix} 1 & 0 & W^0 & 0 \\ 0 & 1 & 0 & W^1 \\ 1 & 0 & W^2 & 0 \\ 0 & 1 & 0 & W^3 \end{bmatrix} \begin{bmatrix} \begin{bmatrix} W^0 & W^0 \\ W^0 & W^2 \end{bmatrix} \begin{bmatrix} x_0 \\ x_2 \end{bmatrix} \\ \begin{bmatrix} W^0 & W^0 \\ W^0 & W^2 \end{bmatrix} \begin{bmatrix} x_1 \\ x_3 \end{bmatrix} \end{bmatrix}$$

위와 같은 과정을 아래의 pseudo code에서처럼 재귀적으로 적용하면, N = 2^k인 DFT를 O(kN) = O(NlogN) 안에 계산해낼 수 있다.

```
RECURSIVE-FFT(a)
  n ← length[a]                ▷ n is a power of 2.
  if n = 1
     then return a
  ω_n ← e^{2πi/n}
  ω ← 1
  a^[0] ← (a_0, a_2, ..., a_{n-2})
  a^[1] ← (a_1, a_3, ..., a_{n-1})
  y^[0] ← RECURSIVE-FFT(a^[0])
  y^[1] ← RECURSIVE-FFT(a^[1])
  for k ← 0 to n/2 - 1
       do y_k ← y_k^[0] + ω y_k^[1]
          y_{k+(n/2)} ← y_k^[0] - ω y_k^[1]
          ω ← ω ω_n
  return y                     ▷ y is assumed to be column vector.
```

FFT의 time complexity 분석: FFT의 경우, DFT를 길이가 짧은 여러 개의 DFT로 계속 분할시켜서 곱셈량을 N에 비례하도록 만든다. 즉 위의 식에서 x[n]을 짧은 길이의 신호로 분할하고 각 분할 신호의 DFT를 계산한 뒤, 결과들을 결합하여 X[k]를 계산해내는 식이다. 따라서, N(N = 2^k)개 점에 대하여 시간 복잡도는 *O(Nlog_2N)*이 된다

15.4 Fast Fourier Transform (FFT) 알고리즘

아래는 FFT를 구현한 프로그램이다. Main 함수 안에서 정의된 인풋 배열 (8개의 실수 데이터 포인트)에 대하여, 재귀적으로 FFT 결과를 출력한다. FFT (fast Fourier transform)은 신호에서 빠른 주파수와 느린 주파수 성분을 구별해내는 방법이다. 프랑스 수학자 Fourier가 만들었다고 해서 Fourier transform 이라고 하고, Fourier Transform은 음성 신호처럼 1차원 신호에도 적용할 수 있고, 이미지와 같은 2차원 신호에도 적용이 가능하다. (참고 url: https://pythonnumericalmethods.berkeley.edu/notebooks/chapter24.03-Fast-Fourier-Transform.html)

```
import numpy as np


def FFT(x):
    N = len(x)
```

```
    if N == 1:
        return x
    else:
        X_even = FFT(x[::2])
        X_odd = FFT(x[1::2])
        factor = np.exp(-2j*np.pi*np.arange(N)/ N)

        X = np.concatenate(\
            [X_even+factor[:int(N/2)]*X_odd, X_even+factor[int(N/2):]*X_odd])
        return X

buf = np.random.random(8)
print("input:", buf)
print("output:", FFT(buf))
```

위 프로그램을 실행한 결과는 아래와 같다. 아래에서 각 ( )는 복소수로서 (real, imag) 해당한다.

```
input: [0.5566678  0.75222299 0.03662498 0.30750782 0.08737934 0.87955128
 0.31933687 0.09673442]
output: [ 3.03602548+0.00000000e+00j  0.23021446+2.23707295e-01j
  0.28808529-1.22753203e+00j  0.70836246-3.41716496e-01j
 -1.03600752-2.49340109e-16j  0.70836246+3.41716496e-01j
  0.28808529+1.22753203e+00j  0.23021446-2.23707295e-01j]
```

15.5 FFT 알고리즘을 사용한 1차원 신호 처리 예제

아래 그림과 같이, 1차원 신호 파형을 분석 해서, 가장 낮은 주파수 성분만을 필터링하는 예제이다. 참고: https://sdc-james.gitbook.io/onebook/4.-numpy-and-scipy/4.3-scipy/4.3.3.-fast-fourier-transforms-scipy.fftpack

```
import numpy as np
 from scipy import fftpack
 from matplotlib import pyplot as plt

 #신호를 생성합니다.
 # Seed the random number generator
```

```
np.random.seed(1234)

time_step = 0.02
period = 5.

time_vec = np.arange(0, 20, time_step)
sig = (np.sin(2 * np.pi / period * time_vec) + 0.5 * np.random.randn(time_vec.size))

plt.figure(figsize=(6, 5))
plt.plot(time_vec, sig, label='Original signal')

#FFT의 Power를 계산합니다.
# The FFT of the signal
sig_fft = fftpack.fft(sig)

# And the power (sig_fft is of complex dtype)
power = np.abs(sig_fft)

# The corresponding frequencies
sample_freq = fftpack.fftfreq(sig.size, d=time_step)

# Plot the FFT power
plt.figure(figsize=(6, 5))
plt.plot(sample_freq, power)
plt.xlabel('Frequency [Hz]')
plt.ylabel('plower')

# Find the peak frequency: we can focus on only the positive frequencies
pos_mask = np.where(sample_freq > 0)
freqs = sample_freq[pos_mask]
peak_freq = freqs[power[pos_mask].argmax()]

# Check that it does indeed correspond to the frequency that we generate
# the signal with
np.allclose(peak_freq, 1./period)
```

```
# An inner plot to show the peak frequency
axes = plt.axes([0.55, 0.3, 0.3, 0.5])
plt.title('Peak frequency')
plt.plot(freqs[:8], power[:8])
plt.setp(axes, yticks=[])
# scipy.signal.find_peaks_cwt can also be used for more advanced   peak detection

#모든 high frequencies를 제거합니다.
high_freq_fft = sig_fft.copy()
high_freq_fft[np.abs(sample_freq) > peak_freq] = 0
filtered_sig = fftpack.ifft(high_freq_fft)

plt.figure(figsize=(6, 5))
plt.plot(time_vec, sig, label='Original signal')
plt.plot(time_vec, filtered_sig, linewidth=3, label='Filtered signal')
plt.xlabel('Time [s]')
plt.ylabel('Amplitude')

plt.legend(loc='best')

plt.show()
```

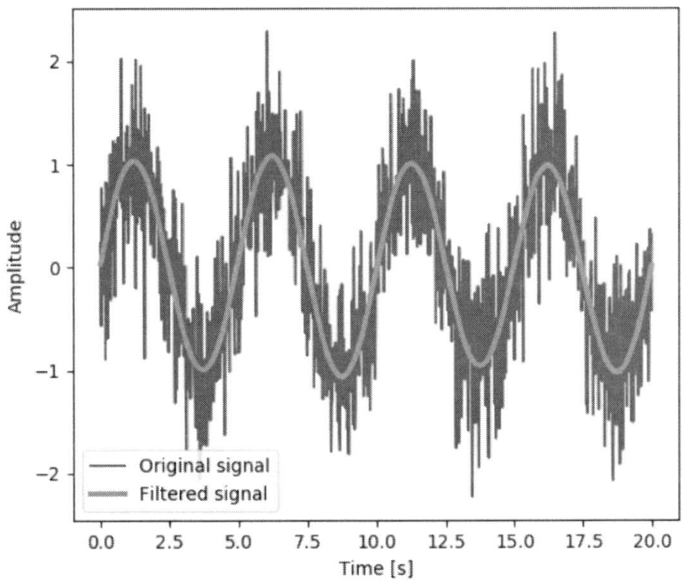

16장. Graph에서 Shortest Path 구하기: Dijkstra 알고리즘과 Bellman-Ford 알고리즘

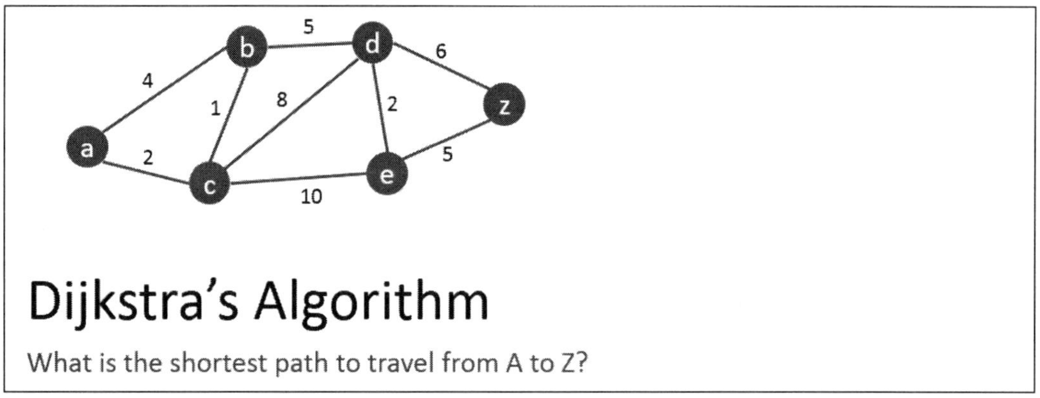

그래프 (Graph)란 정점 (vertex, V)와 간선 (edge, E) 로 이루어진 하나의 자료구조를 가리킨다. Vertex 는 node라고도 부르는 하나의 위치라는 개념으로 이해하면 편리하다. 간선은 link 라고도 부르고, 정점들을 연결하고 있는 선을 의미한다. 상단의 그림에서 a, b, c 등과 같은 각각의 지점들이 정점 (node), 그리고 node를 잇고 있는 선이 edge (link) 이다. 그래프 알고리즘 중에서도 최단 경로를 탐색하는 Dijkstra 알고리즘을 중심으로 하여 다음과 같은 차례로 설명한다.

16.1 Dijkstra 알고리즘의 소개
16.2 Dijkstra 알고리즘 손으로 따라하기
16.3 Dijkstra 알고리즘의 동작: 선형 탐색을 이용하는 방법
16.4 Dijkstra 알고리즘의 동작: Priority Queue 를 이용하는 방법
16.5 Dijkstra 알고리즘의 시간 복잡도
16.6 Dijkstra 알고리즘의 구현
16.7 Bellman-Ford 알고리즘
16.8 Bellman-Ford 알고리즘의 구현

> Dijkstra 알고리즘 이란 가중치가 있는 그래프에서, 하나의 특정한 정점으로부터 다른 모든 정점에 대하여 최단 경로를 찾아내는 알고리즘이다. 출발 정점에서 시작하여 현재 정점까지의 값과 인접한 정점의 가중치 합이 가장 작은 정점을 다음 정점으로 선택하고 그 경로를 최단 경로에 포함시킨다. 이 과정을 모든 정점이 선택될 때까지 반복한다.

16.1 Dijkstra 알고리즘의 소개

그래프란 현상 혹은 사물을 정점 (vertex)과 여러 정점들 사이를 연결해줌으로써 두 정점의 관계를 나타내는 간선 (edge)으로 표현한 것이다. Dijkstra 알고리즘은 이러한 그래프에서 하나의 정점에서 다른 정점을 연결하는 간선들 중 가중치의 합이 최소가 되는 최단거리를 구하는 알고리즘이다.

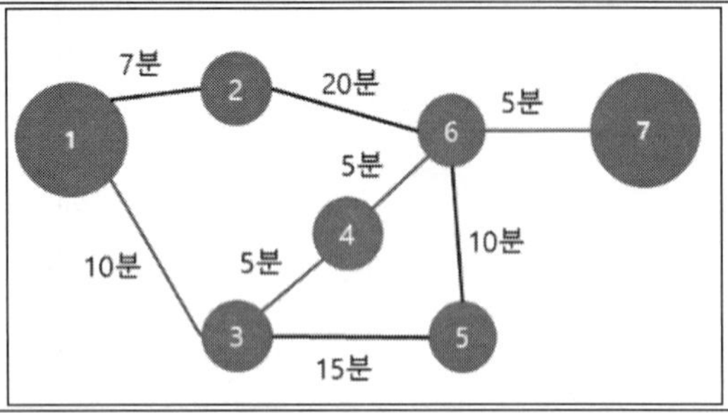

Dijkstra 알고리즘은 하나의 node에 대하여 다른 모든 node까지의 최단 거리를 구하는 알고리즘이다. 편의상 출발지 (D; Departure)와 도착지 (A; Arrival) 사이의 최단 거리를 예시로 든다. D와 A의 사이에는 거쳐가는 지점들이 있을 것이다. 출발지 D와 지점들 사이의 거리를 각각 구하여 가장 짧은 거리를 찾는다. 이때, 컴퓨터에서는 2차원 배열의 형태로 거리가 저장된다. 모든 지점에 대하여 출발지와의 거리가 계산될 때까지 반복하고 계속해서 갱신해 나간다. 기준이 되는 지점이 도착지 A가 되었을 때 상위 지점의 최단 거리를 따라서 출발지 D까지 역추적을 하면 D와 A의 최단 경로를 구할 수 있게 된다.

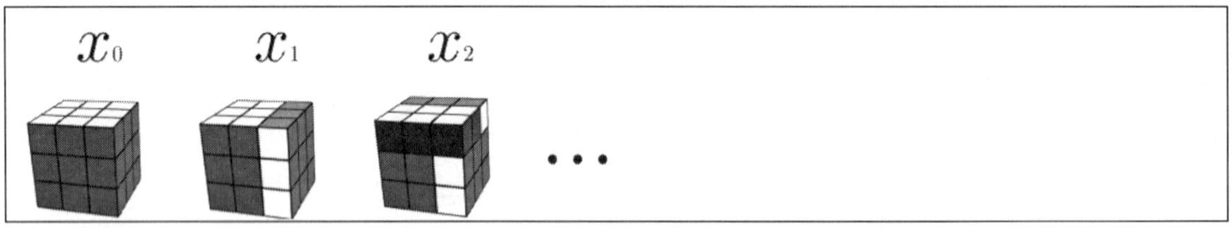

Dijkstra 알고리즘의 응용분야: 따라서 Dijkstra 알고리즘은 네비게이션, 루빅스 큐브 (Rubik's cube) 해결 혹은 미로 탐색과 같이 최소의 비용으로 가장 빠르게 해답에 도달하는 경로를 찾아내는 대부분의 문제에 응용된다. 아래 그림은 Rubik's cube에 대해서 Dijkstra 알고리즘을 적용하는 경우이며, 큐브를 이리 저리 돌리는 것에 따라 가능한 상태들 X0, X1, X2 등등을 V 로 두고, E는 X0에서 X1 처럼 큐브를 한 번 돌려서 나올 수 있는 다음 상태와 V를 서로 연결하게 된다. 이렇게 되면, 어렵게 보이는 큐브를 처음 상태로 되돌리는 문제는, 임의의 상태 Xi 에서 X0로 가는 최단 거리를 찾는 문제가 된다.

알고리즘의 제약사항: Dijkstra 알고리즘의 경우 음의 가중치를 고려하지 않는다. 음수 가중치를 가지는 간선이 있다면 정점 A에 대하여 정점 Y보다 정점 X가 더 멀다고 해도 정점 X의 음수 간선을 지나는 경우 그 거리가 감소하여 책정되기 때문이다. 따라서 최단경로를 탐색하고자 하는 그래프에 음의 가중치를 가지는 node가 있는 경우 Dijkstra 알고리즘은 사용할 수 없다.

16.2 Dijkstra 알고리즘 손으로 따라하기

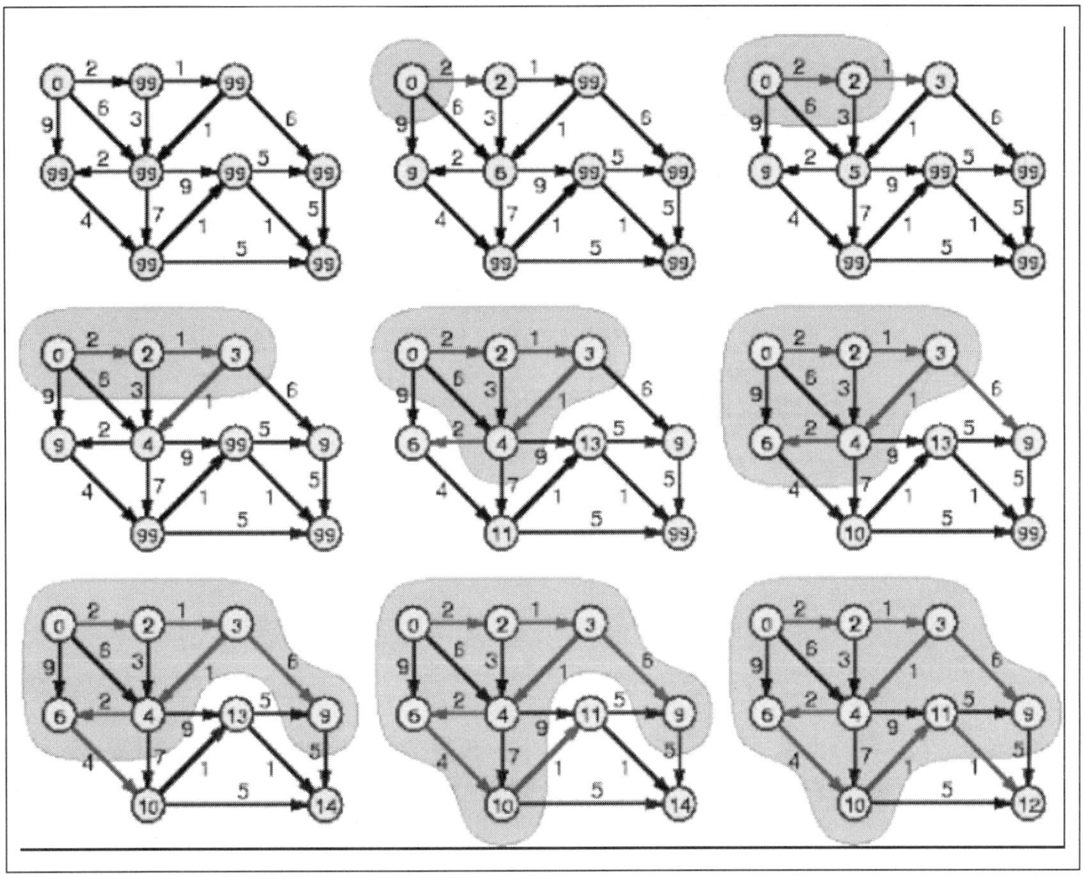

Dijkstra 알고리즘은 다음 그림과 같이 동작한다. 일단 모든 node에는 시작 node에서 그 node까지의 최단 거리를 저장하고, 바로 전 node가 무엇인지를 기록하는 것을 가정한다. (**단계 1**) 시작 node를 고르고, 시작 node를 제외한 모든 node의 최단 거리는 무한대로 정해둔다 (그림에서는 99로 일단 정해 둔다). (**단계 2**) 시작node에서 갈 수 있는 모든 node에 대해서 해당 node의 최단 거리를 갱신한다. 연두색 시작 node에서 갈 수 있는 3개 node의 최단거리 값이 2, 6, 9로 바뀜. (**단계 3**) 이제 제일 최단거리가 짧고 (2) 아직 방문하지 않는 node를 고르고, 단계 2처럼 인접 node들의 최단 거리를 갱신한다. (**단계 4/5/6/7/8**) 단계 3과 동일. (**단계 9**) 이제 도착지 node의 최단 거리 값도 갱신된다.

Dijkstra 알고리즘은 그래프에서 하나의 시작 정점으로부터 모든 다른 정점까지의 최단 경로를 구하는 알고리즘이다. 해당 알고리즘은 이차원의 배열인 인접 행렬의 선형탐색을 이용한 방법과 우선순위 큐를 이용하는 방법으로 두가지 방법이 있다.

16.3 Dijkstra 알고리즘의 동작: 선형 탐색을 이용하는 방법

배열을 이용한 선형 탐색을 통해서 최단 거리 값을 갱신해 나가는 경우를 살펴보기 위해, node A (시작 node), B, C, D, E, F, G, H (도착지 node)로 구성된 다음 그래프를 보자. 처음에 시작 node의 최단 거리 값은 0으로 하고, 나머지 node들의 최단 거리 값은 무한대로 한 상태에서, 시작 node와 인접한 모든 node들의 최단 거리를 갱신한다. 8A 라는 뜻은 최단거리가 8이고, 바로 전 node가 A라는 의미이다.

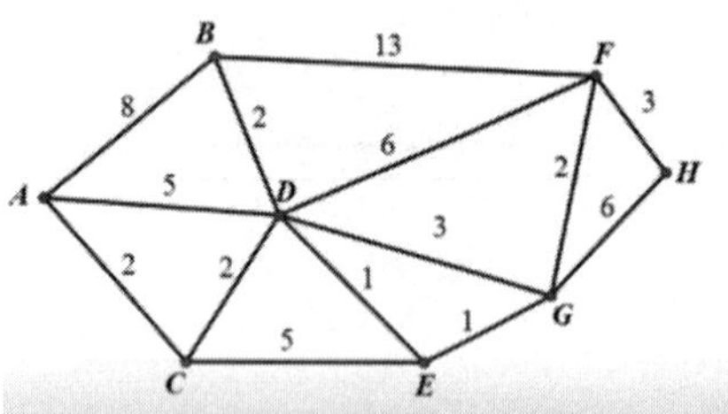

V	A	B	C	D	E	F	G	H
A	$\boxed{0_A}$	8_A	2_A	5_A	∞	∞	∞	∞

최단거리가 가장 작은 C를 고르고, C 에서 나가는 모든 인접 node의 최단 거리를 갱신한다. 여기서 눈 여겨 볼 것은 D의 최단거리가 4로 바뀐 것이다 (A에서 C를 거쳐서 오면 5가 아니라 4로 준다).

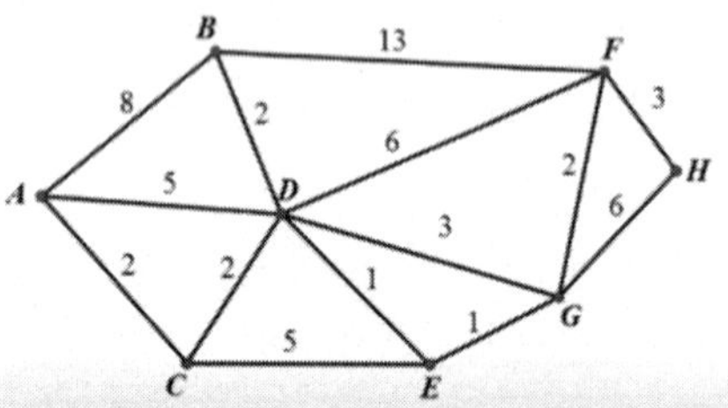

V	A	B	C	D	E	F	G	H
A	$\boxed{0_A}$	8_A	2_A	5_A	∞	∞	∞	∞
C			$\boxed{2_A}$					

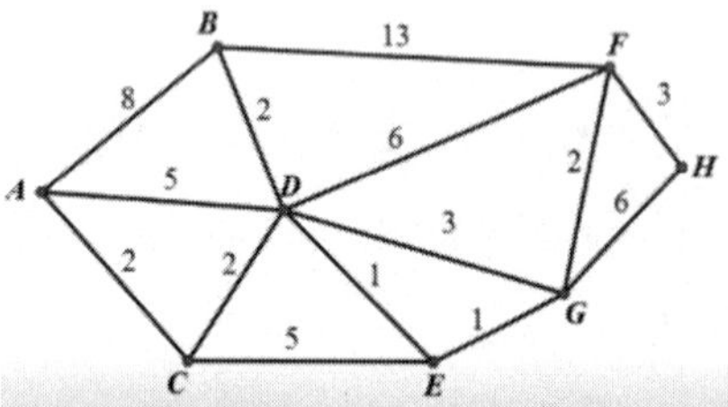

V	A	B	C	D	E	F	G	H
A	$\boxed{0_A}$	8_A	2_A	5_A	∞	∞	∞	∞
C		8_A	$\boxed{2_A}$	4_C	7_C	∞	∞	∞

마찬가지로, 최단거리가 가장 작은 D를 고르고, D 에서 나가는 모든 인접 node의 최단 거리를 갱신한다. 여기서 눈 여겨 볼 것은 B와 E의 최단거리가 줄게 된다.

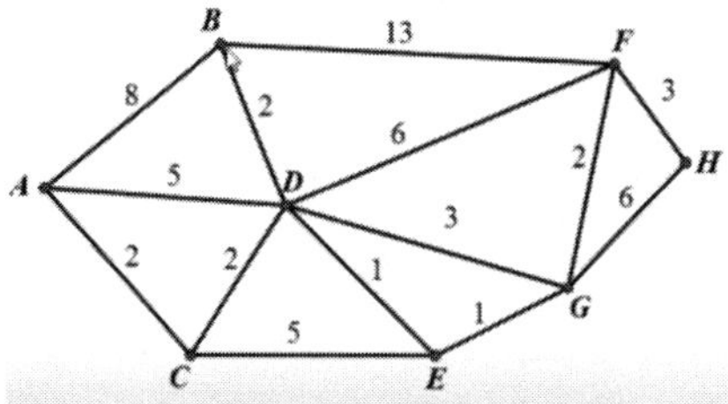

V	A	B	C	D	E	F	G	H
A	$\boxed{0_A}$	8_A	2_A	5_A	∞	∞	∞	∞
C		8_A	$\boxed{2_A}$	4_C	7_C	∞	∞	∞
D				$\boxed{4_C}$				

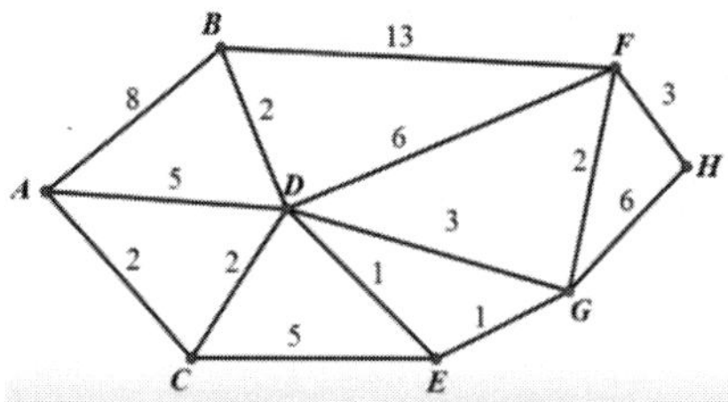

V	A	B	C	D	E	F	G	H
A	$\boxed{0_A}$	8_A	2_A	5_A	∞	∞	∞	∞
C		8_A	$\boxed{2_A}$	4_C	7_C	∞	∞	∞
D		6_D		$\boxed{4_C}$	5_D	10_D	7_D	∞

다시, 최단거리가 가장 작은 E를 고르고, E 에서 나가는 모든 인접 node의 최단 거리를 갱신한다. 여기서는 아무 node의 최단 거리도 줄지 않는다.

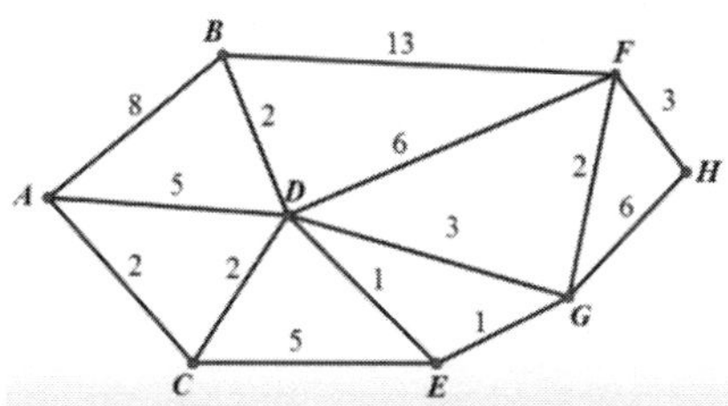

V	A	B	C	D	E	F	G	H
A	$\boxed{0_A}$	8_A	2_A	5_A	∞	∞	∞	∞
C		8_A	$\boxed{2_A}$	4_C	7_C	∞	∞	∞
D		6_D		$\boxed{4_C}$	5_D	10_D	7_D	∞
E					$\boxed{5_D}$			

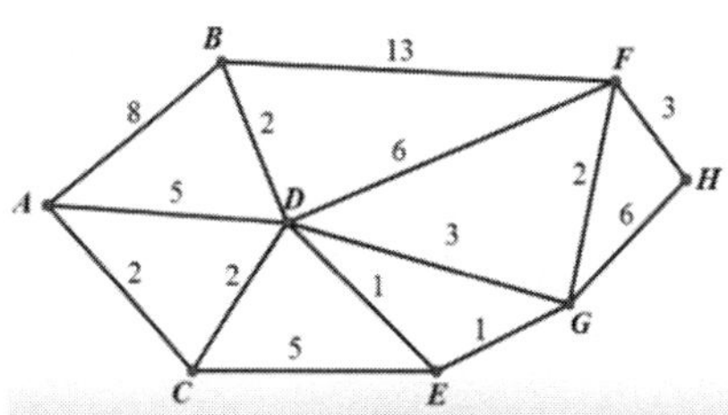

V	A	B	C	D	E	F	G	H
A	$\boxed{0_A}$	8_A	2_A	5_A	∞	∞	∞	∞
C		8_A	$\boxed{2_A}$	4_C	7_C	∞	∞	∞
D		6_D		$\boxed{4_C}$	5_D	10_D	7_D	∞
E		6_D			$\boxed{5_D}$	10_D	6_E	∞

최단거리가 가장 작은 B를 고르고, B 에서 나가는 모든 인접 node의 최단 거리를 갱신한다. 여기서는 아무 node의 최단 거리도 줄지 않는다.

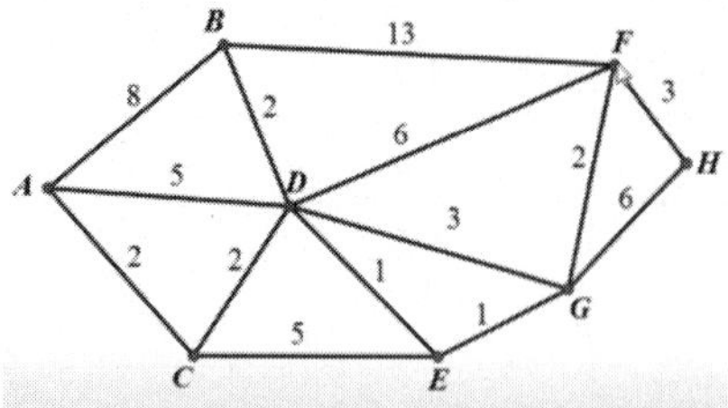

V	A	B	C	D	E	F	G	H
A	$\boxed{0_A}$	8_A	2_A	5_A	∞	∞	∞	∞
C		8_A	$\boxed{2_A}$	4_C	7_C	∞	∞	∞
D		6_D		$\boxed{4_C}$	5_D	10_D	7_D	∞
E		6_D			$\boxed{5_D}$	10_D	6_E	∞
B		$\boxed{6_D}$						

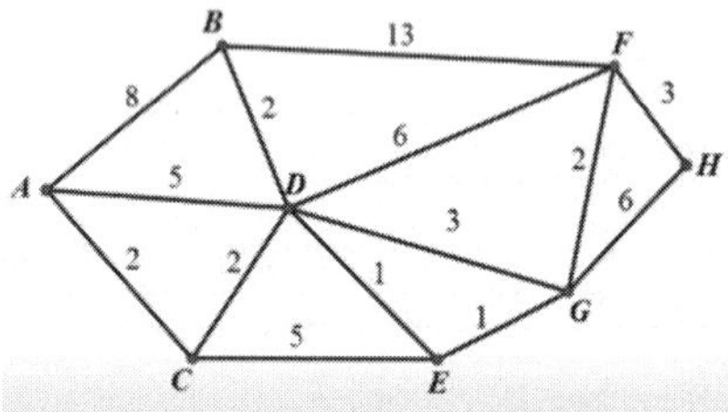

V	A	B	C	D	E	F	G	H
A	$\boxed{0_A}$	8_A	2_A	5_A	∞	∞	∞	∞
C		8_A	$\boxed{2_A}$	4_C	7_C	∞	∞	∞
D		6_D		$\boxed{4_C}$	5_D	10_D	7_D	∞
E		6_D			$\boxed{5_D}$	10_D	6_E	∞
B		$\boxed{6_D}$				10_D	6_E	∞

최단거리가 가장 작은 G를 고르고, G 에서 나가는 모든 인접 node의 최단 거리를 갱신한다. 여기서는 여기서 눈 여겨 볼 것은 F와 H의 최단거리가 줄게 된다.

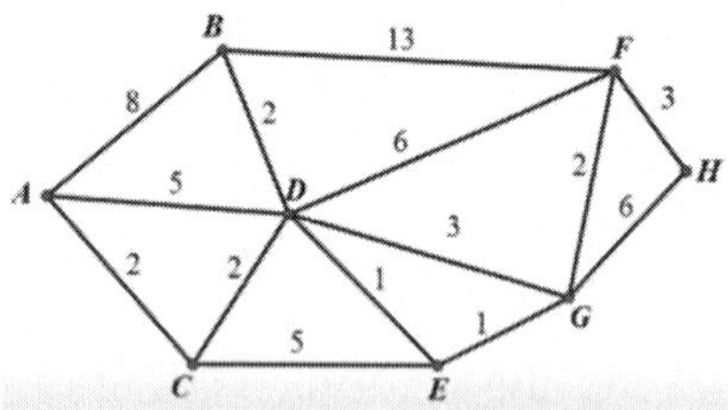

V	A	B	C	D	E	F	G	H
A	$\boxed{0_A}$	8_A	2_A	5_A	∞	∞	∞	∞
C		8_A	$\boxed{2_A}$	4_C	7_C	∞	∞	∞
D		6_D		$\boxed{4_C}$	5_D	10_D	7_D	∞
E		6_D			$\boxed{5_D}$	10_D	6_E	∞
B		$\boxed{6_D}$				10_D	6_E	∞
G							$\boxed{6_E}$	

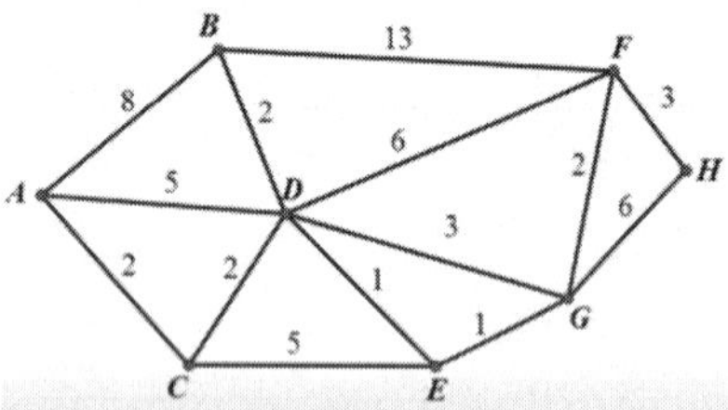

V	A	B	C	D	E	F	G	H
A	$\boxed{0_A}$	8_A	2_A	5_A	∞	∞	∞	∞
C		8_A	$\boxed{2_A}$	4_C	7_C	∞	∞	∞
D		6_D		$\boxed{4_C}$	5_D	10_D	7_D	∞
E		6_D			$\boxed{5_D}$	10_D	6_E	∞
B		$\boxed{6_D}$				10_D	6_E	∞
G						8_G	$\boxed{6_E}$	12_G

최단거리가 가장 작은 F를 고르고, F 에서 나가는 모든 인접 node의 최단 거리를 갱신한다. 여기서는 여기서 눈 여겨 볼 것은 H의 최단거리가 줄게 된다.

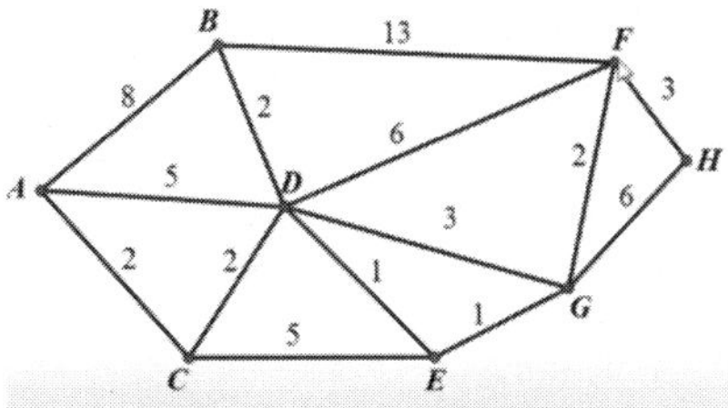

V	A	B	C	D	E	F	G	H
A	$\boxed{0_A}$	8_A	2_A	5_A	∞	∞	∞	∞
C		8_A	$\boxed{2_A}$	4_C	7_C	∞	∞	∞
D		6_D		$\boxed{4_C}$	5_D	10_D	7_D	∞
E		6_D			$\boxed{5_D}$	10_D	6_E	∞
B		$\boxed{6_D}$				10_D	6_E	∞
G						8_G	$\boxed{6_E}$	12_G
F						$\boxed{8_G}$		

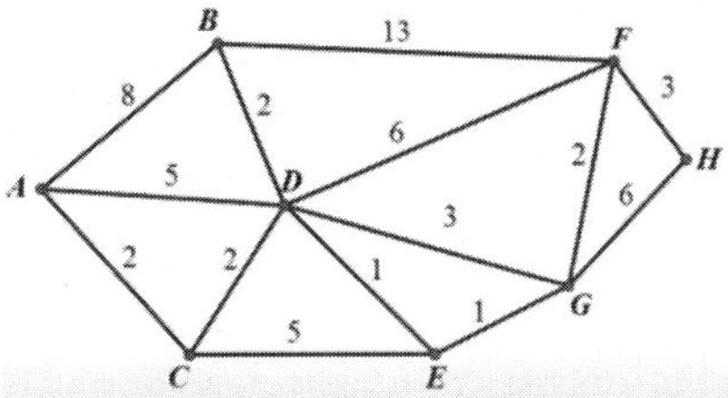

V	A	B	C	D	E	F	G	H
A	$\boxed{0_A}$	8_A	2_A	5_A	∞	∞	∞	∞
C		8_A	$\boxed{2_A}$	4_C	7_C	∞	∞	∞
D		6_D		$\boxed{4_C}$	5_D	10_D	7_D	∞
E		6_D			$\boxed{5_D}$	10_D	6_E	∞
B		$\boxed{6_D}$				10_D	6_E	∞
G						8_G	$\boxed{6_E}$	12_G
F						$\boxed{8_G}$		11_F

이제, 남은 node를 고르면 H가 되고, H는 최종 도착지이므로 알고리즘을 종료하고 결과를 출력한다. 최단 거리는 11이고, 11F 이므로, H의 전 node는 F (H ← F), F에는 8G 이므로, (H ← F ← G), G (6E), E (5D), D (4C), C (2A) 이므로 (H ← F ← G ← E ← D ← C ← A)의 경로가 된다. 확인해보면, 2+2+1+1+2+3 (11)이 된다.

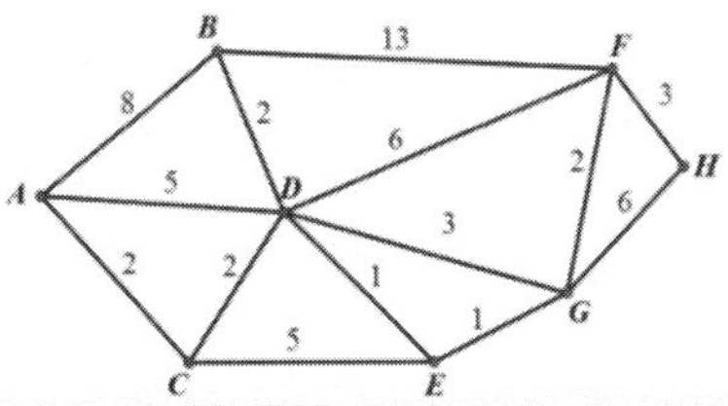

V	A	B	C	D	E	F	G	H
A	$\boxed{0_A}$	8_A	2_A	5_A	∞	∞	∞	∞
C		8_A	$\boxed{2_A}$	4_C	7_C	∞	∞	∞
D		6_D		$\boxed{4_C}$	5_D	10_D	7_D	∞
E		6_D			$\boxed{5_D}$	10_D	6_E	∞
B		$\boxed{6_D}$				10_D	6_E	∞
G						8_G	$\boxed{6_E}$	12_G
F						$\boxed{8_G}$		11_F
H								$\boxed{11_F}$

또다른 예를 통해 좀더 구현에 가까운 형태로 설명한다. 선형 탐색을 이용하는 경우 가까운 정점부터 인접 정점을 모두 검사하고 해당 정점들을 거쳐 다른 모든 정점으로 향하는 가중치(거리)가 가장 작은 경로(최단 경로)를 찾는 과정을 더 이상 인접 정점이 없을 때까지 반복하여 그 가중치를 구할 수 있다.

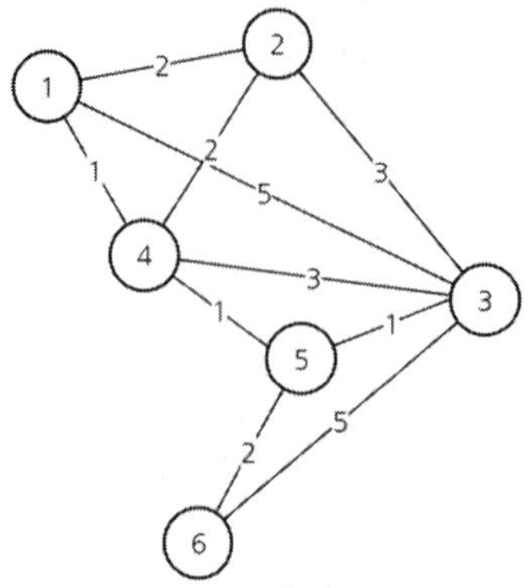

1번 node를 시작점으로 선택한다고 하였을 때, 1번 node로부터 다른 node로의 거리는 다음과 같다. 단, 표에서 n번째 열은 n번 node까지의 거리를 나타내며, 무한이라고 표시된 부분은 실제 거리를 나타낸 것이 아니라 아직 거리가 측정되지 않았기 때문에 유효하지 않음을 의미한다.

0	2 (n1)	5 (n1)	1 (n1)	∞ (INF)	∞ (INF)

현재까지 최소 거리는 4번 node이므로 4번 node를 선택하고, 1번 node에서 4번 node를 거쳐서 각각의 node로 이동한다고 했을 때 기존의 거리보다 작을 시 그 값을 갱신한다. 예시의 경우 1번 node에서 4번 node를 거쳐 3번 node에 도달하는 거리는 (1+3), 즉 4로 기존의 5보다 작으므로 값이 갱신된다. 또한 5번 node로 가는 길이 열렸으므로 값을 추가해준다.

0	2 (n1)	4 (n4)	1 (n1)	2 (n4)	∞ (INF)

다음으로, 방문하지 않은 node 중 최소 거리를 기록하고 있는 2번 node를 선택한다. 이 경우, 바뀌는 최소 거리가 없다. 예를 들어, 2번 node를 거쳐 3번 node로 가는 경우 (2+3), 즉 5의 거리로 이동되는데 이 값은 위 표의 4보다 크므로 갱신될 필요가 없다.

0	2 (n1)	4 (n4)	1 (n1)	2 (n4)	∞ (INF)

마찬가지의 과정으로 5번 node를 선택하였고 4번, 5번 node를 거쳐서 3번 node로 이동할 때 (1+1+1), 즉 3을 기록하며 기존의 4보다 작으므로 값을 갱신한다. 또한 5번 node를 선택함으로써 6번 node로 가는 길이 확장되었기 때문에 무한에서 4로 값을 수정한다.

0	2 (n1)	3 (n5)	1 (n1)	2 (n4)	4 (n5)

나머지 3번과 6번 node를 선택하는 경우에는 갱신되는 값이 없으므로 최종적인 배열은 다음과 같다.

0	2 (n1)	3 (n5)	1 (n1)	2 (n4)	4 (n5)

16.4 Dijkstra 알고리즘의 동작: Priority Queue 를 이용하는 방법

```
procedure dijkstra(G,l,s)
Input:  Graph G = (V,E), directed or undirected;
        positive edge lengths {l_e : e ∈ E}; vertex s ∈ V
Output: For all vertices u reachable from s, dist(u) is set
        to the distance from s to u.

for all u ∈ V:
   dist(u) = ∞
   prev(u) = nil
dist(s) = 0


H = makequeue(V)  (using dist-values as keys)
while H is not empty:
   u = deletemin(H)
   for all edges (u,v) ∈ E:
       if dist(v) > dist(u) + l(u,v):
          dist(v) = dist(u) + l(u,v)
          prev(v) = u
          decreasekey(H,v)
```

heap 자료 구조인 우선순위 큐를 이용한다면 기본 작동 원리는 위 그림과 같이 나타낼 수 있다. 우선 순위 큐를 이용한 경우의 예를 한 단계씩 살펴본다. 우선 V1을 시작 node로 선택되고, V1의 최단 거리만 0으로 하고, 나머지 node들의 최단 거리는 모두 무한대로 정한다.

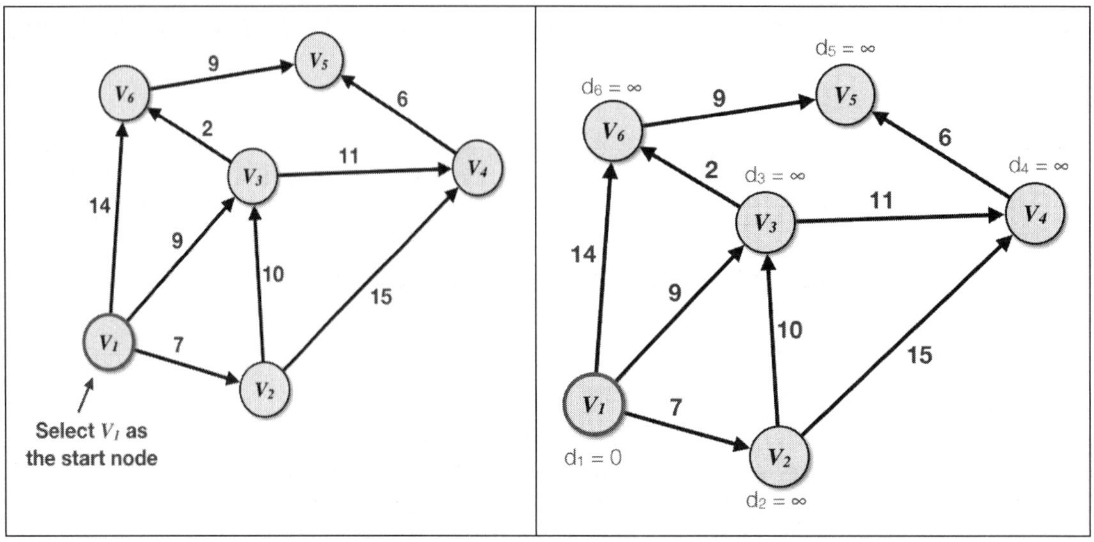

시작 node를 포함한 모든 node들을 Min Heap (최소 값이 맨 위에 나오는 Heap)에 추가한다. 각 node의 최단 거리에 따라 추가하게 되면 아직은 시작 node의 최단 거리만 0이고, 나머지 node들의 최단 거리는 무한대이므로, 왼쪽 그림과 같이 정렬된다.

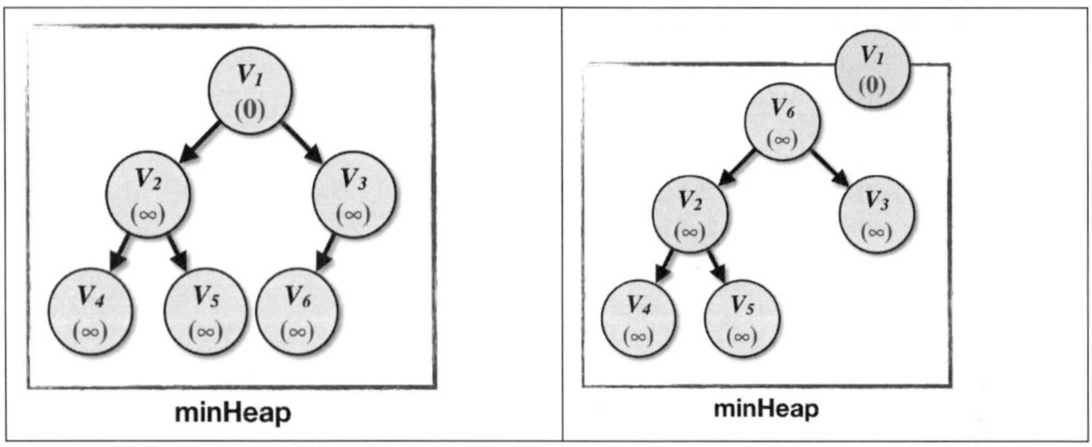

이제 Min Heap에서 제일 최단거리가 작은 node를 빼면, V1이 뽑히고, V1과 인접한 모든 node들 (V2, V3, V6)의 최단 거리를 갱신하고, Min Heap을 다시 정렬하면, 왼쪽 그림과 같이 된다.

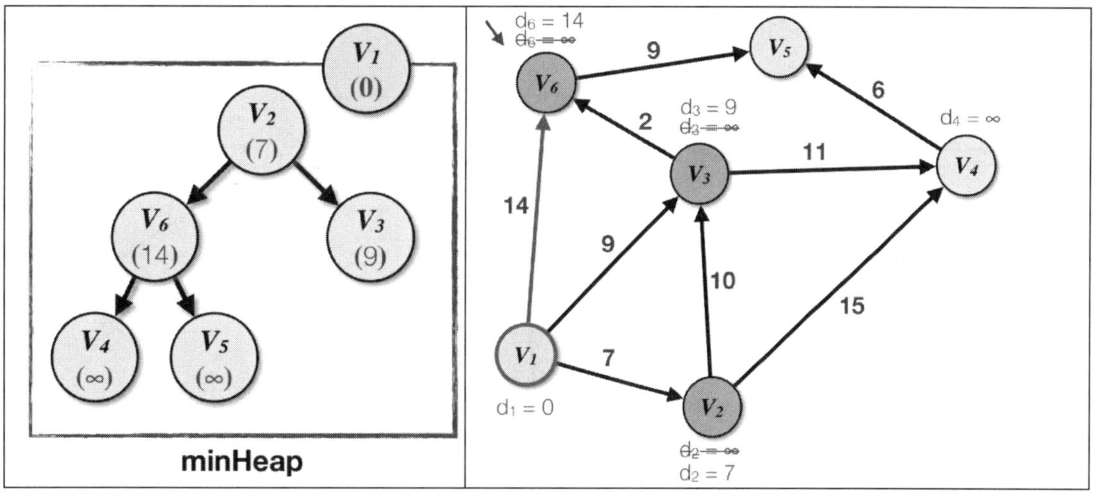

이제 Min Heap에서 최단거리가 제일 작은 V2를 고르고, V2와 연결된 node들의 최단 거리를 갱신한다. V3는 최단 거리가 9인데, V2를 거치면 17이 되므로 변경이 없고, V4만 22로 변경된다. Min Heap의 값을 갱신된 값으로 정렬하면 아래 그림과 같다.

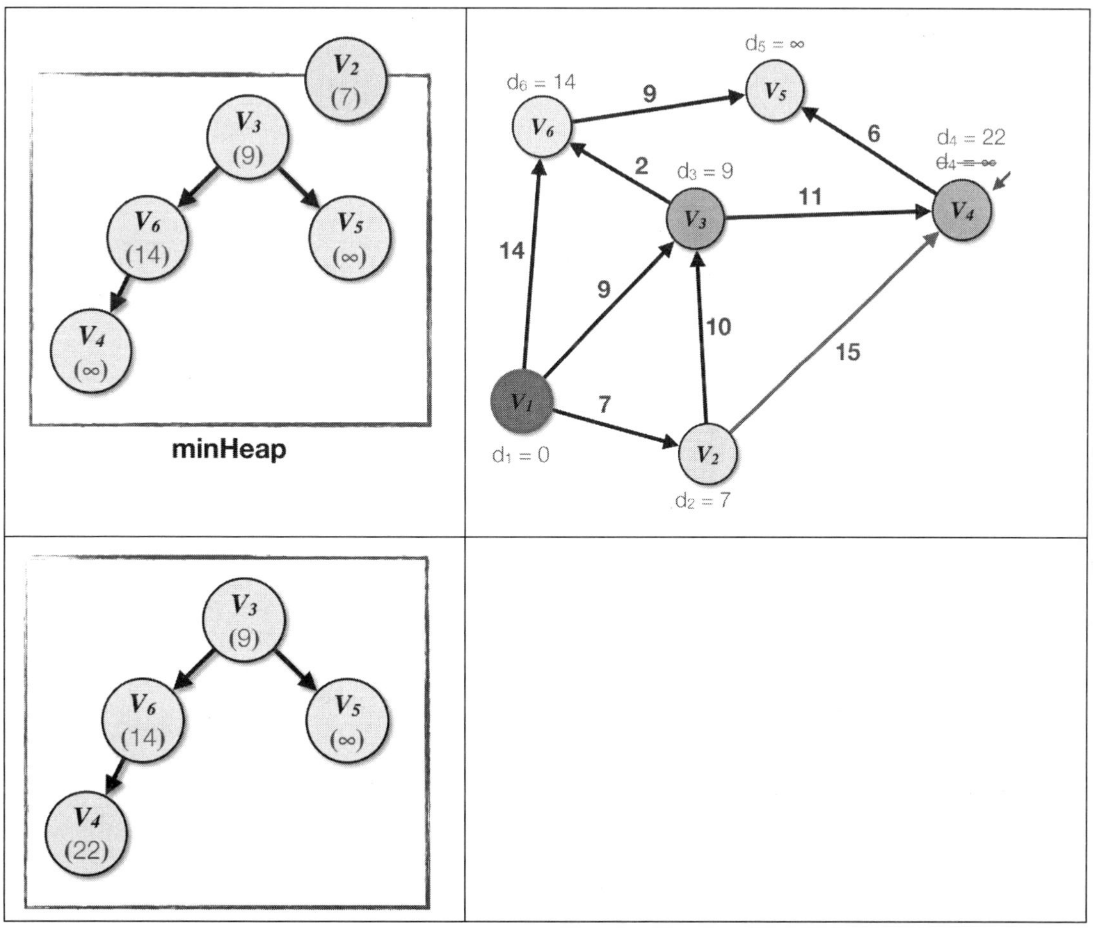

다시 제일 작은 V3을 뽑고, V3에 연결된 node들의 최단 거리를 갱신한다. 갱신된 값으로

Min Heap을 정렬하면 아래 그림과 같다.

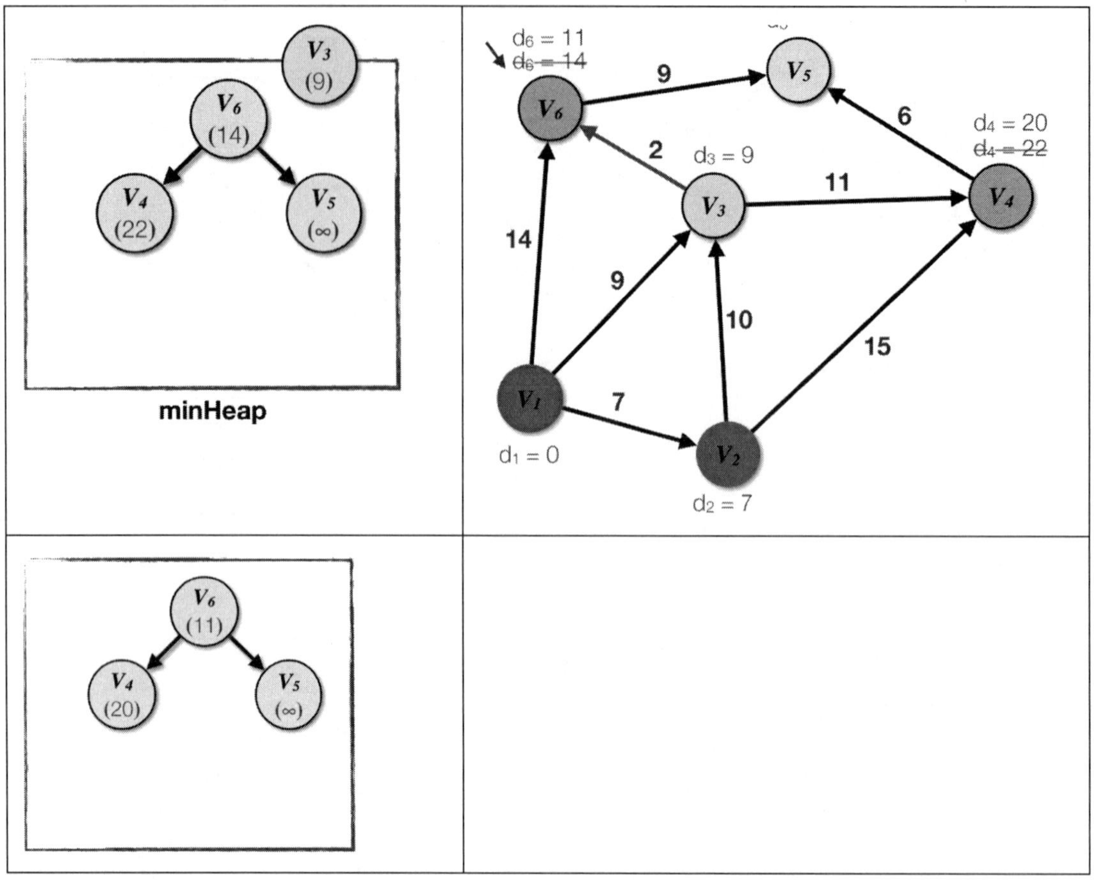

V6을 뽑고, V5의 최단 거리가 20으로 바뀌면서 Min Heap가 다시 정렬된다.

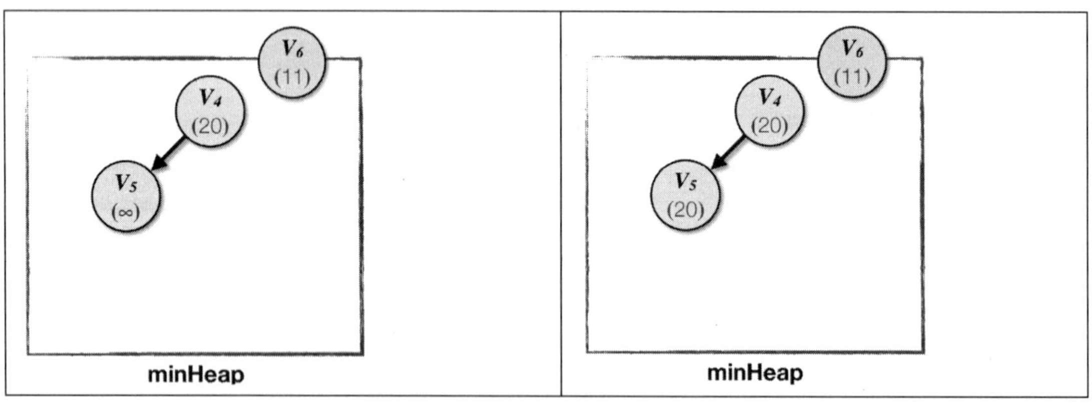

V4를 뽑고 아무 것도 바뀌지 않는다. V5를 뽑았는데, V5에서 더 이상 인접 node가 없으므로 중지한다.

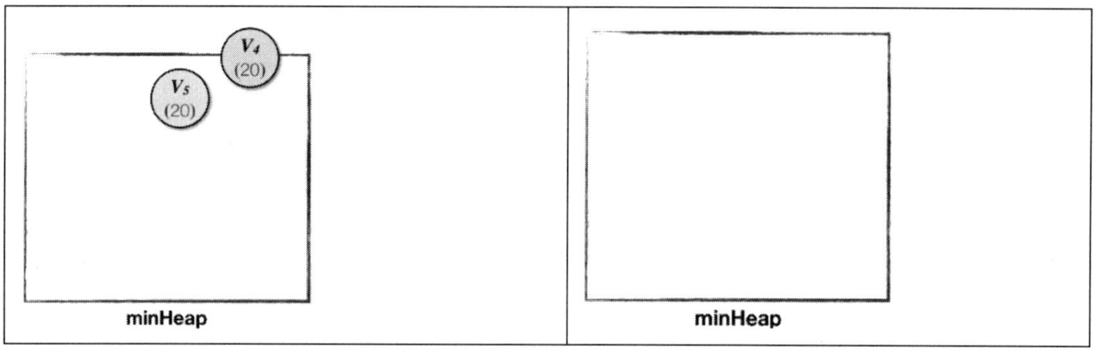

또다른 예를 통해 좀더 구현에 가까운 형태로 설명한다. 우선순위 큐에는 (시작 node로부터의 거리, 해당 node의 번호)와 같은 쌍의 형태로 저장된다. 이의 경우, 원소 쌍을 최단 거리를 기준으로 배열하여 아직 방문하지 않은 node 중 시작점으로부터의 거리가 가장 짧은 node를 찾고 갱신하는 일련의 과정을 보다 더 빠르게 해결할 수 있다.

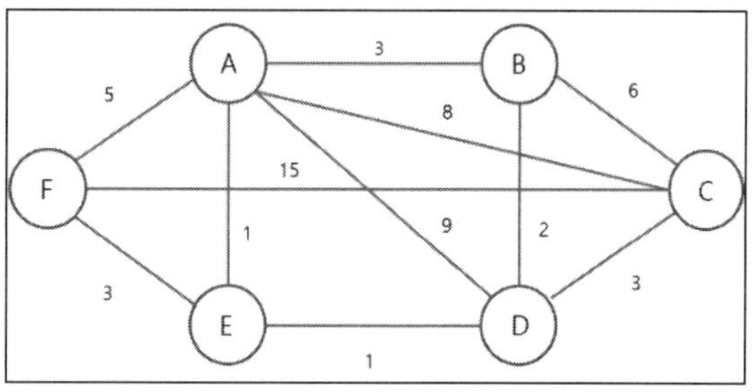

먼저 시작 정점을 기준으로 배열을 선언하여 시작 정점에서 각 정점까지의 거리를 저장한다. 초기에는 첫 정점까지의 가중치는 0, 나머지는 INF로 저장하는 초기화의 과정을 거친다. 우선순위 큐에는 인접 정점과 해당 정점까지의 가중치를 저장하므로 초기화의 단계에서는 (A,0)만 넣는다.

A	B	C	D	E	F
0	INF	INF	INF	INF	INF

우선순위 큐	(A,0)

우선순위 큐가 설정되었으므로 해당 큐(A,0)를 가져와서 해당 정점에서 인접 정점까지의 가중치를 배열에 업데이트하며 업데이트된 정점은 우선순위 큐에 가중치가 작은 순으로 다시 넣는다.

(A,0)

A	B	C	D	E	F
0	3	8	9	1	5

우선순위 큐	(E,1), (B,3), (F,5), (C,8), (D,9)

이제 우선순위 큐에서 정점을 하나씩 꺼내 가중치가 더 작은 경우에만 최단거리를 업데이트하고 업데이트된 정점들만 우선순위 큐에 추가하는 과정을 반복한다. (제일 작은 (E, 1) 꺼낸다)

A	B	C	D	E	F
0	3	8	2	1	4

우선순위 큐	(D,2), (B,3), (F,4), (F,5), (C,8), (D,9)

제일 작은 (D, 2) 꺼낸다

A	B	C	D	E	F
0	3	5	2	1	4

우선순위 큐	(B,3), (F,4), (C,5), (F,5), (C,8), (D,9)

제일 작은 (B,3) 꺼낸다

A	B	C	D	E	F
0	3	5	2	1	4

우선순위 큐	(F,4), (C,5), (F,5), (C,8), (D,9)

위의 과정을 반복하여 우선순위 큐에 더 이상 정점이 없으면 당시의 배열이 각 정점까지의 거리가 최단거리인 배열을 나타내게 된다.

16.5 Dijkstra 알고리즘의 시간 복잡도

선형 탐색을 이용하는 경우의 시간 복잡도: 먼저 우선순위 큐를 이용하지 않고 이차원 배열을 이용하여 선형 탐색을 이용하여 구현할 경우, node가 V개, edge가 E개 있다고 하면, 시작 node를 제외한 모든 node에 대하여 가장 가까운 점을 찾고 최단 거리를 갱신해주는 과정을 거치므로 $O(V^2)$가 된다.

우선순위 큐를 이용하는 경우: 더 빠른 작동을 위해 우선순위 큐를 이용할 경우 우선순위 큐에 올라가는 가장 가중치가 작은 정점에 대해 먼저 계산하여 선형 탐색의 경우와 달리 더 긴 거리로 계산된 루트에 대한 계산을 생략할 수 있어 불필요한 계산을 생략할 수 있다.

우선순위 큐를 이용하게 되면 시간 복잡도는 O(|E| log|V|) 이며, 이유는 다음과 같다. 모든 간선을 검사 (시간 복잡도 O(|E|)) 해야 하고, 모든 node V 개에 대해서, 우선순위 큐에 node를 삽입 및 삭제 (시간 복잡도 O(V log V))하는 시간 (우선순위 큐를 이용할 경우 log V만에 최솟값이 가장 위로 올라오도록 정렬이 됨)을 총 합하면 전체 시간 복잡도는 O(|E| + |V| * log |V|)이다.

16.6 Dijkstra 알고리즘

C언어에서 활용되는 Dijkstra 알고리즘에 대하여 알아보자. 다음은 사용자로부터 node와 간선의 개수, 그리고 가중치를 입력 받고 Dijkstra 알고리즘을 통하여 최단 경로를 찾는 소스 코드이다. 인접행렬에서 각 행렬의 원소들은 시작 정점에서 다른 정점으로 가는 가중치(거리)를 2차원 배열에 저장해 놓는다. 이 때 B->E와 같이 직접 간선이 없는 경우에는 비용을 0이 아닌 매우 큰 값(INF)으로 설정해주면 된다.

다음과 같은 그래프에 대해서, 아래 행렬과 같이 표시한다.

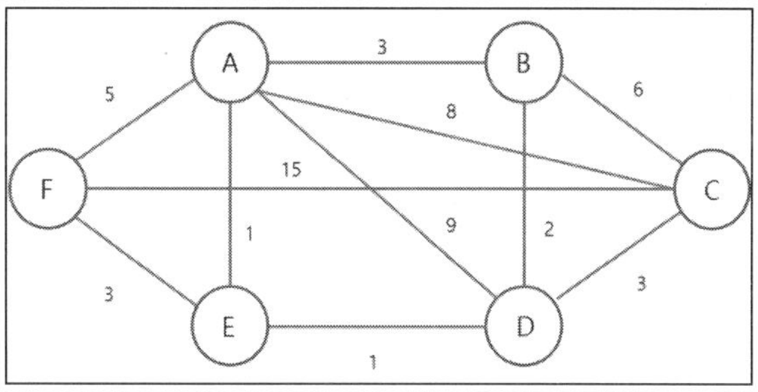

	A	B	C	D	E	F
A	0	3	8	9	1	5
B	3	0	6	2	INF	INF
C	8	6	0	3	INF	15
D	9	2	3	0	1	INF
E	1	INF	INF	1	0	3
F	5	INF	15	INF	3	0

이제 시작하는 정점을 A로 정하면, A가 갈 수 있는 정점 중에서 가장 거리가 가까운 정점은

E이다. 따라서 E를 거쳐서 다른 정점으로 갈 경우 거리가 더 짧은 경우 거리를 갱신해준다. A->D보다 A->E->D와 같이 거리가 더 짧은 경우 거리를 수정해준다. 거리를 갱신한 경우 거리와 방문한 정점을 빨간 글자로 표시한다.

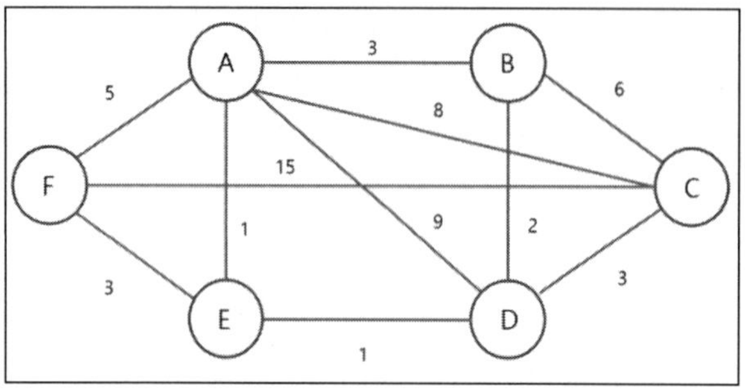

	A	B	C	D	E	F
A	0	3	8	2	1	4

A에서 가장 가까운 정점인 E을 방문하여 인접 정점으로 가는 경우를 모두 검사했으니 이제 다음으로 가까운 정점인 D를 방문하여 거쳐가는 경우를 계산하여 위와 같이 갱신할 것이다.

	A	B	C	D	E	F
A	0	3	5	2	1	4

이와 같이 다른 정점들을 거치는 경우를 계속해서 갱신해 나가 더 이상 방문할 정점이 없으면 알고리즘이 완료된다. 위의 예시에서는 더 이상 갱신할 것이 없으므로 최종 결과는 아래와 같다.

	A	B	C	D	E	F
A	0	3	5	2	1	4

다음은 Dijkstra 알고리즘을 구현한 코드와 실행 결과이다.

```
import heapq  # 우선순위 큐 구현을 위함


def dijkstra(graph, start):
    distances = {node: float('inf') for node in graph}
    # start로 부터의 거리 값을 저장하기 위함
    distances[start] = 0  # 시작 값은 0이어야 함
```

```
    queue = []
    heapq.heappush(queue, [distances[start], start])  # 시작 노드부터 탐색 시작 하기 위함.

    while queue:  # queue에 남아 있는 노드가 없으면 끝
        current_distance, current_destination = heapq.heappop(queue)
        # 탐색 할 노드, 거리를 가져옴.

        if distances[current_destination] < current_distance:
        # 기존에 있는 거리보다 길다면, 볼 필요도 없음
            continue

        for new_destination, new_distance in graph[current_destination].items():
            distance = current_distance + new_distance  # 해당 노드를 거쳐 갈 때 거리
            if distance < distances[new_destination]:  # 알고 있는 거리 보다 작으면 갱신
                distances[new_destination] = distance
                heapq.heappush(queue, [distance, new_destination])
                # 다음 인접 거리를 계산 하기 위해 큐에 삽입

    return distances


graph = {
    'A': {'B': 8, 'C': 1, 'D': 2},
    'B': {},
    'C': {'B': 5, 'D': 2},
    'D': {'E': 3, 'F': 5},
    'E': {'F': 1},
    'F': {'A': 5}
}

print(dijkstra(graph, 'A'))
```

```
{'A': 0, 'B': 6, 'C': 1, 'D': 2, 'E': 5, 'F': 6}
>
```

참고 사이트: https://justkode.kr/algorithm/python-dijkstra

16.7 Bellman-Ford 알고리즘

Dijkstra 알고리즘이 정점을 기준으로 최단 경로를 탐색했다면, 이 방법은 간선을 중심으로 최단 경로를 탐색한다. Dijkstra 알고리즘은 음의 가중치가 있는 경우 사용이 불가능하지만, Bellman-Ford 알고리즘은 음수인 edge를 처리할 수 있으므로, Dijkstra 알고리즘에 비해서 보다 일반적으로 쓰일 수 있다. Bellman-Ford 알고리즘의 pseudo code는 다음과 같다.

```
function bellmanFord(G, S)
  for each vertex V in G
    distance[V] <- infinite
      previous[V] <- NULL
  distance[S] <- 0

  for each vertex V in G
    for each edge (U,V) in G
      tempDistance <- distance[U] + edge_weight(U, V)
      if tempDistance < distance[V]
        distance[V] <- tempDistance
        previous[V] <- U

  for each edge (U,V) in G
    If distance[U] + edge_weight(U, V) < distance[V}
      Error: Negative Cycle Exists

  return distance[], previous[]
```

위의 알고리즘을 가지고, 아래 그림의 그래프에 대해서 한 단계씩 진행해본다. 아래의 그래프를 보면, -5라는 음수 edge가 있다. 다만 음수와 음수가 cycle을 만들게 되면, 계속해서 줄어들기 때문에, 음수 cycle은 허용하지 않는다 (위의 pseudo code에서 마지막 부분에서 계속해서 값이 줄어들면, 음수 cycle이 생기는 것을 알 수 있다).

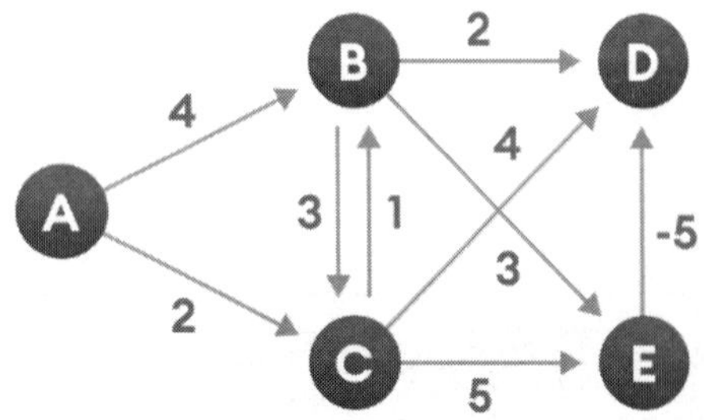

알고리즘의 처음 부분에 나와 있는 대로, 처음 시작 node의 최단 거리는 0으로 하고, 다른 모든 node의 최단 거리는 무한대로 설정한다. 오른쪽 그림처럼, 각각의 node에 대해서 들어오는 방향의 모든 edge로 최단 거리를 다시 갱신한다. 모든 node V 에 대해서 반복하게 되고, node의 최단거리 값이 더 이상 변화가 없으면 중지한다. 어느 정도 돌리면, 3 2 1 6 값이 더 이상 변하지 않으므로 중지하게 된다.

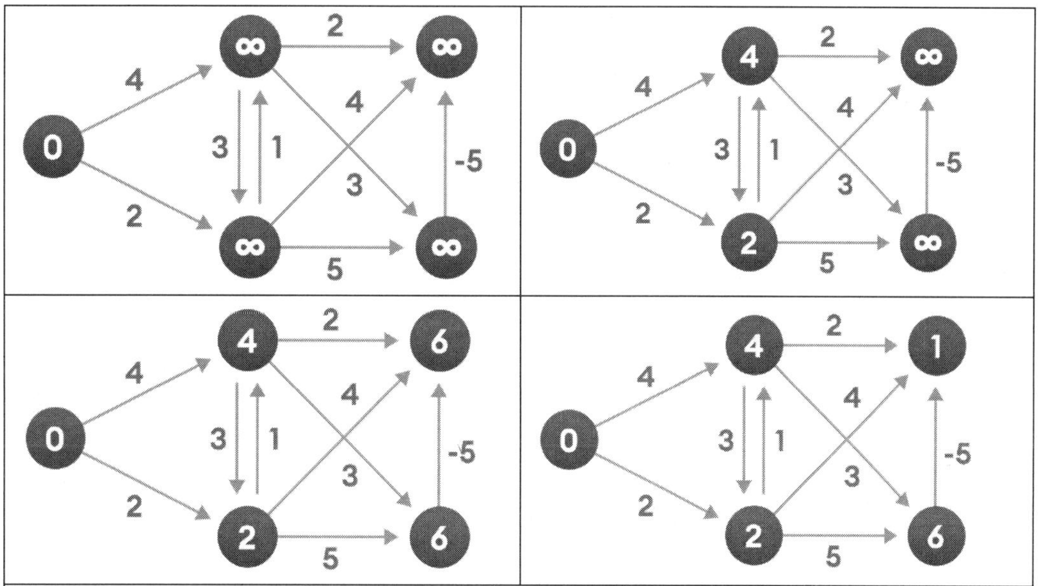

	B	C	D	E
0	∞	∞	∞	∞
0	4	2	∞	∞
0	3	2	6	6
0	3	2	1	6
0	3	2	1	6

Bellman-Ford 알고리즘은 모든 V에 대해서, 들어오는 모든 E에 대해서 검사하기 때문에, O(|V| * |E|)가 되는데, V 들간에 edge가 많아지면, O(|V| * |V|*|V|) 가 되어, O(|V|^3)이 된다. 이는 Dijkstra 알고리즘에 비해 데이터를 처리하는 속도가 느리다는 단점이 있다. Bellman-Ford 알고리즘과 Dijkstra 알고리즘을 비교하면 다음과 같다.

```
function bellmanFord(G, S)
    for each vertex V in G
        distance[V] <- infinite
        previous[V] <- NULL


    distance[S] <- 0

    for each vertex V in G

        for each edge (U,V) in G
            tempDistance <- distance[U] + edge_weight(U, V)
            if tempDistance < distance[V]
                distance[V] <- tempDistance
                previous[V] <- U

    for each edge (U,V) in G
        If distance[U] + edge_weight(U, V) < distance[V}
            Error: Negative Cycle Exists

    return distance[], previous[]
```

```
function dijkstra(G, S)
    for each vertex V in G
        distance[V] <- infinite
        previous[V] <- NULL
        If V != S, add V to Priority Queue Q

    distance[S] <- 0

    while Q IS NOT EMPTY
        U <- Extract MIN from Q
        for each unvisited neighbour V of U
            tempDistance <- distance[U] + edge_weight(U, V)
            if tempDistance < distance[V]
                distance[V] <- tempDistance
                previous[V] <- U

    return distance[], previous[]
```

16.8 Bellman-Ford 알고리즘

다음은 Bellman-Ford 알고리즘을 구현한 코드와 실행 결과이다.

```
# bellman ford algorithm works with a graph in which edges can have negative weights
import math

def bellman_ford1(num_vertexs, edges, source):
    # distance from source to the other vertext
    distance = [math.inf for i in range(num_vertexs)]
    distance[source] = 0

    # precedessor to the node
    precedessor = [None for i in range(num_vertexs)]

    for i in range(num_vertexs-1):
        # relaxation
        for e_source, e_dest, e_weight in edges:
            if distance[e_dest] > distance[e_source] + e_weight:
                distance[e_dest] = distance[e_source] + e_weight
                precedessor[e_dest] = e_source

    # negatie cycle when another way is shorter.
    for e_source, e_dest, e_weight in edges:
        another_weight = distance[e_source] + e_weight
        assert distance[e_dest] <= another_weight

    return distance, precedessor


def bellman_ford2(num_vertexs, edges, source):
    # distance from source to the other vertext
    distance = [math.inf for i in range(num_vertexs)]
    distance[source] = 0

    for i in range(num_vertexs-1):
```

```
        # relaxation
        for e_source, e_dest, e_weight in edges:
            if distance[e_dest] > distance[e_source] + e_weight:
                distance[e_dest] = distance[e_source] + e_weight

    # negatie cycle when another way is shorter.
    for e_source, e_dest, e_weight in edges:
        another_weight = distance[e_source] + e_weight
        assert distance[e_dest] <= another_weight

    return distance



if __name__ =="__main__":
    edges = [(1,2, 10), (2,3,-2), (4,2,3), (0,3,5),
                         (0,1,2), (4,3,6), (1,3,6),(1,4,6) , (3,1,10)]
    num_vertexs = 5
    distance1, precedessor1 = bellman_ford1(num_vertexs, edges, 0)
    distance2  = bellman_ford2(num_vertexs, edges, 0)

    print(distance1, precedessor1)
    print(distance2)
```

```
[0, 2, 11, 5, 8] [None, 0, 4, 0, 1]
[0, 2, 11, 5, 8]
>
```

참고 사이트: https://jrc-park.tistory.com/275

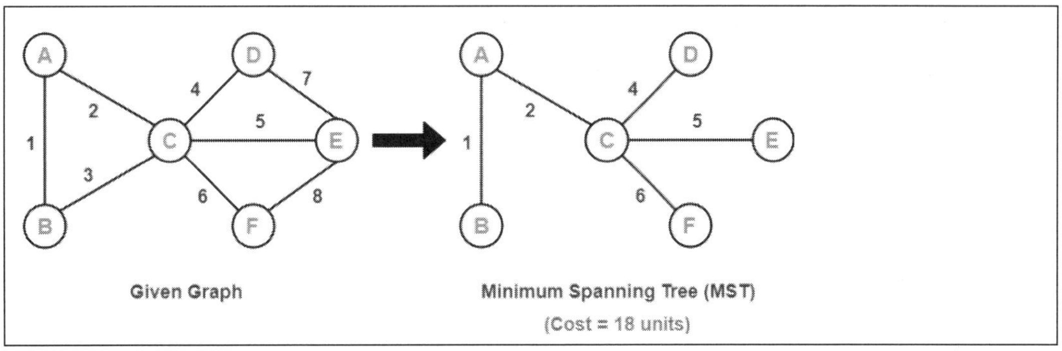

그래프 이론은 Euler라는 수학자가 쾨니리스베르크 (지금의 러시아 칼리닌그라드)에 있는7개의 다리 문제에서 시작하였다. 쾨니리스베르크에는 프레겔 강이 흐르고 있고, 이 강에는 두 개의 큰 섬이 있다. 그리고 이 섬들과 도시의 나머지 부분을 연결하는 7개의 다리가 있다. 이때 7개의 다리들을 한 번만 건너면서 처음 시작한 위치로 돌아오는 길이 있는가 하는 것이 문제이다. 1735년에 Euler가 이 문제가 불가능하다는 것을 증명했다. 그후로 Graph 이론은 많은 응용 분야를 가지게 되었는데, 그 중 한 문제가 MST (minimum spanning tree) 문제이다. MST 문제는 graph의 edge 들 중에서 일부를 선택해서 가장 edge 들의 합이 작은 tree를 구하는 문제이다. Kruskal 과 Prim 의 알고리즘을 중심으로 하여 다음과 같은 순서로 설명한다.

17.1 그래프 (Graph)와 트리 (Tree)
17.2 최소 비용 신장 트리 (Minimum Spanning Tree, MST)
17.3 MST 응용 분야
17.4 Kruskal MST 알고리즘의 동작원리
17.5 Kruskal MST 알고리즘의 Time Complexity
17.6 Kruskal MST 알고리즘의 구현
17.7 Prim MST 알고리즘의 동작원리
17.8 Prim MST 알고리즘의 구현
17.9 Kruskal 과 Prim 알고리즘 비교

17.1 그래프 (Graph)와 트리 (Tree)

노드 (node)는 컴퓨터 과학에 쓰이는 기초적인 단위로, 대형 네트워크에서는 장치나 데이터 지점(data point)을 의미한다. 그래프(Graph)는 노드와 그 노드를 연결하는 간선 (edge)을 하나로 모아 놓은 자료 구조로, 연결되어 있는 객체 간의 관계를 표현할 수 있다. 트리는 그래프의 한 종류로, 좀 더 세부적으로는 DAG (Directed Acyclic Graph, 방향성이 있는 비순환 그래프)의 한 종류이다. 트리는 하나의 루트 노드를 가지며, 루트 노드는 0개 이상의 자식 노드를 갖고 있다. 자식 노드 또한 0개 이상의 자식 노드를 가지고 있고, 이는 반복적으로 정의된다. 다음은 트리와 관련된 몇 가지 용어이다.

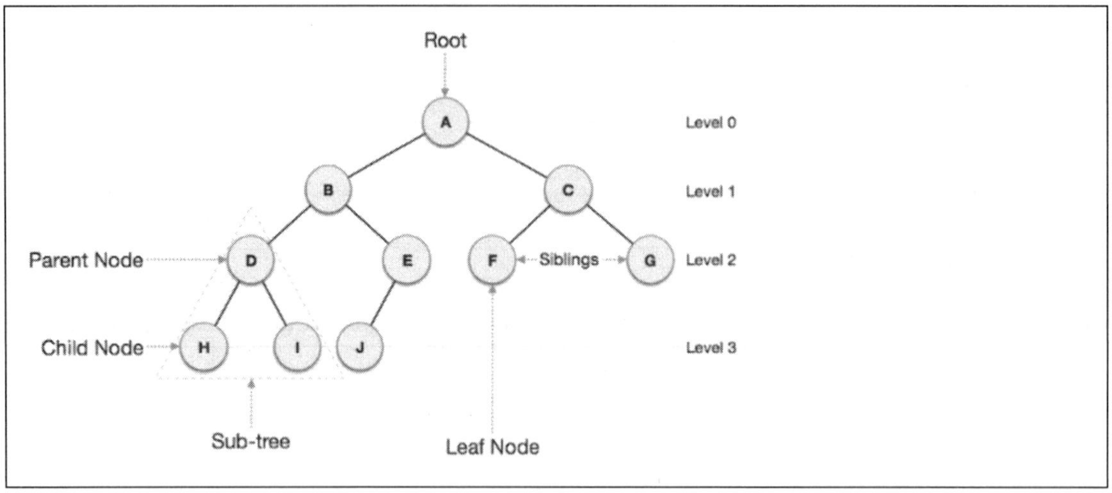

루트 노드 (root node): 부모가 없는 노드
단말 노드 (leaf node): 자식이 없는 노드, '말단 노드' 또는 '잎 노드'라고도 부른다.
내부 (internal) 노드: 단말 노드가 아닌 노드
간선 (edge): 노드를 연결하는 선 (link, branch 라고도 부름)
형제 (sibling): 같은 부모를 가지는 노드
노드의 크기 (size): 자신을 포함한 모든 자손 노드의 개수
노드의 깊이 (depth): 루트에서 어떤 노드에 도달하기 위해 거쳐야 하는 간선의 수
노드의 레벨 (level): 트리의 특정 깊이를 가지는 노드의 집합
노드의 차수 (degree): 하위 트리 개수 / 간선 수 (degree) = 각 노드가 지닌 가지의 수
트리의 차수 (degree of tree): 트리의 최대 차수
트리의 높이 (height): 루트 노드에서 가장 깊숙히 있는 노드의 깊이

17.2 최소 비용 신장 트리 (Minimum Spanning Tree, MST)

스패닝 트리 (Spanning Tree)란 그래프의 모든 정점을 포함하고 사이클을 포함하지 않는 트리 형태의 서브 그래프를 의미한다. 한 그래프에서 스패닝 트리는 여러 개가 존재할 수 있다. 스패닝 트리들 중에서 간선 가중치의 합이 가장 작은 것을 **Minimum Spanning Tree (MST)** 라고 한다.

아래 그림에서 A, B, C를 연결하려고 한다. 이 때, A, B, C는 정점 또는 노드 (node)라고 하며, 각 노드를 잇는 선 위에 적힌 값을 비용 또는 가중치 (weight)라고 한다. 여러 노드가 한

노드를 가리키는 사이클 (cycle) 없이, 노드들을 최소의 가중치로 연결한다면 – 즉, A, B, C를 최소한의 비용으로 잇는다면 – 바로 아래 오른쪽 그림과 같이 AB와 BC를 잇는 tree를 만들면 되고, 이 때 만들어지는 최소 비용을 가지는 tree를 MST라고 한다.

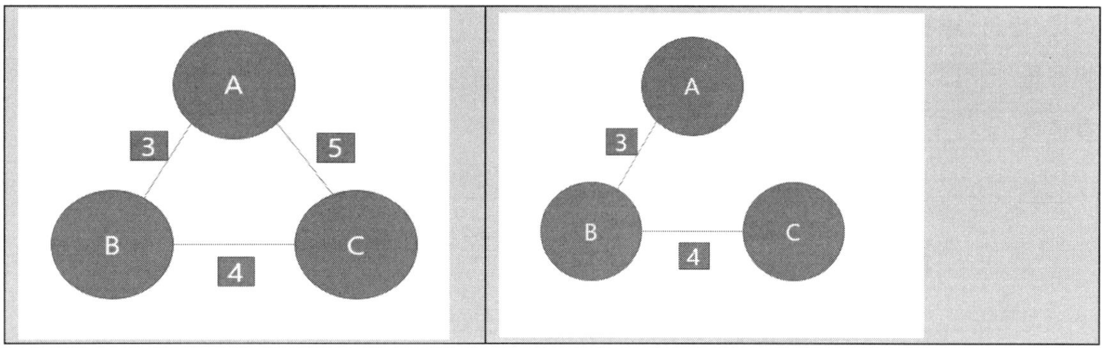

스패닝 트리와 마찬가지로 최소 스패닝 트리도 여러 개 존재할 수 있다. 이런 최소 스패닝 트리를 찾는 알고리즘에는 Kruskal 알고리즘 (Kruskal's Algorithm)과 Prim 알고리즘 (Prim's Algorithm)이 있다.

최소 신장 트리 ((MST, minimum spanning tree)란 그래프의 노드를 연결하는 간선의 가중치 합이 최소인 트리이다. 간선이란 각 노드들을 연결하는 선으로 가중치가 낮을수록 비용이 낮다. 즉 최소 신장 트리는 전체 네트워크 그래프에 있는 노드들을 가장 적은 수의 간선을 사용해서 (acyclic graph 인 tree 를 이용하므로 가능)가장 적은 비용이 되도록 모두 연결하는 것이다. 이때 전부 연결해서 외따로 떨어져 있는 노드가 없게 하되, 사이클이 형성되지 않도록 해야 한다. 이러한 상황에서 간선의 개수는 n 개의 노드를 가지고 있는 그래프에 대해 (n-1)개가 된다. 최소 신장 트리는 최소 효율의 트리를 찾는 방법이지, 최다 거리를 찾는 방법은 아니다. 최소 신장 트리는 통신망, 도로망, 유통망, 전기 회로 등 어떤 것의 네트워크를 형성하면서 길이와 비용 그리고 시간적 측면에서 최소로 구축하여 효율을 높이는데 활용한다.

17.3 MST 응용 분야

최소 신장 트리는 최소 효율의 트리를 찾는 방법이지, 최다 거리를 찾는 방법은 아니다. 최소 신장 트리는 통신망, 도로망, 유통망, 전기 회로 등 어떤 것의 네트워크를 형성하면서 길이와 비용 그리고 시간적 측면에서 최소로 구축하여 효율을 높이는데 활용한다.

최소 스패닝 트리는 통신망, 도로망, 유통망에서 길이, 구축 비용, 전송 시간 등을 최소로 구축하려는 경우에 이용된다. 예를 들어, 도시들을 모두 연결하면서 도로의 길이가 최소가 되게 하는 문제, 전기 회로에서 단자들을 모두 연결하면서 전선의 길이가 최소가 되게 하는 문제, 전화선의 길이가 최소가 되도록 전화 케이블 망을 구성하는 문제, 파이프를 모두 연결하면서 파이프의 총 길이가 최소가 되도록 연결하는 문제를 최소 스패닝 트리를 이용하면 해결할 수 있다.

예를 들어, n개의 도시가 있고 각 도시를 도로로 연결하는 비용 w가 알려져 있을 때, 최소 비용을 가지고 모든 도시들을 연결하는 방법을 구하는 문제를 Minimum Spanning Tree 로 풀어낼 수 있다.

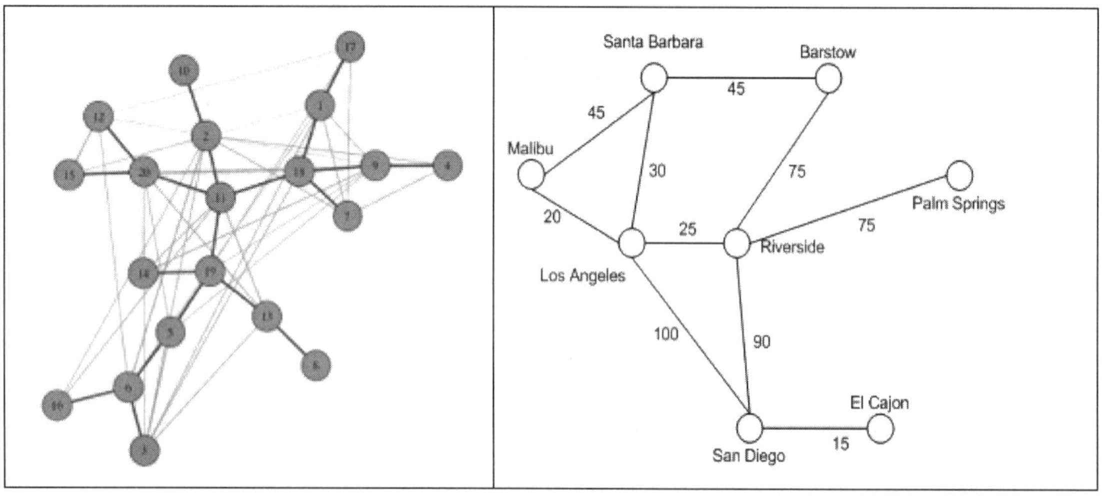

17.4 Kruskal MST 알고리즘의 동작원리

Kruskal 알고리즘은 탐욕적인 방법 (greedy method, 결정을 할 때마다 그 순간에 가장 좋다고 생각되는 것을 선택함으로써 최종적인 해답에 도달하는 방법)을 이용하여 하나의 최소 스패닝 트리를 찾아 간선의 가중치의 합의 최솟값을 찾는 알고리즘이다.

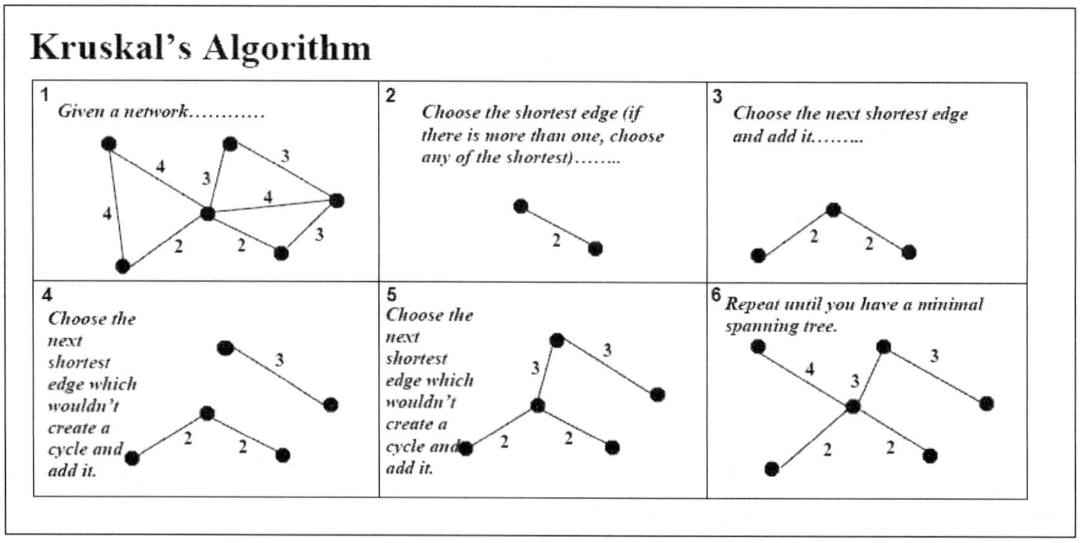

Well-defined Input 왼쪽 그림에서처럼, 노드들과 각 노드들 사이의 가중치가 주어진다.

Well-defined Output 오른쪽 그림에서처럼, 모든 노드들이 최소한의 가중치로 연결된 그래프를 반환한다. 이 때, 초록색 선들이 나타내는 것이 최소한의 가중치로 연결된 spanning 트리(MST)이다. MST에서는 n개의 노드가 있을 때, 각 노드들을 잇는 간선 혹은 변의 개수가 (n-1)이 된다.

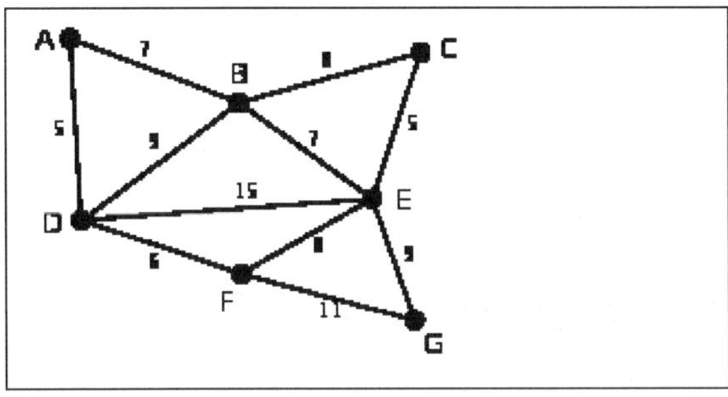

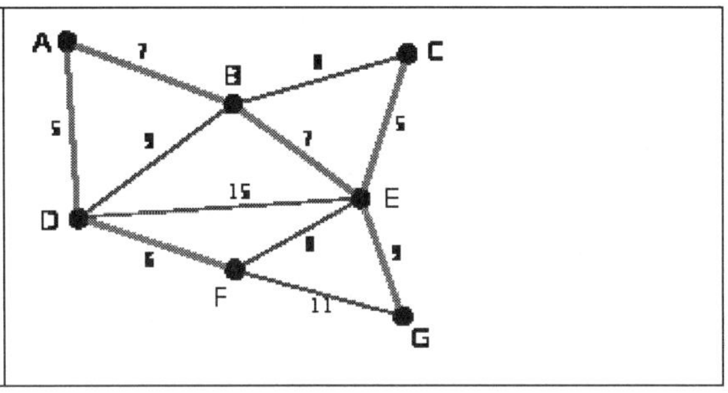

알고리즘 동작 방식은 다음과 같다. 아래 프로그램을 시작하기 전에, 그래프에서 n개의 노드들을 잇는 간선을 가중치의 오름차순으로 정렬한다. (이 과정은 위 pseudo code에는 포함되지 않았다). 가중치 정렬이 이루어진 후에, 오름차순으로 정렬된 간선들을 하나씩 빼서, 노드를 연결한다. 이 때, 사이클이 생기지 않도록 한다. 사이클이 생긴다면, 해당 간선은 버린다. 이 과정을 계속 반복한다. 이 알고리즘이 종료되면, 주어진 n개의 노드들을 (n-1)개의 최소 비용 간선이 있는 MST가 생성된다

Pseudocode For Kruskal's Method

```
Start with an empty set T of edges.
while (E is not empty && |T| != n-1)
{
   Let (u,v) be a least-cost edge in E.
   E = E - {(u,v)}. // delete edge from E
   if ((u,v) does not create a cycle in T)
     Add edge (u,v) to T.
}
if (| T | == n-1) T is a min-cost spanning tree.
else Network has no spanning tree.
```

아래 그래프에 대해서 Kruskal 알고리즘을 적용해 보면 다음과 같다.

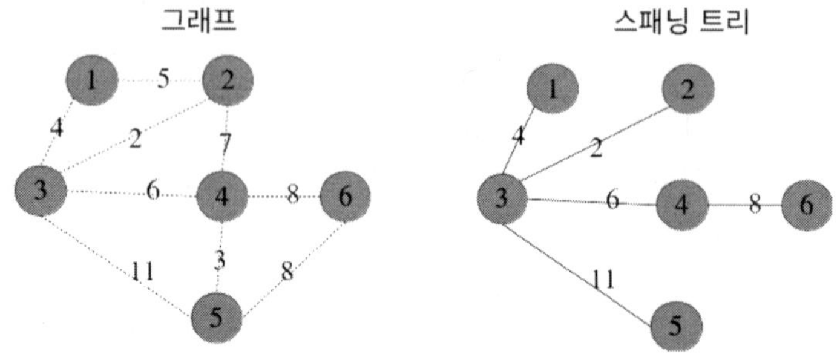

[1]. 오름차순으로 간선들을 정렬한다.

2,3	4,5	1,3	1,2	3,4	2,4	4,6	5,6	3,5
2	3	4	5	6	7	8	8	11

[2]. 정렬된 간선들 중에서 순서대로 사이클을 형성하지 않는 간선을 선택한다. 즉, 가장 낮은 가중치를 먼저 선택하되 사이클을 형성하는 간선을 제외시킨다.
[3]. 선택한 간선을 현재의 MST 집합에 추가한다.

(단계 2) 정점 2와 3의 가중치는 2이고 둘은 연결되어 있지 않으므로 이 둘을 연결하는 간선을 선택한다 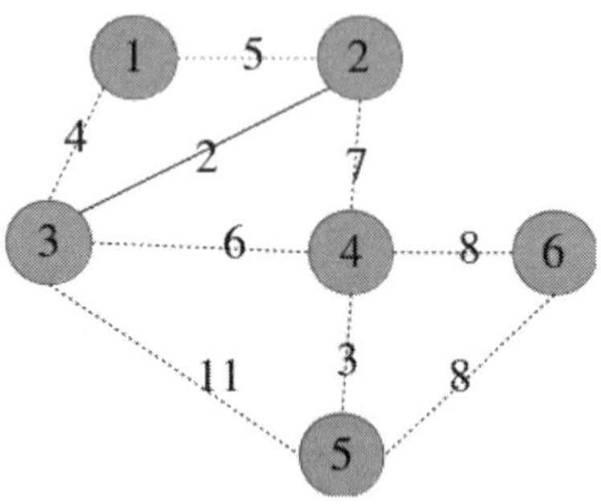	마찬가지로 4와 5 연결 간선을 선택한다. 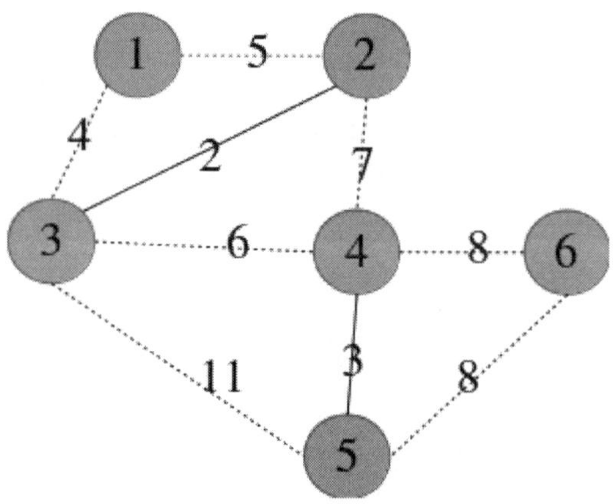
마찬가지로 1과 3 연결 간선을 선택한다.	현재 남아있는 가중치 중에서 정점 1과 2의 가중치가 가장 낮다. 그렇지만 1과 2는 이미 1-3-2로 연결되어 있으므로 이 둘을 연결하는 간선은 선택하지 않는다. 위와 같은 과정을 반복하면 다음과 같은 최소 스패닝 트리를 얻는다.

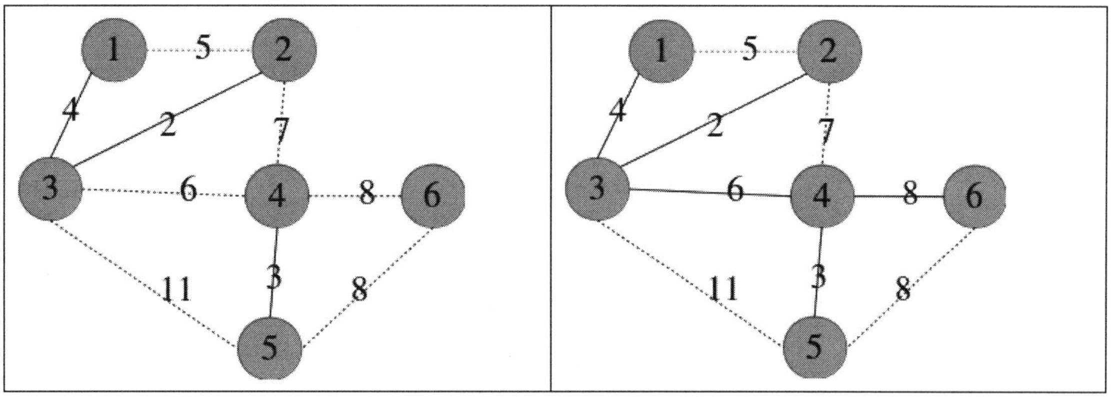

이번에는 다른 그래프에 대해서 적용해보았다. **(과정 1)** 그래프의 간선들을 가중치의 오름차순으로 정렬하면, { 5, 5, 6, 7, 7, 8, 8, 9, 9, 11, 15 } 가 된다. **(과정 2)** 가장 작은 가중치의 간선부터 하나씩 뽑는다. 가중치가 5인 간선은 AD와 CE가 있으며, 둘 중 어느 것을 먼저 선택해도 문제 없다. AD를 선택한다고 하자. 선택한 가중치는 가중치의 배열에서 제거한다. **(과정 3)** 다음 최소 가중치의 간선에 해당하는 CE를 연결한다. 연결하기 전에는 늘 사이클이 생성되는지 확인한다. **(과정 4)** 다음 최소 가중치 6에 해당하는 간선 DF를 연결한다. 이는 사이클을 형성하지 않는다. **(과정 5)** 다음 최소 가중치 7에 해당하는 간선 AB와 BE를 연결한다. 두 간선 모두 사이클을 형성하지 않는다. **(과정 6)** 다음 최소 가중치 8에 해당하는 간선 BC와 EF 모두 사이클을 형성하므로 연결하지 않는다. 가중치 9에 해당하는 간선 중 EG는 사이클을 형성하지 않으므로 연결하고, BD는 사이클을 형성하게 되므로 연결하지 않는다. 나머지 가중치 11과 15에 해당하는 간선 FG, ED도 사이클을 형성하게 되므로 연결하지 않는다. 빨간색으로 이어진 그래프가 MST이다.

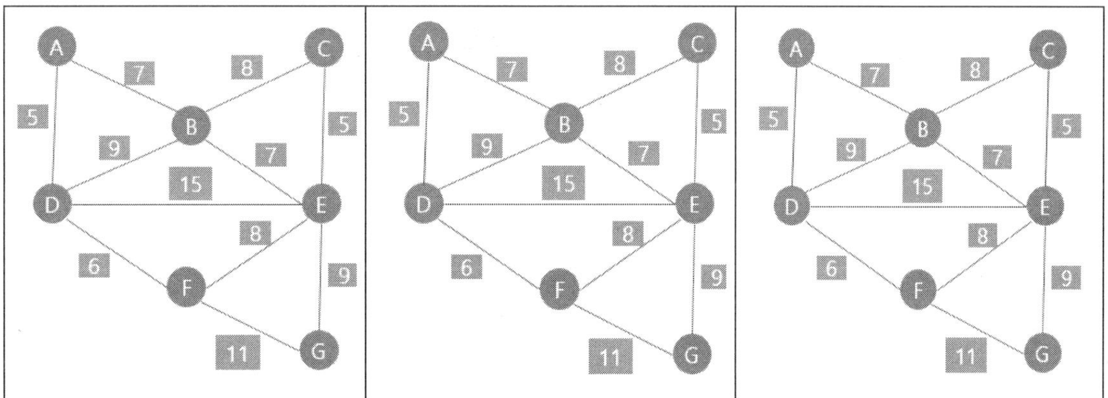

과정. 1 과정. 2 과정. 3

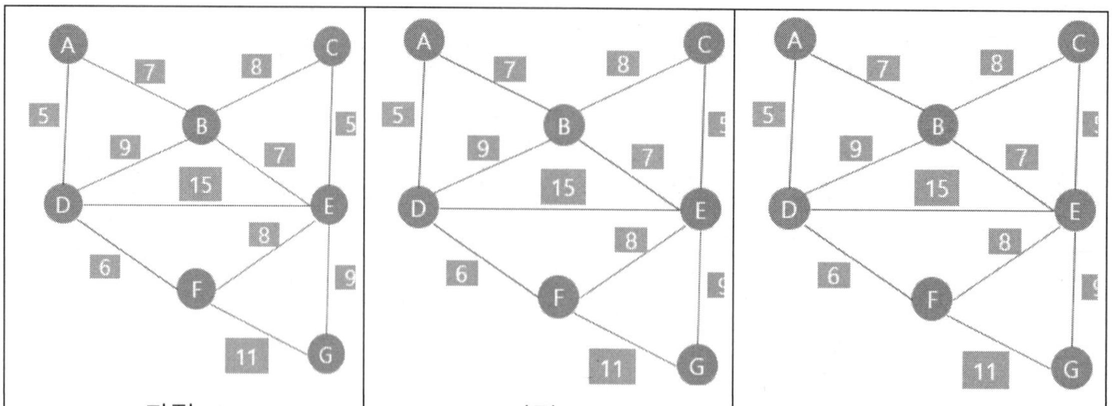

과정. 4 과정. 5 과정. 6

How to Check if a Cycle is Created: Kruskal's 알고리즘에서는, 처음 각 노드가 각각 하나의 나무인 n개의 나무에서 시작해서, 노드들이 연결될 때마다 연결된 노드들을 하나의 나무로 만듦으로써, 최종 MST에 도달했을 때는 사이클이 없는 나무 1개가 되도록 할 수 있다. 이 때, 사이클이 형성되는지 체크하는 방법으로 Union-Find가 있으며, 이는 다음과 같다.

(1) Union: 서로 중복되지 않은 다른 두 개의 집합을 합친다. 중복된 원소가 없는 나무 A와 B를 합쳐서 더 큰 나무 C를 만들어낸다.
(2) Find: 나무 A와 B가. 서로 중복되지 않는 부분인지 확인한다. 나무 A의 최상위 노드와 B의 최상위 노드를 각각. 찾은 뒤, 서로 다르다면 Union을 통해서 합치는 과정을 진행하고, 아니라면 두 나무가 이미 공통된 부분이 있다는 뜻이므로 합치지 않는다. 만일, 최상위 노드가 같은 두 나무를 합친다면 사이클이 형성된다.

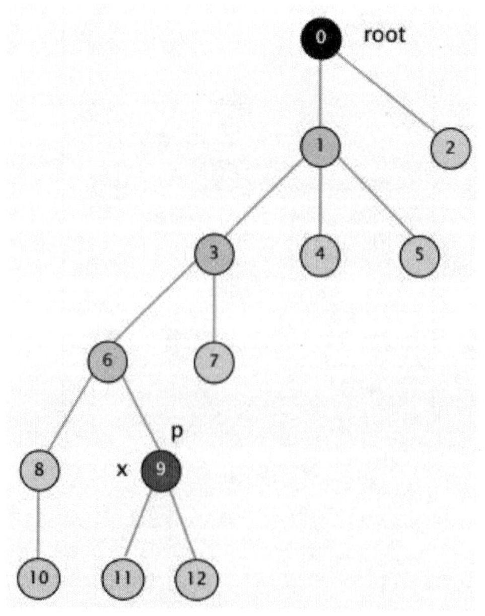

9 의 최상위 노드는 0 에 해당한다.

17.5 Kruskal MST 알고리즘의 Time Complexity

위에서 설명한 과정을 n개의 간선 정렬과 노드 연결 과정으로 구분하면, 각각의 time complexity는 (1) 간선 정렬: 간선들의 가중치를 오름차순으로 효율적으로 정렬: O(n log n)이 소요되고, (2) 노드 연결: union-find를 이용하여 사이클이 형성되는 지 확인한 후 형성되지 않을 때에 노드들을 연결: O(n) 이 소요된다. 따라서, 총 시간 복잡도는 *O(nlogn)* 이 된다. 이와 같이, Kruskal's MST 알고리즘의 time complexity는 간선들을 정렬하는 시간에 좌우된다. Quick sorting과 같은 효율적인 방법을 사용해서 정렬을 진행한다면, 평균적으로 *O(nlogn)*의 time complexity를 갖는다.

17.6 Kruskal MST 알고리즘의 구현

다음은 Kruskal Minimum Spanning Tree (MST) 알고리즘을 구현한 Python 코드와 실행 결과이다. https://www.geeksforgeeks.org/kruskals-minimum-spanning-tree-algorithm-greedy-algo-2/

```
# Python program for Kruskal's algorithm to find
# Minimum Spanning Tree of a given connected,
# undirected and weighted graph

from collections import defaultdict

# Class to represent a graph


class Graph:

    def __init__(self, vertices):
        self.V = vertices  # No. of vertices
        self.graph = []  # default dictionary
        # to store graph

    # function to add an edge to graph
    def addEdge(self, u, v, w):
        self.graph.append([u, v, w])
```

```
# A utility function to find set of an element i
# (uses path compression technique)
def find(self, parent, i):
    if parent[i] == i:
        return i
    return self.find(parent, parent[i])

# A function that does union of two sets of x and y
# (uses union by rank)
def union(self, parent, rank, x, y):
    xroot = self.find(parent, x)
    yroot = self.find(parent, y)

    # Attach smaller rank tree under root of
    # high rank tree (Union by Rank)
    if rank[xroot] < rank[yroot]:
        parent[xroot] = yroot
    elif rank[xroot] > rank[yroot]:
        parent[yroot] = xroot

    # If ranks are same, then make one as root
    # and increment its rank by one
    else:
        parent[yroot] = xroot
        rank[xroot] += 1

# The main function to construct MST using Kruskal's
    # algorithm
def KruskalMST(self):

    result = []   # This will store the resultant MST

    # An index variable, used for sorted edges
    i = 0

    # An index variable, used for result[]
```

```
e = 0

# Step 1:  Sort all the edges in
# non-decreasing order of their
# weight.  If we are not allowed to change the
# given graph, we can create a copy of graph
self.graph = sorted(self.graph,
                    key=lambda item: item[2])

parent = []
rank = []

# Create V subsets with single elements
for node in range(self.V):
    parent.append(node)
    rank.append(0)

# Number of edges to be taken is equal to V-1
while e < self.V - 1:

    # Step 2: Pick the smallest edge and increment
    # the index for next iteration
    u, v, w = self.graph[i]
    i = i + 1
    x = self.find(parent, u)
    y = self.find(parent, v)

    # If including this edge does't
    #  cause cycle, include it in result
    #  and increment the indexof result
    # for next edge
    if x != y:
        e = e + 1
        result.append([u, v, w])
        self.union(parent, rank, x, y)
    # Else discard the edge
```

```
        minimumCost = 0
        print ("Edges in the constructed MST")
        for u, v, weight in result:
            minimumCost += weight
            print("%d -- %d == %d" % (u, v, weight))
        print("Minimum Spanning Tree" , minimumCost)

# Driver code
g = Graph(4)
g.addEdge(0, 1, 10) #괄호 안이 순서대로 node0, node1, 두 노드 사이 edge weight값을 나타낸다.
g.addEdge(0, 2, 6)
g.addEdge(0, 3, 5)
g.addEdge(1, 3, 15)
g.addEdge(2, 3, 4)

# Function call
g.KruskalMST()
```

위에서 addEdge()를 통해 입력한 그래프에 대해 Kruskal 알고리즘을 적용한 결과는 다음과 같다.

1.

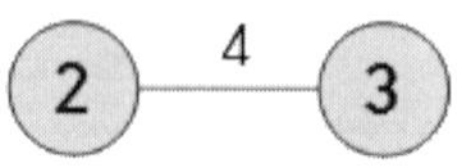

2.

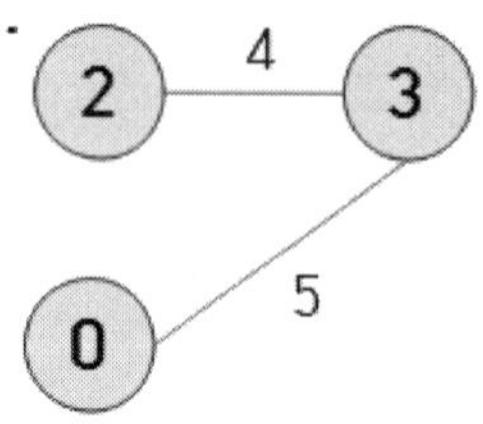

3.

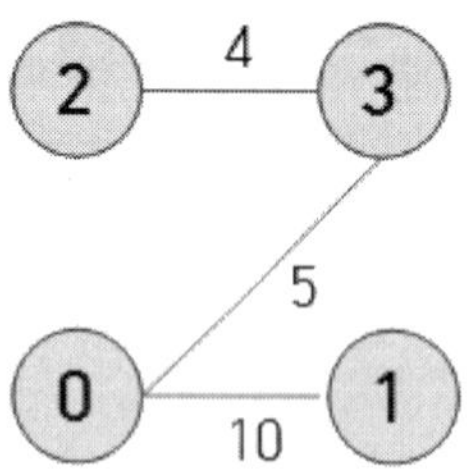

```
Edges in the constructed MST
2 -- 3 == 4
0 -- 3 == 5
0 -- 1 == 10
Minimum Spanning Tree 19
>
```

17.7 Prim 의 MST 알고리즘 동작

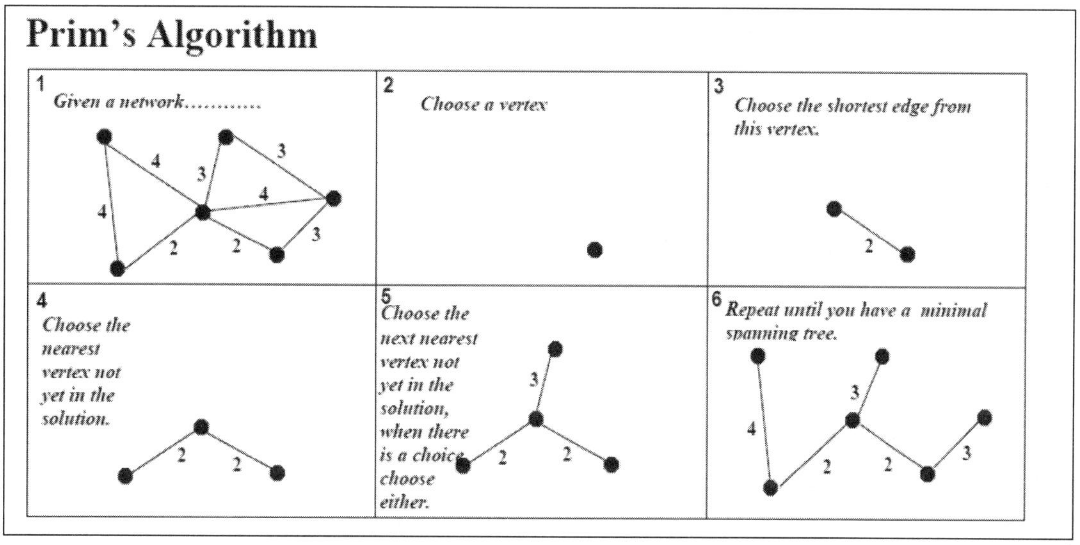

Prim 알고리즘에는 먼저 모든 노드에 간선이 연결되어 있되, 간선마다 가중치가 부여된 그래프가 먼저 제공된다. Prim 알고리즘을 적용시키고 나면 최소 비용으로 모든 노드를 연결할 수 있는 최소 신장 트리가 결과값으로 도출된다. Prim 알고리즘의 동작 원리는 다음과 같다.

(1) 주어진 그래프에 대해서 먼저 임의의 노드를 시작점으로 잡는다.

(2) 해당 노드와 연결된 간선들의 가중치를 비교한다. 만약 간선의 반대편에 있는 노드의 다른 간선의 가중치가 이미 고려되어 있을 때는 각 간선의 가중치 중 더 작은 값으로 갱신한다. 편의를 위해 가중치가 같을 경우 더 앞서 고려된 간선을 대상으로 삼는다.

(3) 만약 그 간선을 선택했을 때 트리가 사이클이 된다면 그 간선은 선택하지 않고 나머지 간선들 중에서 가중치가 가장 낮은 것을 선택한다.

(4) 가중치가 가장 작은 간선이 사이클을 형성하지 않는다면 트리에 포함시키고 반대편 노드를 새로운 기준점으로 삼아 위의 과정을 반복한다.

(5) 간선들의 가중치를 비교하는 과정에서 앞선 단계에서 선택되지 않은 간선을 포함하여

고려한다.

Prim 알고리즘을 Pseudo Code로 나타내면 다음과 같다. G는 graph, r은 start node, w는 edge 들의 weight 값이 들어있다고 하면, 알고리즘 진행은 다음과 같다. **1 ~ 3 줄:** 그래프의 모든 정점에 대해 key 값을 INF (무한대)로 할당하고, 부모를 NIL로 할당 (부모가 없다고 초기화) 한다. **4 ~ 5 줄**: 시작 정점의 key 값을 0으로 하고, 그래프의 모든 점을 최소 우선순위 큐에 삽입한다. **6 ~ 7 줄:** 최소 우선순위 큐가 비어있을 때까지 반복문을 수행하며, 매 반복문 마다 key 값이 최소인 정점을 추출한다. **8 ~ 11 줄**: 추출한 정점의 모든 인접한 정점에 대해, 가중치와 정점의 key 값을 비교해서 key 값이 더 크면 key 값을 가중치 값으로 변경하고, 부모를 추출된 정점에 할당한다.

```
MST-Prim(G, w, r)
1     for each u ∈ G.V
2         u.key = ∞;
3         u.π = NIL;
4     r.key = 0;
5     Q = G.V;
6     while (Q not empty)
7         u = Extract-Min(Q);
8         for each v ∈ G.Adj[u]
9             if (v ∈ Q and w(u,v) < v.key)
10                v.π = u;
11                v.key = w(u,v);
```

아래 그림처럼, Prim 알고리즘은 노드를 중심으로 시작한다. a 노드를 시작점으로 잡고, a와 연결된 각 간선의 가중치를 살펴보니 각각 4와 8이므로 4인 간선을 선택해, 해당 간선의 반대편에 있는 노드 b를 다음 기준점으로 잡은 것이다. Prim 알고리즘과 Kruskal 알고리즘 중에서 어떠한 것을 선택하더라도 결과값은 모두 같지만, 각 간선들을 어떤 순서에 따라 어떤 방법으로 선택할 지에 대한 점이 다르다. 이러한 차이점에 따라 Prim 알고리즘은 모든 간선을 오름차순으로 정렬하고 선택해 나가는 Kruskal 알고리즘보다 노드가 더 많고 간선 간의 연결이 더 복잡한 그래프에서 활용이 용이하다.

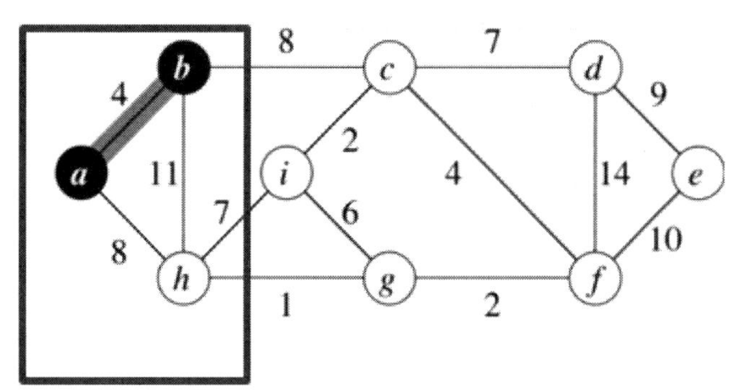

(예) Prim 알고리즘을 간단한 그래프에 대해 적용해본다.

Step 1	Step 2
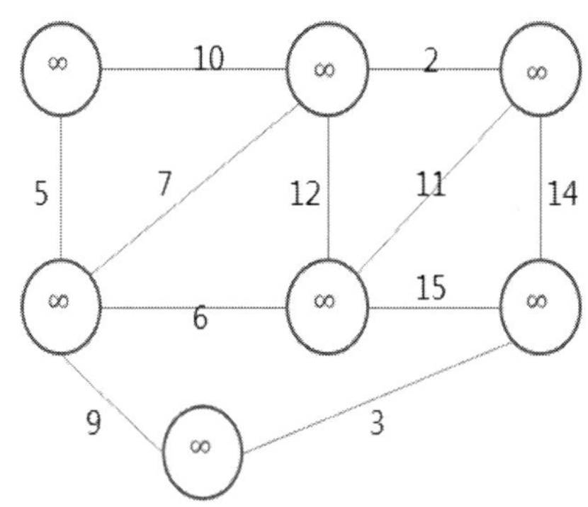	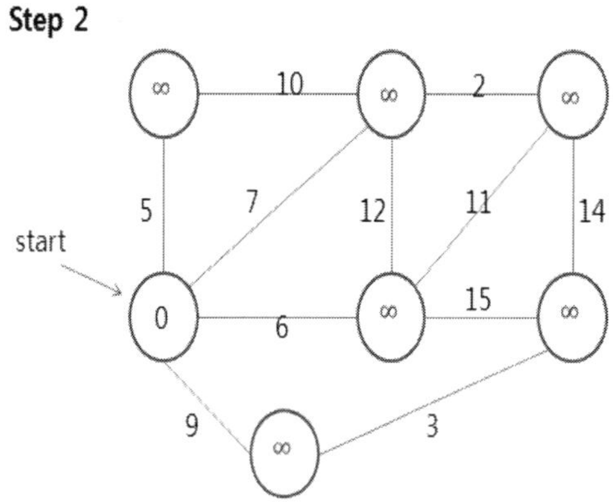
Graph G의 모든 정점들의 key 값은 INF로 초기화한다. 그 이유는 Prim's 알고리즘이 최소 우선 순위 큐에서 각 정점의 key값들 중 최소 값을 뽑아 그 정점을 이용하여 다음 단계를 진행하기 때문입니다. 그래서 어떠한 가중치보다 큰 값으로 설정하기 위해 inf를 할당한다.	start vertex를 잡는다. Prim's 알고리즘은 어떤 vertex를 start로 하든 항상 같은 트리가 형성된다는 특징이 있다. start vertex는 초기 값으로 key값을 0으로 할당한다.

Step 3

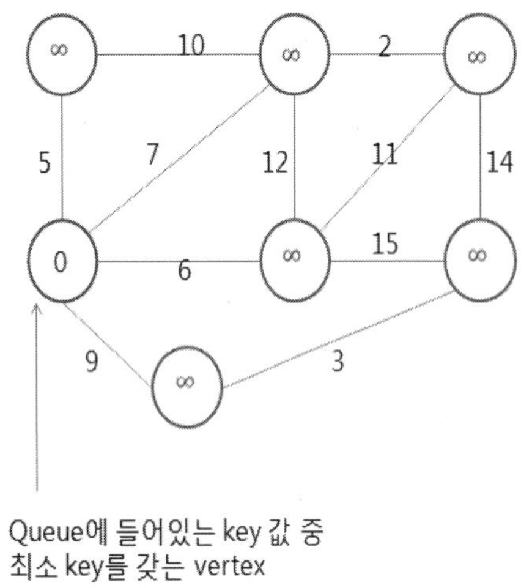

Step 2에서 큐에는 { 0, inf , inf , inf , inf , inf , inf } 원소들이 있고, 그 중에서 0이 가장 작으므로 start vertex를 선택한다.

Step 4

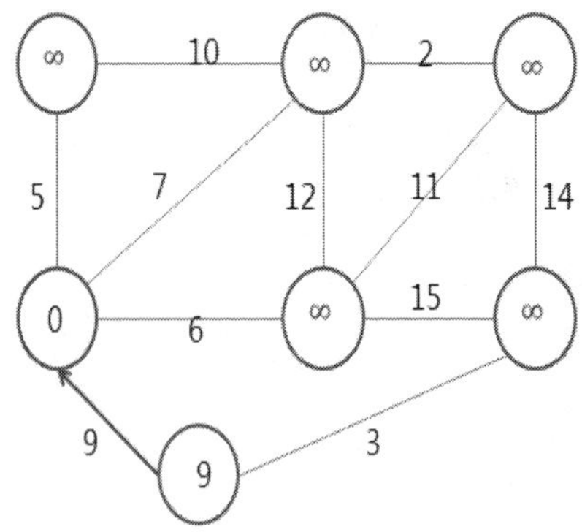

선택된 vertex에 대해서 인접 간선의 가중치와 정점의 key 값을 확인한다. 4단계부터 7단계는 하나의 큰 단계로 진행(Pseudo Code 에서는 반복문 안에서 실행)한다. 첫 번째로 가중치가 9인 간선을 확인한다. Step 3에서 start vertex와 가중치가 9인 간선으로 연결된 정점의 key 값은 inf 였고, 가중치 = 9 , key 값 = inf 을 비교하면, 9 < inf 이므로 정점의 key 값을 가중치의 값으로 바꿔준다. 그리고 key 값이 변경된 정점의 부모는 start vertex라는 것을 표현하기 위해 화살표로 표시한다.

Step 5

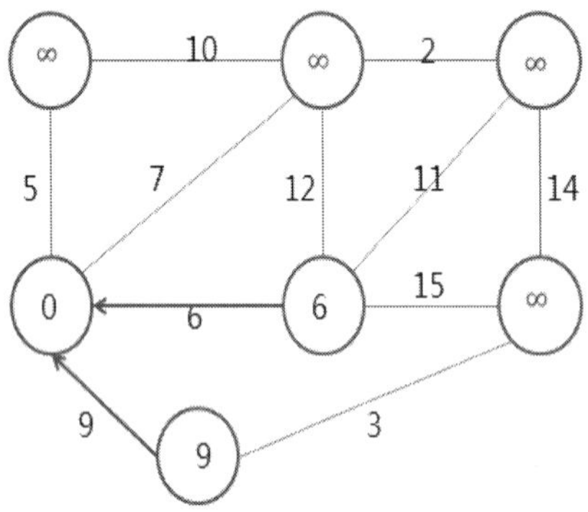

다음으로 가중치가 6인 간선에 대해, Step 4의 과정을 수행한다. Step 4에서 가중치 값 = 6 < inf = key 값 이므로 key 값을 6으로 변경한다.

Step 6

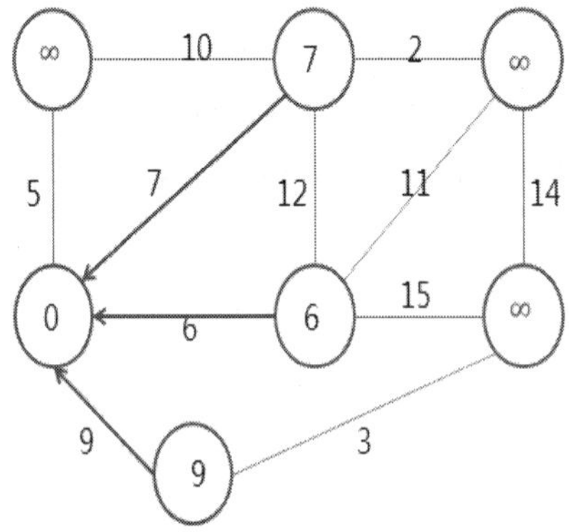

이전 단계와 같다.

Step 7

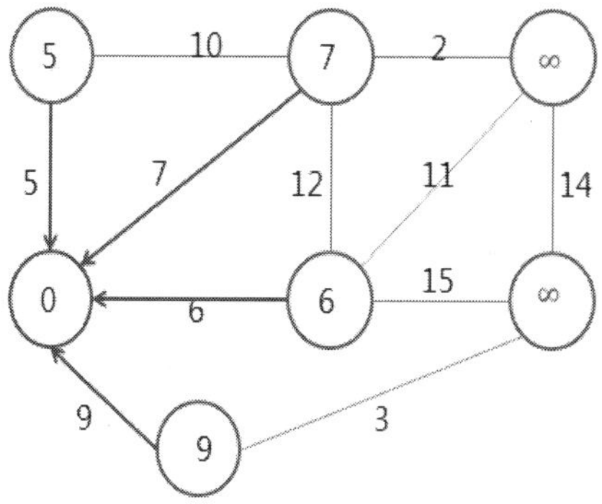

이전 단계와 같다.

Step 8

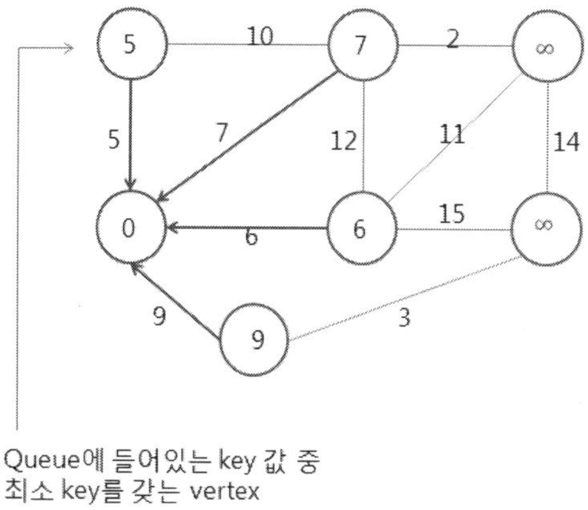

이제 start vertex에 대해서 모든 간선들을 확인해보면서, 다음 정점을 선택하기 위해 최소 우선 순위 큐에서 key 값이 가장 작은 정점을 고른다. 지금 우선 순위 큐에는 { 5 , 7 , inf , 6 , inf , 9 } 가 있으므로 가장작은 값은 5이다.

Step 9

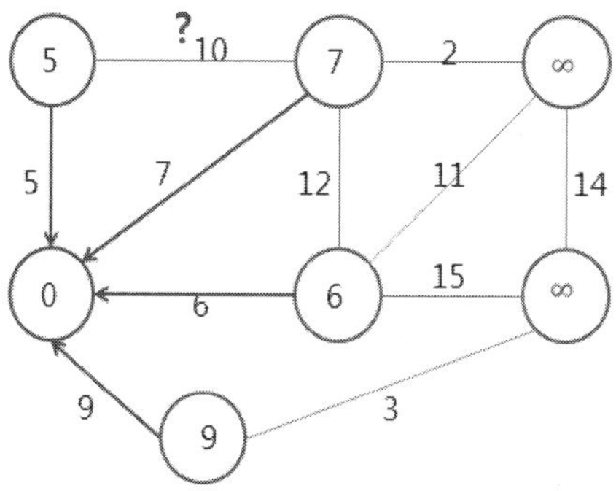

Step 9부터는 key 값이 5인 정점에 대해 Step 4 ~ Step 7의 과정을 수행한다. key 값이 5인 정점과 연결된 간선들 보니 가중치가 10인 간선이 있고, 이 간선과 연결된 정점의 key 값은 7이다. 가중치 = 10 > 7 = key 값이므로, key 값을 변경하지 않습니다. key 값을 변경하는 것은 가중치보다 key 값이 더 클 경우에만 해당된다. 연결된 간선이 1개 밖에 없었으므로 다시 최소 우선순위 큐에서 또 정점을 고른다. .

Step 10

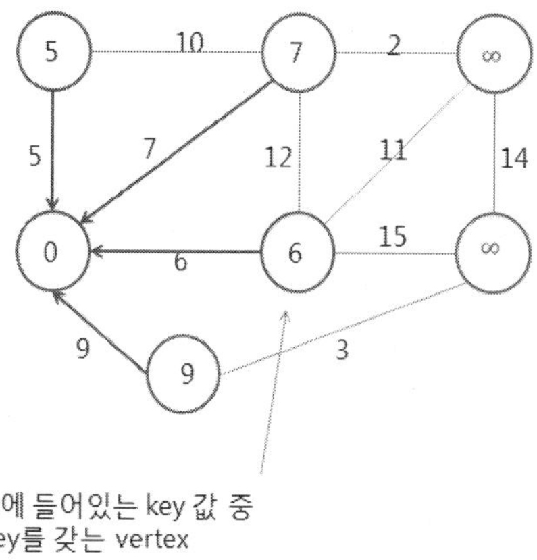

다음에 선택된 정점은 key 값이 6 정점이고, 인접한 간선들의 가중치는 12 , 11 , 15 이다.

Step 11

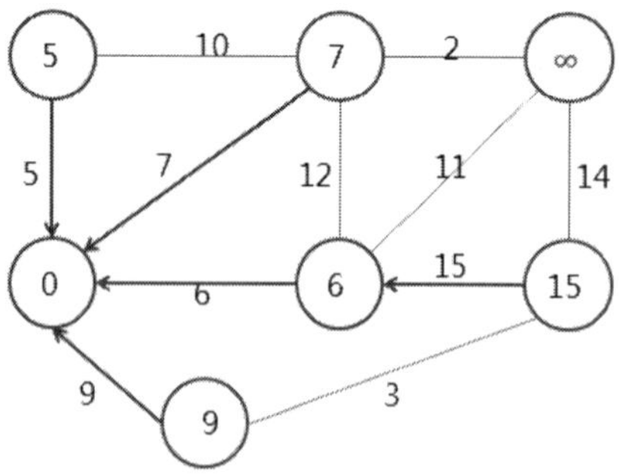

Step 10에서 가중치가 15인 간선에 대해, 이 간선과 연결된 정점의 key 값은 inf이므로 가중치 = 15 < inf = key 값이고, key 값을 변경한다.

Step 12

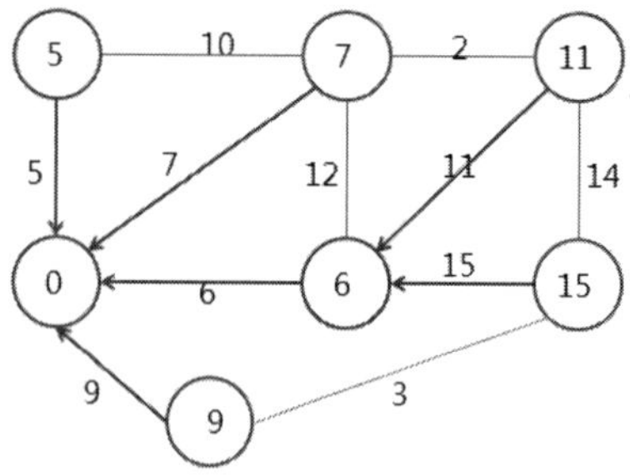

이전 단계와 같다.

Step 13

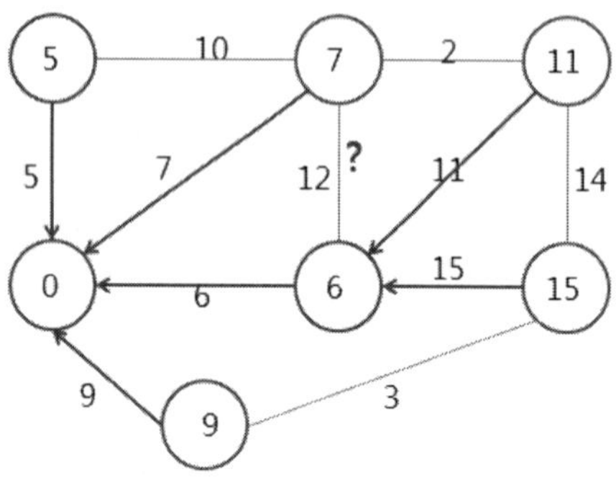

가중치 = 12 < 7 = key 값이므로 key 값을 변경하지 않는다.

Step 14

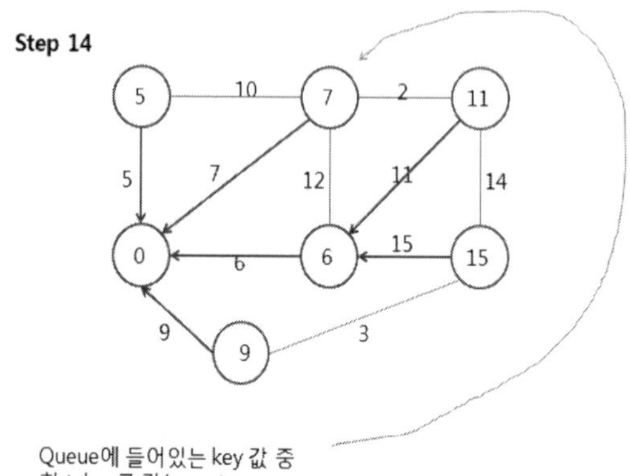

우선순위 큐 중에서 값이 가장작은 정점을 선택한다.

Step 15

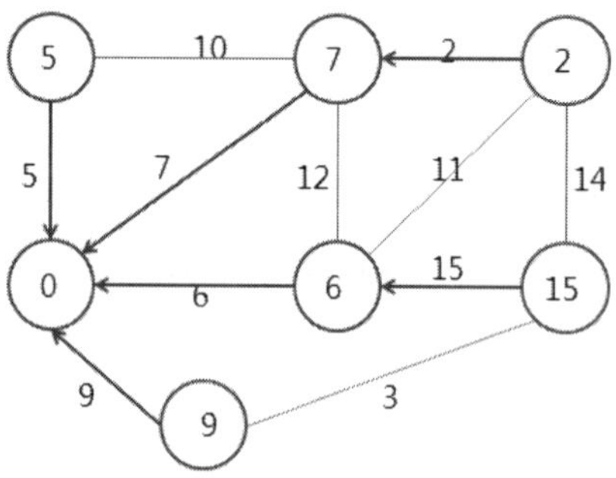

연결된 간선 중 가중치가 2인 간선에 대해, 연결된 정점의 key 값은 11이고, 가중치 = 2 < 11 = key 값이므로 key 값을 변경한다. 이 때 key 값이 변경되는 정점은 이미 가중치가 11인 간선을 갖고 있었는데, key

Step 16

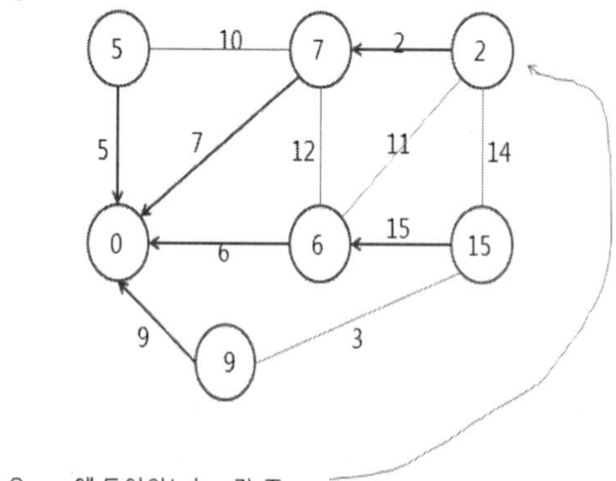

값이 새로 변경되었으므로 부모를 갱신한다.

Step 17

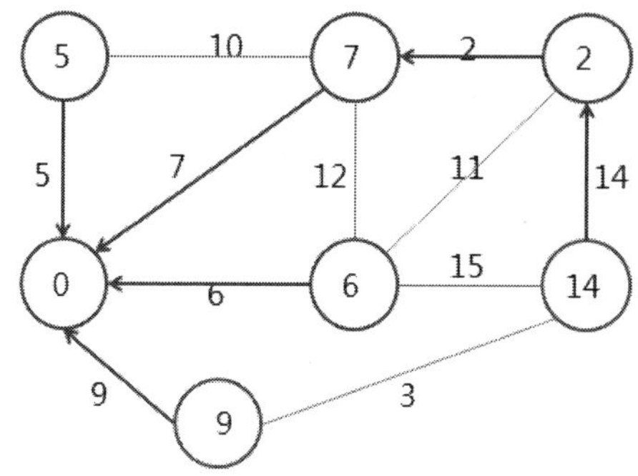

Step 18

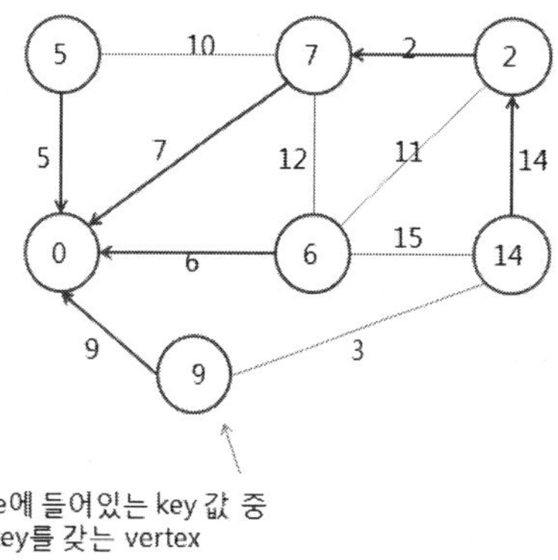

Step 19

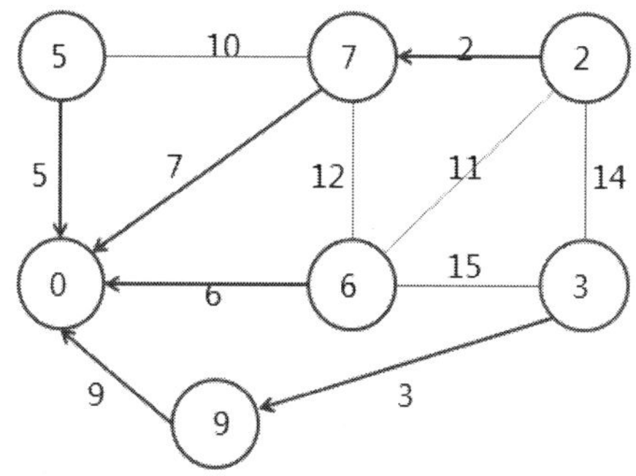

Step 20

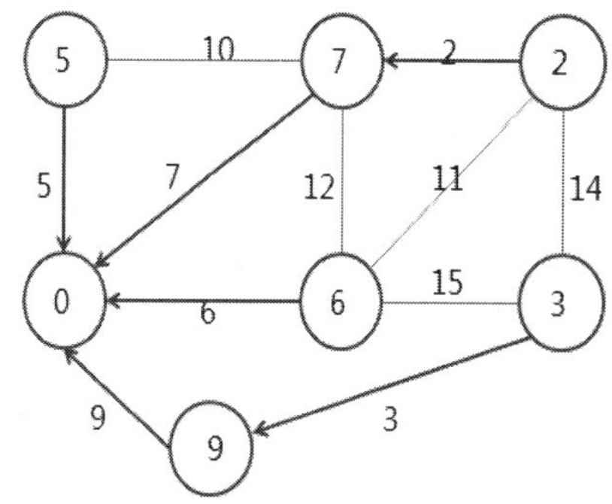

(예) 아래 그림은 최소 신장 트리의 한 종류인 Prim's Algorithm 구현 과정을 순서대로 그린 것이다. (1) **시작점을 노드 A로 잡고** 그와 연결된 간선들을 비교한다. A와 연결된 간선은 각각 1(B), 2(F), 6(G)의 가중치가 부여되어 있다. 그 중 값이 가장 작은 가중치 1의 간선을 선택하고 사이클이 형성되지 않았음을 확인한다. (2) **가장 가중치가 작은 노드 B로 넘어가 B를 새로운 기준점으로 잡는다.** 노드 B와 연결된 간선은 각각 1(C), 2(D), 4(E)의 가중치가 부여되어 있다. 그리고 앞서 선택되지 않은 간선을 함께 고려해 보면 2(F), 6(G)이 남아있다. 그 중 값이 가장 작은 가중치 1(C)의 간선을 선택하고 사이클이 형성되지 않았음을 확인한다. (3) **노드 C로 넘어가** C와 연결된 간선과 앞에서 선택되지 않은 간선들을 비교한다. 4(E), 2(F), 6(G), 2(D)의 간선 중 가장 값이 작은 2(F)를 선택한다. 편의를 위해 만약 가중치가 같을 경우 BD를 연결하는 간선보다 더 앞에 형성된 AF를 연결하는 간선 가중치를 선택한다. 그리고 사이클이 형성되지 않았음을 확인한다. (4) **노드 F에서** 각 간선들을 비교하면 1(D), 2(E), 2(H), 6(G) 중에서 가중치의 1의 간선을 선택한다. 그리고 사이클이 형성되지 않았음을 확인한다. (5) **노드 D에서** 각 간선들을 비교하면 2(E), 2(H), 6(G) 중에서 가중치 2의 간선을 선택하고 사이클이 형성되지 않았음을 확인한다. (6) **노드 E에서** 각 간선들을 비교하면 1(G), 2(H) 중에서 가중치 2의 간선을 선택하고 사이클이 형성되지 않았음을 확인한다. (7) **노드 G에서** 각 간선들을 비교하면 남은 노드 H와 연결된 간선들 중에서 가중치 2의 것을 선택하고 사이클이 형성되지 않았음을 확인한다.

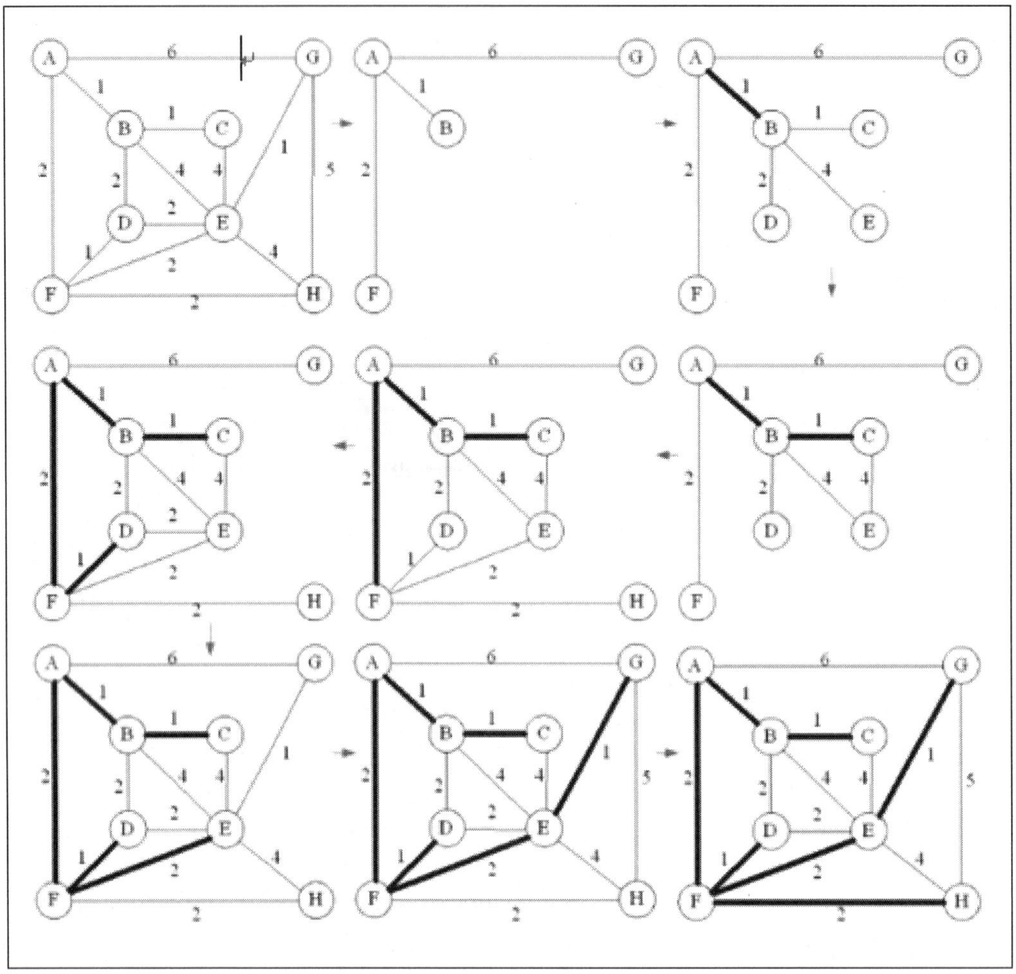

17.8 Prim MST 알고리즘의 구현

다음은 Prim의 Minimum Spanning Tree (MST) 알고리즘을 구현한 Python 코드와 실행 결과이다. https://www.geeksforgeeks.org/prims-minimum-spanning-tree-mst-greedy-algo-5/?ref=gcse

```
# A Python program for Prim's Minimum Spanning Tree (MST) algorithm.
# The program is for adjacency matrix representation of the graph


import sys # Library for INT_MAX


class Graph():
    def __init__(self, vertices):
        self.V = vertices
```

```
        self.graph = [[0 for column in range(vertices)] for row in range(vertices)]

    # A utility function to print the constructed MST stored in parent[]
    def printMST(self, parent):
        print ("Edge \tWeight")
        for i in range(1, self.V):
            print (parent[i], "-", i, "\t", self.graph[i][parent[i]])

    # A utility function to find the vertex with minimum distance value,
    # from the set of vertices not yet included in shortest path tree
    def minKey(self, key, mstSet):
        # Initialize min value
        min = sys.maxsize

        for v in range(self.V):
            if key[v] < min and mstSet[v] == False:
                min = key[v]
                min_index = v
        return min_index

    # Function to construct and print MST for a graph
    # represented using adjacency matrix representation
    def primMST(self):
        # Key values used to pick minimum weight edge in cut
        key = [sys.maxsize] * self.V
        parent = [None] * self.V # Array to store constructed MST
        # Make key 0 so that this vertex is picked as first vertex
        key[0] = 0
        mstSet = [False] * self.V

        parent[0] = -1 # First node is always the root of

        for cout in range(self.V):
            # Pick the minimum distance vertex from the set of vertices not yet processed.
            # u is always equal to src in first iteration
            u = self.minKey(key, mstSet)
```

```
            # Put the minimum distance vertex in the shortest path tree
            mstSet[u] = True

            # Update dist value of the adjacent vertices of the picked vertex
            # only if the current distance is greater than new distance and
            # the vertex in not in the shortest path tree
            for v in range(self.V):
                # graph[u][v] is non zero only for adjacent vertices of m
                # mstSet[v] is false for vertices not yet included in MST
                # Update the key only if graph[u][v] is smaller than key[v]
                if self.graph[u][v] > 0 and mstSet[v] == False and key[v] > self.graph[u][v]:
                        key[v] = self.graph[u][v]
                parent[v] = u

        self.printMST(parent)

g = Graph(5)
# graph[n][m]에서 n과 m은 node n과 node m이 연결되는 것을 뜻하고, graph[n][m]값은 두 노드 사이의 edge weight를 뜻한다. 예를 들면, [0, 2, 0, 6, 0]은 node 0과 node 1의 edge weight가 2이고, node 0과 node 3의 edge weight가 6이라는 뜻이다.

g.graph = [  [0, 2, 0, 6, 0],
             [2, 0, 3, 8, 5],
             [0, 3, 0, 0, 7],
             [6, 8, 0, 0, 9],
             [0, 5, 7, 9, 0]]

g.primMST();
```

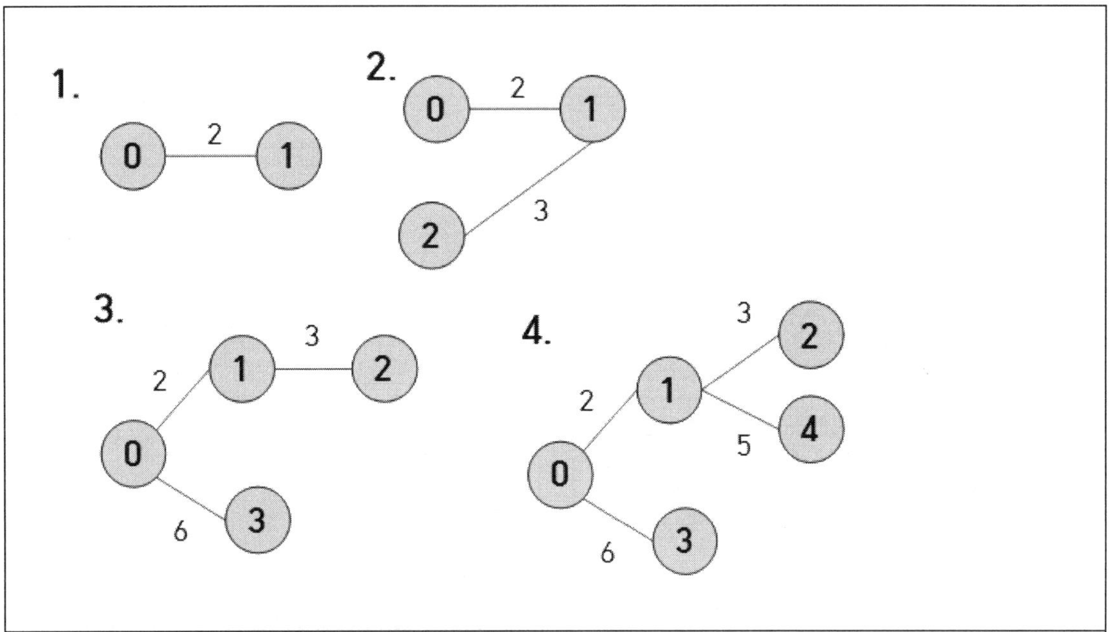


```
Edge    Weight
0 - 1    2
1 - 2    3
0 - 3    6
1 - 4    5
maxflow: 16
Press any key to continue . . .
```

17.9 Kruskal 과 Prim 알고리즘 비교

최소 신장 트리가 어떻게 구성되는 지에 따라 알고리즘은 두 가지 종류로 나뉜다. 오른쪽 Kruskal 알고리즘은 간선을 거리가 짧은 순서대로 트리에 포함하는 것이다. 동작 원리에 대해 간단히 설명하자면 그래프에 포함된 모든 간선을 가중치가 낮은 순서대로 정렬하고 가장 작은 간선부터 선택하는 것이다. 만약 선택한 간선이 연결하려는 두 개의 노드가 연결되지 않았다면 해당 간선을 트리에 포함한다. 이 과정을 반복하되 사이클이 생성된다면 해당 간선은 채택하지 않는다. 모든 과정을 반복한 후에 n개의 노드에 대해 (n-1)개의 간선이 사용되었고 모든 노드가 사이클 형성 없이 연결되었다면 알고리즘을 종료한다.

Prim 알고리즘	Kruskal 알고리즘
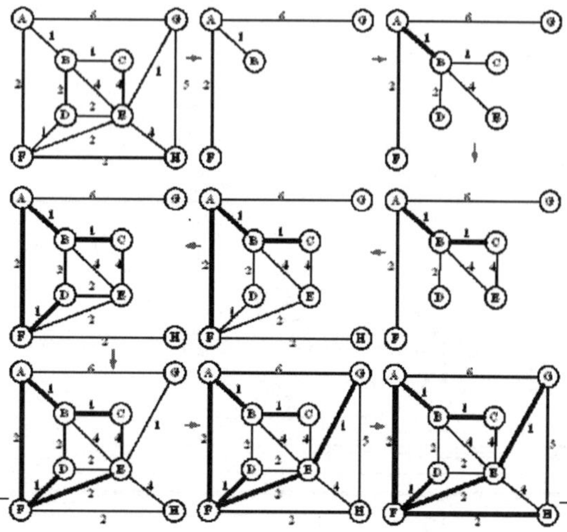	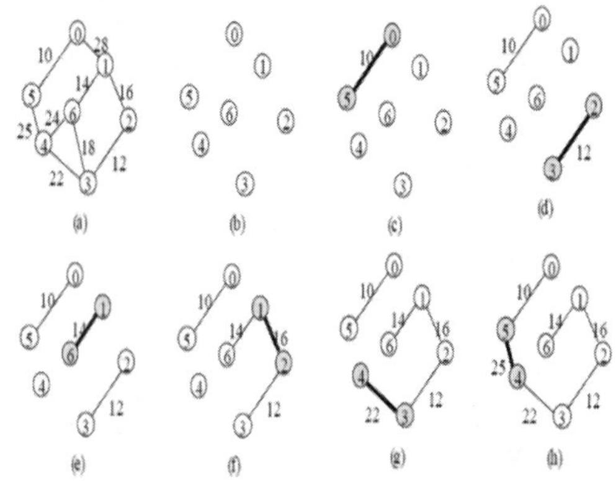

Prim 알고리즘은 한 노드를 시작점으로 잡고 간선을 확장해 나가는 방식이다. 임의의 노드를 중심으로 시작하여 해당 노드와 연결된 간선 각각의 가중치를 비교하고 가장 작은 것을 선택하는 과정의 반복으로 비용이 최소인 트리를 구성하는 방식이다.

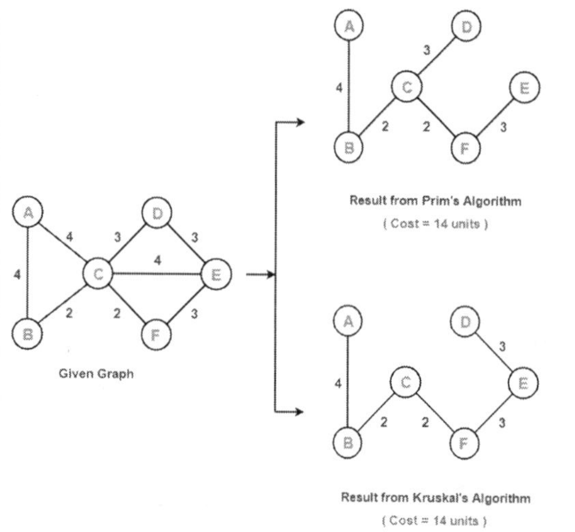	그림에서처럼, Prim's 알고리즘과 Kruskal's 알고리즘은 같은 그래프에 대해서 다른 MST를 반환할 수 있다. 그러나 이 경우에도 두 MST의 총 비용은 14로 같다. Prim's 알고리즘은 그래프가 빽빽하고 (dense graph), 즉 간선의 개수가 많을 때 – 예를 들어, 노드의 개수가 V일 때 간선의 개수 $E = O(V^2)$에 해당하는 경우 – Prim's 알고리즘이 더 효율적이다. 반면에, Kruskal's 알고리즘은 그래프가 희소 (sparse)하고, 간선의 개수가 $E = O(V)$이거나 간선의 정렬이 상대적으로 빠를 때에는 Kruskal's 알고리즘이 선호된다.

18장. Graph 에서 Maximum Flow 또는 Min Cut 구하는 알고리즘 만들기

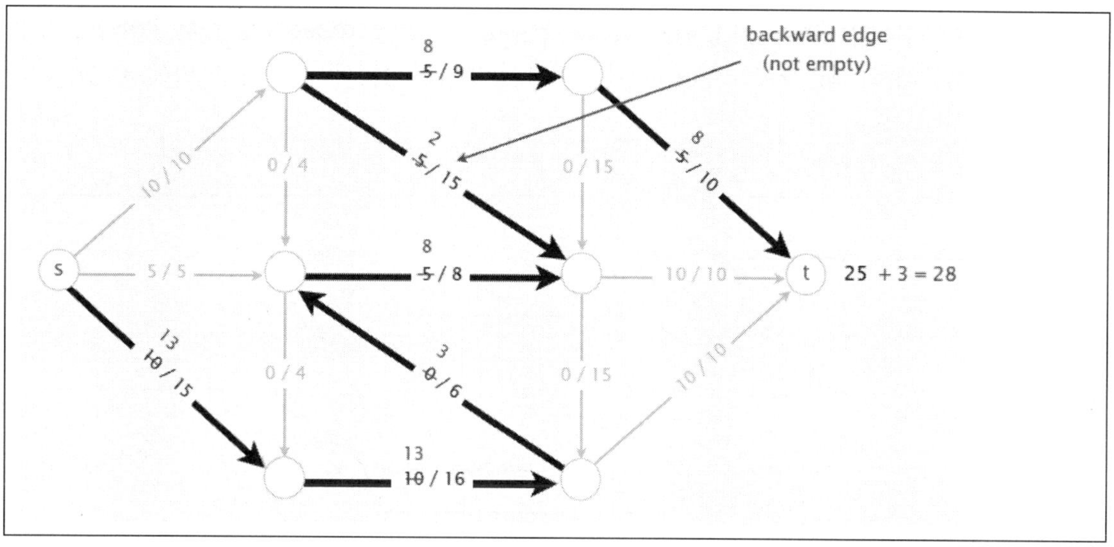

위의 그래프를 도시 s에서 도시 t간의 물자 수송을 나타낸 그래프라고 하면 (edge에 표시된 10/15는 edge의 수송 최대량은 15이지만 실제로는 10을 수송하고 있다고 표시한다), 그래프를 이용하여, 도시 s에서 도시 t까지 최대 얼마의 물자를 수송할 수 있는지를 계산할 수 있다. 도시 배수/송전 계획, 물자 수송 등 다양한 문제에 적용할 수 있음을 느낄 수 있다. Min Cut problem (Find a cut of minimum capacity) 은 실제 전쟁에서 보급로를 끊거나 독재 정부에서 커뮤니케이션을 제한하는 경우에 쓰이고 Max Flow (Find a flow of maximum value)는 운송량을 최대로 하는 보급로를 찾는 문제로 사용 되었다.

18.1 Maximum flow Min Cut Problem의 응용분야
18.2 Edmond-Karp Maximum flow 알고리즘 동작원리
18.3 Edmond-Karp Maximum flow 알고리즘 구현
18.4 Min Cut 이란?
18.5 Ford-Fulkerson Maximum flow 알고리즘의 동작원리
18.6 Ford-Fulkerson Maximum flow 알고리즘 구현

18.1 Maximum flow Min Cut Problem의 응용분야

Max Flow (최대 유량)는 edge에 capacity 가 표시된 방향 그래프 (directed graph) 상에서 특정 지점에서 목표 지점까지 얼마나 많은 flow를 흐르게 할 수 있는지 구하는 알고리즘이다. 아래 그림과 같이. 서울에서 부산까지 사람들이 가고자 할 때, 서울에서 부산을 가기 위해 대전을 꼭 거쳐야만 한다. 여기서 서울에서 대전까지 지나갈 수 있는 사람의 수는 최대 8명 (capacity = 8) 이 지나갈 수 있고, 대전에서 부산까지는 3명 (capacity = 3)이 지나 갈수 있다. 그럼 결과적으로는 서울에서 대전 까지는 사람들이 8명이 지나갈 수 있지만 대전에서 부산까지의 통로 때문에 3명 밖에 부산으로 도착하지 못한다. 각각의 통로를 통해서 지나갈 수 있는 양을 capacity 라고 하며 최종적으로 통과할 수 있는 capacity를 max flow 라고 한다. 그리고 서울에서 대전까지 capacity 가 8이지만 flow가 3임을 표현하기 위해서 '3/8'이라고 표현한다.

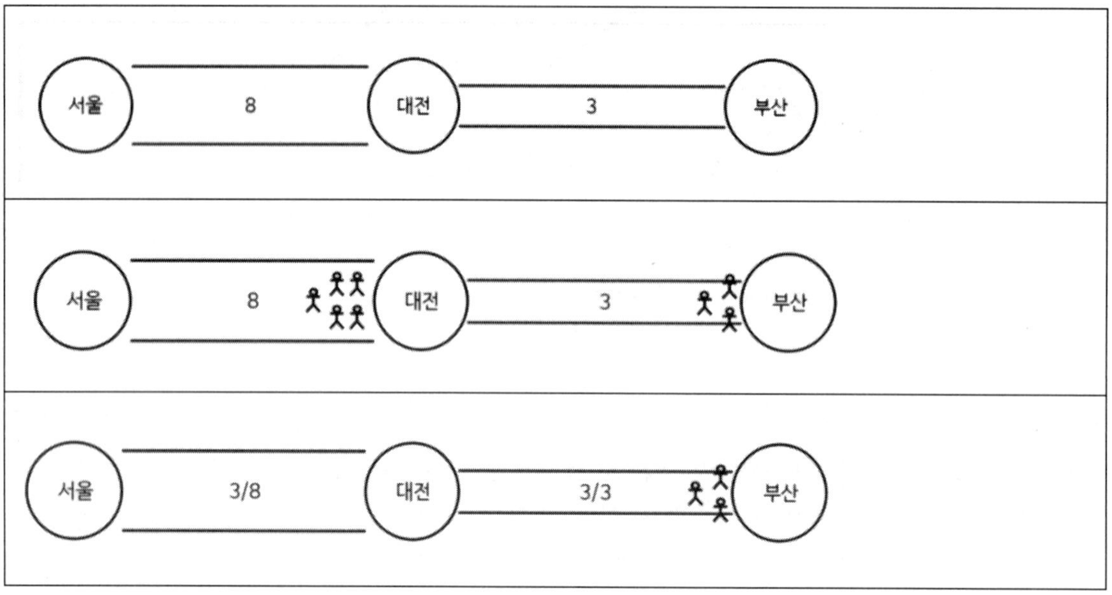

18.2 Edmond-Karp Maximum flow 알고리즘의 동작원리

최대 유량 (max flow)을 구하는 알고리즘에는 대표적으로 두가지가 있다. 첫번째로는 Ford-Fulkerson Algorithm (포드 폴커슨) 알고리즘이 있고 두번째는 Edmons-Karp (에드몬드 카프) 알고리즘이 있다. Ford-Fulkerson 알고리즘은 수행 시간이 들쑥날쑥 하다는 단점과 알고리즘을 수행하는데 여러 비효율적인 요소를 가지고 있어서, Edmons-Karp 알고리즘를 선호한다. 여기서는 Edmons-Karp 알고리즘을 사용하여서 최대 유량을 구해본다. 이 알고리즘은 BFS (breadth first search) 를 사용하는 것이 일반적이다. 알고리즘의 원리를 설명하기 위해, 아래 방향 그래프 (directed graph, 화살표가 있는 그래프)를 예시로 든다.

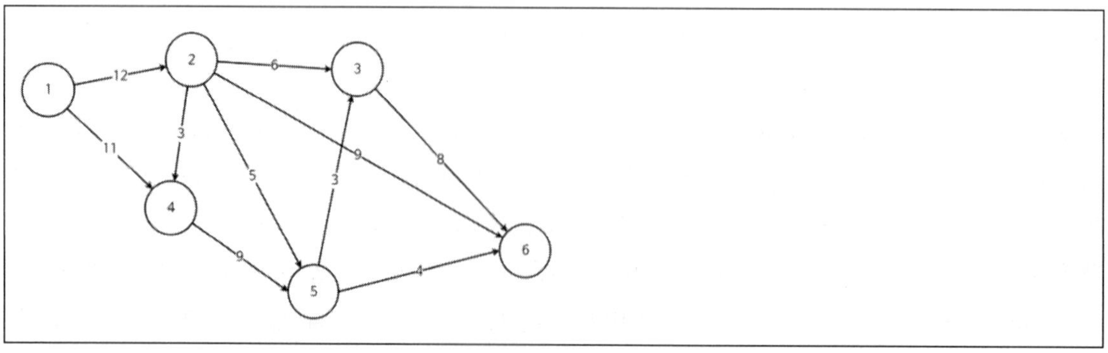

이제 edge에 capacity 가 표시되어 있는 방향 그래프를 통해서 maximum flow 를 찾는다.

(단계 1) 아래 왼쪽 그림과 같이, 처음에 모든 edge의 flow를 0으로 설정한다. 이제부터 정해진 capacity 안에서 가능한 flow를 반복적으로 더해주면 된다.

(단계 2) 아래 오른쪽 그림과 같이, 경로 (1 -> 2 -> 3 -> 6) 를 보면, 경로를 구성하는 edge 중에서 최소 capacity (node 2와 node 3 구간의 flow가 6)에 따라서 최대 flow가 결정 되므로 6만큼의 flow가 흐를 수 있다.

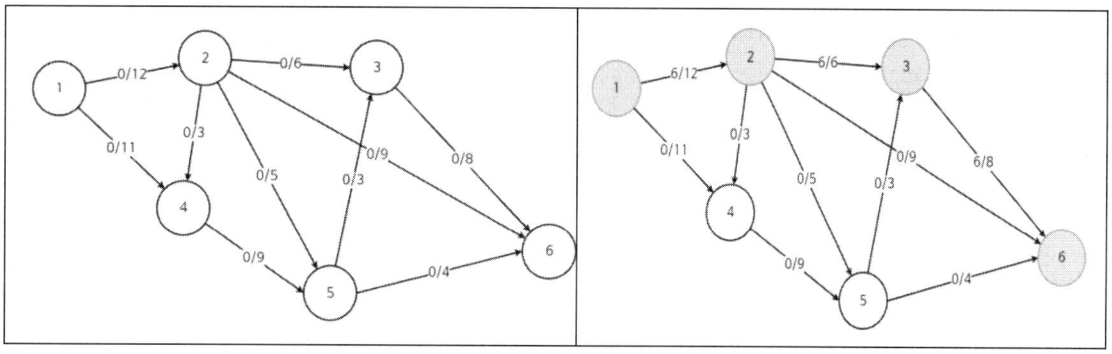

(단계 3) 아래 왼쪽 그림과 같이, 경로 (1 -> 2 -> 6)을 보면 edge <1, 2> 에서 남은 capacity가 6밖에 없으므로 위 경로에서 흐를 수 있는 최대 flow는 6이 된다.

(단계 4) 아래 오른쪽 그림과 같이, 경로 (1 -> 4 -> 5 -> 6) 을 보게 되면 흐를 수 있는 최대 flow가 4임을 알 수 있다

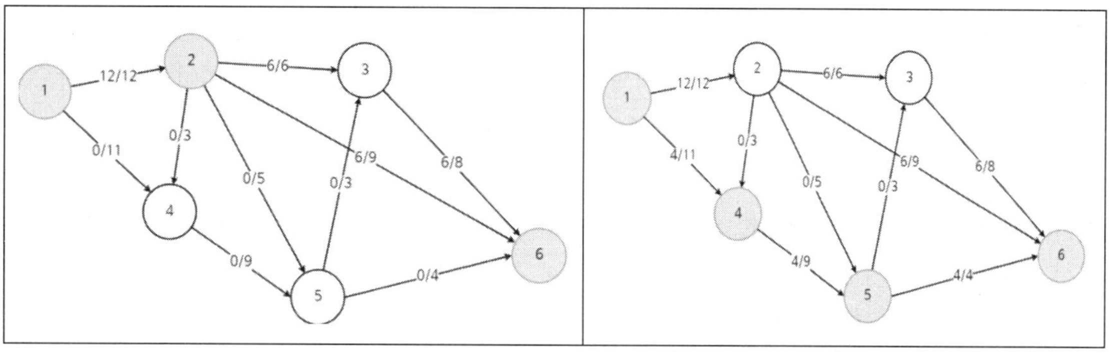

(단계 5) 아래 그림과 같이, 경로 (1 -> 4 -> 5 -> 3 -> 6) 을 보면 흐를 수 있는 flow가 2로, 이를 더해 준다.

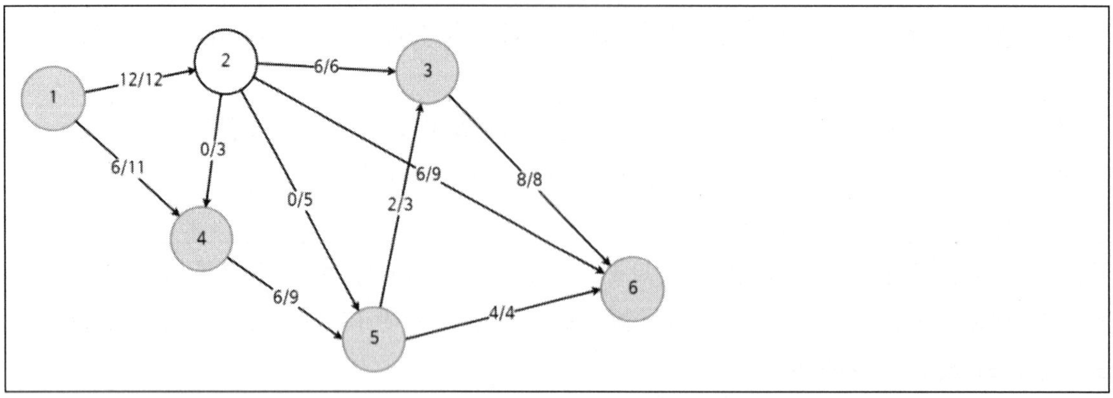

(단계 6) 모든 경로에 대해 flow를 계산한 다음에 maximum flow 알고리즘에서 핵심적인 개념인 음의 flow를 계산한다.

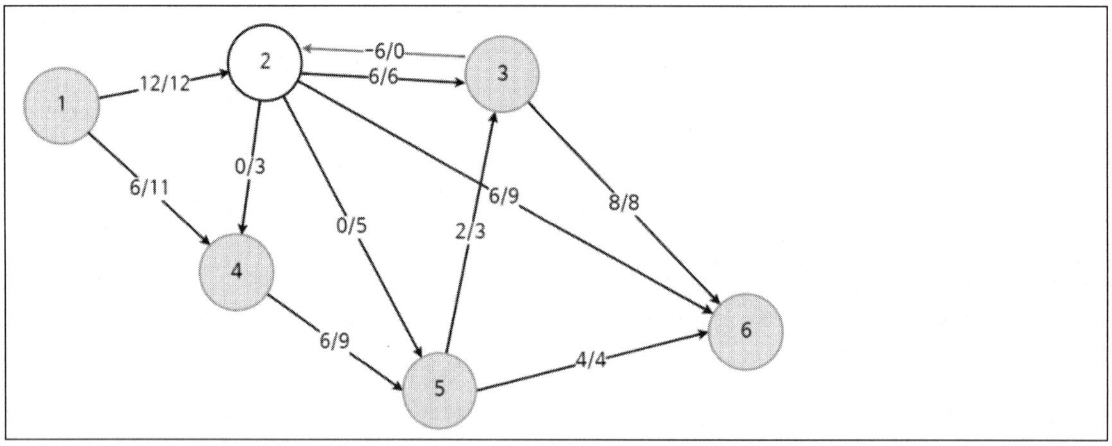

즉, 음의 flow를 추가해서 가상의 경로가 있다고 가정해 주는 것이다. 예를 들어, 경로 (2 -> 3)에 6만큼의 flow가 흐르는데, 이를 반대로 말하면 경로 (3 → 2)에 음의 flow -6이 흐른다고 생각할 수 있다. 물론 가상의 경로이므로, capacity는 0으로 설정한다. -6이 0보다 작으므로 이론적으로는 flow가 capacity보다 적으므로 식이 성립한다.

음의 flow를 이용하여서 새로운 경로 (1 -> 4 -> 5 -> 3 -> 2-> 6)을 찾을 수 있다. 위 경로에서 1만큼의 flow가 흐른다고 하면 경로 (3 -> 2) 는 -6 에서 1이 더해진 -5가 새로운 flow가 되고 경로 (2 -> 3)은 6에서 1 작아진 5가 새로운 flow가 되는 것을 확인 할 수 있다. 위의 예시를 확인한 것과 같이 음의 flow를 사용하는 이유는 남아 있는 모든 경로를 더 확인해서 총 flow를 최대한으로 만들기 위한 작업이라고 말할 수 있다. 이제 다른 경로는 존재하지 않으므로 최대 flow는 19가 되는 것을 확인 할 수 있다.

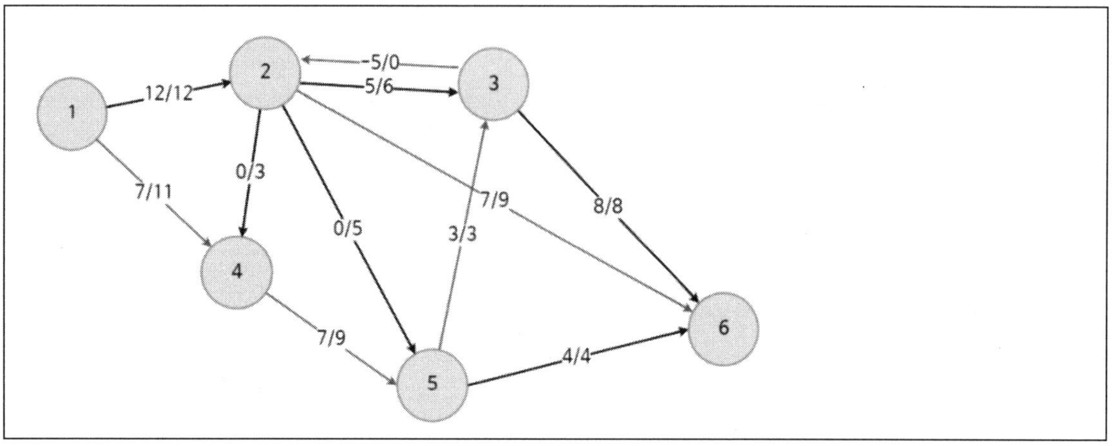

18.3 Edmond-Karp Maximum flow 알고리즘의 구현

다음은 Edmond-Karp Max Flow Min Cut 알고리즘을 구현한 Python 코드와 실행 결과이다. https://www.geeksforgeeks.org/max-flow-problem-introduction/?ref=gcse

```
#Edmonds-Karp Algorithm
def max_flow(C, s, t):
        n = len(C) # C is the capacity matrix
        F = [[0] * n for i in range(n)]
        path = bfs(C, F, s, t)
    #   print path
        while path != None:
            flow = min(C[u][v] - F[u][v] for u,v in path)
            for u,v in path:
                F[u][v] += flow
                F[v][u] -= flow
            path = bfs(C, F, s, t)
        return sum(F[s][i] for i in range(n))

#find path by using BFS
def bfs(C, F, s, t):
        queue = [s]
        paths = {s:[]}
        if s == t:
            return paths[s]
        while queue:
```

```
        u = queue.pop(0)
        for v in range(len(C)):
            if(C[u][v]-F[u][v]>0) and v not in paths:
                paths[v] = paths[u]+[(u,v)]
                print(paths)
                if v == t:
                    return paths[v]
                queue.append(v)
    return None

# make a capacity graph
# node   s   o   p   q   r   t
C = [[ 0, 3, 3, 0, 0, 0 ],  # s
     [ 0, 0, 2, 3, 0, 0 ],  # o
     [ 0, 0, 0, 0, 2, 0 ],  # p
     [ 0, 0, 0, 0, 4, 2 ],  # q
     [ 0, 0, 0, 0, 0, 2 ],  # r
     [ 0, 0, 0, 0, 0, 3 ]]  # t

source = 0  # A
sink = 5    # F
max_flow_value = max_flow(C, source, sink)
print("Edmonds-Karp algorithm")
print("max_flow_value is: ", max_flow_value)
```

```
{0: [], 1: [(0, 1)]}
{0: [], 1: [(0, 1)], 2: [(0, 2)]}
{0: [], 1: [(0, 1)], 2: [(0, 2)], 3: [(0, 1), (1, 3)]}
{0: [], 1: [(0, 1)], 2: [(0, 2)], 3: [(0, 1), (1, 3)],
4: [(0, 2), (2, 4)]}
{0: [], 1: [(0, 1)], 2: [(0, 2)], 3: [(0, 1), (1, 3)],
4: [(0, 2), (2, 4)], 5: [(0, 1), (1, 3), (3, 5)]}
{0: [], 1: [(0, 1)]}
{0: [], 1: [(0, 1)], 2: [(0, 2)]}
{0: [], 1: [(0, 1)], 2: [(0, 2)], 3: [(0, 1), (1, 3)]}
{0: [], 1: [(0, 1)], 2: [(0, 2)], 3: [(0, 1), (1, 3)],
4: [(0, 2), (2, 4)]}
{0: [], 1: [(0, 1)], 2: [(0, 2)], 3: [(0, 1), (1, 3)],
4: [(0, 2), (2, 4)], 5: [(0, 2), (2, 4), (4, 5)]}
{0: [], 1: [(0, 1)]}
{0: [], 1: [(0, 1)], 2: [(0, 2)]}
{0: [], 1: [(0, 1)], 2: [(0, 2)], 3: [(0, 1), (1, 3)]}
{0: [], 1: [(0, 1)], 2: [(0, 2)], 3: [(0, 1), (1, 3)],
4: [(0, 1), (1, 3), (3, 4)]}
Edmonds-Karp algorithm
max_flow_value is:  4
```

18.4 Min Cut 이란?

만일 A노드에서 B노드로 가는 경로를 없애기 위해서 edge을 절단 하는 것을 Cut 이라고 한다. 하지만 이런 Cut 에는 비용이 존재하는데 연결 그래프 상에서 비용이란 edge의 개수가 된다. 가중치 (edge에 weight가 있는) 그래프 상에서는 cut 된 edge들의 가중치들의 합이 비용이 되고, 이 비용을 최소로 하는 것이 min cut 이라고 할 수 있다. 아래 그래프에서 min cut의 가중치는 11이다.

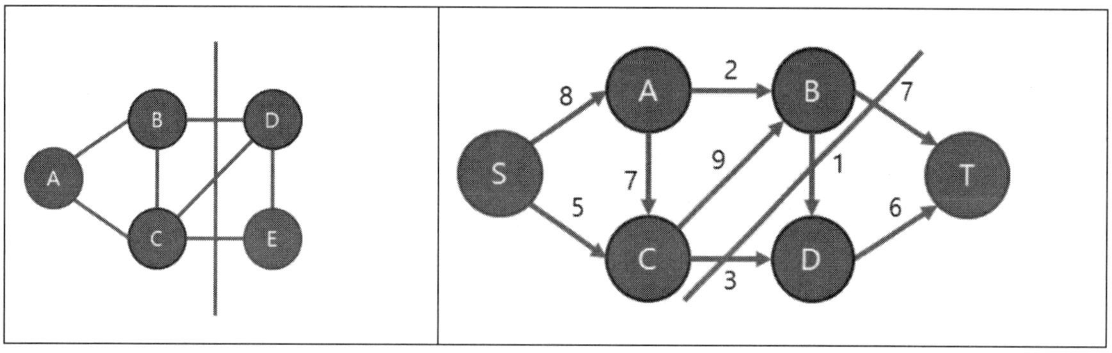

아래 그래프에서 어떻게 컷을 골라도 그 컷에 포함된 edge들에서 흐르고 있는 유량의 합은 항상 동치이다. 컷에 따라 언제나 흐르는 유량이 같다면 가능한 최대 유량은 가능한 최소 컷과 동일해야만 한다. 그러므로 Maximum Flow와 Min cut은 Dual관계라고 할 수 있다. 실제로 프로그래밍 결과값 또한 동일하게 나온다.

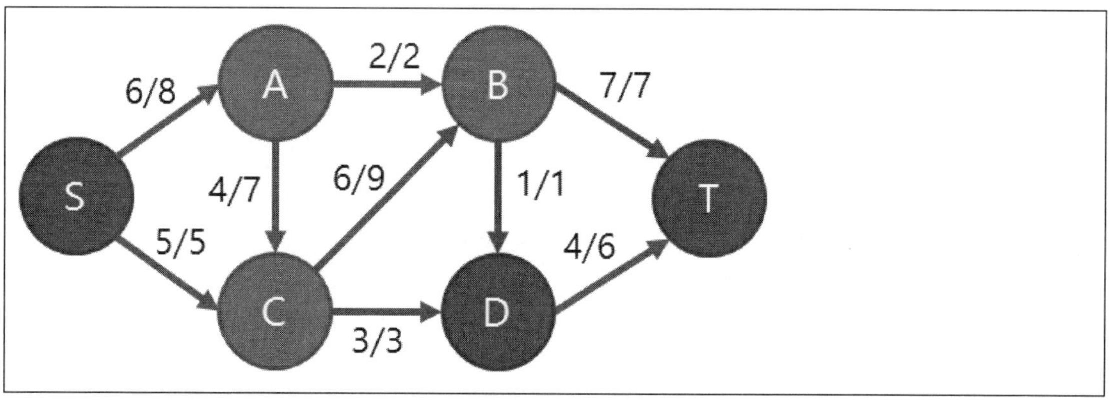

18.5 Ford-Fulkerson Maximum flow 알고리즘의 동작원리

Ford-Fulkerson Algorithm: 기본적인 아이디어는 augmenting path를 찾으면서 flow값을 증가시키는 것이다. **Forward edge (not full)을 이용해서 flow값을 증가시키고, Backward edge (not empty)를 이용해서 감소시킨다.** 더 이상 augmenting path를 찾을 수 없을 때 알고리즘이 종료되며 Full forward edge가 존재하거나 empty backward edge 가 만들어진 경

우라고 볼 수 있다. 아래 오른쪽 그림에서, B-T와 D-C가 Full forward가 되면서 Maximum Flow가 구해진다

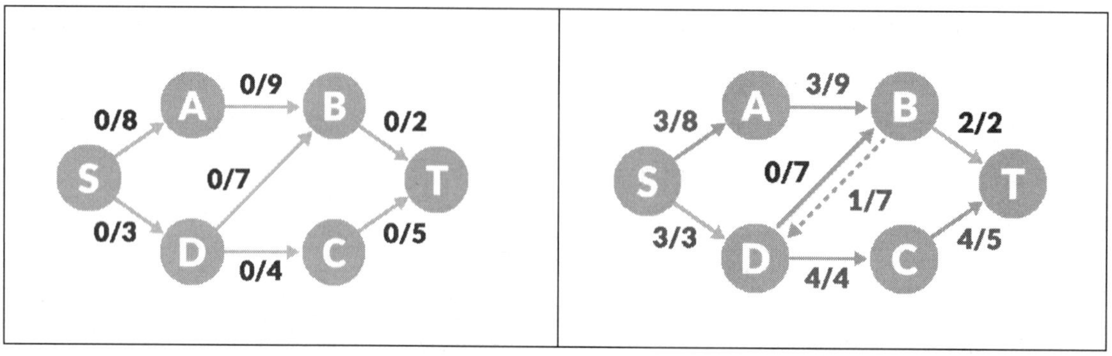

(residual) network G_f

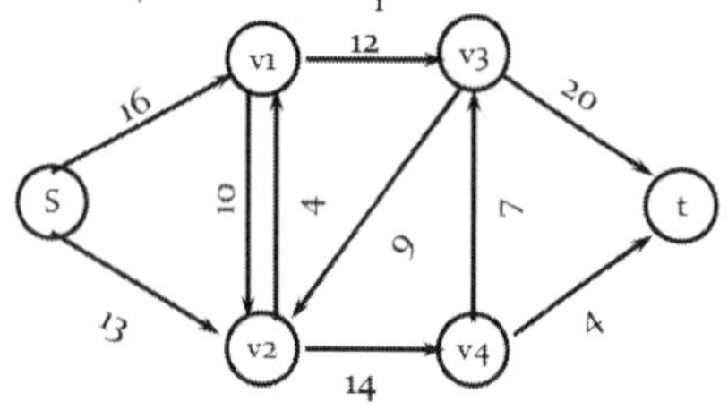

```
for each edge (u, v) ∈ E [G]
  do f [u, v] = 0
     f [v, u] = 0
while there exists a path p from s to t
in the residual network G_f
  do c_f(p) = min{c_f(u, v) | (u, v) ∈ p}
     for each edge (u, v) in p
        do f [u, v] = f [u, v] + c_f(p)
           f [v, u] = - f [u, v]
```

(residual) network G_f

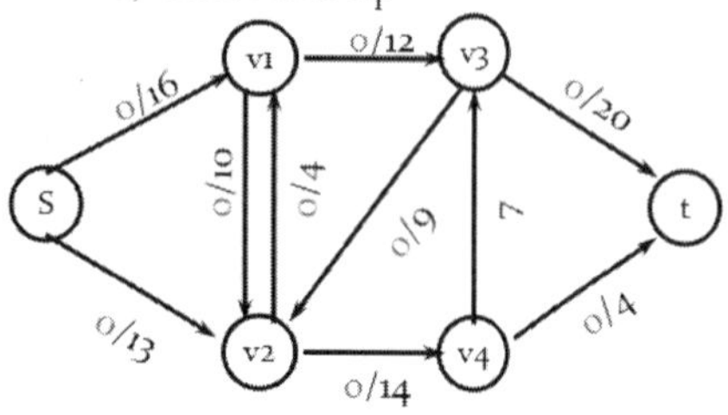


```
for each edge (u, v) ∈ E [G]
  do f [u, v] = 0
     f [v, u] = 0
while there exists a path p from s to t
in the residual network G_f
  do c_f(p) = min{c_f(u, v) | (u, v) ∈ p}
     for each edge (u, v) in p
        do f [u, v] = f [u, v] + c_f(p)
           f [v, u] = - f [u, v]
```


(residual) network G_f

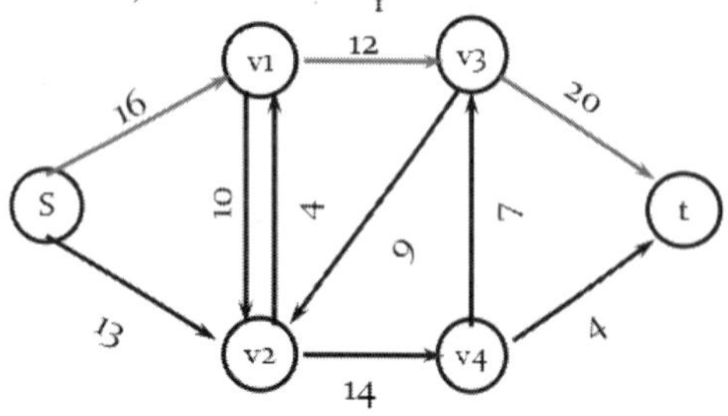


```
for each edge (u, v) ∈ E [G]
  do f [u, v] = 0
     f [v, u] = 0
while there exists a path p from s to t
in the residual network G_f
  do c_f(p) = min{c_f(u, v) | (u, v) ∈ p}
     for each edge (u, v) in p
        do f [u, v] = f [u, v] + c_f(p)
           f [v, u] = - f [u, v]
```

(residual) network G_f

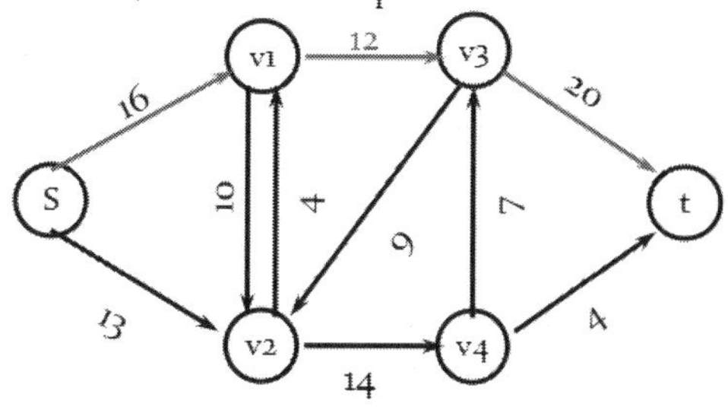


```
for each edge (u, v) ∈ E [G]
   do f [u, v] = 0
      f [v, u] = 0
while there exists a path p from s to t
in the residual network G_f
   do c_f(p) = min{c_f(u, v) | (u, v) ∈ p}
      for each edge (u, v) in p
         do f [u, v] = f [u, v] + c_f(p)
            f [v, u] = - f [u, v]
```

temporary variable:

$c_f(p) = 12$

(residual) network G_f

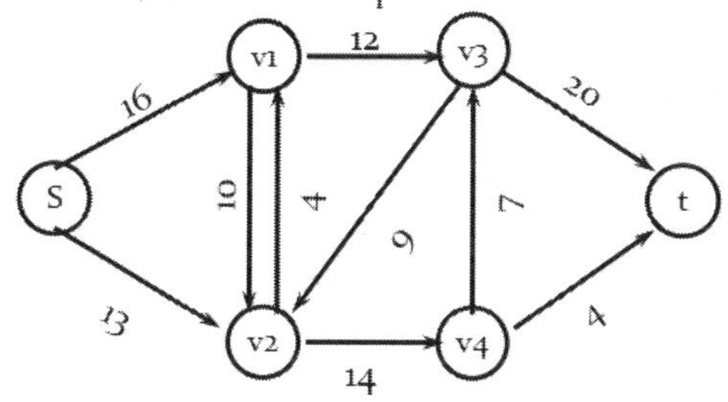

new flow network G

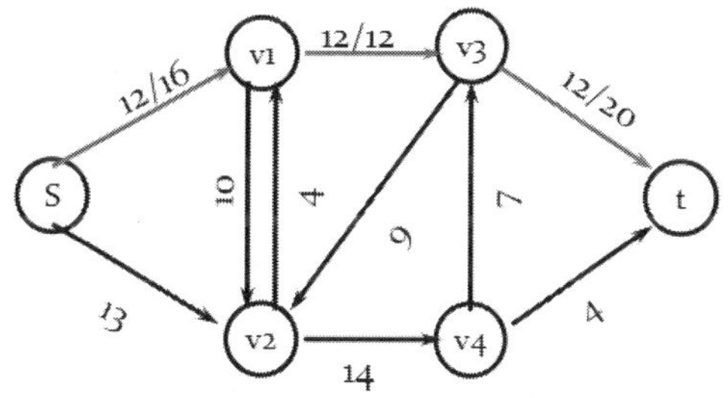


```
for each edge (u, v) ∈ E [G]
   do f [u, v] = 0
      f [v, u] = 0
while there exists a path p from s to t
in the residual network G_f
   do c_f(p) = min{c_f(u, v) | (u, v) ∈ p}
      for each edge (u, v) in p
         do f [u, v] = f [u, v] + c_f(p)
            f [v, u] = - f [u, v]
```

temporary variable:

$c_f(p) = 12$

(residual) network G_f

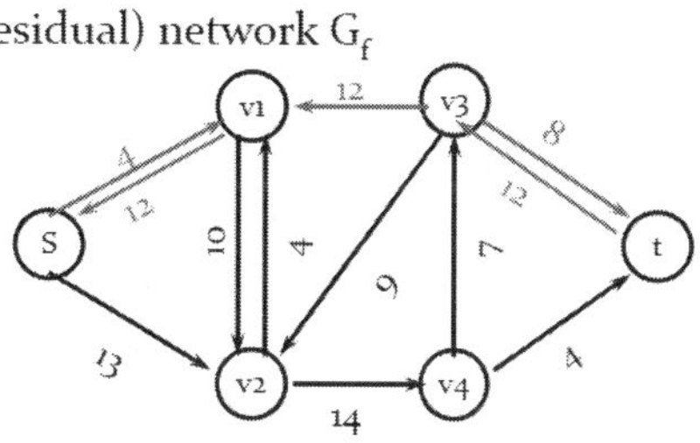

new flow network G

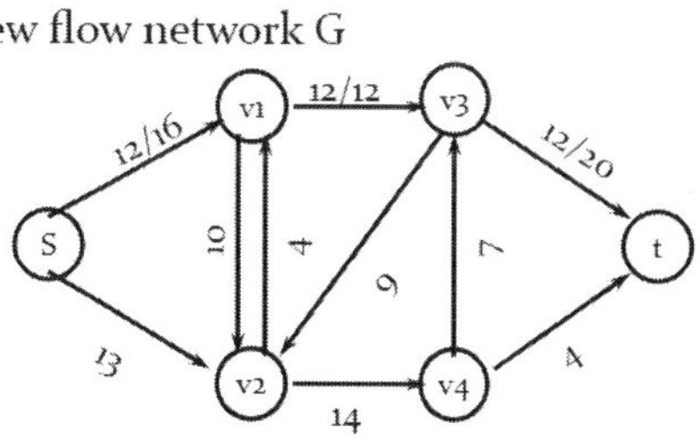


```
for each edge (u, v) ∈ E [G]
   do f [u, v] = 0
      f [v, u] = 0
while there exists a path p from s to t
in the residual network G_f
   do c_f(p) = min{c_f(u, v) | (u, v) ∈ p}
      for each edge (u, v) in p
         do f [u, v] = f [u, v] + c_f(p)
            f [v, u] = - f [u, v]
```

(residual) network G_f

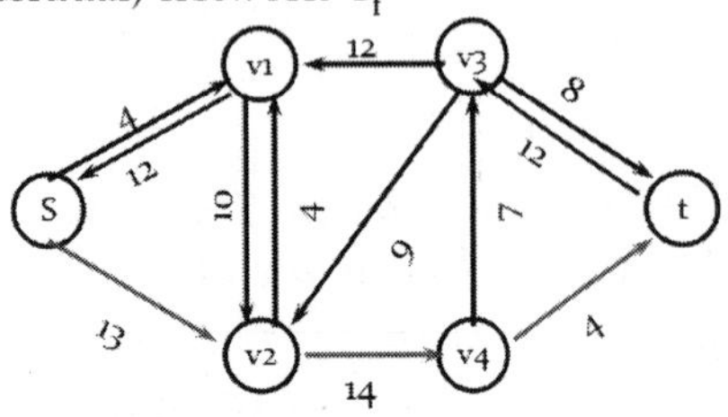

new flow network G

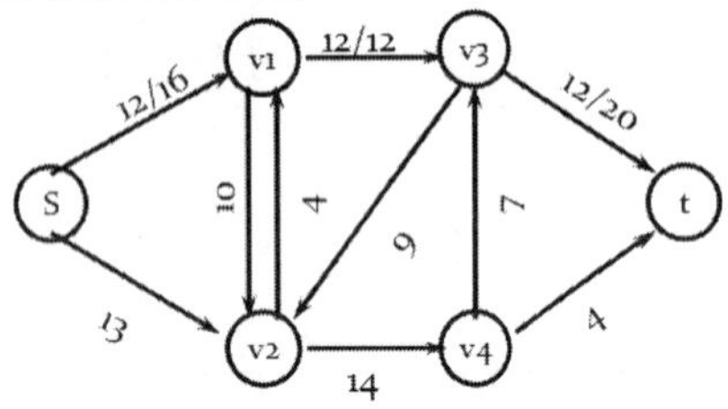


```
for each edge (u, v) ∈ E [G]
    do f [u, v] = 0
       f [v, u] = 0
while there exists a path p from s to t
in the residual network G_f
    do c_f(p) = min{c_f(u, v) | (u, v) ∈ p}
       for each edge (u, v) in p
           do f [u, v] = f [u, v] + c_f(p)
              f [v, u] = - f [u, v]
```

(residual) network G_f

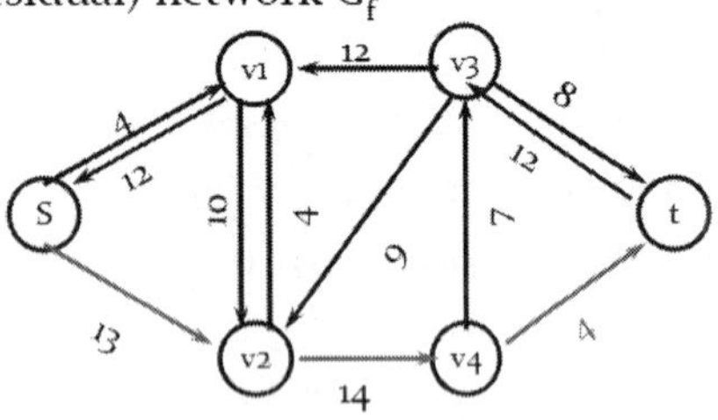

new flow network G

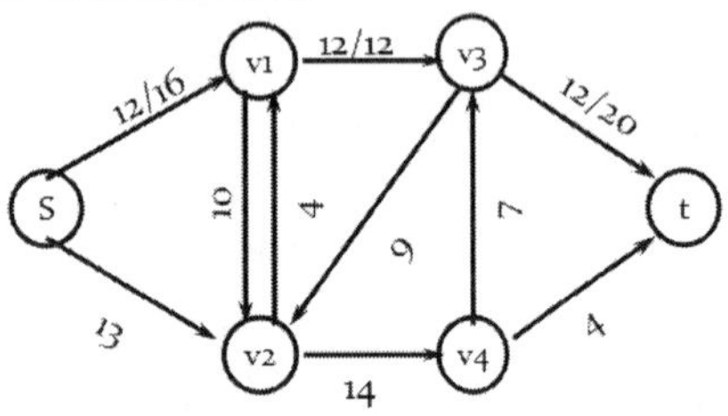


```
for each edge (u, v) ∈ E [G]
    do f [u, v] = 0
       f [v, u] = 0
while there exists a path p from s to t
in the residual network G_f
    do c_f(p) = min{c_f(u, v) | (u, v) ∈ p}
       for each edge (u, v) in p
           do f [u, v] = f [u, v] + c_f(p)
              f [v, u] = - f [u, v]
```

temporary variable:

$c_f(p) = 4$

(residual) network G_f

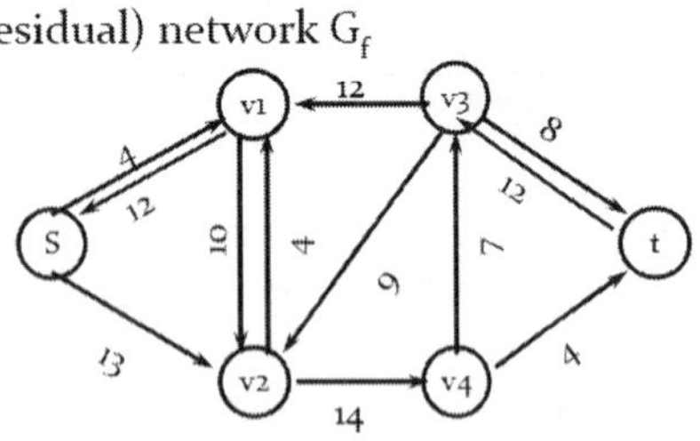

new flow network G

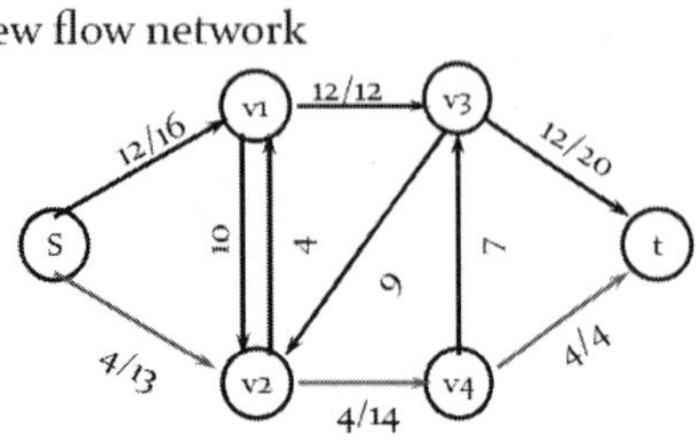


```
for each edge (u, v) ∈ E [G]
    do f [u, v] = 0
       f [v, u] = 0
while there exists a path p from s to t
in the residual network G_f
    do c_f(p) = min{c_f(u, v) | (u, v) ∈ p}
       for each edge (u, v) in p
           do f [u, v] = f [u, v] + c_f(p)
              f [v, u] = - f [u, v]
```

temporary variable:

$c_f(p) = 4$

(residual) network G_f

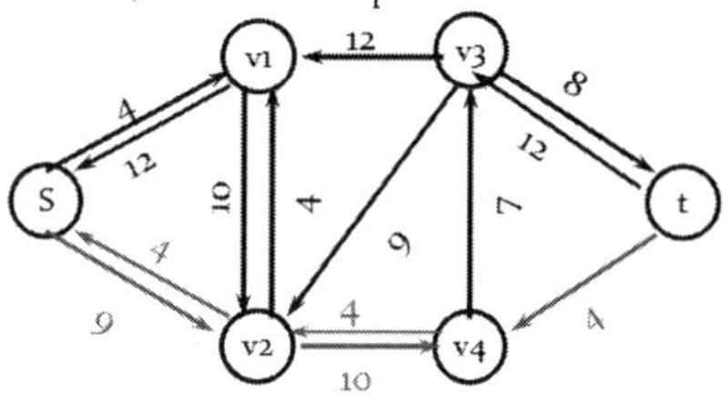

new flow network
G

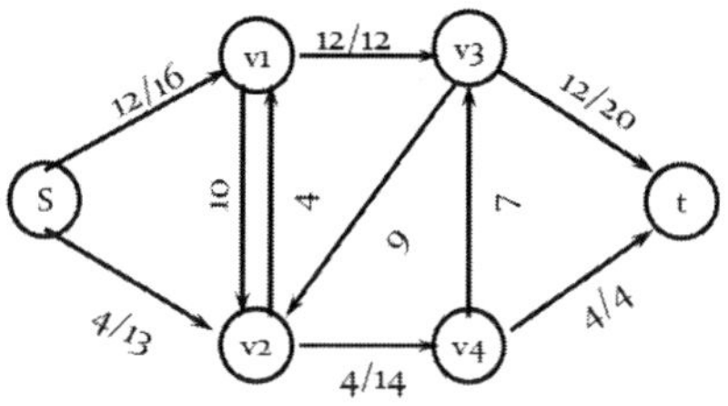


```
for each edge (u, v) ∈ E [G]
   do f [u, v] = 0
      f [v, u] = 0
while there exists a path p from s to t
in the residual network G_f
   do c_f(p) = min{c_f(u, v) | (u, v) ∈ p}
      for each edge (u, v) in p
         do f [u, v] = f [u, v] + c_f(p)
            f [v, u] = - f [u, v]
```

(residual) network G_f

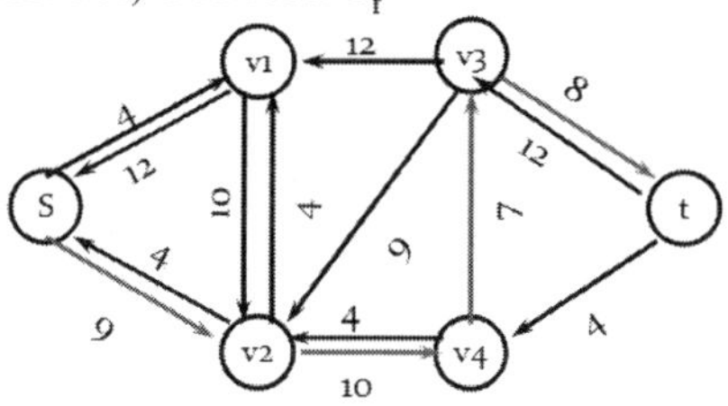

new flow network
G

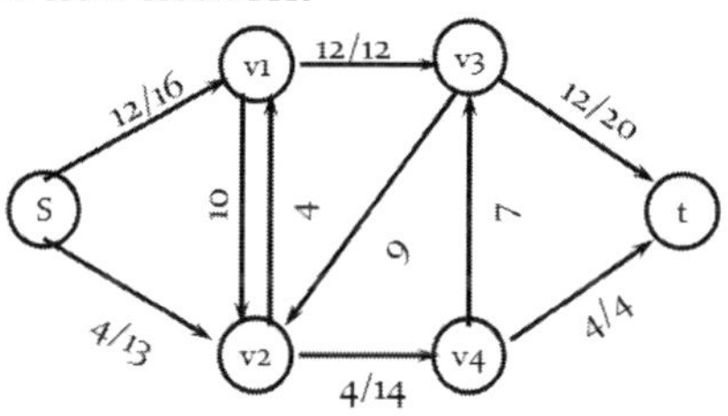


```
for each edge (u, v) ∈ E [G]
   do f [u, v] = 0
      f [v, u] = 0
while there exists a path p from s to t
in the residual network G_f
   do c_f(p) = min{c_f(u, v) | (u, v) ∈ p}
      for each edge (u, v) in p
         do f [u, v] = f [u, v] + c_f(p)
            f [v, u] = - f [u, v]
```

(residual) network
G_f

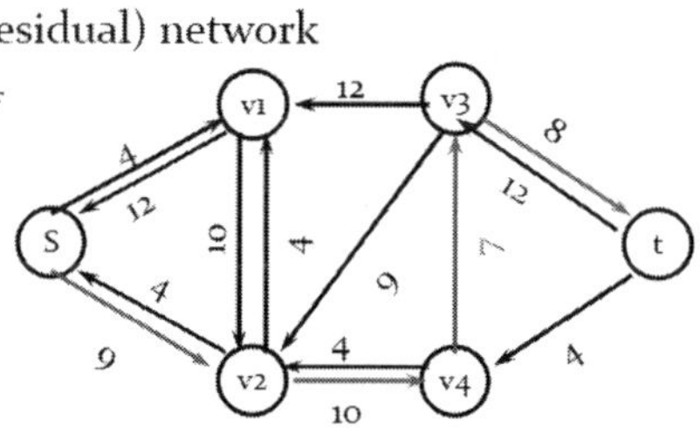

new flow network
G

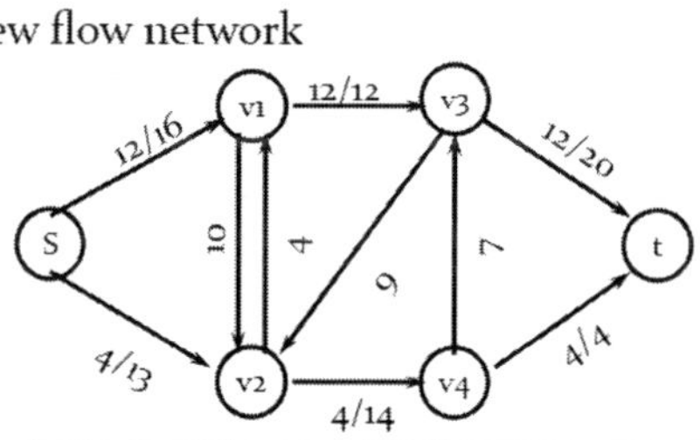


```
for each edge (u, v) ∈ E [G]
   do f [u, v] = 0
      f [v, u] = 0
while there exists a path p from s to t
in the residual network G_f
   do c_f(p) = min{c_f(u, v) | (u, v) ∈ p}
      for each edge (u, v) in p
         do f [u, v] = f [u, v] + c_f(p)
            f [v, u] = - f [u, v]
```

temporary variable:
$c_f(p) = 7$

(residual) network G_f

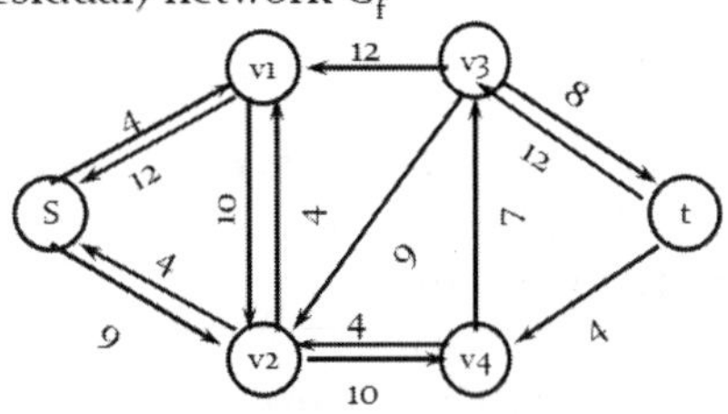

new flow network
G

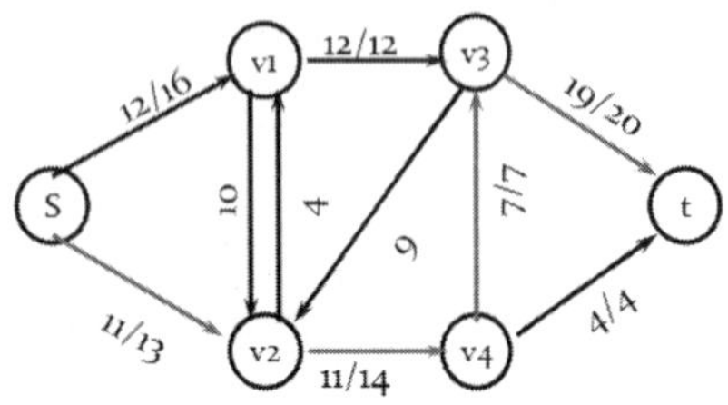

```
for each edge (u, v) ∈ E [G]
   do f [u, v] = 0
      f [v, u] = 0
while there exists a path p from s to t
in the residual network G_f
   do c_f(p) = min{c_f(u, v) | (u, v) ∈ p}
      for each edge (u, v) in p
          do f [u, v] = f [u, v] + c_f(p)
             f [v, u] = - f [u, v]
```

temporary variable:
$c_f(p) = 7$

(residual) network G_f

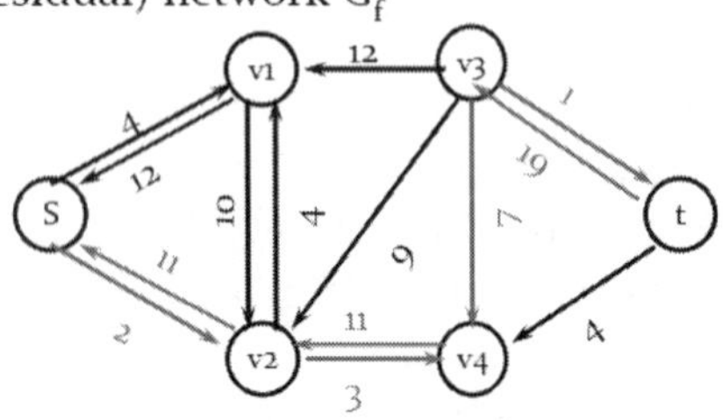

new flow network
G

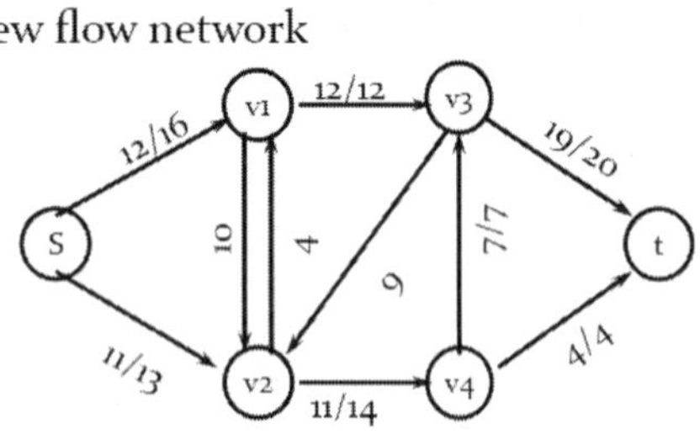

```
for each edge (u, v) ∈ E [G]
   do f [u, v] = 0
      f [v, u] = 0
while there exists a path p from s to t
in the residual network G_f
   do c_f(p) = min{c_f(u, v) | (u, v) ∈ p}
      for each edge (u, v) in p
          do f [u, v] = f [u, v] + c_f(p)
             f [v, u] = - f [u, v]
```

(residual) network G_f

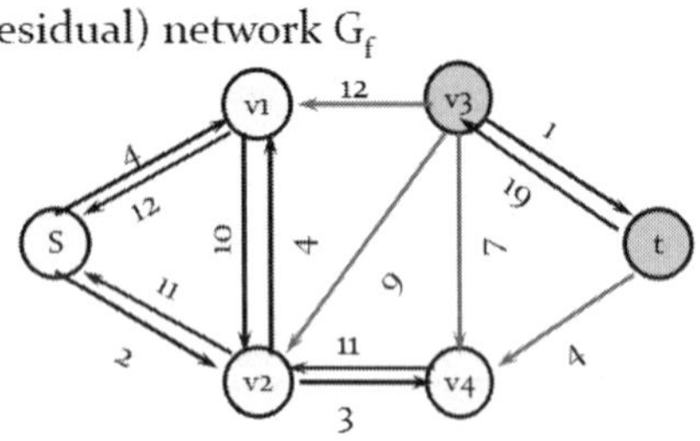

new flow network
G

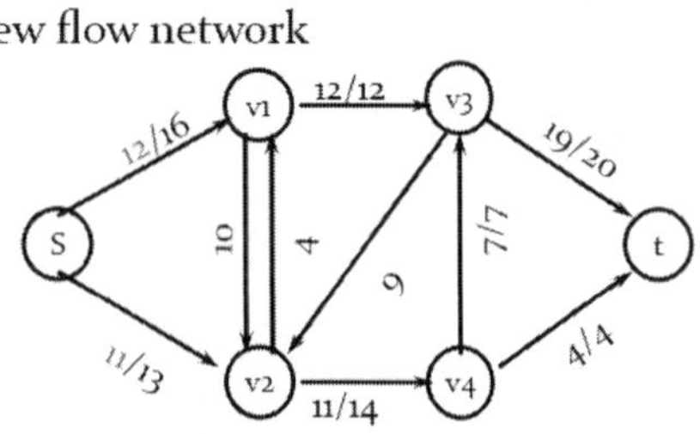

```
for each edge (u, v) ∈ E [G]
   do f [u, v] = 0
      f [v, u] = 0
while there exists a path p from s to t
in the residual network G_f
   do c_f(p) = min{c_f(u, v) | (u, v) ∈ p}
      for each edge (u, v) in p
          do f [u, v] = f [u, v] + c_f(p)
             f [v, u] = - f [u, v]
```

Finally we have:
$|f| = f(s, V) = 23$

18.6 Ford-Fulkerson Maximum flow 알고리즘의 구현

다음은 Ford-Fulkerson Max Flow Min Cut 알고리즘을 구현한 Python 코드와 실행 결과이다.
https://www.geeksforgeeks.org/ford-fulkerson-algorithm-for-maximum-flow-problem/?ref=gcse

```
# Python program for implementation
# of Ford Fulkerson algorithm
from collections import defaultdict

# This class represents a directed graph
# using adjacency matrix representation
class Graph:

	def __init__(self, graph):
		self.graph = graph # residual graph
		self. ROW = len(graph)
		# self.COL = len(gr[0])

	'''Returns true if there is a path from source 's' to sink 't' in
	residual graph. Also fills parent[] to store the path '''

	def BFS(self, s, t, parent):

		# Mark all the vertices as not visited
		visited = [False]*(self.ROW)

		# Create a queue for BFS
		queue = []

		# Mark the source node as visited and enqueue it
		queue.append(s)
		visited[s] = True

		# Standard BFS Loop
		while queue:
```

```
            # Dequeue a vertex from queue and print it
            u = queue.pop(0)

            # Get all adjacent vertices of the dequeued vertex u
            # If a adjacent has not been visited, then mark it
            # visited and enqueue it
            for ind, val in enumerate(self.graph[u]):
                if visited[ind] == False and val > 0:
                    # If we find a connection to the sink node,
                    # then there is no point in BFS anymore
                    # We just have to set its parent and can return true
                    queue.append(ind)
                    visited[ind] = True
                    parent[ind] = u
                    if ind == t:
                        return True

        # We didn't reach sink in BFS starting
        # from source, so return false
        return False


    #Returns the maximum flow from s to t in the given graph
    def FordFulkerson(self, source, sink):

        # This array is filled by BFS and to store path
        parent = [-1]*(self.ROW)

        max_flow = 0 # There is no flow initially

        # Augment the flow while there is path from source to sink
        while self.BFS(source, sink, parent) :

            # Find minimum residual capacity of the edges along the
            # path filled by BFS. Or we can say find the maximum flow
```

```
            # through the path found.
            path_flow = float("Inf")
            s = sink
            while(s != source):
                path_flow = min (path_flow, self.graph[parent[s]][s])
                s = parent[s]

            # Add path flow to overall flow
            max_flow += path_flow

            # update residual capacities of the edges and reverse edges
            # along the path
            v = sink
            while(v != source):
                u = parent[v]
                self.graph[u][v] -= path_flow
                self.graph[v][u] += path_flow
                v = parent[v]
        return max_flow

# Create a graph given in the above diagram
graph = [[0, 16, 13, 0, 0, 0],
        [0, 0, 10, 12, 0, 0],
        [0, 4, 0, 0, 14, 0],
        [0, 0, 9, 0, 0, 20],
        [0, 0, 0, 7, 0, 4],
        [0, 0, 0, 0, 0, 0]]

g = Graph(graph)
source = 0; sink = 5
print ("The maximum possible flow is %d " % g.FordFulkerson(source, sink))
```

```
The maximum possible flow is 23
>
```

19장. 최적화 알고리즘 만들기: 1차 목적 함수 값을 최대화하는 Linear Programming

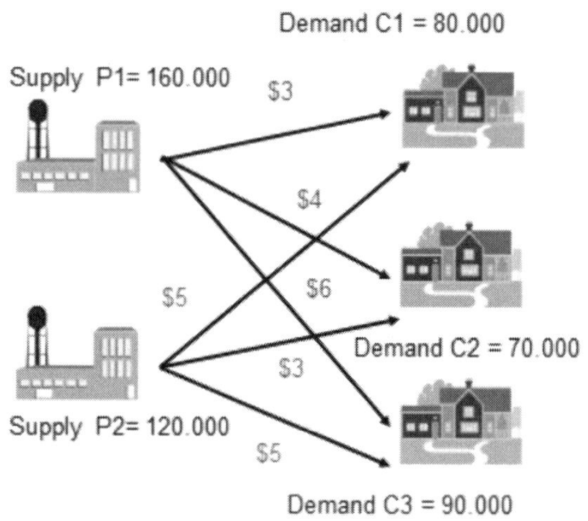

Linear Programming은 최적화 문제의 일종으로 주어진 선형 조건들을 만족하면서 선형인 목적함수를 최적화 하는 문제이다. 등식과 부등식의 상관관계를 이용하여 선형 계획 문제를 표준 형태로 정하고 표준 문제의 최적해를 구한다. 이 장의 순서는 다음과 같다.

19.1 Linear Programming (선형 계획법) 의 응용 분야
19.2 Simplex 알고리즘을 사용한 문제 풀이
19.3 Simplex 알고리즘의 Python 구현
19.4 Linear Programming 모듈을 이용한 최적화 풀이
19.5 Linear Programming 을 이용한 shortest path 문제 풀이
19.6 Linear Programming 을 이용한 max flow 문제 풀이
19.7 Linear Programming 을 이용한 bipartite matching 문제 풀이

19.1 Linear Programming (선형 계획법) 의 응용 분야

선형 계획법은 경영 과학 (Operation research), 미시 경제학, 네트워크 경로 최적화 등에서 사용되고 있으며 선형 계획법의 특수한 경우인 네트워크 흐름 (Network flow)와 같은 문제들에 대해서는 여러 특화된 알고리즘들이 연구되어 왔다. 즉 선형 관계가 있을 때 변화의 한계를 정할 때 사용하는 방법으로 생산계획, 수송계획 등에 적용한다.

(예) x1, x2 두개로 이루어진 문제가 있는데, 초코빵, 밀빵 두가지 빵을 판매한다고 할 때, 초코빵은 밀가루 100g과 초콜릿 10g 이 필요하고 밀 빵은 밀가루 50g이 필요하다 (다만 밀가루 재고는 3,000이 있고, 초콜릿 재고는 100이 있다). 초코빵은 100원, 밀빵은 40원이 남는

다고 했을 때 이익을 극대화 하기 위한 초코빵과 밀빵의 개수를 구하는 문제이다.

이 문제를 풀기 위해, 수식으로 표현하면, 목적 함수는 $\max \quad 100x_1 + 40x_2$ 로 표시하고, 제한사항을 표시하는 제한 조건식들은 $100x_1 + 50x_2 \le 3000$, $10x_1 \le 100$, $x_1, x_2 \ge 0$ 로 표현 가능하다. 만약 $x_1, x_2 \ge 0$ 가 0 보다 크다는 조건 외에 정수 이어야 한다는 조건까지 있다면, 정수 계획법 (integer programming) 이라고 부른다.

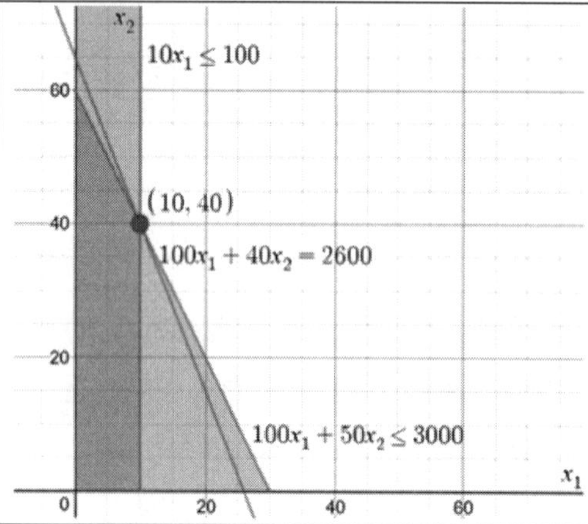

(예) 다음은 ale과 beer를 만드는 주류 업자의 최적화 시나리오이다. 제한 조건식으로 이루어진 해 공간은 두번째 그림의 회색 부분이다. 하지만 회색 부분 모두에 해가 있는 것은 아니고, 최적 해는 회색 부분을 다각형이라고 하면, 꼭지점 (extreme point) 에만 분포한다.

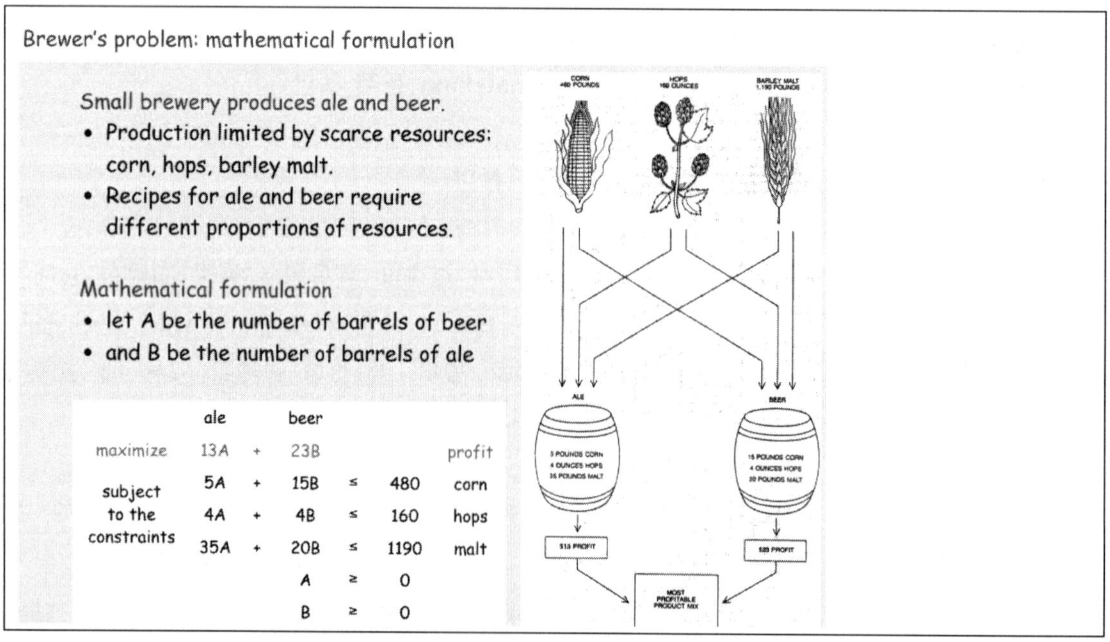

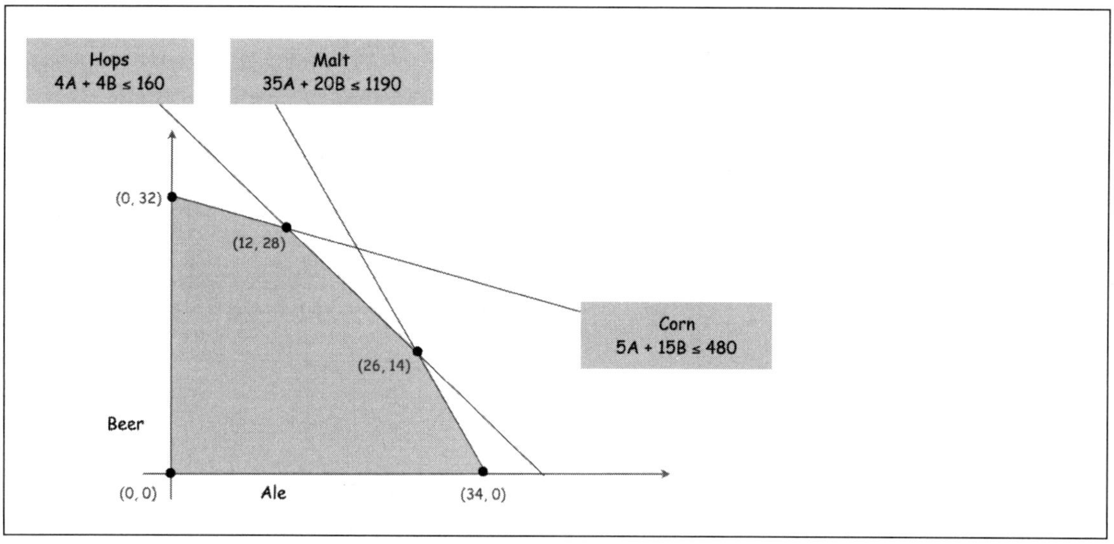

이제 13A + 23B 를 최대화 하는 A와 B를 구하기 위한 방법을 도시하면 다음과 같다. 아래와 같이 13A + 23B 가 회색 공간과 만나는 (12, 28)이 최적 점이 된다.

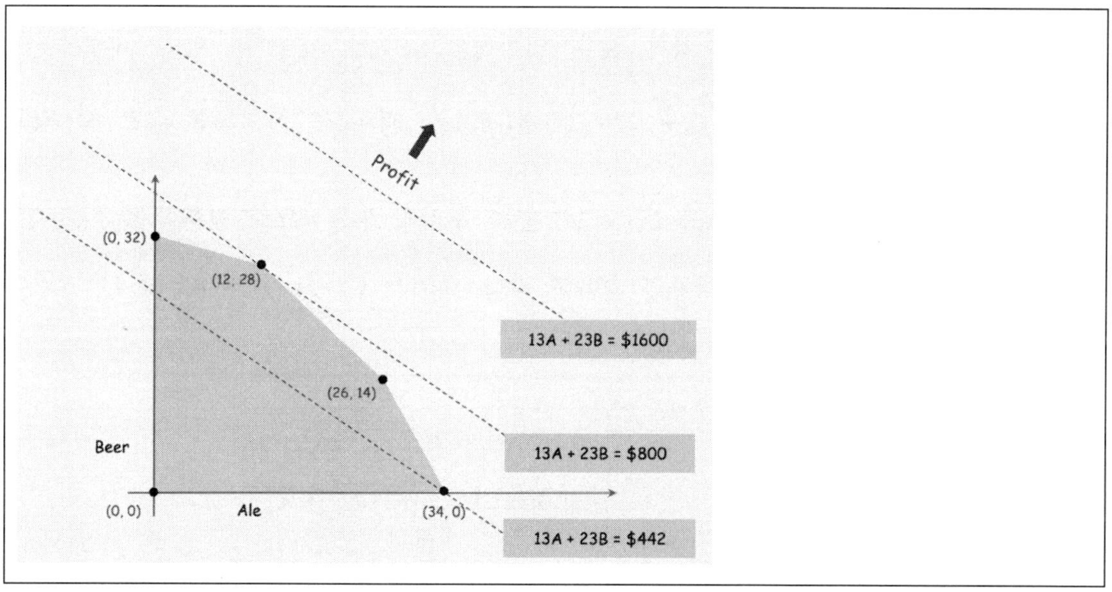

19.2 Simplex 알고리즘을 사용한 문제 풀이

Linear programming은 linear function을 maximize 하는 변수를 찾는 문제이다. 아래 그림의 왼쪽과 같이 수식을 구성할 수 있으며, 예를 들어 오른쪽의 예는 아래 두번째 칸과 같이 matrix로 간단히 정리할 수 있다.

<table>
<tr>
<td rowspan="2">

• A **linear function to be maximized**

e.g. $f(x_1, x_2) = c_1x_1 + c_2x_2$

• **Problem constraints** of the following form

e.g.

$$\begin{aligned} a_{11}x_1 + a_{12}x_2 &\le b_1 \\ a_{21}x_1 + a_{22}x_2 &\le b_2 \\ a_{31}x_1 + a_{32}x_2 &\le b_3 \end{aligned}$$

• **Non-negative variables**

e.g.

$$\begin{aligned} x_1 &\ge 0 \\ x_2 &\ge 0 \end{aligned}$$

</td>
<td>

Maximize: $S_1 \cdot x_1 + S_2 \cdot x_2$

Subject to: $x_1 + x_2 \le L$

$F_1 \cdot x_1 + F_2 \cdot x_2 \le F$

$P_1 \cdot x_1 + P_2 \cdot x_2 \le P$

$x_1 \ge 0, x_2 \ge 0$

</td>
</tr>
<tr>
<td>

maximize $\begin{bmatrix} S_1 & S_2 \end{bmatrix} \begin{bmatrix} x_1 \\ x_2 \end{bmatrix}$

subject to $\begin{bmatrix} 1 & 1 \\ F_1 & F_2 \\ P_1 & P_2 \end{bmatrix} \begin{bmatrix} x_1 \\ x_2 \end{bmatrix} \le \begin{bmatrix} L \\ F \\ P \end{bmatrix}, \begin{bmatrix} x_1 \\ x_2 \end{bmatrix} \ge \begin{bmatrix} 0 \\ 0 \end{bmatrix}$

</td>
</tr>
</table>

그런데 위와 같은 수식으로는 문제를 풀 수가 없고, 부등호를 등호로 바꾸어 주어야 한다. 부등식과 등식의 일련의 관계를 통해 모든 일반식을 표준화 시킬 수 있다. 예를 들어 $x_1 + x_2 \le b_1$와 같은 부등식은 $x1 + x2 + s1 = b1, s1 \ge 0$ 과 같은 등식으로 바꿀 수 있고

$2x1 + 3x2 = b1$ 은 $2x1 + 3x2 \le b1$과 $2x1 + 3x2 \ge b1$ 두가지 부등식으로 변환할 수 있는 것

이다. 위의 예를 등호 수식으로 바꾸면 다음과 같다. 여기서 x3, x4, x5는 0보다 큰 양수인 slack variable이라고 한다.

<table>
<tr>
<td>

Maximize: $S_1 \cdot x_1 + S_2 \cdot x_2$

Subject to: $x_1 + x_2 \le L$

$F_1 \cdot x_1 + F_2 \cdot x_2 \le F$

$P_1 \cdot x_1 + P_2 \cdot x_2 \le P$

$x_1 \ge 0, x_2 \ge 0$

</td>
<td>

Maximize: $S_1 \cdot x_1 + S_2 \cdot x_2$

subject to: $x_1 + x_2 + x_3 = L$

$F_1 \cdot x_1 + F_2 \cdot x_2 + x_4 = F$

$P_1 \cdot x_1 + P_2 \cdot x_2 + x_5 = P$

$x_1, x_2, x_3, x_4, x_5 \ge 0.$

</td>
</tr>
</table>

이제 위의 수식을 matrix form으로 바꾸면 다음과 같다.

Maximize z:

$$\begin{bmatrix} 1 & -S_1 & -S_2 & 0 & 0 & 0 \\ 0 & 1 & 1 & 1 & 0 & 0 \\ 0 & F_1 & F_2 & 0 & 1 & 0 \\ 0 & P_1 & P_2 & 0 & 0 & 1 \end{bmatrix} \begin{bmatrix} z \\ x_1 \\ x_2 \\ x_3 \\ x_4 \\ x_5 \end{bmatrix} = \begin{bmatrix} 0 \\ L \\ F \\ P \end{bmatrix}, \begin{bmatrix} x_1 \\ x_2 \\ x_3 \\ x_4 \\ x_5 \end{bmatrix} \geq 0.$$

Maximize z:

$$\begin{bmatrix} 1 & -\mathbf{c}^T & 0 \\ 0 & \mathbf{A} & \mathbf{I} \end{bmatrix} \begin{bmatrix} z \\ \mathbf{x} \\ \mathbf{s} \end{bmatrix} = \begin{bmatrix} 0 \\ \mathbf{b} \end{bmatrix}$$

$$\mathbf{x} \geq 0, \mathbf{s} \geq 0$$

(예) ale과 beer를 만드는 주류 업자의 최적화 시나리오를 다시 보면 다음 그림과 같다. 부등호 (inequality) 로 되어 있는 수식들을 slack variable을 사용해서 등호 (equality) 식으로 바꾼다.

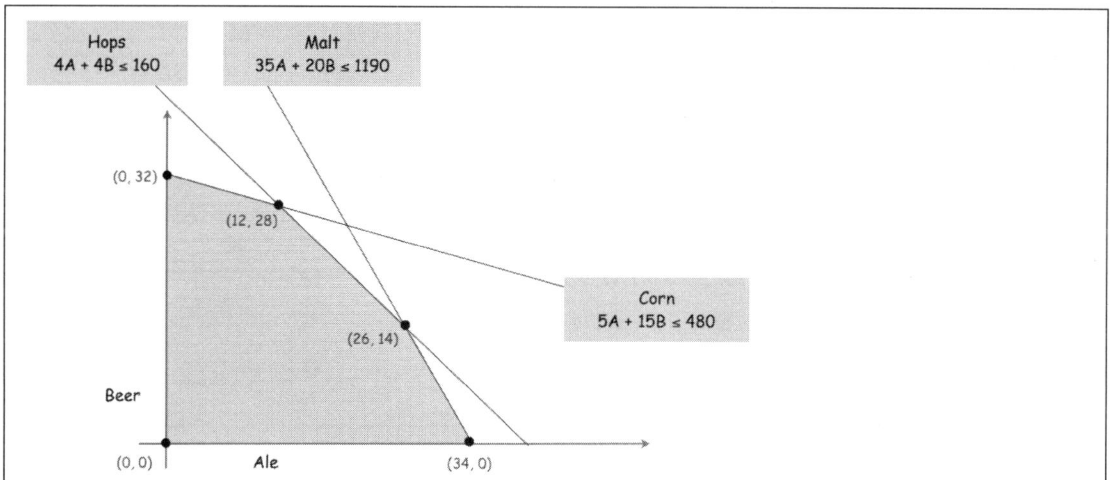

maximize	13A	+	23B		
subject to the constraints	5A	+	15B	≤	480
	4A	+	4B	≤	160
	35A	+	20B	≤	1190
			A, B	≥	0

maximize	Z										
subject to the constraints	13A	+	23B						− Z	=	0
	5A	+	15B	+	S_C					=	480
	4A	+	4B			+	S_H			=	160
	35A	+	20B				+	S_M		=	1190
			A, B, S_C, S_H, S_M							≥	0

A, B 변수가 2개인 경우이면 2차원 공간 상에 표시되지만, 변수가 n 개이면 n 차원 공간이 되고, 문제가 복잡해진다. 하지만 다행인 것은 최적해는 꼭지점 (extreme point)에만 있다는

것이고, 해 공간은 convex 하기 때문에 한 개의 extreme point에서 계속 밀려 가다 보면 optimal solution에 도착함을 알 수 있다.

(단계 1) A, B 가 각각 0, 0 인 경우부터 시작한다.

maximize	Z	basis = $\{S_C, S_H, S_M\}$
subject to the constraints	$13A + 23B - Z = 0$	$A = B = 0$
	$5A + 15B + S_C = 480$	$Z = 0$
	$4A + 4B + S_H = 160$	$S_C = 480$
	$35A + 20B + S_M = 1190$	$S_H = 160$
	$A, B, S_C, S_H, S_M \geq 0$	$S_M = 1190$

(단계 2) basis vector 중 Sc를 B로 대체한다.

maximize	Z	basis = $\{B, S_H, S_M\}$
subject to the constraints	$(16/3)A - (23/15)S_C - Z = -736$	$A = S_C = 0$
	$(1/3)A + B + (1/15)S_C = 32$	$Z = 736$
	$(8/3)A - (4/15)S_C + S_H = 32$	$B = 32$
	$(85/3)A - (4/3)S_C + S_M = 550$	$S_H = 32$
	$A, B, S_C, S_H, S_M \geq 0$	$S_M = 550$

(단계 3) basis vector 중 Sh를 A로 대체한다.

maximize	Z	basis = $\{A, B, S_M\}$
subject to the constraints	$- S_C - 2S_H - Z = -800$	$S_C = S_H = 0$
	$B + (1/10)S_C + (1/8)S_H = 28$	$Z = 800$
	$A - (1/10)S_C + (3/8)S_H = 12$	$B = 28$
	$- (25/6)S_C - (85/8)S_H + S_M = 110$	$A = 12$
	$A, B, S_C, S_H, S_M \geq 0$	$S_M = 110$

19.3 Simplex 알고리즘의 Python 구현

다음은 Simplex 알고리즘 기반의 Linear Programming (LP)을 구현한 Pthon 코드를 분석해보자. 아래 예는 목적 함수 Min 5 x1 + 10 x2 인 경우와 (2) Min -9 x1 + 7 x2 의 경우에 대한 LP 해를 구하는 예이다. 참고한 사이트는 다음과 같다.

https://medium.com/@jacob.d.moore1/coding-the-simplex-algorithm-from-scratch-using-python-and-numpy-93e3813e6e70

```
import numpy as np
```

```
def gen_matrix(var,cons):
    tab = np.zeros((cons+1, var+cons+2))
    return tab

def next_round_r(table):
    m = min(table[:-1,-1])
    if m>= 0:
        return False
    else:
        return True

def next_round(table):
    lr = len(table[:,0])
    m = min(table[lr-1,:-1])
    if m>=0:
        return False
    else:
        return True

def find_neg_r(table):
    lc = len(table[0,:])
    m = min(table[:-1,lc-1])
    if m<=0:
        n = np.where(table[:-1,lc-1] == m)[0][0]
    else:
        n = None
    return n

def find_neg(table):
    lr = len(table[:,0])
    m = min(table[lr-1,:-1])
    if m<=0:
        n = np.where(table[lr-1,:-1] == m)[0][0]
    else:
        n = None
    return n
```

```
def loc_piv_r(table):
    total = []
    r = find_neg_r(table)
    row = table[r,:-1]
    m = min(row)
    c = np.where(row == m)[0][0]
    col = table[:-1,c]
    for i, b in zip(col,table[:-1,-1]):
        if i**2>0 and b/i>0:
            total.append(b/i)
        else:
            total.append(10000)
    index = total.index(min(total))
    return [index,c]

def loc_piv(table):
    if next_round(table):
        total = []
        n = find_neg(table)
        for i,b in zip(table[:-1,n],table[:-1,-1]):
            if b/i >0 and i**2>0:
                total.append(b/i)
            else:
                total.append(10000)
        index = total.index(min(total))
        return [index,n]

def pivot(row,col,table):
    lr = len(table[:,0])
    lc = len(table[0,:])
    t = np.zeros((lr,lc))
    pr = table[row,:]
    if table[row,col]**2>0:
        e = 1/table[row,col]
        r = pr*e
```

```
        for i in range(len(table[:,col])):
            k = table[i,:]
            c = table[i,col]
            if list(k) == list(pr):
                continue
            else:
                t[i,:] = list(k-r*c)
        t[row,:] = list(r)
        return t
    else:
        print('Cannot pivot on this element.')

# ('1,3,L,5') 와 같은 입력하면, 1 x1 + 3 x2 <= 5 를 표시한다. >= 표시는 G로 한다.
def convert(eq):
    eq = eq.split(',')
    if 'G' in eq:
        g = eq.index('G')
        del eq[g]
        eq = [float(i)*-1 for i in eq]
        return eq
    if 'L' in eq:
        l = eq.index('L')
        del eq[l]
        eq = [float(i) for i in eq]
        return eq

# min 문제와 max 문제는 dual 이다.
# 4 x1 + 2 x2를 min 하는 문제는 -4 x1 - 2 x2를 max 하는 문제와 동일하다.
def convert_min(table):
    table[-1,:-2] = [-1*i for i in table[-1,:-2]]
    table[-1,-1] = -1*table[-1,-1]
    return table

def gen_var(table):
    lc = len(table[0,:])
    lr = len(table[:,0])
```

```
    var = lc - lr -1
    v = []
    for i in range(var):
        v.append('x'+str(i+1))
    return v

def add_cons(table):
    lr = len(table[:,0])
    empty = []
    for i in range(lr):
        total = 0
        for j in table[i,:]:
            total += j**2
        if total == 0:
            empty.append(total)
    if len(empty)>1:
        return True
    else:
        return False

def constrain(table,eq):
    if add_cons(table) == True:
        lc = len(table[0,:])
        lr = len(table[:,0])
        var = lc - lr -1
        j = 0
        while j < lr:
            row_check = table[j,:]
            total = 0
            for i in row_check:
                total += float(i**2)
            if total == 0:
                row = row_check
                break
            j +=1
        eq = convert(eq)
```

```
            i = 0
            while i<len(eq)-1:
                row[i] = eq[i]
                i +=1
            row[-1] = eq[-1]
            row[var+j] = 1
        else:
            print('Cannot add another constraint.')

def add_obj(table):
    lr = len(table[:,0])
    empty = []
    for i in range(lr):
        total = 0
        for j in table[i,:]:
            total += j**2
        if total == 0:
            empty.append(total)
    if len(empty)==1:
        return True
    else:
        return False

def obj(table,eq):
    if add_obj(table)==True:
        eq = [float(i) for i in eq.split(',')]
        lr = len(table[:,0])
        row = table[lr-1,:]
        i = 0
        while i<len(eq)-1:
            row[i] = eq[i]*-1
            i +=1
        row[-2] = 1
        row[-1] = eq[-1]
    else:
        print('You must finish adding constraints before the objective function can be added.')
```

```
def maxz(table):
    while next_round_r(table)==True:
        table = pivot(loc_piv_r(table)[0],loc_piv_r(table)[1],table)
    while next_round(table)==True:
        table = pivot(loc_piv(table)[0],loc_piv(table)[1],table)
    lc = len(table[0,:])
    lr = len(table[:,0])
    var = lc - lr -1
    i = 0
    val = {}
    for i in range(var):
        col = table[:,i]
        s = sum(col)
        m = max(col)
        if float(s) == float(m):
            loc = np.where(col == m)[0][0]
            val[gen_var(table)[i]] = table[loc,-1]
        else:
            val[gen_var(table)[i]] = 0
    val['max'] = table[-1,-1]
    return val

def minz(table):
    table = convert_min(table)
    while next_round_r(table)==True:
        table = pivot(loc_piv_r(table)[0],loc_piv_r(table)[1],table)
    while next_round(table)==True:
        table = pivot(loc_piv(table)[0],loc_piv(table)[1],table)
    lc = len(table[0,:])
    lr = len(table[:,0])
    var = lc - lr -1
    i = 0
    val = {}
    for i in range(var):
        col = table[:,i]
```

```
        s = sum(col)
        m = max(col)
        if float(s) == float(m):
            loc = np.where(col == m)[0][0]
            val[gen_var(table)[i]] = table[loc,-1]
        else:
            val[gen_var(table)[i]] = 0
    val['min'] = table[-1,-1]*-1
    return val

if __name__ == "__main__":
    m = gen_matrix(2,2) # 2x2 matrix 초기화하는 부분
    constrain(m,'2,-1,G,10') # table m에 constraint 2 x1 -1 x2 >= 10 (>= G) 추가한다.
    constrain(m,'1,1,L,20') # table m에 constraint 1 x1 + 1 x2 <= 20 (<= L) 추가한다.
    obj(m,'5,10,0') # table m에 5 x1 + 10 x2 목적함수를 minimize 한다.
    print(maxz(m))

    m = gen_matrix(2,4) # 2x4 matrix 초기화하는 부분
    constrain(m,'2,5,G,30')
    constrain(m,'-3,5,G,5')
    constrain(m,'8,3,L,85')
    constrain(m,'-9,7,L,42')
    obj(m,'2,7,0')
    print(minz(m))
```

```
{'x1': 10.0, 'x2': 10.0, 'max': 150.0}
{'x1': 5.0, 'x2': 4.0, 'min': 38.00000000000001}
```

SciPy는 Python 프로그램에서 과학, 분석, 그리고 엔지니어링을 위한 컴퓨팅 영역의 기본적인 작업을 위한 라이브러리 (패키지 모음)로, Numpy, Matplotlib, pandas, Sympy등과 함께 사용한다. SciPy는 수치적분 루틴과 미분방정식 해석기, 방정식의 근을 구하는 알고리즘, 표준 연속/이산 확률분포와 다양한 통계관련 도구 등을 제공한다. Linear Programming을 이용한 프로그램은 주로 scipy.linalg와 scipy.sparse를 사용한다. scipy.linalg는 numpy.linalg에서 제공하는 것보다 더 확장된 선형대수 루틴과 매트릭스 분해 기능을 제공한다. Spicy.sparse는 희소 행렬과 희소 선형 시스템 풀이법에 쓰인다.

19.4 Linear Programming 모듈을 이용한 최적화 풀이

Linear Programming (LP)의 식은 아래 그림 왼쪽과 같은 형태로 구성한다. 우선 목적 함수 (objective function)은 min (minimize)로 되어 있는데, Dual Theorem에 의해 min 은 모두 max 목적 함수로 바꿀 수 있으므로 min을 사용하면 된다. X는 의사결정 변수 (decision variable)로 최적화에서 풀어내야 할 변수들이다. 왼쪽의 Aub와 Aeq는 행렬 (matrix) 형태로 주어지고, 각각 upper bound 식과 equality 식을 구성한다. 오른쪽의 b_ub와 b_eq, u, l은 vector 형태이다, min C x 는 목적함수 (C x 값을 최대화하는 x 값을 찾는다), 그런데, x는 아래의 3개 inequality constraint를 만족해야 한다.

$$\begin{aligned} \min_{x} \ & c^T x \\ \text{such that } & A_{ub} x \leq b_{ub}, \\ & A_{eq} x = b_{eq}, \\ & l \leq x \leq u, \end{aligned}$$	$$\begin{aligned} \min_{x_0, x_1} \ & -x_0 + 4x_1 \\ \text{such that } & -3x_0 + x_1 \leq 6, \\ & -x_0 - 2x_1 \geq -4, \\ & x_1 \geq -3. \end{aligned}$$

위의 식을 Python으로 계산하기 위해 다음의 scipy.optimize.linprog에 있는 함수를 이용한다. Method에 있는 interior-point는 simplex 방법 (n차원 공간의 polyhedral 다면체의 꼭지점만 찾아가는 알고리즘)의 고속화 알고리즘 버전이다 자세한 내용은 https://docs.scipy.org/doc/scipy/reference/generated/scipy.optimize.linprog.html 을 참고한다.

scipy.optimize.linprog(c, A_ub=None, b_ub=None, A_eq=None, b_eq=None, bounds=None, method='interior-point', callback=None, options=None, x0=None)

```
c = [-1, 4]
A = [[-3, 1], [1, 2]]
b = [6, 4]
x0_bounds = (None, None)
x1_bounds = (-3, None)
from scipy.optimize import linprog
res = linprog(c, A_ub=A, b_ub=b, bounds=[x0_bounds, x1_bounds])
print(res)
```

```
con: array([], dtype=float64)
     fun: -21.99999984082494 # may vary
```

```
message: 'Optimization terminated successfully.'
       nit: 6 # may vary
    slack: array([3.89999997e+01, 8.46872439e-08]) # may vary
   status: 0
 success: True
         x: array([ 9.99999989, -2.99999999]) # may vary
```

위의 결과를 보면, function의 최소값 -21.99와 최소값을 만드는 decision variable 9.99와 -2.99를 볼 수 있다. Decision variable을 정수 값으로 만들어야 되는 요구사항이 있다면 다음과 같이 method option 파라미터를 수정한다. 결과 값을 보면, 10, -3 으로 decision variable을 출력한다.

```
res = linprog(c, A_ub=A, b_ub=b, bounds=[x0_bounds, x1_bounds], \
      method='revised simplex')
print(res)
```

```
con: array([], dtype=float64)
       fun: -22.0 # may vary
 message: 'Optimization terminated successfully.'
       nit: 1 # may vary
    slack: array([39.,    0.]) # may vary
   status: 0
 success: True
         x: array([10., -3.]) # may vary
```

19.5 Linear Programming 을 이용한 shortest path 문제 풀이

위에서 배운 linear programming으로 shortest path 문제를 다음과 같이 linear programming 식으로 표현할 수 있으며, 풀이 해답은 오른쪽과 같다.

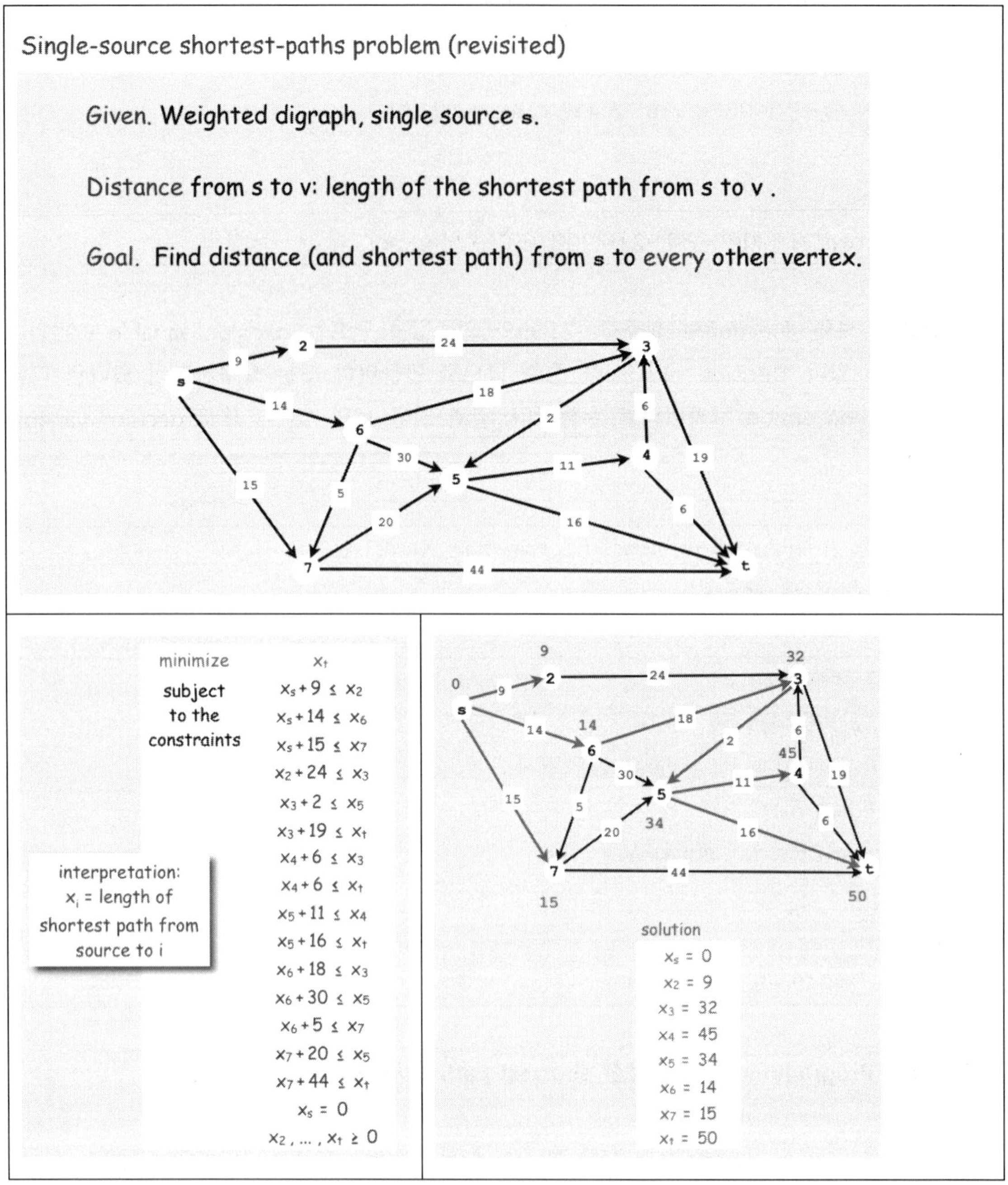

Linear Programming 을 이용한 **shortest path** 문제의 Python 코드를 분석해보자. **Scipy.sparse.csgraph.shortest_path (csgraph, method='auto', directed=True, return_precessors=False, unweighted=False, overwrite=False, indices=None)** 모듈을 사용하여, 주어진 방향 그래프의 **방향 또는 무방향 그래프의 shortest path graph searching**를 계산한다.

https://docs.scipy.org/doc/scipy/reference/generated/scipy.sparse.csgraph.shortest_path.html

```
from scipy.sparse import csr_matrix
from scipy.sparse.csgraph import shortest_path

graph = [
[0, 1, 2, 0],
[0, 0, 0, 1],
[2, 0, 0, 3],
[0, 0, 0, 0]
]
graph = csr_matrix(graph)
print(graph)

dist_matrix, predecessors = shortest_path(csgraph=graph, directed=False, indices=0,
return_predecessors=True)
print(dist_matrix)
print(predecessors)
```

```
  (0, 1)        1
  (0, 2)        2
  (1, 3)        1
  (2, 0)        2
  (2, 3)        3
[0. 1. 2. 2.]
[-9999     0     0     1]
```

19.6 Linear Programming 을 이용한 max flow 문제 풀이

이번에는 max flow 문제도 LP formulation이 가능하다.

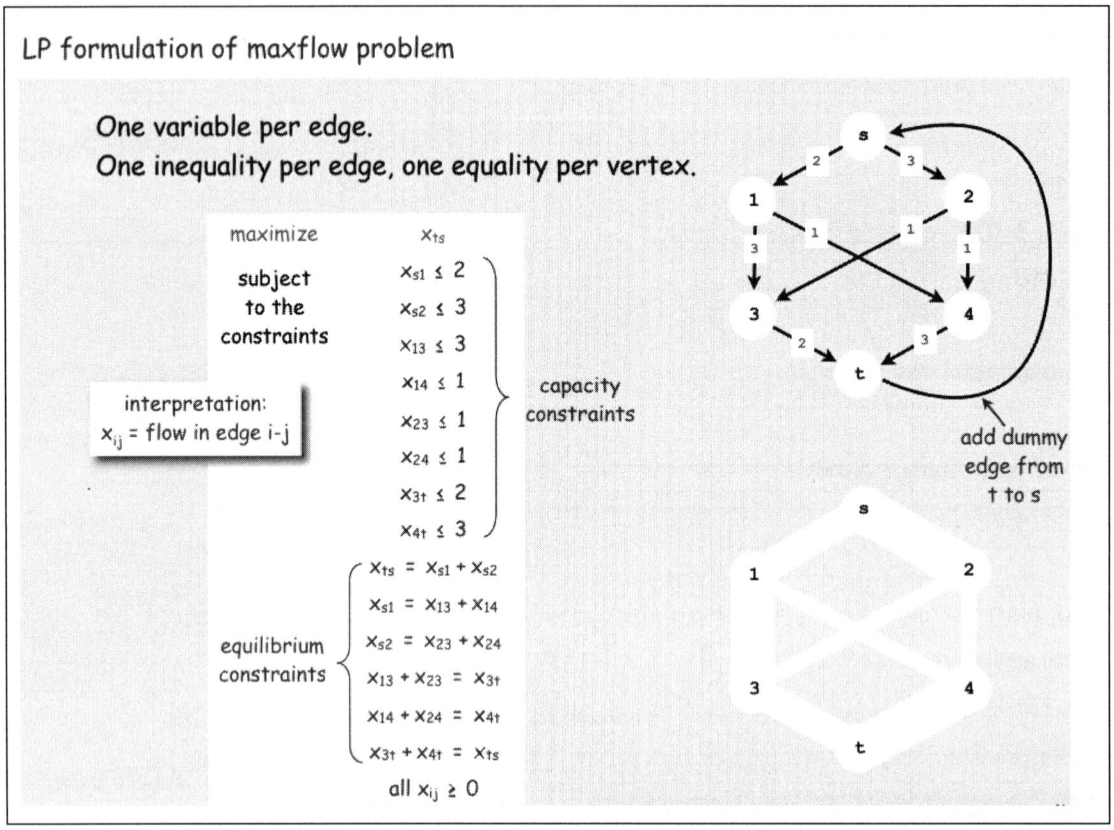

Linear Programming 을 이용한 max flow 문제의 Python 코드를 분석해보자. scipy.sparse.csgraph. maximum_flow(*csgraph*, source, sink) 모듈을 사용하여, 주어진 방향 그래프의 maximum flow 를 계산한다. 내부적으로 Edmonds-Karp와 Dinic's 알고리즘을 사용한다. Dinic's 알고리즘의 경우 레벨 그래프를 구축하고, 차단되는 흐름을 찾는다.

https://docs.scipy.org/doc/scipy/reference/generated/scipy.sparse.csgraph.maximum_flow.html

```
from scipy.sparse import csr_matrix
from scipy.sparse.csgraph import maximum_flow

graph = csr_matrix([[0, 16, 13,  0,  0,  0],
                    [0,  0, 10, 12,  0,  0],
                    [0,  4,  0,  0, 14,  0],
                    [0,  0,  9,  0,  0, 20],
                    [0,  0,  0,  7,  0,  4],
                    [0,  0,  0,  0,  0,  0]])

print(graph, "\nmaximum flow: ", maximum_flow(graph, 0, 5).flow_value)
```

```
  (0, 1)        16
  (0, 2)        13
  (1, 2)        10
  (1, 3)        12
  (2, 1)        4
  (2, 4)        14
  (3, 2)        9
  (3, 5)        20
  (4, 3)        7
  (4, 5)        4
maximum flow:   23
```

19.7 Linear Programming 을 이용한 bipartite matching 문제 풀이

이번에는 bipartite matching problem (perfect marriage problem) 문제이다. 아래 그림과 같이 2개로 구분된 그룹이 있을 때, 각 그룹의 각 멤버가 다른 그룹의 다른 멤버에 1:1 매칭되도록 짝을 짓는 것이다.

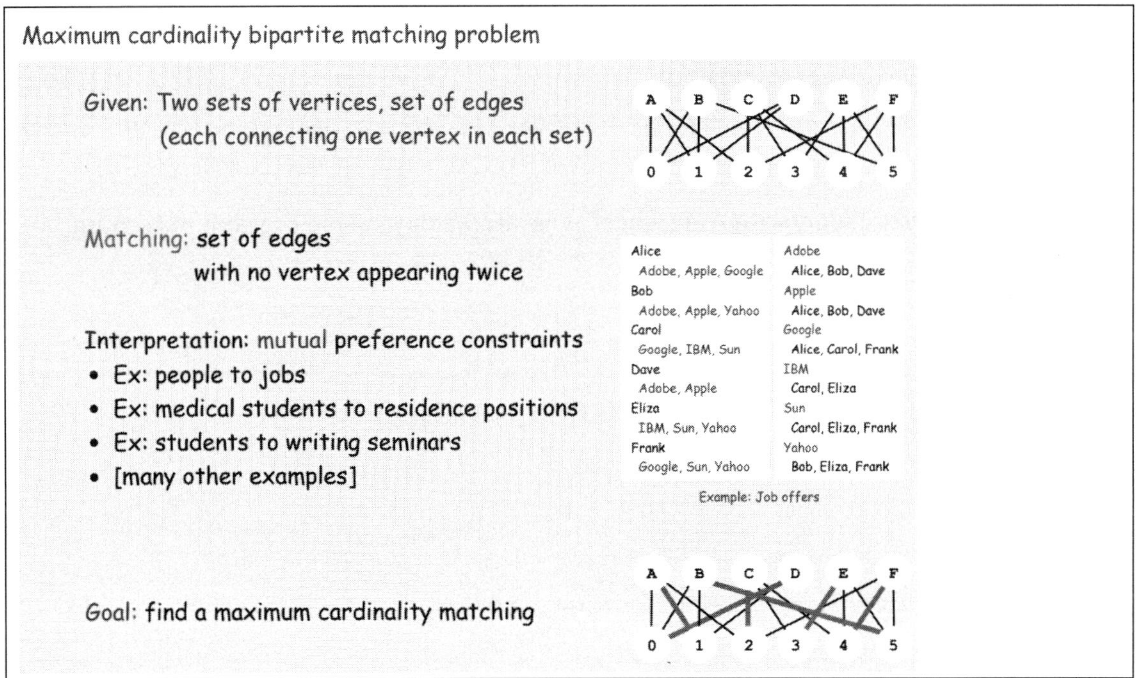

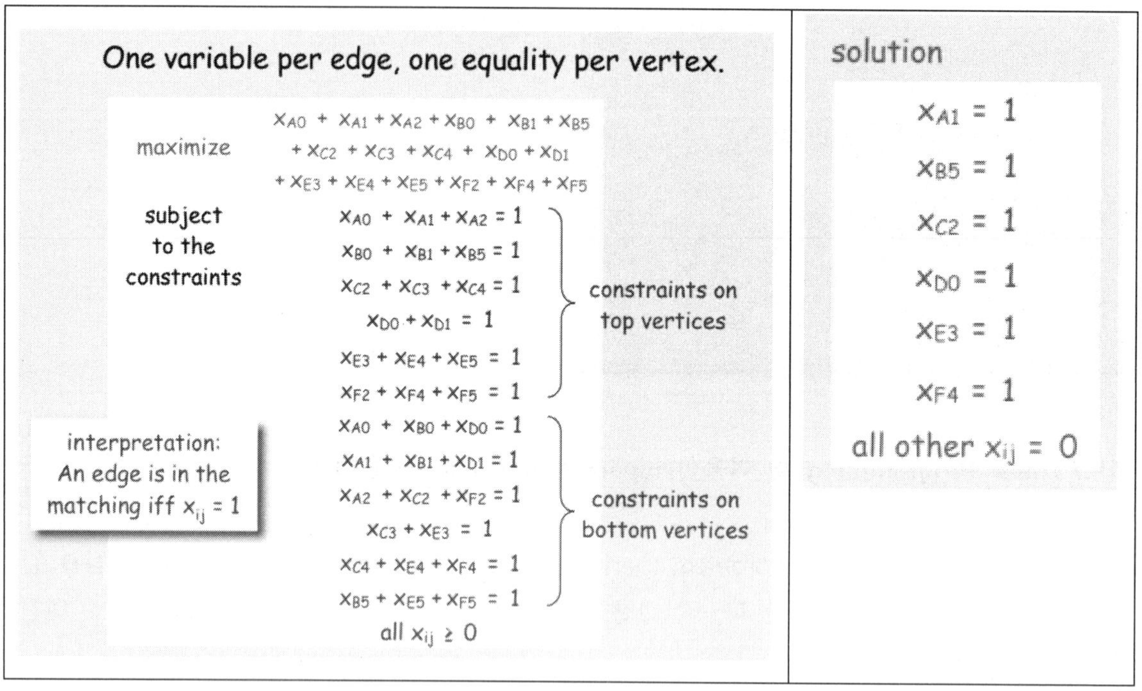

Linear Programming 을 이용한 bipartite matching 문제의 Python 코드를 분석해보자. scipy.sparse.csgraph.maximum_bipartite_matching(*graph, perm_type='row'*) 모듈을 사용하여, 주어진 그래프에서 bipartite matching을 수행한다. 내부적으로는 Hopcroft-Karp 알고리즘을 사용하며, 시간복잡도는 O(|E||V|)이다.

https://docs.scipy.org/doc/scipy/reference/generated/scipy.sparse.csgraph.maximum_bipartite_matching.html

```
from scipy.sparse import csr_matrix
from scipy.sparse.csgraph import maximum_bipartite_matching


a = [[0, 1, 2, 0], [1, 0, 0, 1], [2, 0, 0, 3], [0, 1, 3, 0]]
graph = csr_matrix(a)
perm = maximum_bipartite_matching(graph, perm_type='row')
print(graph[perm].toarray())
```

```
[[1 0 0 1]
 [0 1 2 0]
 [0 1 3 0]
 [2 0 0 3]]
```

20장. 최적화 알고리즘: Knapsack 을 Dynamic Programing 으로 풀기

Assume that we have a knapsack with a certain amount of space that we will define using integer value K. We also have n items each with a certain size such that that item i has integer size ki. The problem is to find a subset of the n items whose sizes close to K, if one exists.

Assume that we are given a knapsack of size $K = 163$ and 10 items of sizes 4, 9, 15, 19, 27, 44, 54, 68, 73, 101. Can we find a subset of the items that exactly fills the knapsack? You should take a few minutes and try to do this before reading on and looking at the answer.

One solution to the problem is: 19, 27, 44, 73.

Knapsack (배낭) 문제는 위의 그림과 같이, 어떤 도둑이 집에 들어가서 부피가 정해져 있는 배낭에 가장 많은 물건들을 넣고 싶을 때, 어떤 물건을 골라야 가장 부피가 크거나 가장 값어치가 나가는지를 계산하는 문제이다. Dynamic Programming **(DP,** 동적 계획법)으로 문제를 푸는데, 예는 복잡한 큰 문제를 부분 문제들로 나누어서 해결하는 방법이다. 재귀 함수를 이용해서 큰 문제를 풀기 위해 작은 문제들로 나누어서 푸는데, 재귀 함수에서는 문제를 차수가 낮은 문제로 내리는 것이 특징이지만, DP에서는 차수가 낮지 않아도 된다. DP의 특징은 나누어진 작은 문제들에서 어떤 비슷한 문제를 공통으로 여러 번 푸는 부분을 공통 부분으로 두고 계산한다는 점이다. 예를 들어, 피보나치 수열이 그 예이다. 만약 재귀 함수로 푼다고 하면, 낮은 차수로 나누고 계속해서 같은 문제를 다른 곳에서 똑 같은 작업을 하게 되는데, DP에서는 작은 문제들의 결과를 저장해 놓고 두 번째부터는 계산을 생략함으로써, 시간 복잡도를 줄일 수 있다. 분할 정복 (Divide and Conquer)과 비슷한 특징을 지닌 것 같이 보인다. 이 장의 순서는 다음과 같다.

20.1 Dynamic Programming의 개념과 응용 분야
20.2 Dynamic Programming을 이용한 Fibonacci 수열 풀이
20.3 Dynamic Programming을 이용한 Fibonacci 수열의 구현
20.4 Knapsack 문제를 푸는 Dynamic Programming 알고리즘
20.5 Knapsack 문제를 푸는 Dynamic Programming 알고리즘의 구현

20.1 Dynamic Programming의 개념과 응용 분야

Dynamic programming 알고리즘은 divide-and-conquer 방법과 같이 복잡한 문제를 단순한 문제를 분할하는 것은 같은데, 단순한 부분 문제에서 답이 풀리면 다른 단순한 문제 풀이에서 재사용하는 방법이다 (remembering the result s of the past run, and reuse them to find a new results). 길이 막힐 때 돌아가는 길로 가는 것이 더 빠르게 도착한다는 사실을 알고 있다면 같은 상황에서 돌아가는 길을 계속 선택한다. 그럼 결국 최적의 경로를 찾게 된다는 원리이다. 다시 말하면 최종 문제를 해결하는 많은 방법들을 모두 탐색하게 된다. 하위 문제들 각각의 해결 방법들을 모두 탐색하기 때문이다. 하지만, 반복되는 하위 문제를 찾아 간단히 해결하도록 만드는 것으로 계산 횟수를 줄일 수 있다.

Dynamic Programming을 이용해서 해결할 수 있는 문제는 다음과 같다. 최장 공통 부분 수열 (주어진 두 개 이상의 수열의 부분 수열이 되는 가장 긴 수열을 찾는 알고리즘), 다익스트라 알고리즘 (주어진 시작점과 다른 점들 사이의 가장 짧은 경로를 찾아내는 알고리즘), 배낭 문제 등이 있다.

20.2 Dynamic Programming을 이용한 Fibonacci 수열 풀이

n = 1 이면, Fibonacci (n) = 1, n = 2 이면 Fibonacci (n) = 2, n > 2 이면, Fibonacci (n) = Fibonacci (n-1) + Fibonacci (n-2) 로 계산한다. 이와 같이. 재귀 함수 또는 점화식을 이용해서 풀어진 피보나치 수열이 반복계산을 얼마나 하는지를 아래 그림을 통해 보면, f(7)을 계산하기 위하여 f(6)을 1번, f(5)를 2번, f(4)를 3번, f(3)을 5번, f(2)를 8번 f(1)을 13번이나 계산한다

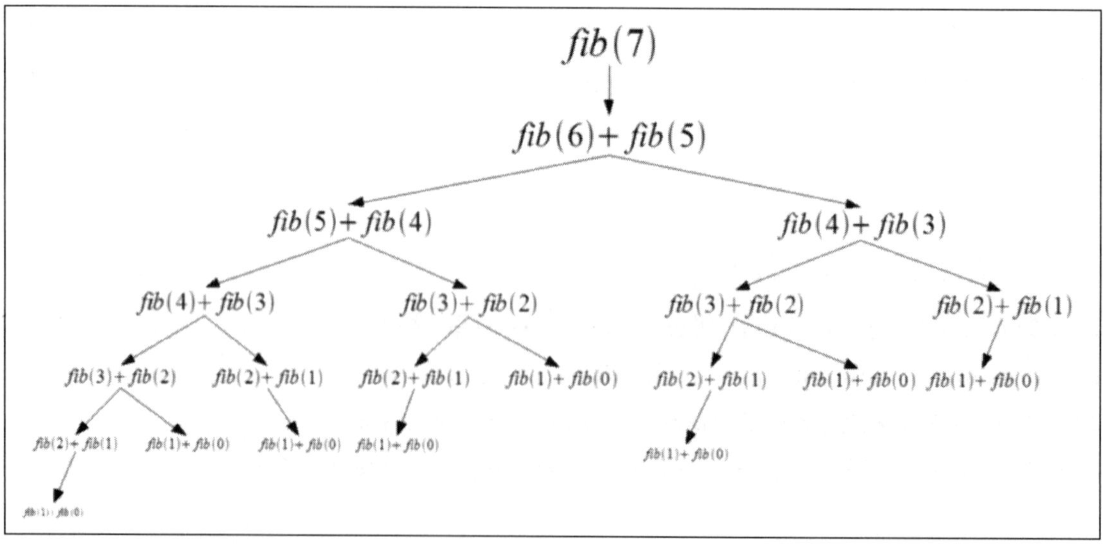

피보나치 수열에 동적 계획법을 어떻게 적용할 수 있을까? 피보나치 수열의 배열을 만든다. 이전 계산을 기억한다는 의미의 (memory) M[max]={0,1}; 로 초기화 한다. 이제, 구하려는 값이 f(n)일 때, n이 1이하이거나, M[n]에 값이 있으면 계산하지 않고 값을 반환하고, M[n]에 값이 없으면 dyn_f(n-1)+dyn_f(n-2)를 구해 M[n]에 저장하고 이 값을 반환한다.

```
int M[100] = { 0,1 };
int dyn_f(int n) {
    if (n <= 1 || M[n])
        return M[n];
    return M[n] = dyn_f(n - 1) + dyn_f(n - 2);
}
int main(void) {
    printf("dyn_f(4) = %d₩n", dyn_f(4));
    printf("dyn_f(6) = %d₩n", dyn_f(6));
    printf("dyn_f(9) = %d₩n", dyn_f(9));
}
```

위와 같이 계산을 줄이기 위해 별도의 배열 M을 만들면, 점화식을 계산하기 위해서 이전 계산 내용이 저장된 M을 참조하기만 하면 된다. 따라서 재귀함수의 호출에 대한 시간 복잡도를 고려하지 않으면 피보나치 수열의 시간 복잡도는 O(N)이 된다. 한 번 k까지의 피보나치 수열을 만들어서 M에 저장해 놓으면, 그 이후에 k이하의 피보나치 수열의 원소는 M을 통해 바로 접근할 수도 있다. dyn_f(n)을 한 번 계산하는 것뿐 만 아니라, 이후의 dyn_f함수의 호출에 대해서도 시간적 절약을 제공한다.

20.3 Dynamic Programming을 이용한 Fibonacci 수열 풀이

다음은 DP 알고리즘을 이용한 Fibonacci 수열을 구현한 Python 코드와 실행 결과이다.
https://www.geeksforgeeks.org/program-for-nth-fibonacci-number/?ref=gcse

```
# Fibonacci Series using Dynamic Programming
def fibonacci(n):


        # Taking 1st two fibonacci numbers as 0 and 1
        f = [0, 1]



        for i in range(2, n+1):
                f.append(f[i-1] + f[i-2])
        return f[n]
```

```
print(fibonacci(9))
```
```
34
```

20.4 Knapsack 문제를 푸는 Dynamic Programming 알고리즘

Knapsack 문제는 다음과 같이 정의한다. K (kg) 만큼 담을 수 있는 배낭이 있고, 여기에 훔친 물건을 넣어야 하는데, 각각 물건의 무게는 Ki 이다. Ki 중에서 어떤 것을 어떻게 담아야 (쪼개서 담을 수 있거나, 혹은 0/1 이거나) 할지 결정하는 문제이다. 여기서, 물건을 쪼갤 수 있는 경우 (Fractional Knapsack Problem)와 쪼갤 수 없는 경우 (0/1 Knapsack Problem), 2개의 다른 버전이 존재하는데, 전자는 Greedy 알고리즘을 사용해서 풀어야 하고, 후자는 Dynamic Programming을 이용해서 최적의 답을 구할 수 있다.

Input: 배낭의 공간K, 물건의 집합, 각 물건이 차지하는 공간에 대한 정보
Output: 배낭에 넣을 물건들의 집합, 물건들이 차지하는 공간의 합.

2차원 배열(dp)을 이용하여 푼다. 물건이 1, 2, ... , n까지 있다. 첫번째 물건부터 배낭에 넣어가며 배낭의 최대 공간이 j일 때 포함할 수 있는 물건들의 공간의 합을 2차원 배열에 넣는다. 마지막 n번 물건까지 테스트를 해보고 난 뒤에 배열 dp[n][k] 원소가 바로 정답이 된다. 예시를 보며 이해해 보자. 이 문제도 위의 피보나치 수열처럼 점화식으로 나타낼 수 있다.

i	물건 (4개)	차지하는 공간 (가치) w[i]	배낭의 공간은 9라고 하자.
0	A	3	
1	B	5	
2	C	6	
3	D	3	

물건 A에 대해서만 생각해 보자. 가방의 공간이 j일 때 물건의 공간의 합은 아래와 같다.

j	1	2	3	4	5	6	7	8	9
[0][j]	0	0	3	3	3	3	3	3	3

물건 B까지 고려한다면 어떻게 될까? 가방의 공간이 3~4 일 때는 A만 들어갈 수 있고, 7까지는 B만, 8이상일 때는 A,B모두 들어갈 수 있다. 이를 배열에 나타내면 아래와 같다.

j	1	2	3	4	5	6	7	8	9
[1][j]	0	0	3	3	3	3	3	8	8

물건 C까지 고려해 보자. 가방의 공간이 3~4는 A만, 5는 B만, 6~7은 C만, 8은 A와 B, 9는 A와 C가 들어간다.

j	1	2	3	4	5	6	7	8	9
[2][j]	0	0	3	3	5	6	6	8	9

물건 D까지 고려해 보자.

j	1	2	3	4	5	6	7	8	9
[3][j]	0	0	3	3	5	6	6	8	9

dp[i][j] = max(w[i] + dp[i-1][j - w[i]], dp[i-1][j]) 물건 i를 추가하기 전의 값과 물건 i를 추가하기 전에 가방의 공간이 j-w[i]일 때의 값과 w[i]를 더한 값 중 큰 값을 dp[i][j]에 저장한다. (dp[i-1][j])의 값이 선택되면 dp[i-1][j]에서 선택된 원소들이 그대로 선택되는 것이고, (w[i] + dp[i-1][j - w[i]])의 값이 선택되면 dp[i-1][j - w[i]]에서 선택된 원소들+물건i가 선택되는 것이다. 배낭에 들어간 물건들의 합을 구하고, 추가로 어떤 원소들을 선택했는지도 알고 싶으면 추가의 연산이 필요하다. 의사 코드로 정확히 알아보자.

```
knapsack() {
    for(i=0, j=1; j<=K_SIZE; j++){  // 0번 물건에 대해 dp계산
        if(j<weight[j]) dp[0][j]=0;
        else            dp[0][j]=1;
    }

    for(i=1; i<I_SIZE; i++){
        for(j=1; j<=K_SIZE; j++){
            // dp[i][j] = MAX(dp[i-1][j], weight[i]+dp[i-1][j-weight[i]])
            if(0<(j-weight[i]))  // dp[i-1][j-weight[i]]에서 인덱스가 유효한지 검사
                temp_dp=weight[i]+dp[i-1][j-weight[i]];
            else                 // 인덱스가 유효하지 않으면 0로 취급
                temp_dp = weight[i]+0;

            if(temp_dp <= dp[i-1][j] || j < temp_dp)
                // MAX(dp[i-1][j], temp_dp), temp_dp가 배낭의 공간j보다 크면 안 됨
                dp[i][j]=dp[i-1][j];
            else // (temp_dp > dp[i-1][j])일 때
                dp[i][j]=temp_dp;
    }
    // RESULT is dp[I_SIZE-1][K_SIZE];
}
```

그런데 이 결과로는 배낭에 들어간 물건들의 최종 합만 알 수 있고 어떤 물건이 들어갔는지는 알 수 없다. 어떤 물건이 들어갔는지 알려면 추가적인 작업이 필요하다. Dynamic Programming을 이용한 배낭 문제가 물건 0~(i-1)번들로 배낭을 채운 데이터를 기반으로 물건i를 넣을지 말지 결정한다. 이를 이용해서 보면, dp[i][j]에 대입될 수 있는 값은 크게 세 가지이다. 따라서 dp[i][j]를 정할 때 배낭에 들어갈 물건들도 세 가지 유형으로 결정된다.

mode	dp[i][j]에 들어갈 값	의미
1	weight[i]+dp[i-1][j-weight[i]]	(배낭 공간이 j-weight[i]일 때) 물건 0~(i-1) 중에 들어간 물건들을 일단 가방에 넣고, 물건 i도 넣는다.
2	weight[i]	물건 i만 넣는다.
3	dp[i-1][j]	(배낭 공간이 j일 때) 물건0~(i-1) 중에 들어간 물건들을 그대로 넣는다.

배열 choice[I_SIZE][K_SIZE+1]을 2개 만들어서, 하나(now)는 물건 i를 테스트하는 for문 안에서 현재 배낭에 어떤 물건을 넣었는지 기록하고, 하나(before)는 이전 loop에서 물건 (i-1)을 테스트하여 배낭에 물건을 어떻게 넣었는지에 관한 데이터이다. 위의 배열 dp[][]는 중첩for문이 모두 끝나야 dp의 마지막 원소의 값이 설정되는데, choice 배열은 내부의 for(j 1 to K_SIZE)가 한 번 끝나면 마지막 원소의 값이 설정된다. 다음의 의사코드를 살펴보면 이해가 쉽다.

```
knapsack() {
    for(i=0, j=1; j<=K_SIZE; j++){
        if(j<weight[j]) dp[0][j]=0;
        else            dp[0][j]=1;
    }

    for(i=1; i<I_SIZE; i++){
        MakeZero(now);                       // now배열 초기화
        for(j=1; j<=K_SIZE; j++){
            if(0<(j-weight[i]))
                temp_dp=weight[i]+dp[i-1][j-weight[i]];
                mode = 1;                    // mode 1
            else
                temp_dp = weight[i]+0;
                mode = 2;                    // mode 2

            if(temp_dp <= dp[i-1][j] || j < temp_dp)
                dp[i][j]=dp[i-1][j];
                mode = 3;                    // mode 3 (mode 1또는 2도 3이 될 수 있음)
            else
                dp[i][j]=temp_dp;            // mode 1또는 2유지

            if(mode == 1)                    // 이전 물건들 (배낭공간 j-weight[i]일 때) + 물건i
                for (int r = 0; r < i ; r++)
                    now[r][j] = before[r][j - weight[i]];
                now[i][j] = 1;
            else if (mode == 2)              // 물건 i
                now[i][j] = 1;
            else if (mode == 3)              // 이전 물건들 (배낭공간 j일 때)
                for (int r = 0; r < i ; r++)
                    now[r][j] = before[r][j];
        }
    Swap(&before, &now);
    }
}
```

20.5 Knapsack 문제를 푸는 Dynamic Programming 알고리즘

다음은 DP 알고리즘을 이용한 Knapsack 알고리즘을 구현한 Python 코드와 실행 결과이다.
https://www.geeksforgeeks.org/double-knapsack-dynamic-programming/?ref=gcse

N개의 물건의 무게를 담은 배열 arr과 각각 W1, W2의 무게를 견딜 수 있는 두 개의 배낭이 있을 대, 각 물건을 어떻게 담아야 두 개의 배낭에 담을 수 있는 배열 arr의 가장 큰 하위집합의 합을 찾는 것이 과제이다. 예를 들어, Input : arr[] = [8, 3, 2], W1 = 10, W2 = 3일 때, Output : 13으로 [8, 2]가 첫번째 배낭으로, [3]이 두번째 배낭으로 들어가 이 하위집합의 합은 13이 되면, 2개의 배낭에 최대한의 무게를 담을 수 있다.

```
# w1_r represents remaining capacity of 1st knapsack
# w2_r represents remaining capacity of 2nd knapsack
# i represents index of the array arr we are working on
def maxWeight(arr, n, w1_r, w2_r, i):
```

```
        # Base case
        if i == n:
                return 0
        if dp[i][w1_r][w2_r] != -1:
                return dp[i][w1_r][w2_r]

        # Variables to store the result of three
        # parts of recurrence relation
        fill_w1, fill_w2, fill_none = 0, 0, 0
        if w1_r >= arr[i]:
                fill_w1 = arr[i] + maxWeight(arr, n, w1_r - arr[i], w2_r, i + 1)
        if w2_r >= arr[i]:
                fill_w2 = arr[i] + maxWeight(arr, n, w1_r, w2_r - arr[i], i + 1)

        fill_none = maxWeight(arr, n, w1_r, w2_r, i + 1)

        # Store the state in the 3D array
        dp[i][w1_r][w2_r] = max(fill_none, max(fill_w1, fill_w2))

        return dp[i][w1_r][w2_r]

if __name__ == "__main__":   # Driver code
        arr = [8, 2, 3] # Input array
        maxN, maxW = 31, 31
        dp = [[[-1] * maxW] * maxW] * maxN    # 3D array to store states of DP
        n = len(arr) # Number of elements in the array
        w1, w2 = 10, 3      # Capacity of knapsacks

        # Function to be called
        print(maxWeight(arr, n, w1, w2, 0))
```

```
13
>
```

21장. 예측모형: 회귀 (Regression) 분석과 시계열 (Time Series) 분석

<주택 가격 예측(회귀분석)>

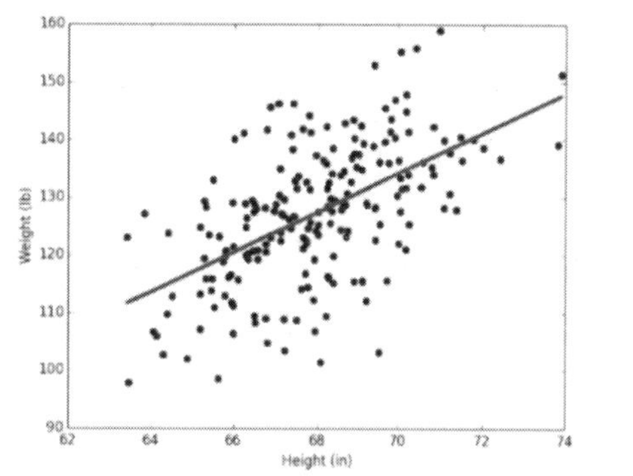

지금까지 살아온 날들, 혹은 지금까지 주가 지수의 변동을 잘 해석하는 모델을 만들면, 앞으로의 상황을 잘 예측할 수 있다고 생각할 수 있다. 물론 과거를 잘 맞추는 것이 미래를 잘 맞춘다는 보장은 없지만, 가장 그럴듯한 (likelihood) 라는 관점에서는 예측 모델이 필요하다. 이 장에서는 예측이 필요한 이유와 예측 방법을 소개하고 그 중 회귀분석과 시계열 분석 과정을 알아본다. 이 장의 구성은 다음과 같다.

21.1 예측의 필요성과 종류
21.2 회귀분석 (regression analysis) 이란
21.3 회귀분석의 기본 용어와 모델
21.4 회귀분석 과정
21.5 회귀분석의 오류 (제1종 오류와 제2종 오류)
21.6 회귀분석의 구현
21.7 시계열 분석 (time series analysis) 또는 트렌드 분석 (trend analysis)
21.8 시계열 분석 (time series analysis)의 구현

21.1 예측의 필요성과 종류

미래를 예측하는 것은 단순히 앞으로 어떤 일이 일어날지에 대한 호기심 차원이 아니다. 급변하는 미래 사회의 다양한 분야에 대한 추세와 방향을 미리 예측하여 이에 알맞은 대응전략을 마련하기 위함이다. 아무 준비 없이 미래를 맞는다면 급변하는 시대 상황에 제대로 대응하지 못하고 개인, 기업, 더 나아가 국가까지 계속적인 성장을 이룰 수 없으므로 예측에 대한 필요성은 날로 높아지고 있다. 불확실 한 미래의 예측이 가능 하려면 어떤 변수들이 미래 상황에 영향을 준다는 일종의 인과관계가 전제되어야 한다. 미래가 전혀 무작위로 (예측 불가로) 움직인다면 예측 행위 그 자체가 성립될 수 없을 것이기 때문이다.

또한 인과관계는 알 수 없어도 몇몇 변수들간의 상호관련성이 파악되었다면 이 경우에도 이를 이용해서 예측을 하는 것이 가능하다.

예측의 종류: 예측은 전문가 의견을 반영하는 qualitative 예측과 수리적 모델에 기반한 quantitative 예측이 있다.

qualitative 예측: 나름의 판단과 의견에 따르는 것으로, (1) **Delphi 기법** (전문가 의견), (2) **여론조사,** (3) 빈발 항목의 분석을 통한 **상황의 예측**을 들 수 있다.

quantitative 예측: 수리적 모델을 설정하고 이에 따라 예측하는 것으로, (1) **회귀분석** (regression analysis): 관찰된 연속형 변수들에 대해 두 변수 사이의 모형을 구한 뒤 적합도를 측정해 내는 분석 방법, (2) **시계열 분석** (time series analysis): 시간의 흐름에 따라 기록 된 자료를 분석하고 시간에 따른 변수의 움직임을 예측하는 방법, (3) 기타 (인과 관계분석, 시뮬레이션 등)

21.2 회귀분석 (regression analysis) 이란

아래 표는 회귀분석의 가장 유명한 예이다. 영국의 유전학자 프랜시스 는 부모의 키와 아이들의 키 사이의 연관 관계를 연구하면서 부모와 자녀의 키 사이에는 선형적인 관계가 있고 키가 커지거나 작아지는 것보다는 전체 키 평균으로 돌아가려는 경향이 있다 (무작위로 선택된 값이 전체적으로 평균 주변에 몰려 있는 경우 극단적인 값 다음에는 평균에 더 가까운 값이 나타나는 경향. 아주 지능이 뛰어난 사람들은 지능이 높은 2세를 갖게 될 것이라고 예상할 수 있지만, 그 2세는 일반적으로 부모만큼 지능이 뛰어나지 않다.)는 가설을 세웠으며 이를 분석하는 방법을 "회귀분석"이라고 하였다.

성인 자녀	부모 키											
	<64.0	64.5	65.5	66.5	67.5	68.5	69.5	70.5	71.5	72.5	>73.0	Totals
>73.7	—	—	—	—	—	—	5	3	2	4	—	14
73.2	—	—	—	—	—	3	4	3	2	2	3	17
72.2	—	—	1	—	4	4	11	4	9	7	1	41
71.2	—	—	2	—	11	18	20	7	4	2	—	64
70.2	—	—	5	4	19	21	25	14	10	1	—	99
69.2	1	2	7	13	38	48	33	18	5	2	—	167
68.2	1	—	7	14	28	34	20	12	3	1	—	120
67.2	2	5	11	17	38	31	27	3	4	—	—	138
66.2	2	5	11	17	36	25	17	1	3	—	—	117
65.2	1	1	7	2	15	16	4	1	1	—	—	48
64.2	4	4	5	5	14	11	16	—	—	—	—	59
63.2	2	4	9	3	5	7	1	1	—	—	—	32
62.2	—	1	—	3	3	—	—	—	—	—	—	7
<61.7	1	1	1	—	—	1	—	1	—	—	—	5
Totals	14	23	66	78	211	219	183	68	43	19	4	928

이와 같이, 통계학에서의 회귀 분석 (regression analysis)은 어떤 변수에 다른 변수들이 주는 영향력을 선형적으로 분석하는 대표적인 방법이다. 즉 <영향을 주는 변수>와 <영향을 받는 변수> 사이의 관계를 분석하는 것이고, 여기서 <영향을 받는 변수>를 **종속 변수 (dependent variable) 또는 반응 변수 (response variable)** 이라 하고, <영향을 주는 변수>를 **독립변수 (independent variable) 또는 설명 변수 (explanatory variable)** 이라고 한다.

예를 들어, 2010년부터 2020년까지의 10년동안의 <통화량>과 <환율>, <실업률>, <인구증가율>이 <물가>에 미치는 영향을 알아보는 연구를 하면, 연구의 주 관심이 <물가>이기 때문에, 종속변수는 <물가>가 되고, <통화량>과 <환율>, <실업률>, 는 독립변수가 된다. 이 4가지 독립변수가 각각 <물가> 에 미치는 영향을 분석하게 되는데, 회귀분석의 결과는 회귀계수 (regression coefficient)의 크기와 방향성 (+/-)로 나오게 된다. <인구증가율>의 회귀계수가 0에 가깝게 나오면, <인구증가율> 독립변수는 <물가>에 영향을 주지 않는다고 해석한다. 대체로, <통화량> 독립변수의 회귀계수는 0보다 큰 양의 숫자를 가지게 되는데, 이는 해당 독립변수 <통화량>이 증가할수록 해당 종속변수인 <물가>도 증가한다고 생각할 수 있다.

이와 같이 선형모델이 잘 만들어져서 2010년부터 2020년까지의 통계치를 잘 반영하면, 이제는 이 모델을 2021년의 물가지수 범위를 계산하는데 사용할 수 있다. 즉 <인구증가율>은 회귀계수가 0에 가까우므로 제외하고, 회귀계수가 양수인 <환율>, 회귀계수가 음수인 <실업률>, 회귀계수가 양수인 <통화량> 의 3개 독립변수를 가지고 2021년의 물가지수를 예측할 수 있다 (주의: 다만 2030년처럼 먼 미래는 불가능하다). 반대로, <물가> 지수를 어느 한도 내에서 묶어두기로 정책적 판단이 서면, 이를 위해 필요한 <통화량>, <환율>, <실업률> 수치를 다양한 조합으로 계산해 볼 수 있다.

이와 같이, 회귀분석의 장점은 단순 상관관계에 비해서 관심 있는 변수 (즉, "target" 변수)에 영향을 주는 많은 요소 (또는 요소들)을 통제할 수 있다는 것이다. 예를 들어 특정 브랜드의 매출에 가격변경 또는 경쟁행위가 얼마나 영향을 미치는지를 파악하기 위해, 회귀분석 모델을 통해 이들 각 요소가 매출에 끼치는 영향을 조사할 수 있다.

단순 회귀분석 (simple regression analysis) 과 다중 회귀분석 (multiple regression analysis): 하나의 종속변수와 하나의 독립변수 사이의 관계를 분석할 경우를 단순회귀분석 (simple regression analysis). 하나의 종속변수와 여러 독립변수 사이의 관계를 규명하고자 할 경우를 다중회귀분석 (multiple regression analysis)이라고 한다.

21.3 회귀분석 (regression analysis) 의 기본 용어와 모델

일반적으로, 앞의 예와 같이, 종속변수가 1개이고, 독립변수가 1개인 선형 회귀모델을 주로 사용하는데, 종속변수와 독립변수의 수에 따라 다양한 조합이 가능하다.

선형 회귀모델을 구성하는 종속변수와 독립변수는 각각 2개 이상이 될 수 있는데, 종속변수가 1개인 선형회귀모델을 단변량 선형회귀모델 (univariate linear regression), 종속변수가 2개 이상인 선형회귀모델을 다변량 선형회귀모델 (multivariate linear regression)이라 한다. 반대로, 독립변수가 1개일 때의 선형회귀모델을 단순 선형회귀모델 (simple linear regression), 독립변수가 2개 이상인 선형회귀모델을 다중 선형회귀모델 (multiple linear regression)이라 한다. 이제 더 복잡한 모델을 만들면, 종속변수가 1개이고, 독립변수가 2개 이상이면 단변량 다중 선형회귀모델 (univariate multiple linear regression), 종속변수와 독립변수가 모두 2개 이상이면 다변량 다중 선형 회귀 모델 (multivariate multiple linear regression) 이라 한다.

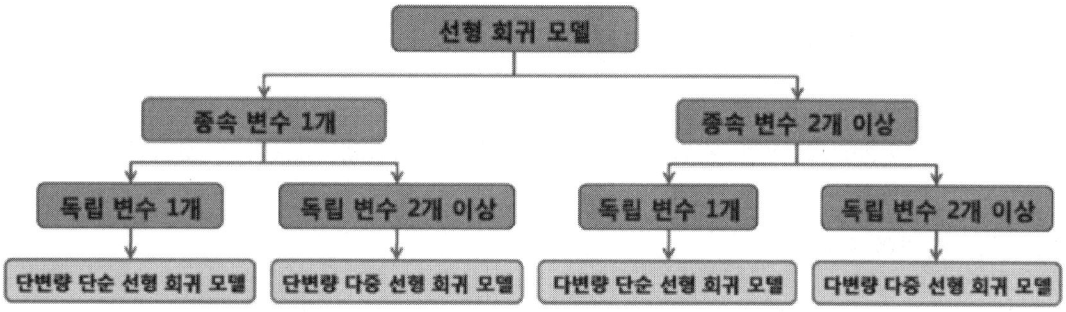

단변량 단순 선형 회귀 모델: univariate simple linear regression model
단변량 다중 선형 회귀 모델: univariate multiple linear regression model
다변량 단순 선형 회귀 모델: multivariate simple linear regression model
다변량 다중 선형 회귀 모델: multivariate multiple linear regression model

일반적으로, 회귀식이 선형 (1차 함수)인 선형 회귀모델을 주로 사용하는데, 2차 함수로 확장하여 사용도 가능하다.

선형회귀 (linear regression): 종속 변수 y와 한 개 이상의 독립 변수 (또는 설명 변수) x 와의 선형 상관 관계를 모델링하는 회귀분석 기법이다. 다음은 종속변수가 1개이고 독립변수도 1개인 단변량 단순 선형 회귀 모델 (univariate simple linear regression model)의 식이다. 아래 식에서 기울기 b는 회귀계수 (regression coefficient)로 부르는데, 크기와 부호에 따라 독립변수가 종속변수에 영향을 미치는지를 판단할 수 있는데, 예를 들어, 오른쪽 그림에서는 b의 값이 1/2 (0.5) 정도의 양수를 가지게 되어 상관도를 보이게 된다. 반면에 a는 독립변수가 변해도 종속변수의 변동에는 영향을 주지 않는 회귀계수이며, e는 오차항으로 = 등식을 만족하기 위해 넣게 된다.

$$Y_i = \alpha + \beta X_i + \varepsilon_i$$
$$i = 1,2,\ldots,n$$
$$n : \text{개체수}$$

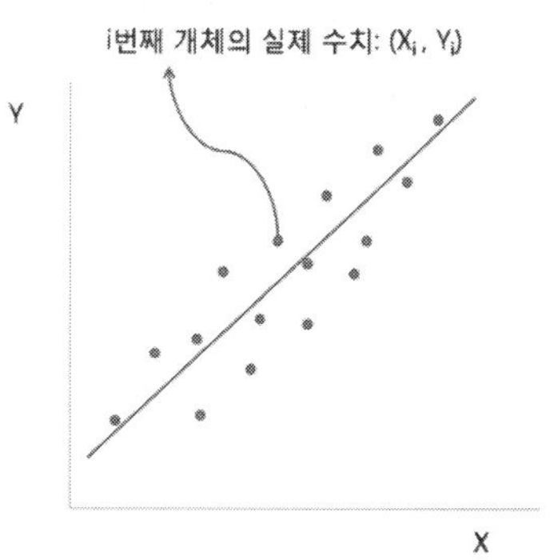

2차 회귀 (quadratic regression): 이차 회귀는 데이터 집합에 가장 적합한 포물선의 방정식을 찾는 프로세스이다.

$$y = ax^2 + bx + c \text{ where } a \neq 0 .$$

이 방정식을 수동으로 찾는 가장 좋은 방법은 최소제곱법을 사용하는 것이다. 즉, 각 점 $(x_i\ ,\ y_i)$과 2 차 곡선 $y = ax^2 + bx + c$ 사이의 제곱 된 수직 거리가 최소가 되도록 a, b, c의 값을 찾아야 한다.

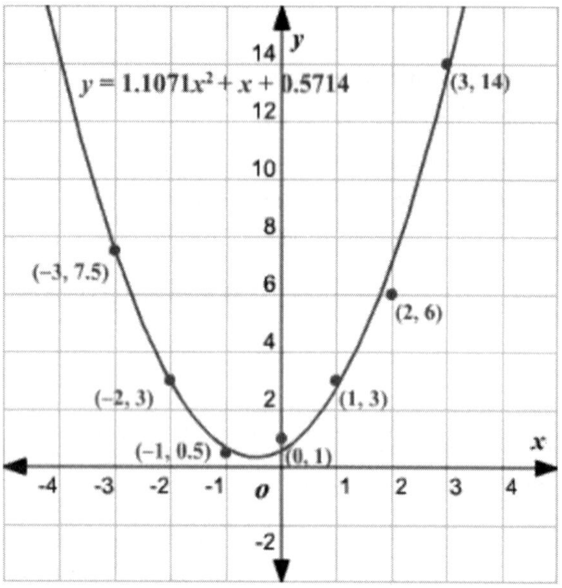

아래는 선형회귀분석의 예시이다. 첫번째는 키와 몸무게 데이터를 펼쳐놓고 그것들을 가장 잘 설명할 수 있는 선을 하나 그어 놓게 되면, 특정 인의 키를 바탕으로 몸무게를 근사치로 예측할 수 있다. 두번째는 feet 당 주택가격으로 빨간색 x표시 하나가 집 1채이다. 빨간 x점으로부터 직선까지의 거리의 합이 가장 최소화 될 수 있는 1차원 함수가 (1), 2차원 함수가 (2)이다. 이와 같이, 회귀분석은 1차 함수 또는 2차 함수 또는 다차 함수로도 모델링이 가능한데, 1차 함수식을 사용하는 경우, 선형회귀 (linear regression), 2차 함수식을 사용하는 경우, 2차 회귀 (quadratic regression) 이라고 한다.

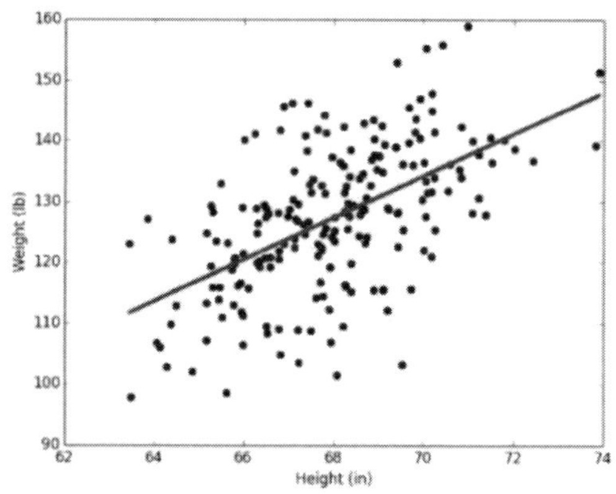

키에 따른 몸무게 관계

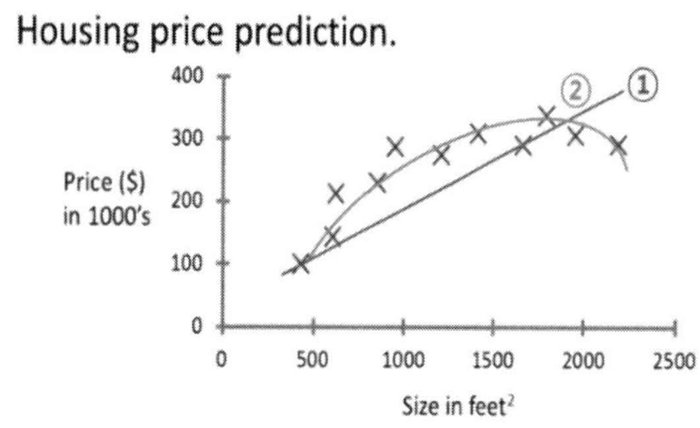

주택 넓이에 따른 가격 예측

그럼 회귀식이 잘 맞는지를 어떻게 계산할 수 있을까 하는 문제가 생기는데, 실제 값들과 선형회귀식으로 만들어진 식에서 도출된 값과의 SSE (sum of square error)로 판단하게 된다.

아래 그림과 같은 파란 색 데이터 점들이 있을 때, 변수 X 와 Y 의 관계를 가장 잘 나타낸다는 것은 곧 (X, Y) 의 좌표로 나타낸 점들에 가장 가까이 있는 직선을 찾는다는 것. 모든 점 들과의 거리의 합이 최소가 되는 직선을 찾는 것으로 생각할 수 있다. 예를 들어, 아래 그림에서, 붉은 직선은 점들이 2차원 좌표에 배치된 상태, 즉 변수 X 와 Y 의 관계를 가장 잘 나타내는 가장 단순한 형태의 함수라고 할 수 있다.

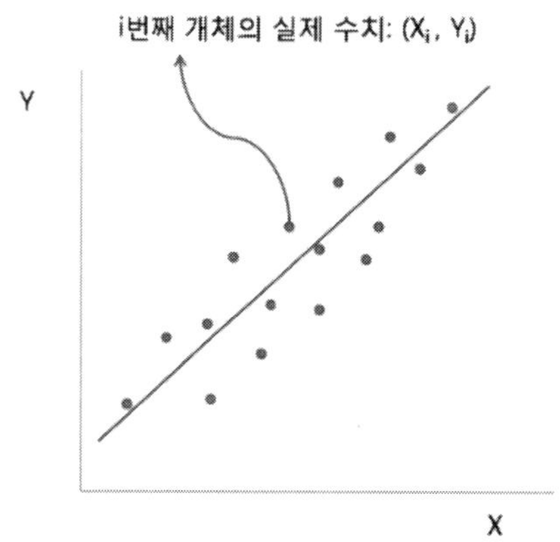

$$Y = aX + b$$

그럼 잘못된 회귀식의 예를 들면 다음 그림과 같다.

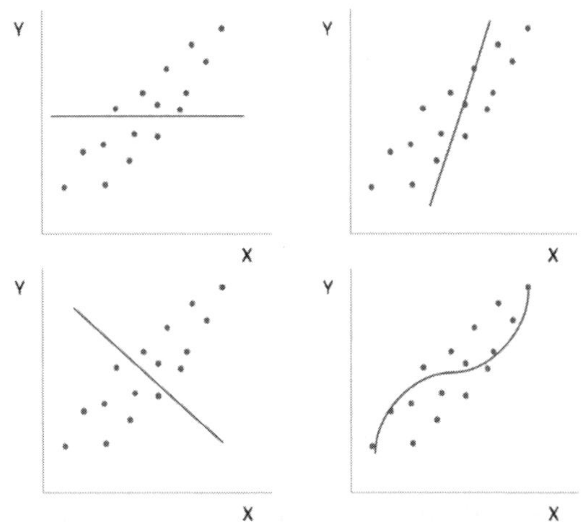

어색한 예

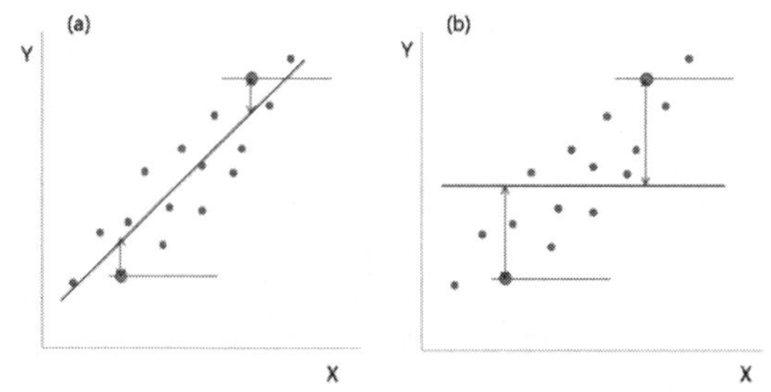

잘된 예와 어색한 예

SSE (sum of squared errors of prediction 또는 error sum of squares)을 최소화 하는 a 와 b 를 계산하게 되면 X 와 Y 의 관계를 가장 잘 나타내 주는 직선, 곧 선형 회귀식이 나오게 된다. a 는 b 와 변수 X의 평균, Y 의 평균으로 계산되는 값으로, 선형 회귀 분석에서는 일반적으로 중요성이 떨어지는 항목이다. SSE 를 최소화 하는 방법으로는 최소 제곱법 (또는 최소 자승법, least squared method) 이라는 방법을 이용해서, a와 b를 계산한다. 각 점들과 직선과의 거리를 e_i 라고 하면 e_i 는 아래 왼쪽과 같은 식으로 나타낼 수 있다.

$$e_i = |Y_i - \hat{Y}_i| = |Y_i - a - bX_i|$$

$$SSE = \sum_{i=1}^{n} e_i^2$$

n : 개체수

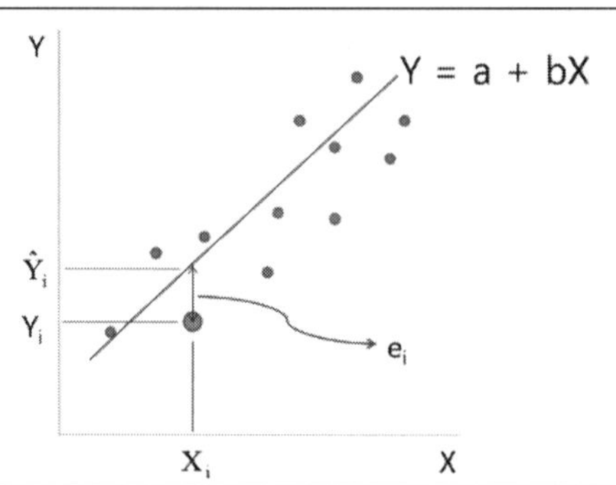

최소 제곱법 (최소 자승법, least squared method): SSE 를 최소화 하는 방법으로 a와 b를 계산하면 다음과 같다.

$$\overline{X} = \frac{\sum_{i=1}^{n} X_i}{n}, \qquad \overline{Y} = \frac{\sum_{i=1}^{n} Y_i}{n}$$

$$b = \frac{\sum_{i=1}^{n}(X_i - \overline{X})(Y_i - \overline{Y})}{\sum_{i=1}^{n}(X_i - \overline{X})^2}, \qquad a = \overline{Y} - b\overline{X}$$

$\overline{X} : X$의 평균

$\overline{Y} : Y$의 평균

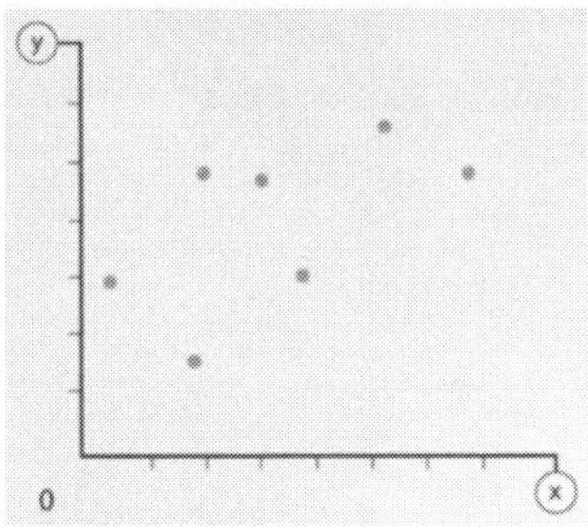

총 7개의 데이터가 있습니다. 이 7개 데이터의 추세선을 그리고 싶을 때 쓰는 방법이 최소자승법입니다.

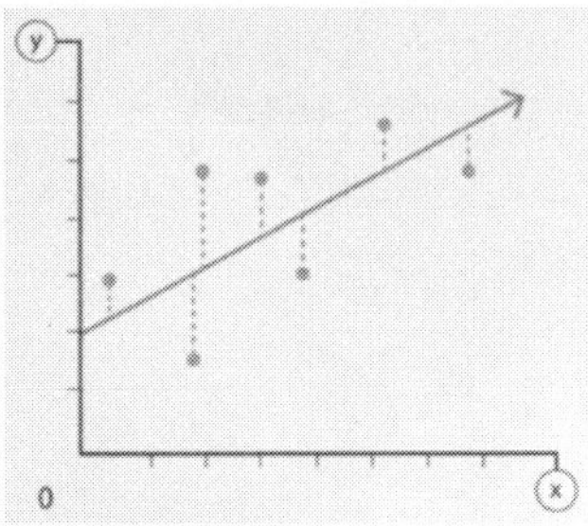

7개 데이터의 경향을 나타내는 추세선을 아래와 같이 그렸습니다. 이 때 실제 데이터의 y값(실제값)과 추세선의 y값(예측값)의 차를 잔차(Residual)라 합니다. 아래 그래프에서 잔차는 점선으로 표시했습니다. 최소자승법은 이 잔차의 제곱의 합을 최소로 하는 방법입니다.

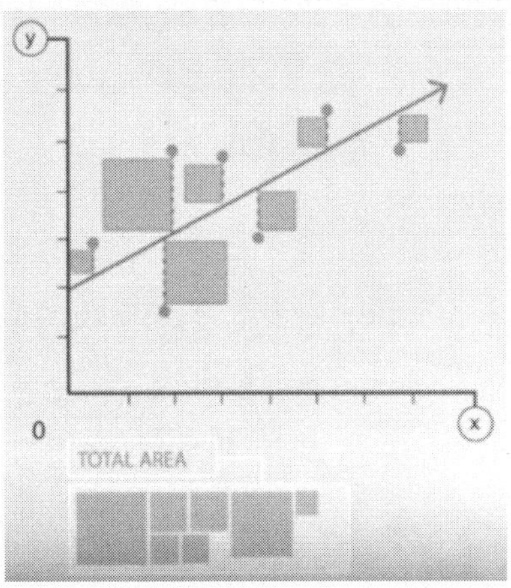

잔차 제곱의 합은 TOTAL AREA에 해당하는 넓이와 같습니다.

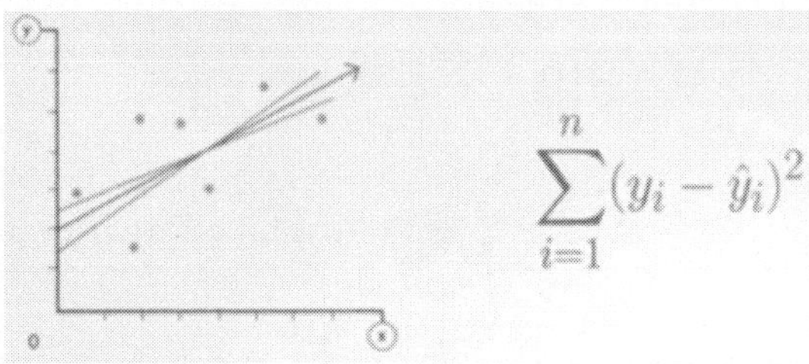

파란색 추세선보다 보라색 추세선의 잔차제곱의 합이 더 작습니다. 따라서 파란색 추세선보다 보라색 추세선이 위 7개의 데이터를 더 잘 표현해주는 추세선입니다. 이렇게 **잔차 제곱의 합을 최소로 하는 방법이 최소자승법**이며, 최소자승법을 활용하여 데이터를 가장 잘 표현하는 선형 회귀선을 그릴 수 있습니다.

21.4 회귀분석 (regression analysis) 과정

회귀 분석이라는 것은 단순히 회귀식을 추정하는 것만을 의미하지는 않는다. 즉, 추정된 회귀식이 정말로 종속 변수와 독립 변수간 변량을 잘 설명할 수 있는지, 추정된 회귀 계수가 정말로 의미 있는 값인지 (즉, 0이 아닌지)에 대한 통계적 검정 (statistical test)을 해야 한다. 회귀 분석은 다음 그림과 같은 전형적인 단계를 거쳐 진행하게 된다. (1)회귀 모델 수립 (2)독립 변수들간의 다중공선성 분석 (3)회귀식 추정 (4)결정 계수(R^2) 계산 (5)회귀식의 적합성에 대한 통계적 검정 (6)회귀 계수의 유의성에 대한 통계적 검정순이다.

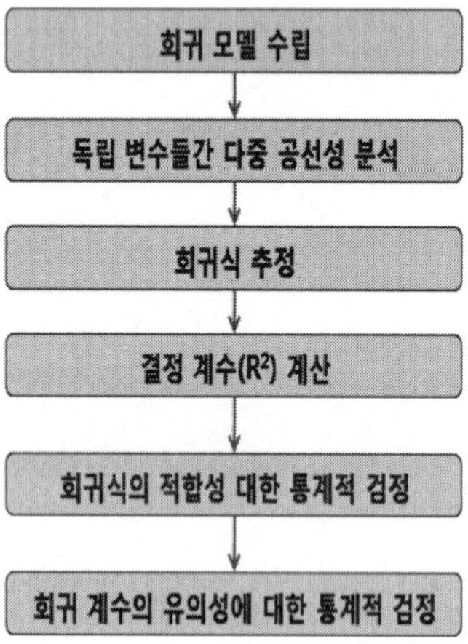

1) 회귀 모델 수립: 회귀모델 수립이란, 앞에서 설명한 단변량/다변량, 단순/다중, 선형/2차 회귀분석 중에서 어떤 모델을 사용할지 결정하는 과정인데, 대부분 단변량 다중 선형 회귀분석으로 설정하고 진행하게 된다.

2) 독립 변수들 간 다중 공선성 분석 (multicollinearity analysis)

다중 공선성 (multicollinearity) 이란 회귀 모델에 포함되어 있는 독립 변수들 간의 상관 관계 (correlation) 를 나타낸다. 만일 서로 강한 상관 관계가 있는 독립 변수들이 회귀 모델에 함께 있을 때는 해당 독립 변수가 종속 변수에 주는 영향력이나 회귀 모델의 적합성을 정확하게 추정 할 수 없다. 예를 들면 나이와 근속연수가 연봉에 미치는 상관관계를 추정하는 것과 같다. 보통은 나이가 많은 직원이 근속연수 또한 긴데 이런 높은 상관성을 무시하고 회귀분석을 하면 통계적 유의성에는 문제가 없으나 error나 각 parameter 의 분산이 엄청나게 증가되어 예측력이 나빠진다.

다중공선성 해결: 많은 변수들을 한번에 쓰기 보다는 정보의 손실을 최소화 하고 다른 몇개의 성분으로 달리 표현해 분석한다면 다중공선성을 해결 할 수 있다. 변수를

차원이라고 표현한다면 결국 차원 축소를 한다는 의미이다. 차원 축소를 하면 데이터의 일부가 사라질 수 있지만, 실제 주요 정보는 남겨진다. 그리고 변수에는 오차와 잡음이 섞여 있는데 차원 축소를 하면서 공통 정보만 추출할 경우 오히려 오차와 잡음도 사라질 수 있는 장점이 있다. 그 외 주요한 다중공선성 해결 방법은 다음과 같다.

- 각 입력 변수를 제거/추가하면서 회귀계수의 변동 정도를 파악한다.
- 사전에 조사하여 상관관계가 높은 독립 변수 중 하나 혹은 일부를 제거한다.
- 변수를 변형시키거나 새로운 관측치를 이용한다.
- 자료를 수집하는 현장의 상황을 보아 상관관계의 이유를 파악하여 해결한다.

다중 공선성 해결을 위해 자주 사용하는 방법은 PCA (principle component Analysis)와 ICA (independent component analysis) 를 이용하여 공선성을 없애준다. **주성분 분석 (principal component analysis, PCA)는** 분포된 데이터들의 주성분 (principal component)을 찾아주는 방법이다. 상관관계가 있는 변수들을 선형 결합하여 변수를 축약하는 기법으로 요인 분석 (factor analysis) 의 한 종류이다.

주성분 분석 (principal component analysis, PCA): 아래 그림의 데이터들의 분포 특성을 2개의 벡터로 가장 잘 설명할 수 있는 방법은 무엇일까? 그건 바로, 그림에서와 같이 e_1, e_2 두 개의 벡터로 데이터 분포를 설명하는 것이다.

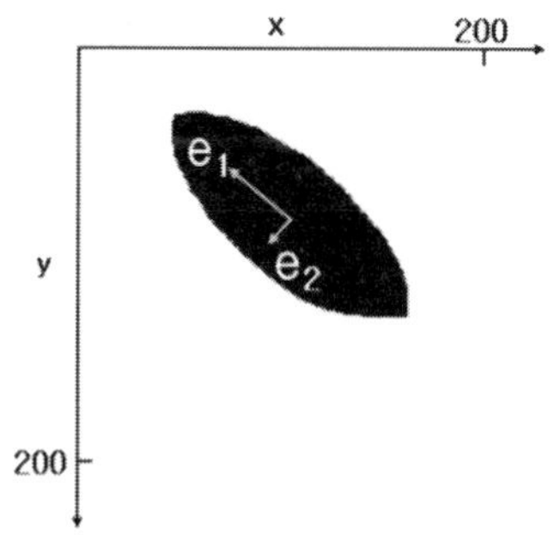

<그림 1> 2D에서의 PCA 예

e_1의 방향과 크기, 그리고 e_2의 방향과 크기를 알면 이 데이터 분포가 어떤 형태인지를 가장 단순하면서도 효과적으로 파악할 수 있다. PCA는 데이터 하나 하나에 대한 성분을 분석하는 것이 아니라, 여러 데이터들이 모여 하나의 분포를 이룰 때 이 분포의 주 성분을 분석해 주는 방법이다. 여기서 주성분이라 함은 그 방향으로 데이터들의 분산이 가장 큰 방향 벡터를 의미한다. 아래 그림에서 보면, e1 방향을 따라 데이터들의 분산(흩어진 정도)이 가장 크다. 그리고 e_1에 수직이면서 그 다음으로 데이터들의 분산이 가장 큰 방향은 e_2이다. 첫번째 e_1 주성분은 데이터의 변동(분산, variance)을 가장 많이 설명 할 수 있는 것을

선택하고, 두번째 e_2주성분은 첫번째 주성분과 수직인 성분을 선택한다. 따라서 주성분들끼리는 서로 수직이기 때문에 다중공선성도 해결할 수 있다.

독립 성분 분석 (independent component analysis, ICA): 다변량의 신호를 통계적으로 독립적인 하부 성분으로 분리하는 계산 방법이다. 각 성분은 비가우스성 (non-Gaussian) 신호로서 서로 통계적 독립을 이루는 성분으로 구성되어 있다. 독립 성분 분석은 블라인드 신호를 분리 (blind source separation, BSS) 하는 특별한 방법이다. BSS는 전형적인 독립 성분 분석의 응용으로, 실내에서 녹음 된 여러 사람의 대화에서 특정 인물의 목소리를 빼내는 음원 분리가 있으며, 디지털 이미지, 문서 데이터베이스, 경제 지표 및 심리 측정에 응용된다. 무작위 변수 (random variables), 측정값 (measurements) 또는 신호 (signals) 세트의 기초가 되는 숨겨진 요인을 밝혀 내기 위한 통계 기법으로 사용하며, ICA는 일반적으로 샘플의 대규모 데이터베이스로 제공되는 관측된 다변량 데이터 (observed multivariate data)에 대한 생성 모델을 정의한다. 모델에서 데이터 변수는 미지의 잠재 변수의 선형 혼합으로 가정되며 혼합 시스템도 알 수 없다. 잠재 변수 (latent variable) 는 가우스 (Gaussian)가 아니며 상호 독립적인 것으로 가정되며 관측된 데이터의 독립적인 구성 요소라고 한다.

3) 회귀식 추정 (회귀계수 regression coefficient의 추정)

추정된 회귀식의 의미는 두 변수간의 관계를 원래 산점도의 모든 점 대신 직선식으로 대체하여 설명하겠다는 뜻이다. 따라서 원래의 관측값과 직선상의 값과는 차이가 있을 수 밖에 없는데 이 차이는 최소제곱법 (least squared method)을 사용하여 되도록 작게 하여 직선식을 만든다.

4) 결정 계수 (coefficient of determination, R^2) 계산

결정 계수 (coefficient of determination)는 변수들이 가지고 있는 총 변량 중 추정된 회귀식으로 설명 가능한 변량을 의미. 수식이 얼마나 관계를 잘 표현하고 있는지 나타내는 기준이다. 일단 기본적인 용어인, 총 변량, 잔차 등의 설명은 다음 그림과 같다.

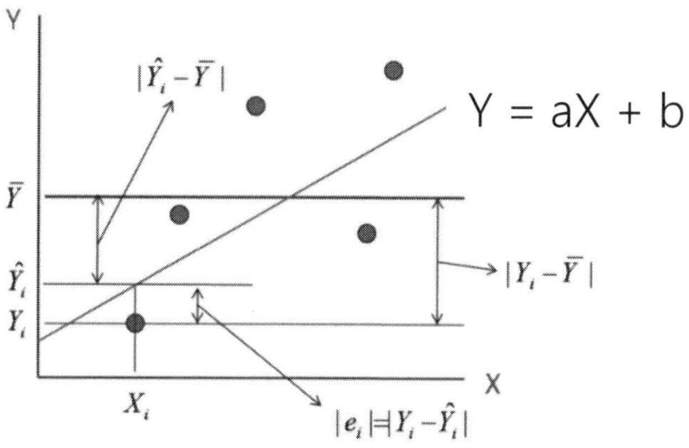

$\overline{Y}$ 는 모든 Y 값의 평균으로, 변수 Y 의 대표값 이라고 할 수 있습니다. 따라서, 개체 i 의 측정된 값 Yi 는 Y 의 평균으로부터 $|Y_i - \overline{Y}|$ 만큼 떨어져 있는데, 이것을 **개체가 가지는 총 변량** 이라고 합니다. 총 변량은 회귀식 Y = aX + b를 이용하면 두 종류의 변량으로 나눌 수 있습니다. 변량 중 하나는 **회귀식이 차지하는(또는 설명하는) 변량**으로, 위 그림에서 $|\hat{Y}_i - \overline{Y}|$ 으로 표시된 것입니다. 나머지 하나는 개체의 총 변량 중 **회귀식 으로는 설명할 수 없는 변량**으로, $|Y_i - \hat{Y}_i|$ 으로 표시된 것입니다(이 변량은 일반적으로 e_i 라고 표시하고 **잔차(residual)**라는 용어로 나타냅니다).

SSTO (total sum of squares): 모든 개체가 가지는 총 변량으로, SSR과 SSE를 더해서 구한다. SSR (regression sum of squares)은 개체가 가지는 총 변량 중 회귀식으로 설명 가능한 변량이며, SSE (error sum of squares): 개체가 가지는 총 변량 중 회귀식으로는 설명 불가능한 변량이다. 따라서, 총 변량 중 회귀식으로 설명 가능한 변량의 비율을 결정 계수로 정의한다. 이렇게 계산된 SSTO 와 SSR, SSE 값을 이용하여 추정된 회귀식이 적합한지 아닌지에 대한 검정을 할 수 있게 된다.

$$e_i = Y_i - \hat{Y}_i = (Y_i - \overline{Y}) - (\hat{Y}_i - \overline{Y})$$
$$\Rightarrow \sum_{i=1}^{n} (Y_i - \overline{Y})^2 = \sum_{i=1}^{n} (\hat{Y}_i - \overline{Y})^2 + \sum_{i=1}^{n} e_i^2$$
$$\Rightarrow SSTO = SSR + SSE$$
$$R^2 = \frac{SSR}{SSTO}$$

결정 계수는 0 부터 1 사이의 값을 가지고 있다. 위의 그림은 결정 계수의 범위에 따른 X, Y 변수의 자료 분포를 개략적으로 보여주고 있다. 결정 계수가 1 일 때는 그림 (a) 와 같이

X, Y 의 모든 값들이 직선 위에 있게 되는데, 이런 경우는 회귀 분석을 적용할 수 없다. 왜냐하면 (a) 와 같은 경우에는 측정된 모든 X 값에 대해서 Y 값을 100% 의 정확도로 계산할 수 있어 통계 분석 자체가 불필요 하기 때문이다. 그림 (b) 는 측정된 모든 X, Y 값들이 2차원 좌표 상에서 무작위로 배치되어 있으며, 결정 계수가 0 일 때를 나타낸다. 즉, 변수 X 값의 증가, 감소에 대해서 Y 가 특정한 증가, 감소 경향을 보이는 것이 아니라 무작위 값을 가지고 있는데, 이런 경우는 회귀 분석이 적합하지 않다고 말한다. 회귀 분석이 적합한 경우는 그림 (c) 와 같이 결정 계수가 0 과 1 사이에 있을 때이다.

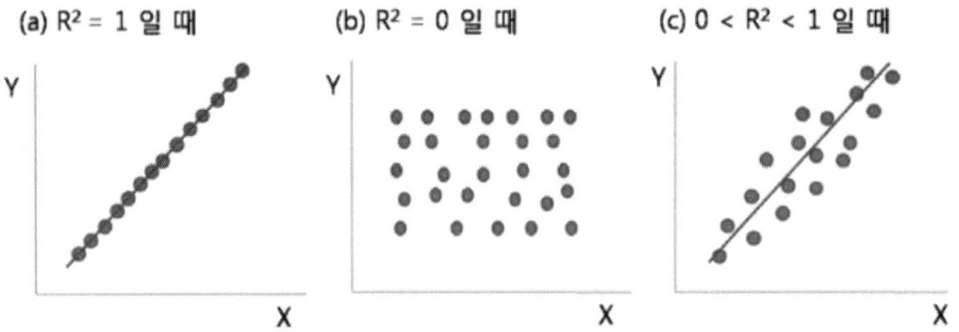

결정 계수의 범위

5) 회귀식의 적합성에 대한 통계적 검정 (statistical test)

회귀식이 예측모형으로써 적합한가 (두 변수간의 관계를 직선으로 가정한 것이 옳은가)에 대한 검정이다. 이 회귀 모형에서는 주어진 독립변수와 종속변수 사이에 선형관계가 존재하는지의 여부를 검정하는 단계이다. 아래는 회귀식의 적합성 검정을 위해 세운 가설이다.

귀무 가설 (h0, null hypothesis): 측정된 값들은 회귀식으로 설명할 수 없다. 위에서 키와 몸무게의 예시를 사용한다면 '키는 몸무게에 영향을 미치지 않는다'가 귀무 가설이 된다.
대립 가설 (h1, alternative hypothesis): 측정된 값들은 회귀식으로 설명할 수 있다. (예: 키는 몸무게에 영향을 미친다.)

위의 가설 검정을 위해서는 F 검정 (F test)을 이용하게 되는데, F score 는 아래 식으로 계산할 수 있다.

$$F = \frac{\text{회귀식으로 설명가능한 변량의평균}}{\text{회귀식으로 설명하지 못하는 변량의평균}} = \frac{MSR}{MSE},$$
$$MSR = \frac{SSR}{k-1},$$
$$MSE = \frac{SSE}{n-k},$$
n: 개체수
k: 회귀 계수 수

F 분포는 T 분포 (T distribution) 과는 달리 자유도가 2개 인데, 처음에 표시하는 자유도는 분자, 그 다음 자유도는 분모에 해당하는 자유도이다. 자유도가 각각 (1, 20), (3, 20), (5, 20) 인 F 분포를 겹쳐서 나타내었다.

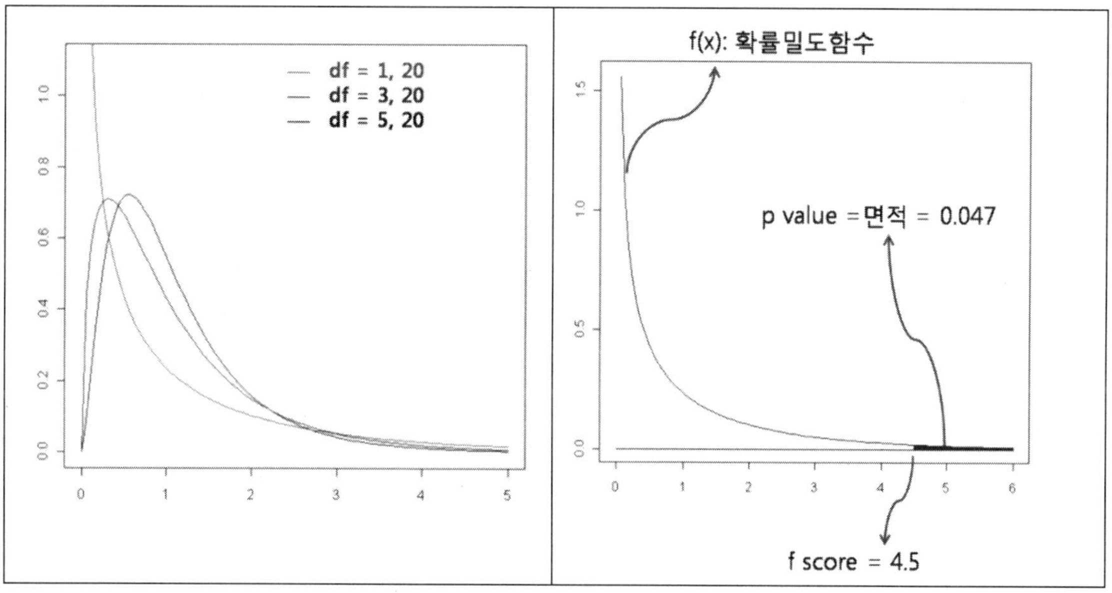

위 오른쪽 그림에 따르면, 유의 수준 (significance level, a)을 0.05 라고 했을 때 자유도가 (1, 20) 이고 f score 가 4.5 이면 p value < a 이기 때문에 귀무 가설 (null hypothesis)은 기각되고 대립 가설 (alternative hypothesis)을 채택하게 된다. 즉, 추정된 회귀식은 유의 수준 0.05 아래에서는 적합하다고 할 수 있다.

6) 회귀 계수의 유의성에 대한 통계적 검정

회귀 계수의 유의성에 대한 통계적 검정은 회귀 계수 a 와 b 의 추정값인 a 와 b 가 '0이냐 그렇지 않으냐' 를 통계적으로 검정 하는 것이다. 회귀 분석에서 중요한 것은 종속

변수에 대한 독립 변수의 영향력과 관련된 a 이기 때문에 회귀 계수의 유의성은 주로 a 에 대해서만 수행하게 된다. 회귀 계수 a 의 유의성을 통계적으로 검정하기 위해서는 아래와 같은 양측 검정 (two sided test) 가설을 수립한다.

귀무 가설(H0): 독립 변수는 종속 변수에 영향을 주지 않는다 (a = 0) 대립 가설(H1): 독립 변수는 종속 변수에 영향을 준다 (a!= 0)

위의 가설 검정을 위해서는 회귀식의 적합도 검정에서 사용한 F 검정 대신 T 검정 (T test)을 사용하게 되는데, t score 는 아래 식으로 계산할 수 있다.

$$T = \frac{\text{회귀식의 기울기(a)} - 0}{\text{a 가 가질수있는변량}} = \frac{\text{a}}{s(\text{a})},$$

$$s(\text{a}) = \sqrt{\frac{MSE}{\sum_{i=1}^{n}(X_i - \bar{X})^2}}$$

n : 개체수

아래 그림에 따르면 p value 는 좌측과 우측에 파란색으로 표시된 면적(p1 과 p2)을 합한 값이 된다.(T 분포는 0을 기준으로 대칭이기 때문에 p1 과 p2 는 동일하다). 결국, 양측 검정에서는 p value 가 0.0838 이기 때문에 유의 수준 a 를 0.05 라고 하면 p value > a 가 되어 귀무 가설을 채택하게 된다 즉, 유의 수준 0.05 아래에서 독립 변수는 종속 변수에 영향을 주지 않는다고 할 수 있다.

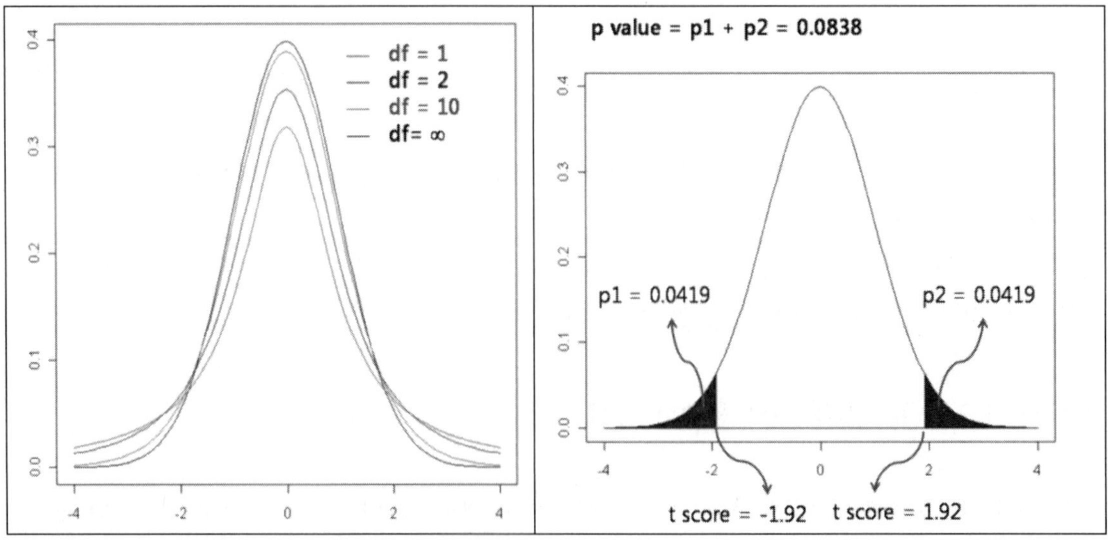

통계적 유의성 확인: 반응과 모형의 각 항 간의 연관성이 통계적으로 유의한지 여부를 확인하려면 항에 대한 p-값을 유의 수준과 비교하여 귀무 가설을 평가 한다. 귀무 가설은 항과 반응 간의 연관성이 없다는 것이다. 일반적으로 0.05의 유의 수준 (α)이 적절하다. 유의 수준은 실제로 연관성이 없는데 연관성이 존재한다는 결론을 내릴 위험이 5%라는 것을 나타낸다. (FP로 표현 가능하다)

p-값 <= α: 연관성이 통계적으로 유의하다. p-값이 유의 수준보다 작거나 같으면 반응 변수와 항 간에 통계적으로 유의한 연관성이 있다는 결론을 내릴 수 있다.
p-값 > α: 연관성이 통계적으로 유의하지 않다. p-값이 유의 수준보다 크면 반응 변수와 항 간에 통계적으로 유의한 연관성이 있다는 결론을 내릴 수 없다. 항 없이 모형을 다시 적합 시킬 수도 있다.

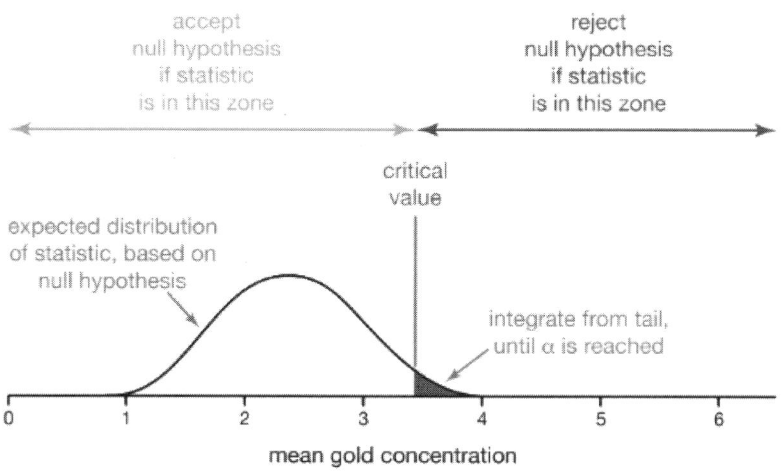

귀무 가설의 채택과 기각

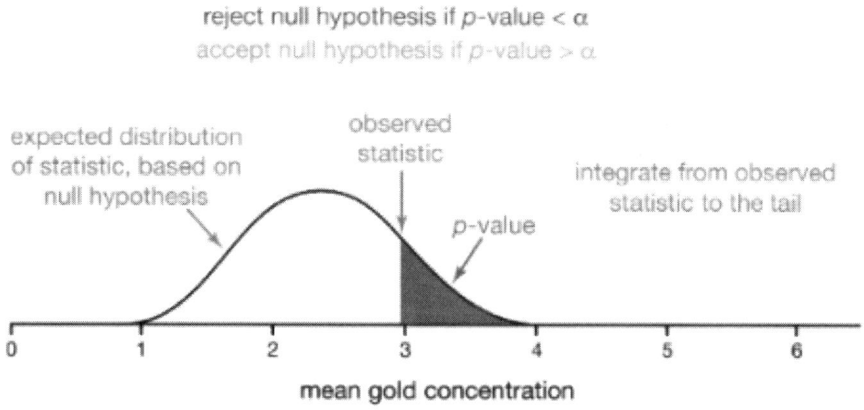

귀무 가설 vs 대립 가설 채택

H0의 예시

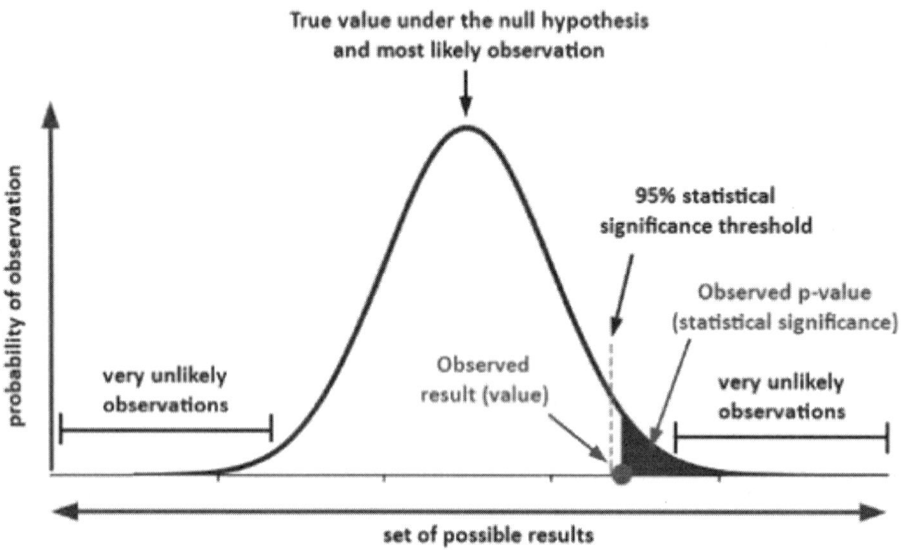

21.5 회귀분석의 오류 (제1종 오류와 제2종 오류)

가설 검정은 기본적으로 '귀무가설이 맞다'는 가정에서 출발한다. 이 때, 그럼에도 불구하고 대립 가설이 맞다고 말할 수 있는 기준, 즉, 두 가설 중 하나를 결정하는 역할을 하는 것이 기각값이다. 이 기각값을 결정하는데 중요한 역할을 하는 것이 제1종 오류의 크기 이다. 제 1종 오류는 귀무 가설을 잘못 기각하는 오류이며, 제2종 오류는 귀무 가설을 잘못 채택하는 오류이다.

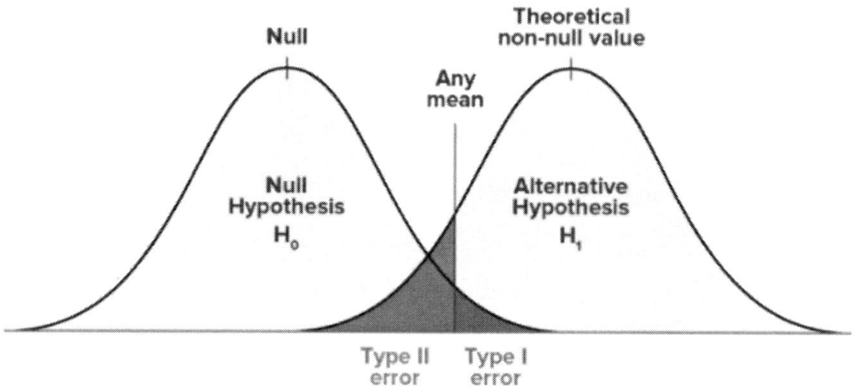

α error와 β error 확률은 서로 상반된다 (하나가 커지면, 나머지가 작아짐)
일반적으로 α error에 기준을 두고 가설을 채택하거나 기각한다.

제1종 오류 (type 1 error): 귀무가설이 맞는데도 불구하고 틀렸다고 결론을 내리는 오류이며, 유의수준 (significance level)과 같은 말이다. 이 오류의 크기는 α라 한다. 예를 들어, 어떤 메일이 스팸 메일인지 검사하는 프로그램이 있다고 하자. 이때 어떤 메일이 실제로는 스팸 메일이 아니지만 프로그램 검사 결과 스팸 메일이라고 판정한다면, 이것이 거짓 양성 (false positive)이다. 거짓 경보(false alarm) 또는 알파 오류 (αerror)라고도 한다. Type 1 error의 0.05 및 5% 유의 수준은 귀무 가설이 5% 확률로 잘못 기각 된다는 의미이다.

#Type 1 error: 임신하지 않은 사람에게 '너는 임신이다' 라고 말함 (잘못된 인정)
#Type 2 error: 임신한 사람에게 '너는 임신이 아니다' 라고 말함 (잘못된 부정)

제2종 오류(type 2 error): 대립 가설이 맞는데 귀무가설이 맞다고 결정을 내리는 오류이며 이 오류의 크기를 β라 한다. 실제 양성 (positive)인 것을 음성 (negative)로 판정하는 것이며 거짓 음성 (false negative) 또는 베타 오류 (β error)라 불린다. 1-β는 대립 가설이 맞는 경우 이를 옳다고 결정할 확률이며, 이를 검정력 (statistical power)라 한다.

		Reality	
		True	False
Measured or Perceived	True	Correct ☺	Type 1 error False Positive
	False	Type 2 error False Negative	Correct ☺

21.6 회귀분석의 구현

다음은 회귀분석 (regression) 을 구현한 Python 코드이다. 이 문제는 랜덤 데이터들 중에서 오차 값이 제일 작은 선형식을 찾는 문제이다.

```
import random

print("How many data points?")
n = int(input("Enter data:"))

sumX, sumX2, sumY, sumXY = 0, 0, 0, 0
x, y = [], []

for i in range(n):
    x.append(random.randint(0, 100))
    y.append(random.randint(0, 100))

print(x, y)

for i in range(n):
    sumX += int(x[i])
    sumX2 += int(x[i]) * int(x[i])
    sumY += int(y[i])
    sumXY += int(x[i]) * int(y[i])
```

```
b = (n * sumXY - sumX * sumY) / (n * sumX2 - sumX * sumX)
a = (sumY - b * sumX) / n

print("Values are: a=%0.2f and b = %0.2f" %(a, b))
print("Equation of best fit is: y = %0.2f + %0.2fx" %(a, b))
```

```
How many data points?
Enter data:10
[91, 78, 3, 80, 50, 68, 23, 40, 33, 45] [97, 54, 70, 56, 88, 92, 4, 82, 88, 37]
Values are: a=50.87 and b = 0.31
Equation of best fit is: y = 50.87 + 0.31x
> 
```

21.7 시계열 분석 (time series analysis) 또는 트렌드 분석 (trend analysis)

주가지수는 시간의 흐름에 따라 불확실성을 가지고 그 값이 변하므로 시계열의 좋은 예시가 될 수 있다. 이는 실제 데이터로 얻어지는 확률 과정 (stochastic process) 이라고 볼 수 있다.

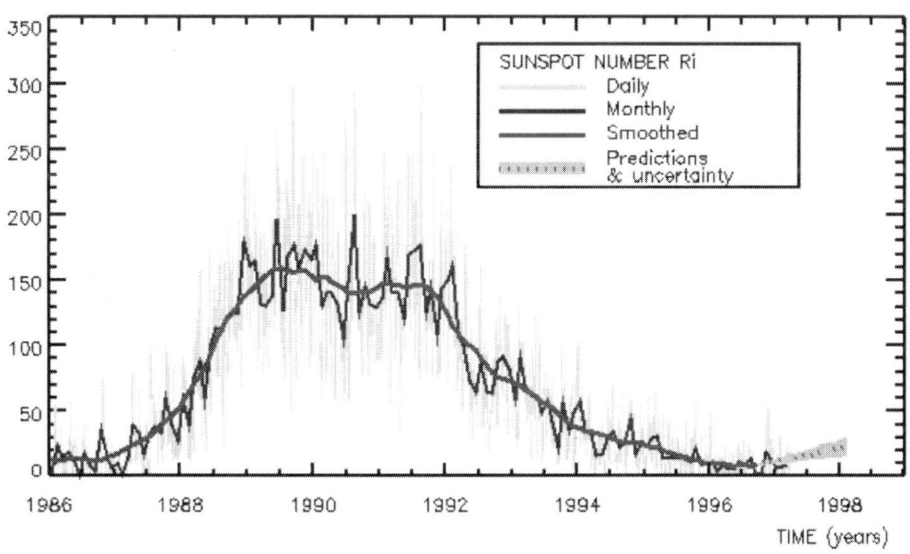

시계열 분석의 예시: 변화를 시간 흐름에 따라 추정한다.

시계열 분석 (time series analysis이란 시간 변수의 흐름에 따른 종속 변수의 움직임을 예측하는 것을 목표로 하는 분석법으로, 시계열 분석의 특징은 다음과 같다.

1. 과거부터 현재까지의 분석에 대해서는 매우 정확하다. 과거의 현상들에 대해서 상태와

관계를 규명하는데 유용하게 쓰일 수 있다. 예를 들면 어떤 투자자가 높은 수익을 창출했을 때 그 비결이 무엇인지 해석하거나, 금융위기가 발생하였을 때 어떤 현상이 사전에 신호를 만들어 냈는지 복기를 할 때 등이 있다.

2. 미래를 알 수 없지만, 미래에 대한 시나리오를 비교하는데 쓸 수는 있다. (미래의 조건이 있을 경우) 이는 정부 정책 또는 주요 경영 의사결정에 있어서 필요한 정보를 제공할 수 있다는 점에서 유용하다. 아래 그림과 같이, **미래의 조건이 있을 경우 미래의 시나리오를 비교할 수 있다.**

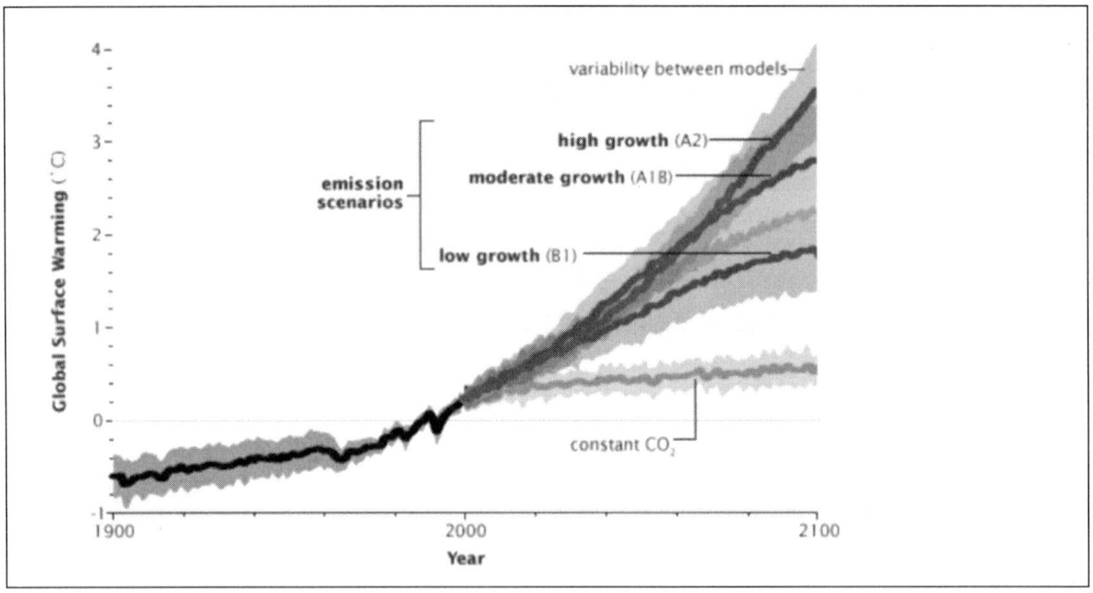

3. 대상의 특징이나 다른 요소와의 관계를 규명할 수 있다. GDP (gross-domestic-profit)은 국민소득과 인구, 수출입 등과 높은 유관성이 있음이 회귀분석을 통해 입증되어 있고, 인구 증가는 통상 일관된 Trend를 따른다는 사실이 다양한 시계열 연구로 확인되어 있다.

회귀분석과 시계열 분석 (time series analysis)의 다른 점: 회귀 분석과의 가장 큰 차이점은 회귀분석이 독립변수가 서로 독립이고 변수 그 자체도 독립성을 가진다는 것을 전제로 하는 것과 달리, 시계열 분석은 변수가 자기 상관성을 가지는 것을 전제로 한다는 것이다. 또한 회귀 분석은 데이터의 순서에 전혀 신경 쓰지 않지만, 시계열은 앞의 데이터가 뒤의 데이터에 영향을 미친다고 보고 분석하므로 그 순서가 중요하다.

시계열 분석의 한계: 시계열 분석이 만병통치약이 아니며, 먼 미래를 예측 하기에는 너무 간단하다는 데 있다. 예를 들어, 시계열을 미래 예측에 쓰려고 한 경우: 통계 정보란 대상의 본질 및 관계에 변함이 없을 경우에 대한 정보를 제공한 것이다. 그런데 시간에 따라서 이것이 일정하지 않다면 그 통계 정보는 효력이 없다. 따라서, 시계열은 먼 미래를 예측하기

위한 도구가 아니다. 그런 의미에서, 시계열을 통한 외삽 (extrapolation) 은 대부분은 실패한다. 시계열이란 시간에 따라 결과가 중첩되어 상호작용하므로 점차 시간이 지날수록 오차가 중첩되어 시간이 지날수록 분산이 크게 증가되어 예측력이 사라진다. 아래 그림과 같이, **시계열 분석은 시간이 지날 수록 예측력이 크게 나빠진다.**

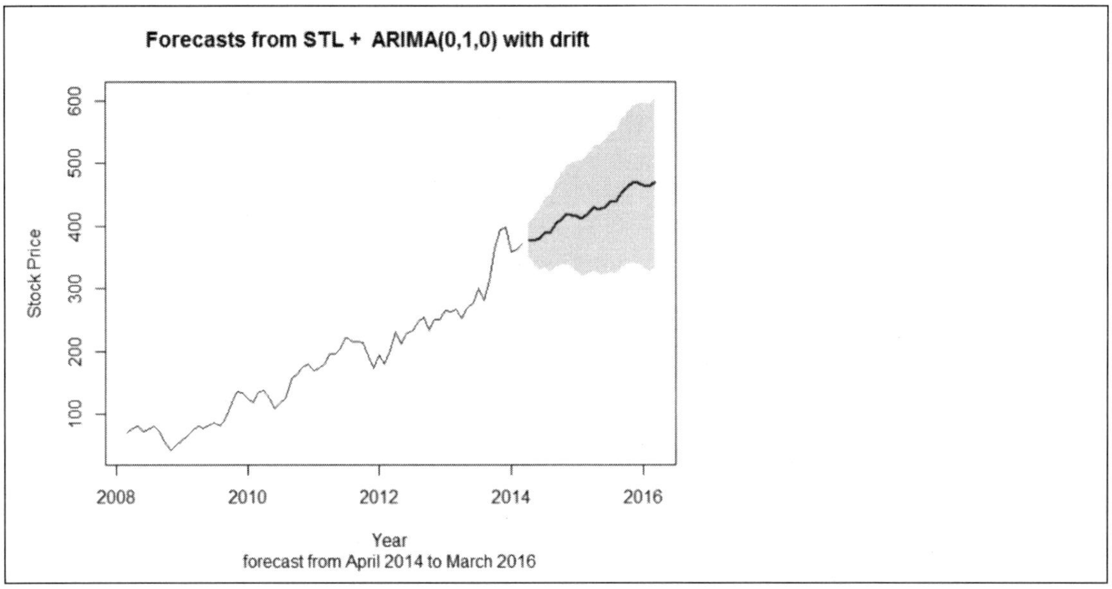

시계열 데이터의 구성요소: 시간에 따라 변화하는 양을 기술하기 위해, 시계열 분석에서는 시계열이 (1) 지속적이고 고착적인 요인으로 추세 요인 (trend), (2) 주기적으로 나타나는 순환 요인 (cycle), (3) 계절 혹은 1년 주기로 나타나는 계절 요인 (seasonal), (4) 알 수 없는 불규칙 요인 (random or irregular) 으로 모델링 한다.

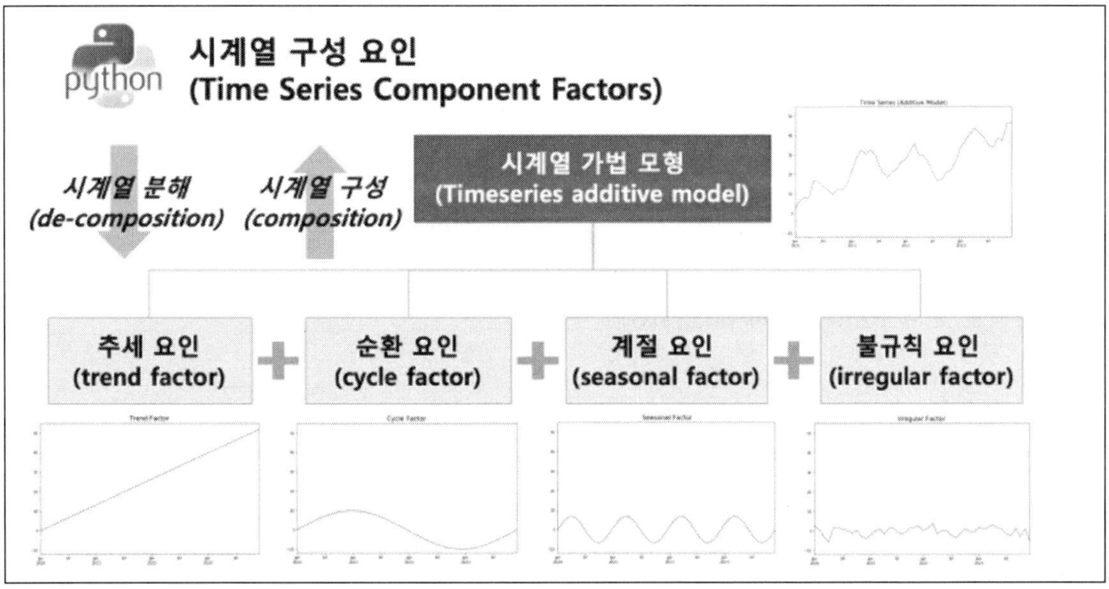

-추세 요인 (trend): 지속적으로 시계열 데이터에 영향을 주는 장기 변동 요인을 의미 (예: 기술의 변화, 소비 형태의 변동, 인구 변동, 인플레이션 등)
-순환 요인 (cycle): 주기를 가지고 순환하는 요인으로써 중기 변동 요인을 의미 (예: 경기 변동 곡선)
-계절 요인 (seasonal): 계절을 주기로 발생하는 변동 요인으로써 1년을 주기로 나타나는 짧은 변동 요인을 의미
-불규칙 요인 (irregular): 어떤 규칙성이 없이 예측 불가능하게 우연적으로 발생하는 변동을 의미 (추세 변동, 순환변동, 계절 변동 요인을 조정한 후에 나타나는 불규칙한 변동을 뜻함)

Interpolation 과 Extrapolation: 보간법 (Interpolation)은 주어진 데이터 점을 모두 지나는 유일한 다항식을 구하고, 이 다항식을 이용하여 주변 미지점을 찾아가는 (추정하는) 기법이다. 즉, 주변의 이미 알려진 값들을 가지고 보간 함수 (보간 다항식, 구간 내 주어진 특정 점들을 통과하는 함수)를 찾아, 이를 이용하여 미지값들을 추정하게 된다. 보간법은, 일종의 근사 (approximation) 계산법 이론이다. 독립 변수의 중간 값에 대한 해당 함수의 값을 예측하는 '보간'에 종종 필수적이다. 보간법은 알고 있는 값의 구간 사이 미지점을 구하는 법이라고 할 수 있는데, 알고 있는 값의 구간 밖의 미지점을 구한다면, 외삽법 (extrapolation) 기법을 사용해야 한다.

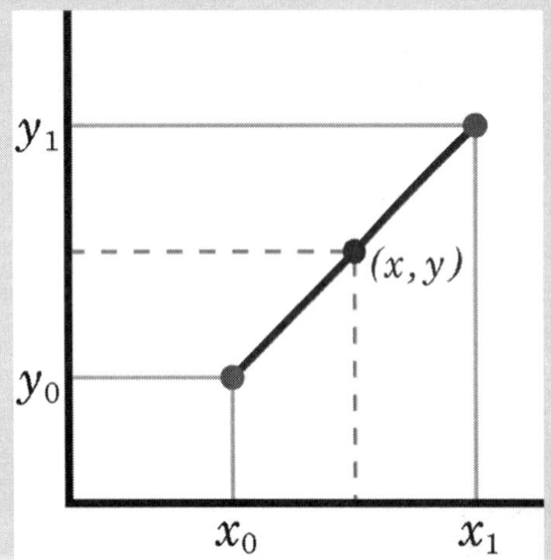

interpolation

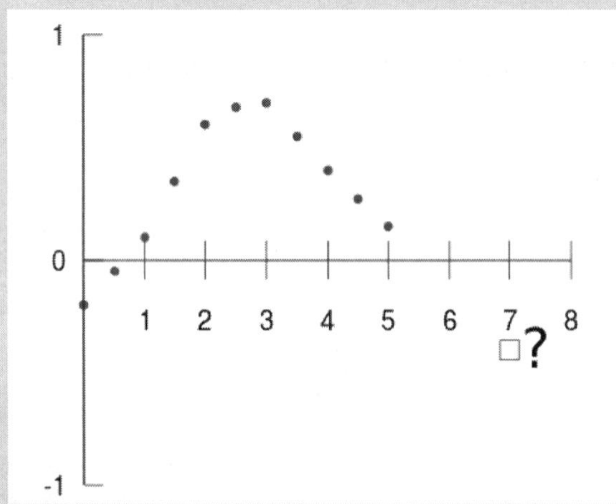

extrapolation

21.8 시계열 분석 (time series analysis)의 구현

다음은 시계열 분석 (time series analysis) 을 구현한 Python 코드이다. 문제는 1980-2015년에 대한 오스트레일리아 방문자에 대한 데이터를 받아, 시계열분석을 통해 이후의 데이터를 예측하는 것이다. 이때 선형회귀식을 사용하여 일차식이 나오고, 그 일차식을 표현한 게 아래 그래프의 prediction이다. 이때 선형회귀식에서 미래의 방문자가 가장 많을 것으로 예측되거나 제일 적을 것으로 예측되는 게 limit값이라고 보면 된다.

참고한 사이트는 다음과 같다. **https://zephyrus1111.tistory.com/99**

```
import pandas as pd
import numpy as np
import matplotlib.pyplot as plt
import statsmodels.api as sm

from scipy.stats import t

df = pd.read_csv('australia_visitor.csv')

start_date = '1980-01-01'
end_date = '2015-12-31'

df.index = pd.date_range(start_date,end_date,freq='y')

fig = plt.figure(figsize=(8,8))
fig.set_facecolor('white')
plt.plot(df['visitors'],marker='o',markerfacecolor='none')
plt.ylabel('Number of Visitors (millons)')
plt.xlabel('Time (year)')
plt.show()

df['time'] = range(1,len(df)+1) ## time 변수 생성
y = df['visitors']
X = df['time']
X = sm.add_constant(X)

time = df['time']
mean_t = time.mean()
mean_y = y.mean()
b1 = np.sum((y-mean_y)*(time-mean_t))/np.sum(np.square(time-mean_t))
b0 = mean_y-b1*mean_t

ols_fit = sm.OLS(y,X).fit()
b1 = ols_fit.params.time
```

```
b0 = ols_fit.params.const

future = [1,2,3,4,5]
n = len(df)
alpha = 0.05
X_tX_inv = np.linalg.inv(X.T.dot(X))
t_val = t.ppf(1-alpha/2,df=n-2)

predict_vals = []
upper_limit = []
lower_limit = []
for l in future:
    predict_val = b0+b1*(n+l)
    s2 = np.sum(np.square(y-b0-b1*time))/(n-2)
    x = np.array([[1],[n+l]])
    variance_factor = np.sqrt(1+x.T.dot(X_tX_inv.dot(x)))
    limit = t_val*np.sqrt(s2)*variance_factor[0][0]
    predict_vals.append(predict_val)
    upper_limit.append(predict_val+limit)
    lower_limit.append(predict_val-limit)

start_date = '2016-01-01'

pred_data = {
    'pred':predict_vals,
    'ul':upper_limit,
    'll':lower_limit
}
pred_df = pd.DataFrame(pred_data)
pred_df.index = pd.date_range(start_date,periods=future[-1],freq='Y')

fitted_val = b0+b1*time
vals = pd.concat([fitted_val,pred_df['pred']])

fig = plt.figure(figsize=(8,8))
fig.set_facecolor('white')
```

```
marker_config = dict()
marker_config['marker'] = 'o'
marker_config['markerfacecolor'] = 'none'
plt.plot(df['visitors'],label='data',**marker_config)
plt.plot(vals,label='prediction',linestyle='--')

plt.plot(pred_df['ll'],color='green',linestyle='--',label='limit')
plt.plot(pred_df['ul'],color='green',linestyle='--')
plt.fill_between(pred_df.index,pred_df['ll'],pred_df['ul'],alpha=0.2)
plt.legend(loc='upper left')
plt.ylabel('Number of Visitors (millons)')
plt.xlabel('Time (year)')
plt.show()
```

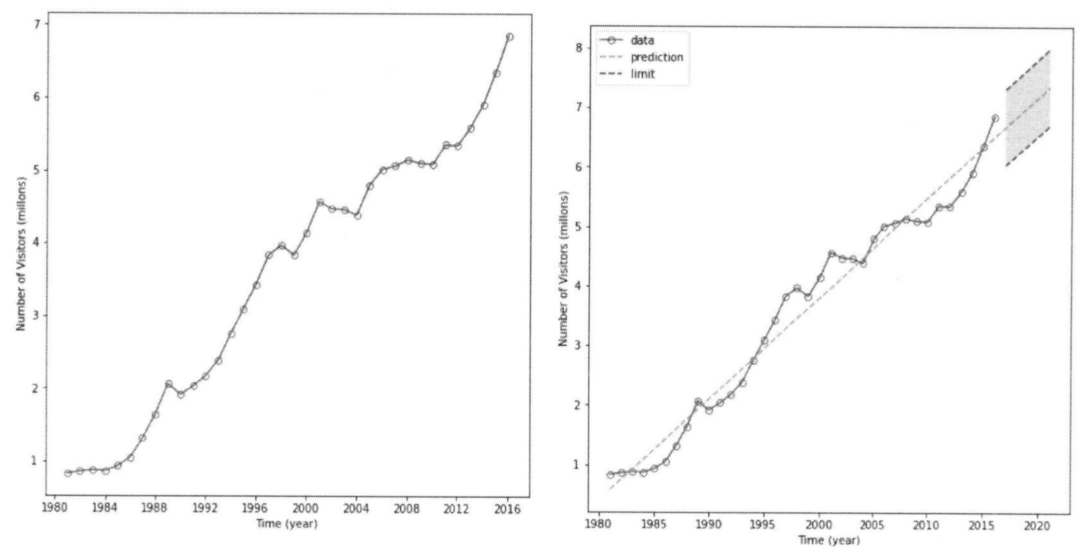

22장. 신경망 (Neural Network): Multi-Layer Perceptron의 이해

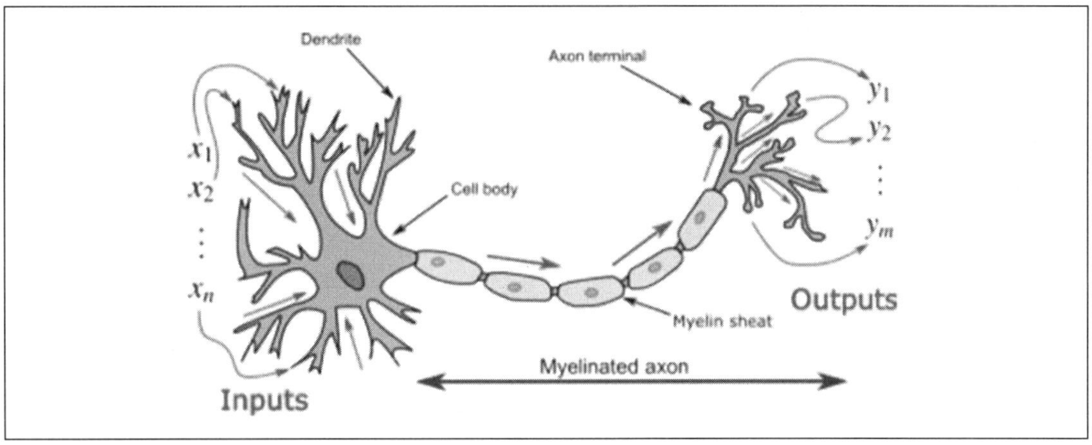

인공지능 (artificial intelligence) 연구는 인간의 지능과 유사한 컴퓨터를 개발하는 것을 목표로 한다. 인간의 지능이 관여 되어 있다고 생각하는 (1) 언어 능력, (2) 지각 능력 (오감 인식), (3) 사고 및 논리 전개 등을 모사하려고 하며, 온라인으로 연결된 대화 상대가 컴퓨터인지 사람인지 분간할 수 없으면 Turing Test를 통과했다고 하면서 인공지능의 성공을 알리는 지표로 사용하고 있다. 인공 지능의 연구는 connectionist (신경망) 연구와 symbolic AI (논리학) 연구로 발전되어 왔으며, 2개 분파가 주거니 받거니 하면서 혹은 융합하면서 발전되어 왔다. 2020년 이후로는 connectionist 학파를 중심으로 연구되고 있으며, 가장 기본적이면서 중요한 알고리즘인 back propagation 알고리즘을 사용한 MLP (multi-layer perceptron)에 대해 살펴본다. 이 장의 구성은 다음과 같다.

22.1 간단한 신경망 (Neural Networks) 알고리즘: Perceptron
22.2 조금 복잡한 신경망 알고리즘: Multi-Layer Perceptron (MLP)
22.3 MLP 알고리즘 동작: Feed-Forward and Error Back-Propagation
22.4 MLP 알고리즘 동작: Feed-Forward 와 Error Measurement
22.□ MLP 알고리즘 동작: Error Back Propagation
22.□ 신경망 알고리즘의 □ime comple□ity
22.□ MLP 신경망 알고리즘의 □ □

22.1 간단한 신경망 (Neural Networks) 알고리즘: Perceptron

Neural Networks Algorithm (신경망 알고리즘)이란 기계 학습과 생물학적 뇌 구조에 기반한 알고리즘으로, 시냅스들의 결합으로 네트워크를 형성한 뉴런들이 데이터 학습을 통해 시냅스의 결합 세기를 변화시킴으로써 문제해결 능력을 갖추는 방법이다.

아래 그림은 Input Layer 1개 (input vector의 크기는 n개 노드) 와 Output Layer 1개 (output vector의 크기는 1개 노드) 로 구성된 Perceptron 이라는 신경망 (neural network)이다. Non linear 한 특성을 주기 위해서 Activation Function으로 Sigmoid 함수를 사용하고 있다.

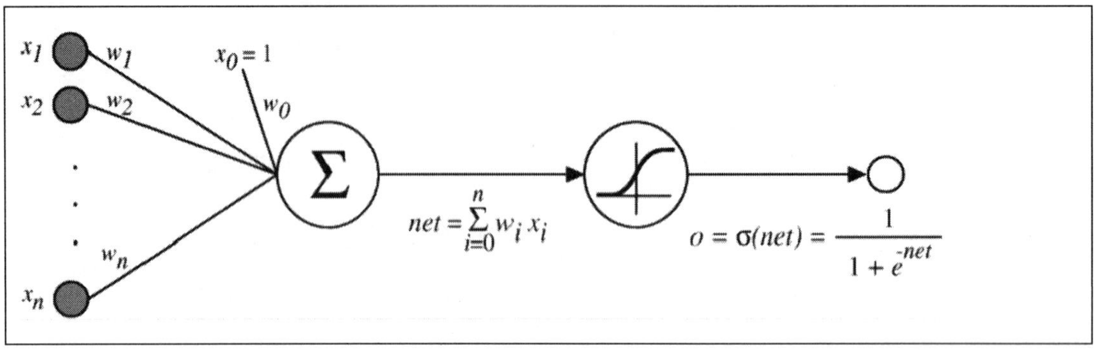

아래의 왼쪽 그림은 input 값을 받아 각각 가중치(그림에서 w1, w2, w3)를 곱하고 결합 함수(Σ) 과정을 거친 후 전이 함수에 대입하여 output을 도출하는 일련의 순차적인 단계를 나타낸 것이다. 오른쪽 그림은 신경망 알고리즘에서 사용되는 전이 함수 중 하나인 시그모이드 함수(Sigmoid Function)이다. 이는 로지스틱 함수라고도 불리며, x값에 따라 0과 1 사이의 값을 출력하는 S자 형 함수이다.

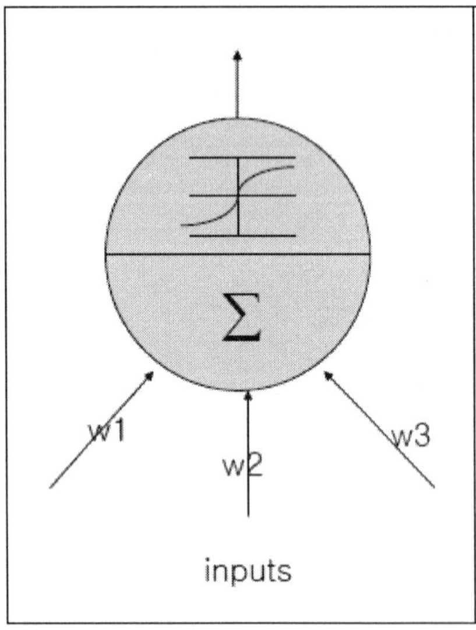

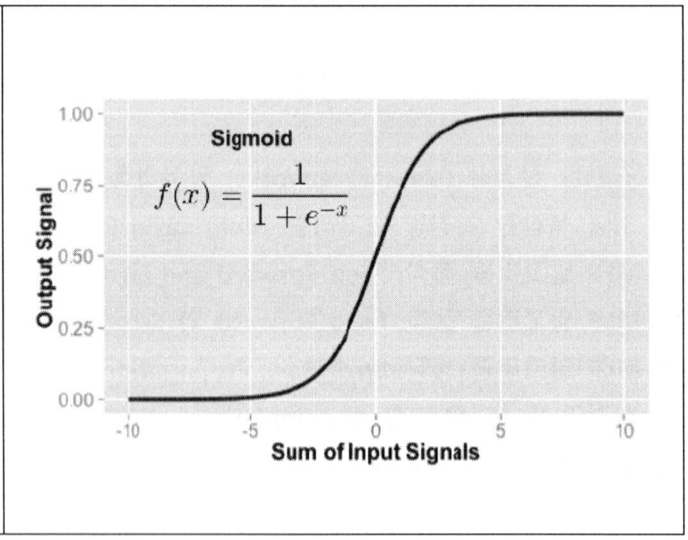

(예 1) 다음은 고양이와 강아지 사진을 주고, 사진 속의 동물의 강아지인지 고양이지인지를 맞추는 Perceptron을 설계한다. 입력 영상은 100x100 사이즈에 칼라 R, G, B로 100x100x3 차원이고, 30,000x1 1차원 벡터로 넣어준다. X 벡터는 30,000 x m (m은 학습 데이터 영상의 개수), Y 벡터는 1xm, B 벡터는 1, W 벡터는 30,000 x1 크기를 갖는다.

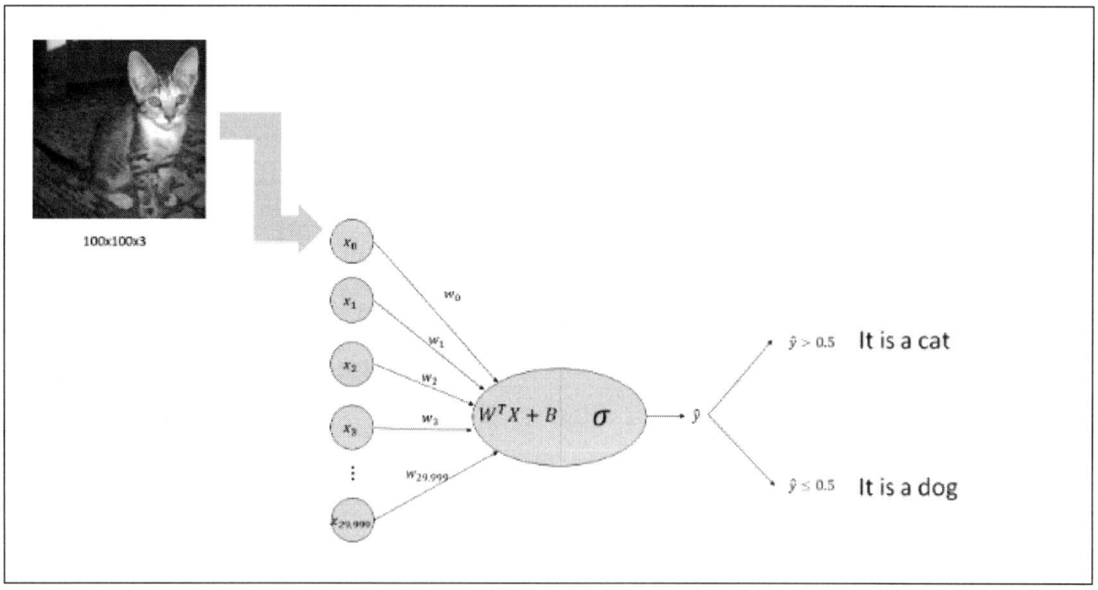

위의 예는 고양이 사진들과 강아지 사진들 (30,000 차원의 vector) 을 분리하는 discriminator (W와 b 로 만들어지는 hyperplane) 을 만드는 것이다. W 에 의해서 0 점을 지나는 hyperplane 이 만들어지고 (W와 직교하도록, 직교한다는 것은 모든 요소 값들끼리 곱해서 더한 경우 0이 되는 경우), b 를 통해서 0 점을 지나서 이동하게 만들어준다.

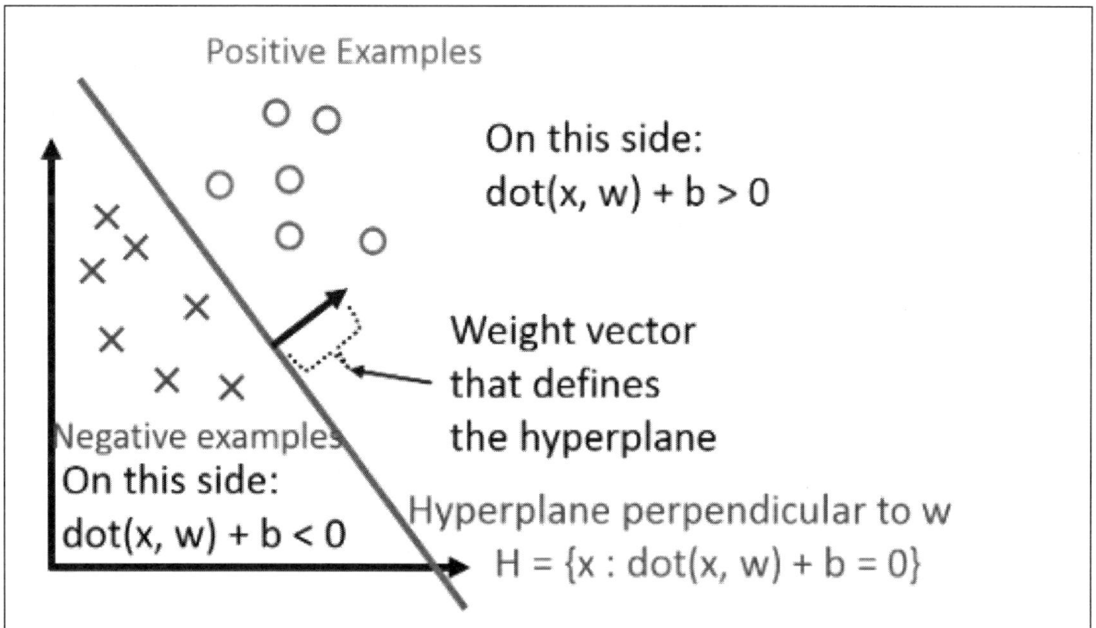

이제 다음과 같이, W 와 b 를 정해주면, 다음 식이 성립한다 (y 의 값은 +1 또는 -1 로).

$$y_i(\mathbf{w}^\top \mathbf{x}_i) > 0 \iff \mathbf{x}_i \text{ is classified correctly}$$

$\mathbf{x}_i$ becomes $\begin{bmatrix} \mathbf{x}_i \\ 1 \end{bmatrix}$ $\mathbf{w}$ becomes $\begin{bmatrix} \mathbf{w} \\ b \end{bmatrix}$	$\begin{bmatrix} \mathbf{x}_i \\ 1 \end{bmatrix}^\top \begin{bmatrix} \mathbf{w} \\ b \end{bmatrix} = \mathbf{w}^\top \mathbf{x}_i + b$

W와 b 로 만들어지는 Hyperplane을 다시 생각해보면, b 를 위해 차원을 하나 더 늘려주면, 아래 식과 같이 구성할 수 있고, 1차원 데이터에 대한 hyperplane을 2 차원으로 정의하고, 2 차원 데이터에 대한 hyperplane은 3D 로 만들 수 있다. 2차원 지면을 돌아다니는 개미는 앞을 분간할 수 없지만, 하늘을 나는 독수리는 지상에 있는 개미와 사마귀를 구분할 수 있다는 아이디어이다.

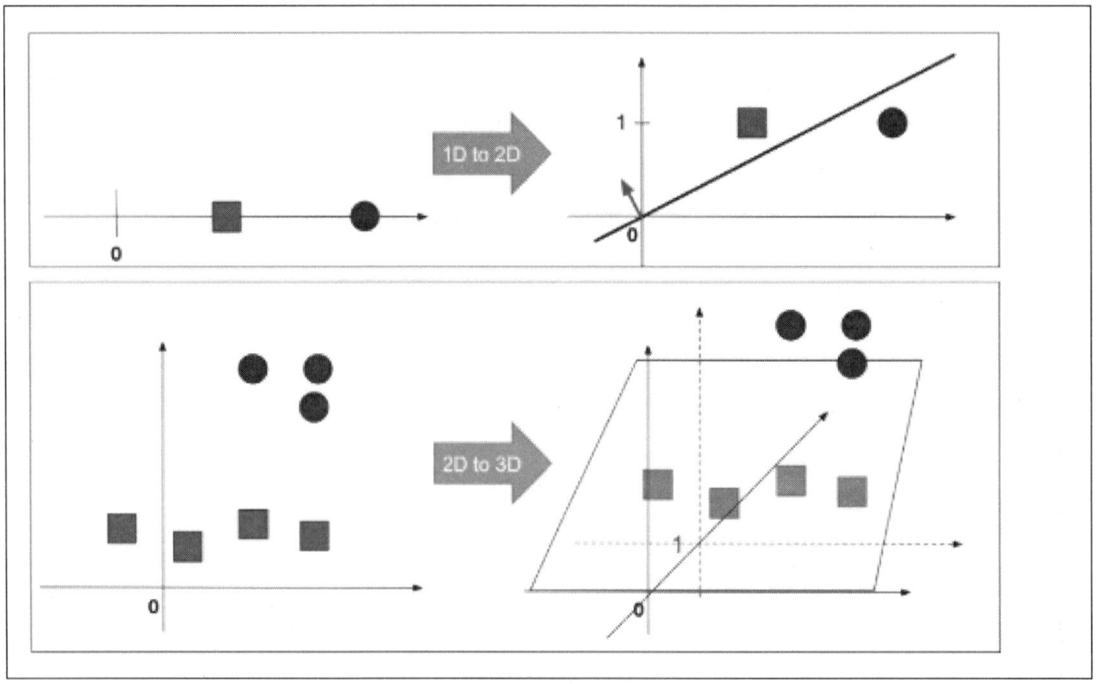

Perceptron 알고리즘은 2개 부류를 구분하는 discriminator를 학습하는 것으로, 2개 분류를 분간하는 hyperplane을 나타내는 W 를 구해야 한다. 다음 제시된 알고리즘과 같이, W를 잘못 구분된 data에 대해서 증감을 하게 된다. 기하학적으로 설명하면, 파란색은 +1로 분류하고, 빨간 색 공은 -1 로 분류한다고 하면, 처음 W 를 구성하고 나면, 오른편의 빨간 색 공 1개와 맨 왼쪽의 파란 색 공 1개를 잘못 분류하였고, 이를 보정하기 위해서 일단 빨간 색 공부터 맞추면, 빨간 색 공을 표시하는 벡터 x 에 빨간 색 공의 정답은 -1 이므로 곱하면 –x 가 되고, 결국 W 에서 (-x) 를 더해주게 된다 (W – x 가 됨). 변경된 W 를 보면 분류가 잘 된 것을 알 수 있다.

Perceptron Algorithm

```
Initialize w⃗ = 0⃗                          // Initialize w⃗. w⃗ = 0⃗ misclassifies everything.
while TRUE do                              // Keep looping
    m = 0                                  // Count the number of misclassifications, m
    for (x_i, y_i) ∈ D do                  // Loop over each (data, label) pair in the dataset, D
        if y_i(w⃗^T · x⃗_i) ≤ 0 then          // If the pair (x⃗_i, y_i) is misclassified
            w⃗ ← w⃗ + yx⃗                     // Update the weight vector w⃗
            m ← m + 1                      // Counter the number of misclassification
        end if
    end for
    if m = 0 then                          // If the most recent w⃗ gave 0 misclassifications
        break                              // Break out of the while-loop
    end if
end while                                  // Otherwise, keep looping!
```

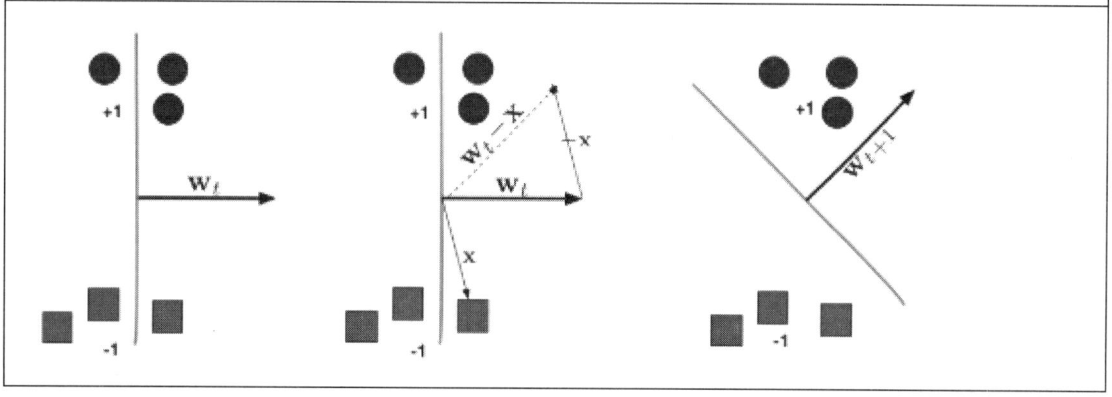

Marvin Minsky의 Perceptron과 Linearly Separable Problem 역사: XOR의 연산은 OR연산이나 AND 연산처럼 단순하지 않다. XOR연산은 두 개의 입력의 값이 다르면 1, 같으면 0이 출력된다. 이 연산의 결과값을 단층 퍼셉트론처럼 직선인 선형식으로 구분할 수 없다. XOR 연산이 단층 퍼셉트론으로 안 되는 이유는 AND, NAND, OR 연산을 조합해야 가능하기 때문이다. Marvin Minsky 교수는 Perceptrons 라는 책을 통해 XOR 문제는 단층 퍼셉트론 모델로는 해결할 수 없다는 것을 수학적으로 증명하였다. 동시에 다층 퍼셉트론이 XOR 문제의 해결책이 될 것이라고 제시했다. 논리적으로 XOR 연산을 위한 입력층과 출력층 사이에 별도의 층인 은닉 층 (Hidden Layer)을 두는 것이다. 입력 층에서 들어온 값을 은닉 층에서 NAND와 OR 연산을 수행하고 결과값을 출력 층으로 전달한다. 출력 층은 결과값을 AND 연산하여 최종 값을 출력한다. 입력층과 출력층 사이의 은닉 층을 만들면서 다층 퍼셉트론 (MLP, Multi-Layer Perceptron)이 만들어졌다.

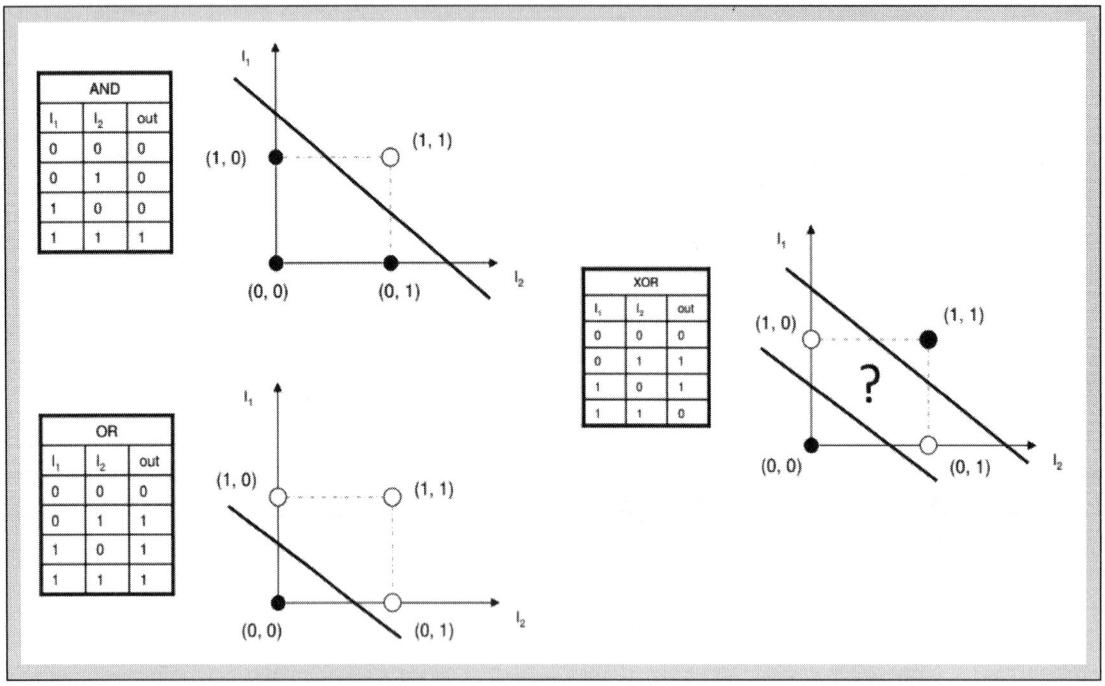

22.2 조금 복잡한 신경망 알고리즘: Multi-Layer Perceptron (MLP)

Input에 입력되는 데이터의 형태가 복잡 할수록 많은 패턴들이 존재하게 된다. 패턴이 복잡하고 많다면 그 정보를 Network에 효과적으로 반영하기 위해서 Layer가 커져야 하고 필요에 따라서 Layer 계층이 추가로 늘어나야 한다. 예를 들어, Perceptron은 아래 그림에서, AND 또는 OR Gate는 모델링이 가능하지만, 오른쪽과 같은 XOR 분류 문제를 해결할 수 없다.

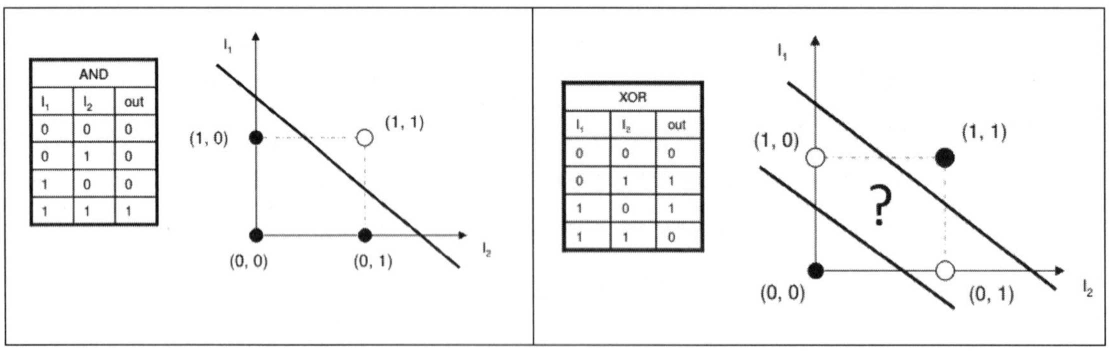

XOR Gate를 모델링하기 위해서는, Perceptron을 여러 개 뭉쳐야 되는데, 아래와 같이 구성해보면, AND Gate를 NOT 하는 NAND Gate를 모델링하는 Perceptron을 하나 만들고, 그 밑에 OR Gate를 모델링하는 Perceptron을 만들어서, 2개의 출력 값을 AND Gate 역할을 하게 되면, XOR Gate가 가능하게 된다.

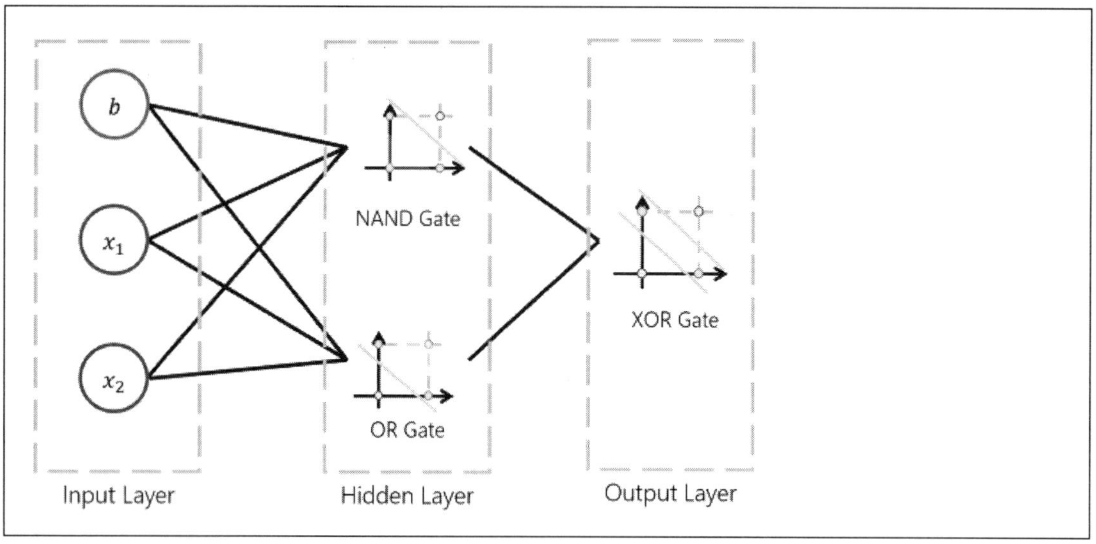

위 그림과 같은 네트워크를 MLP (multi-layer perceptron)이라고 부른다. 그리고 중간에 있는 layer (hidden layer라고 부른다)가 3개 이상이면 deep neural network (DNN) 이라고 부르게 된다. Hidden layer의 개수에 따라, 분류 할 수 있는 능력이 달라지게 되는데, 아래 그림(왼쪽)과 같이, hidden layer가 없는 perceptron은 AND 또는 OR Gate (중간에 나누는 선이 직선이라고 해서, 선형분리 linearly separable problem 이라고 함), 1개 이면 중간에 있는 XOR Gate (region separation), 2개 이상이 되면 오른쪽과 같은 분류가 가능해진다.

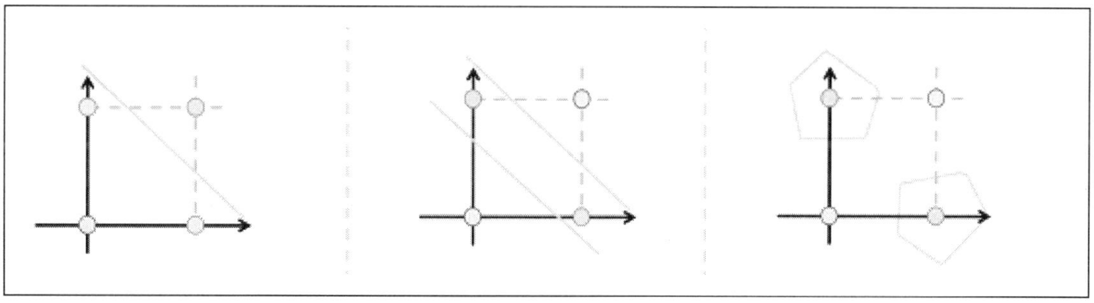

22.3 MLP 알고리즘 동작: Feed-Forward and Error Back-Propagation

Linearly Separable Problem 에 국한된 Perceptron을 XOR 문제까지 풀게 하기 위해, 여러 개의 Perceptron을 뭉쳐서 MLP 를 구성하게 되었는데, 실제 XOR 문제를 해결하기 위한 MLP 구조는 다음 그림과 같다. Input vector 의 크기는 2이고 (Wx + b에서 x 부분), 1은 bias (Wx + b에서 b 부분), Hidden Layer에서는 Sigmoid (Wx + b)를 통해 nonlinearity를 만들게 된다.

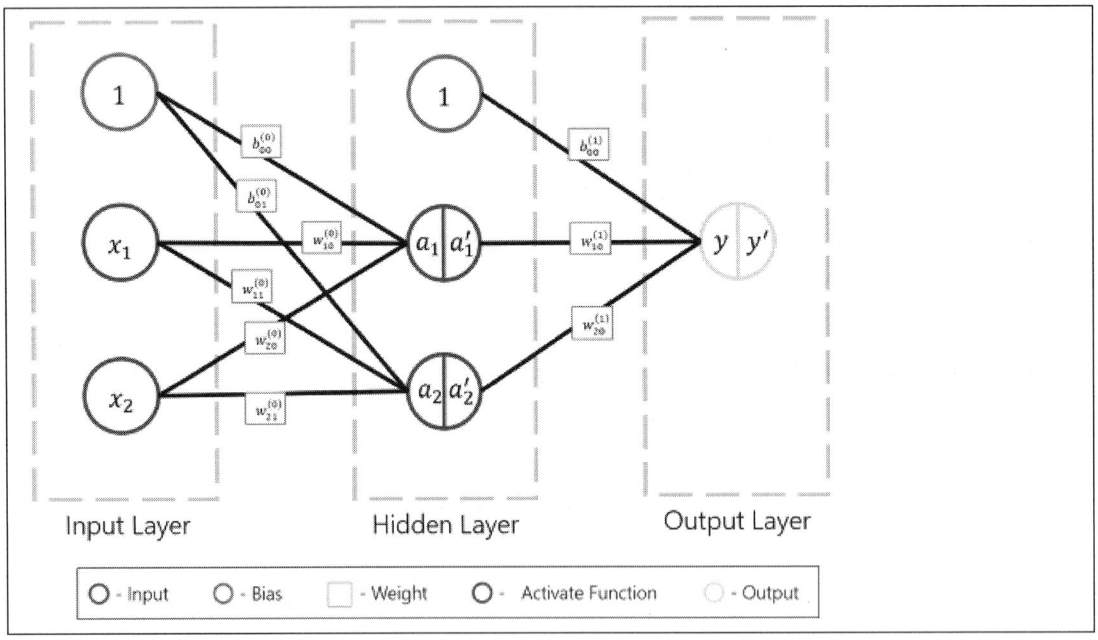

이제 Wx + b 부분을 통해, W (weight)의 값이 곱해져 나가게 되며, input layer에서 hidden layer 쪽으로 weight 6개, hidden layer에서 output layer로 weight 3개로 총 9개 값을 "잘 정해주기" 만 하면 XOR 문제를 풀 수 있게 된다. 그렇다면 어떻게 W를 잘 정해줄 수 있을까?

W 를 정하기 위한 Feed Forward 와 Back Propagation: W를 "잘 정해주기" 해서 input vector가 원하는 output vector로 나오도록 하려면, 아래 그림과 같이, input vector에 W 를 곱해나가면서 output vector를 구해보는 feed forward propagation (순전파) 부분과, feed forward로 나온 예측 값과 실제 값의 차이 e 를 구하고, e에 기여하는 정도에 따라 W 를 다시 뒤로 가면서 update 해주는 gradient descent 방식의 back propagation 알고리즘으로 구성된다.

Epoch: 인공신경망의 학습은 오차를 최소화하는 가중치를 찾는 목적으로 순전파 (forward propagation) 와 역전파 (back propagation) 를 반복하는 것을 말한다. 1번 반복을 Epoch

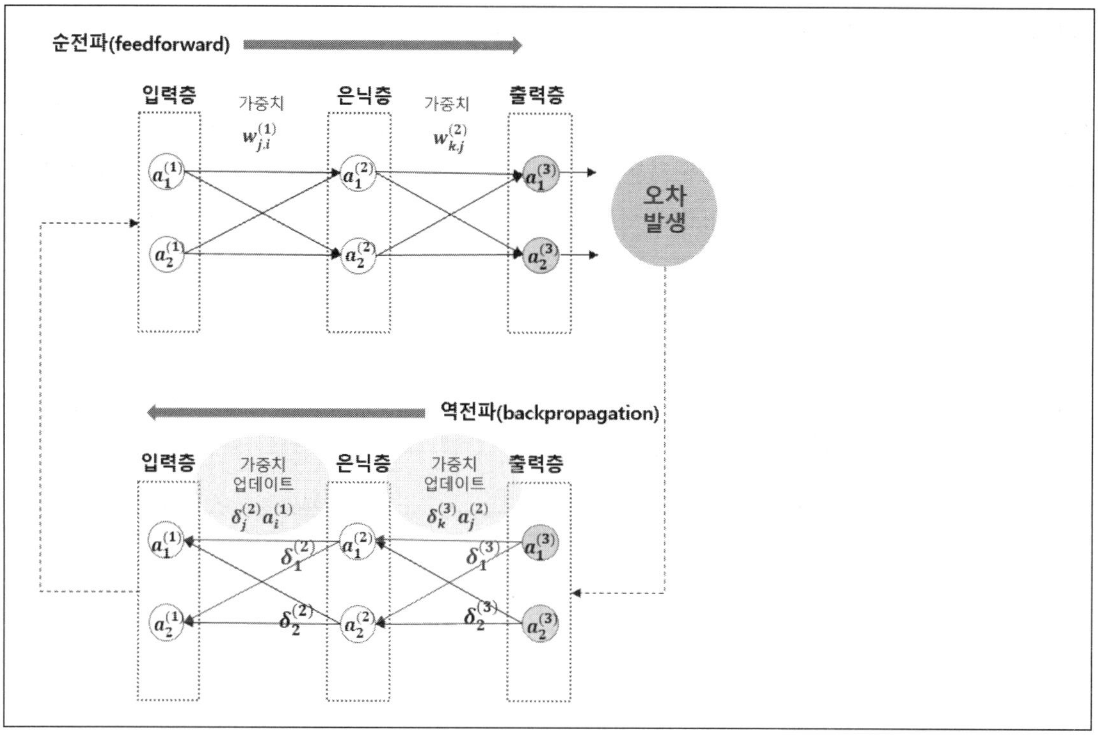

요약 (summary): Feed Forward and (Error) Back Propagation

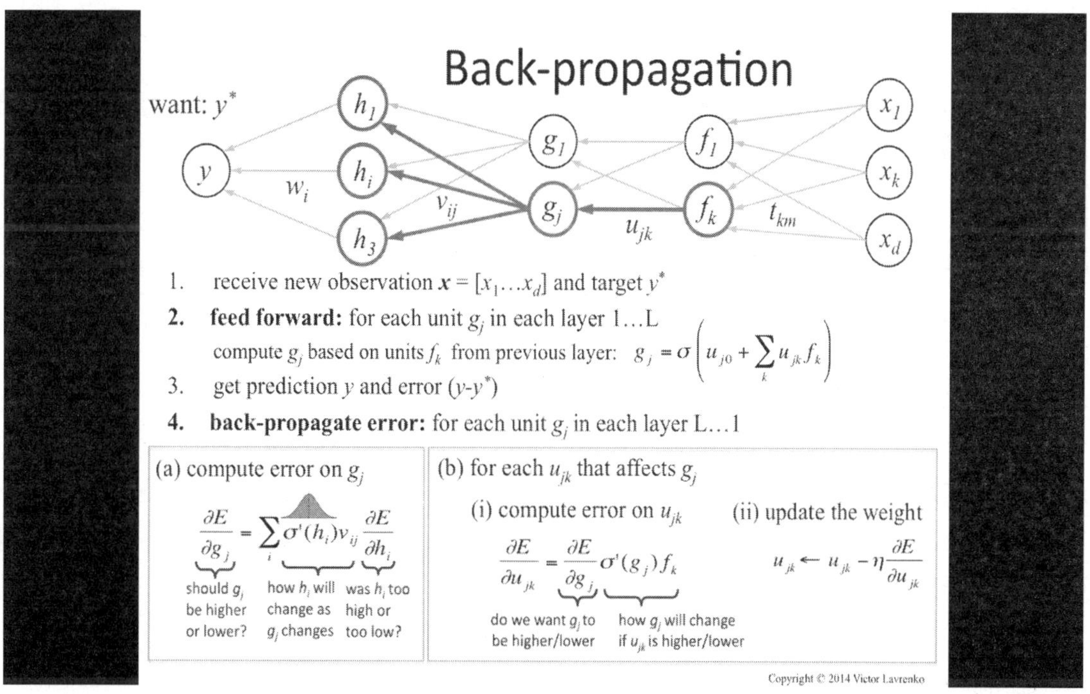

22.4 MLP 알고리즘 동작: Feed-Forward 와 Error Measurement

이제 1개의 간단한 네트워크를 통해, forward propagation, backward propagation 의 진행을 알아보자. 아래 그림에서 파란색 숫자는 입력 값을 의미하며, 빨간색 숫자는 각 가중치의 값을 의미한다. 각 입력은 입력 계층에서 은닉 계층 방향으로 향하면서 각 입력에 해당하는 가중치와 곱해지고, 결과적으로 가중 합 (weighted sum) 으로 계산되어 은닉 계층 뉴런의 Sigmoid 함수의 입력 값이 된다.

W 초기값: W 의 초기값은 random 으로 설정한다. 또는 transfer learning의 경우, 기존에 비슷한 domain 에 대해 학습했던 W 를 가져오는 경우도 있다. 시작이 반이라는 말이 있듯이, 어떤 W 에서 시작하는지에 따라, 학습의 성패가 좌우될 수 있다.

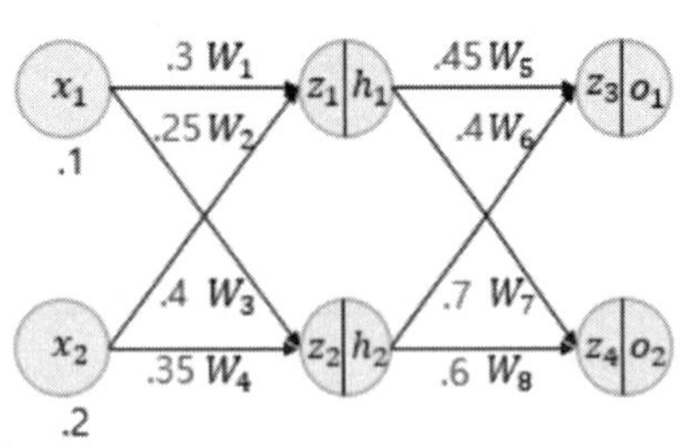

Feed Forward Propagation (순전파): input vector에 대해 W를 곱해서 output vector를 구해 나가는 과정이다.

z1과 z2는 Sigmoid 함수의 입력으로 사용되는 각각의 값에 해당된다.

$z1=W_1x_1+W_2x_2=0.3\times0.1+0.25\times0.2=0.08$
$z2=W_3x_1+W_4x_2=0.4\times0.1+0.35\times0.2=0.11$

z1과 z2는 각각의 은닉층 뉴런에서 시그모이드 함수를 지나게 되는데 시그모이드 함수가 리턴하는 결과 값은 은닉층 뉴런의 최종 출력 값이다. 식에서는 각각 h1과 h2에 해당되며, 아래의 결과와 같다.

$h_1=Sigmoid(z1) = 0.51998934$
$h_2=Sigmoid(z2) = 0.52747230$

h_1과 h_2 이 두 값은 다시 출력 계층의 뉴런으로 향하게 되는데 이때 다시 각각의 값에 해당되는 가중치와 곱해지고, 다시 가중합 되어 출력 계층 뉴런의 시그모이드 함수의

입력값이 된다. 식에서는 각각 z_3과 z_4에 해당된다.

$z_3=W_5h_1+W6h_2=0.45\times h_1+0.4\times h_2=0.44498412$

$z_4=W_7h_1+W_8h_2=0.7\times h_1+0.6\times h_2=0.68047592$

z_3과 z_4이 출력 계층 뉴런에서 시그모이드 함수를 지난 값은 이 인공 신경망이 최종적으로 계산한 출력 값이다. 실제 값을 예측하기 위한 값으로서 예측 값이라고도 부른다.

o_1=Sigmoid(z3) = 0.60944600

o_2=Sigmoid(z4) = 0.66384491

Error Measurement (loss function selection): input vector에 대해 W를 곱해서 얻은 예측 값 o_1, o_2 를 실제 값 0.4, 0.6과 비교한다 (input (0.1 0.2) 에 대해서, output (0.4, 0.6)이 정답이라는 사실을 알고 있는 이유는 training data의 경우이다. Supervised learning의 경우에, 모든 input에 대해 어떤 것이 정답인지를 label로 저장하고 있다. 예를 들어, 여러 개의 사진들을 모아서, 이 사진들은 고양이 사진이고, 다른 사진들은 강아지 사진이라고 정답이 정해져 있다).

이제 W를 곱해서 나온 예측 값과 실제 값의 error를 loss 라고도 하는데, loss를 어떻게 줄여나갈 수 있는지가 관건인데, 이를 위해 오차 함수를 정해야 한다. 이제 해야 할 일은 예측 값과 실제 값의 오차를 계산하기 위한 오차 함수를 선택하는 것이다.

MSE (mean square error) 를 Loss function 으로 정의하면, Maximum Likelihood 방향이다. Linear Regression 에서 관측 데이터가 Gaussian Noise 만큼의 오차를 갖는다고 가정한다.

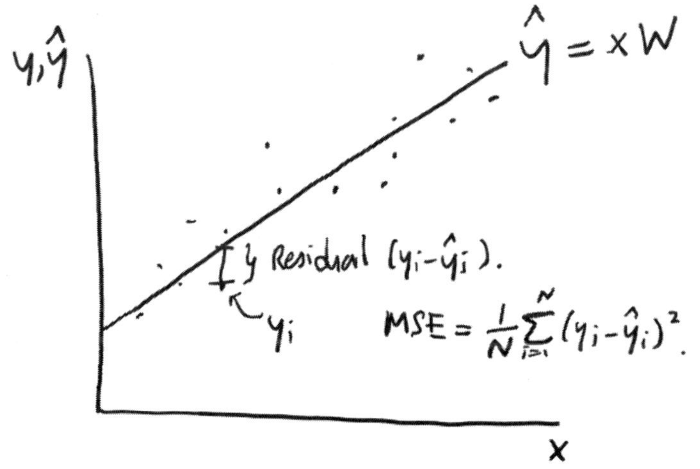

Likelihood란 probability of the data given the parameters of the model (이 예에서는 W)로 정의한다. 따라서, 이 예에서의 log likelihood는

$$\log p(\mathbf{y}|\mathbf{X},\mathbf{w}) = \sum_{i=1}^{N} \log p(y_i|\mathbf{x_i},\theta)$$

그런데, 여기서 noise e가 Gaussian 이므로, 다음과 같이 정리 된다. 여기서 N은 data의 수.

$$\begin{aligned}\log p(\mathbf{y}|\mathbf{X},\mathbf{w}) &= \sum_{i=1}^{N} \log N(y_i;\mathbf{x_i}\mathbf{w},\sigma^2)\\ &= \sum_{i=1}^{N} \log \frac{1}{\sqrt{2\pi\sigma_e^2}} \exp(-\frac{(y_i-\mathbf{x_i}\mathbf{w})^2}{2\sigma_e^2})\\ &= -\frac{N}{2}\log 2\pi\sigma_e^2 - \sum_{i=1}^{N}\frac{(y_i-\mathbf{x_i}\mathbf{w})^2}{2\sigma_e^2}\end{aligned}$$

따라서, log likelihood를 최대화하는 MLE (maximum likelihood estimation) 식을 구성하면,

$$\begin{aligned}\mathbf{w}_{MLE} &= \arg\max_{\mathbf{w}} -\sum_{i=1}^{N}(y_i-\mathbf{x_i}\mathbf{w})^2\\ &= \arg\min_{\mathbf{w}} \frac{1}{N}\sum_{i=1}^{N}(y_i-\mathbf{x_i}\mathbf{w})^2\\ &= \arg\min_{\mathbf{w}} \mathrm{MSE_{train}}\end{aligned}$$

이 되고, likelihood를 maximize하는 W 를 구하는 문제는 MSE 를 minimize 하는 W를 구하는 문제와 동일하게 된다.

Loss Function을 MSE를 사용하는 경우: 오차 (Error)를 계산하기 위한 손실 함수 (Loss function)로는 평균 제곱 오차 MSE (mean squared error) 를 사용한다. 이를 비용함수 J로 표현하면 다음과 같다. J1, J2의 값을 구하고, 이 값이 최소가 되도록 미세하게 (미분을 취함) W를 변경시켜나가면서 최적의 학습결과를 찾아가게 되는 알고리즘이 back propagation 이 된다.

$J_1 = \frac{1}{2}\left(a_1^{(3)} - y_1\right)^2$ $J_2 = \frac{1}{2}\left(a_2^{(3)} - y_2\right)^2$	y1, y2는 training data에 대해 알려진 실제 출력 값 (supervised learning을 가정함) 이고, weight matrix W에 의해 입력 값이 변형되는 f(W) 의 출력 값 (a1, a2) 과 차이를 구하면 J 비용함수 값을 구할 수 있게 된다. 결국 J1, J2는 f(W) W를 변수로 가지는 함수가 되며, J1, J2가 최소가 되도록 W를 결정해야 한다.

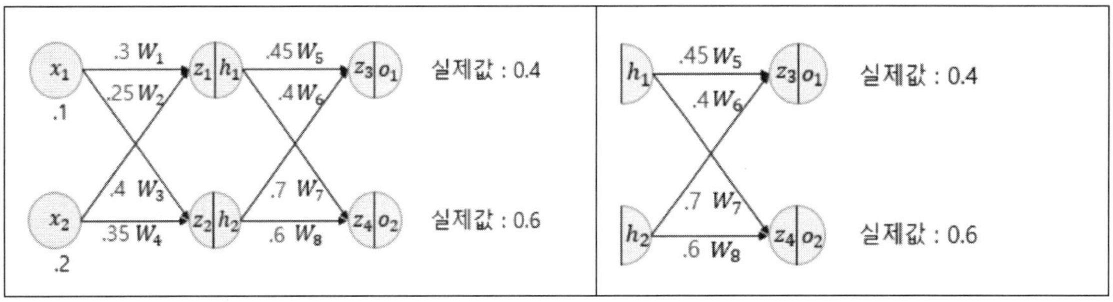

이제 모델에서 error를 MSE를 사용하여 구해보면 다음과 같다. 식에서는 실제 값을 target이라고 표현하였으며, 순전파를 통해 나온 예측 값을 output으로 표현하였다. 그리고 각 오차를 모두 더하면 전체 오차 E_{total}가 된다.

o_1=Sigmoid(z3) = 0.60944600 (예측 값)이고 실제 값은 0.4
o_2=Sigmoid(z4) = 0.66384491 (예측 값)이고 실제 값은 0.6

$E_{o1}=1/2(target_{o1}-output_{o1})^2=1/2(0.60944600-0.4)^2=0.02193381$
$E_{o2}=1/2(target_{o2}-output_{o2})^2=1/2(0.66384491-0.6)^2=0.00203809$
$E_{total}=E_{o1}+E_{o2}=0.02397190$

Gradient Descent 알고리즘: 일반적인 머신러닝 (Machine Learning) 알고리즘은 Gradient Descent (경사하강법)을 이용해서 parameter-θ-들을 noise로 초기화한 initial 값부터 Loss function 또는 목적 함수 (Objective Function)- $J(\theta)$ -를 최소화하는 방향 (미분 방향이 계속 떨어지는 방향, 모델이 실제 세계를 정확히 예측하는 방향)으로 지속적으로 업데이트 한다.

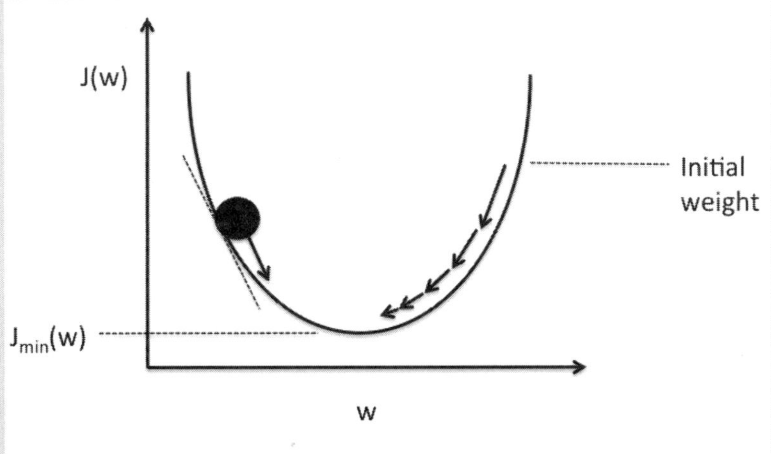

Schematic of gradient descent.

이를 수식으로 나타내면 아래와 같다. 여기서 α는 Learning Rate를 나타낸다.

$$\theta = \theta - \alpha \frac{\partial}{\partial \theta_j} J(\theta)$$

이제, 목적 함수의 미분 값 (Derivative)-$\frac{\partial}{\partial \theta_j} J(\theta)$- 를 구하기 위해, Backpropagation 을 구사한다.

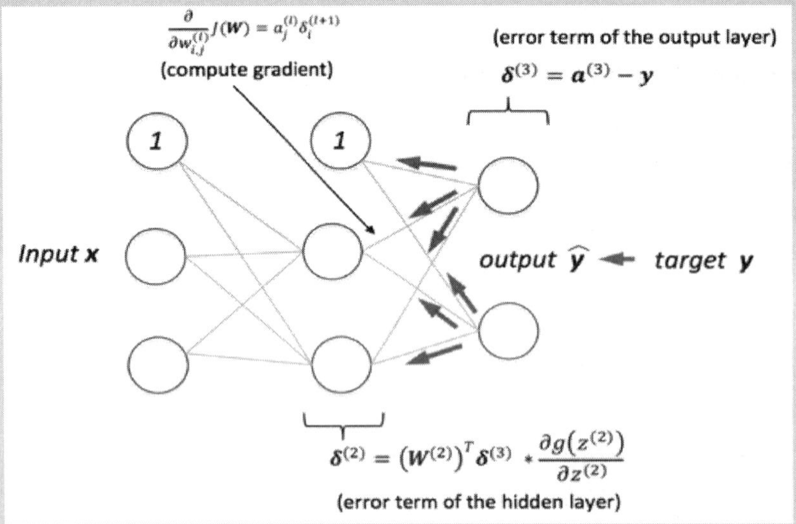

Gradient Descent은 미분 가능한 convex function의 optimum point를 찾는 가장 popular 한 방법 중 하나인데 장점이라면 많은 application에 implement하기 매우 간단하고, 모든 차원과 공간으로 확장할 수 있으며, 수렴 성이 항상 보장된다는 것이지만, 속도가 느리다는 단점이 존재한다. 이 Gradient Descent은 매 step마다 현재 위치에서의 가장 가파른 아래로 내려가는 기울기 −∇f(x(k)) 를 계산하고, 그 방향으로 이동하고, 다시 기울기를 계산하는 방식의 iterative algorithm이다. x(k+1)=x(k)−η(k)∇f(x(k)) 이 때 x(k)는 k번 째 iteration에서의 x의 값이며 ∇f(x(k))는 그 지점에서의 gradient 값이다. Weight를 찾기 위하여 알고리즘을 사용한다면, Activation function들이 Non-linear하고 이것들은 서로 layer를 이루면서 복잡하게 얽혀있기 때문에 neural network의 weight optimization이 non-convex optimization하다. 따라서 일반적인 경우 neural network의 parameter들의 global optimum을 찾는 것이 불가능 하기 때문에 gradient descent를 사용하여 적당한 값을 수렴시키는 방법을 사용하게 된다. 그래서 최종적으로 multi-layer feed forward network의 parameter를 업데이트를 하려면 backpropagation algorithm을 주로 사용하게 되며, 이는 neural network에서 gradient descent를 Chain Rule을 사용해서 단순화 시키는 것을 의미하게 된다.

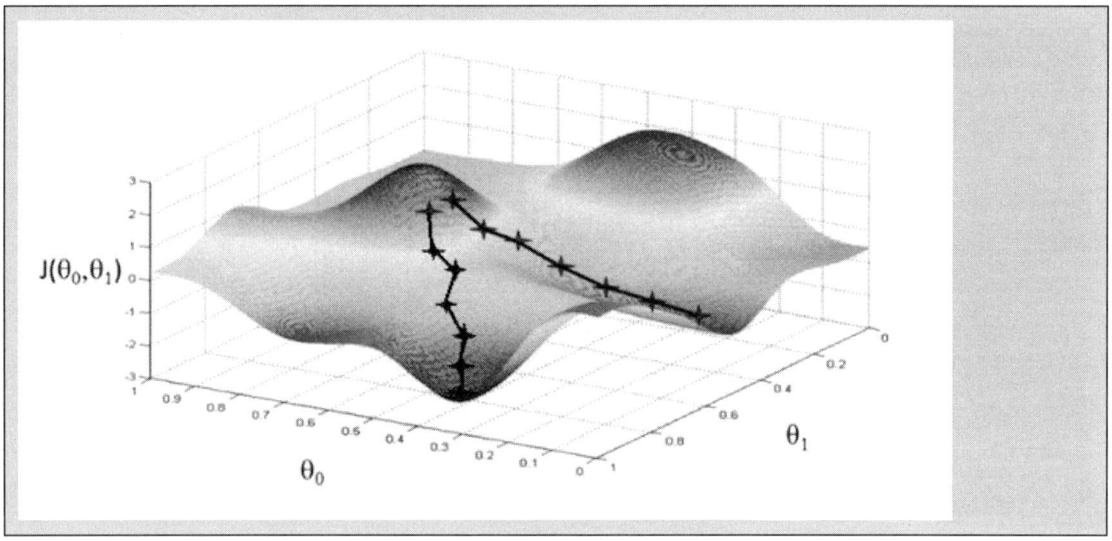

22.5 MLP 알고리즘 동작: Error Back Propagation

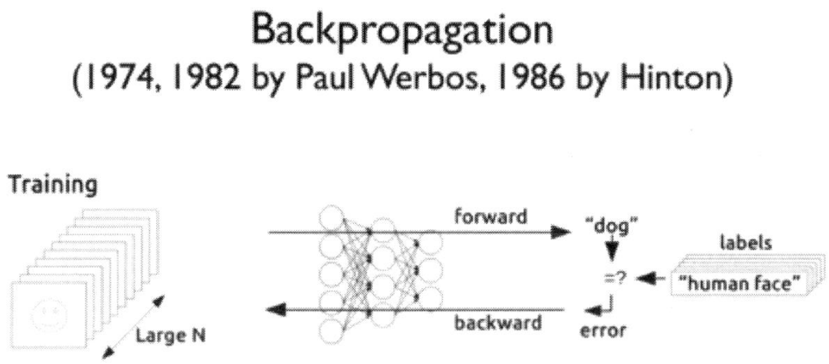

Paul Werbos는 Minsky 교수의 박사과정 학생으로, Minsky 교수가 XOR 문제를 불가능하다고 말한 이후로 다시 XOR 문제를 가능하다고 말하게 된 연구자이다. 신경망 알고리즘의 핵심은 역전파 알고리즘 (Backpropagation Algorithm)이며, 이의 경우 입력 데이터와 얻고자 하는 출력 데이터(o)가 필요하다. 입력 데이터와 신경망의 가중치가 연산 작용을 하면 결과 값으로 출력 데이터(y)를 얻을 수 있는데, 이는 초기에 얻고자 했던 출력 데이터(o)와 다를 수 있으므로 결국 신경망에서는 (y-o)만큼의 오차(e)가 발생한다. 이러한 오차에 비례하여 출력층의 가중치를 갱신하고, 그 다음 은닉층의 가중치를 수정한다. 이때, 하단의 그림처럼 가중치를 갱신하는 방향(출력층 → 입력층)은 신경망의 처리 방향(입력층 → 출력층)과는 반대이다.

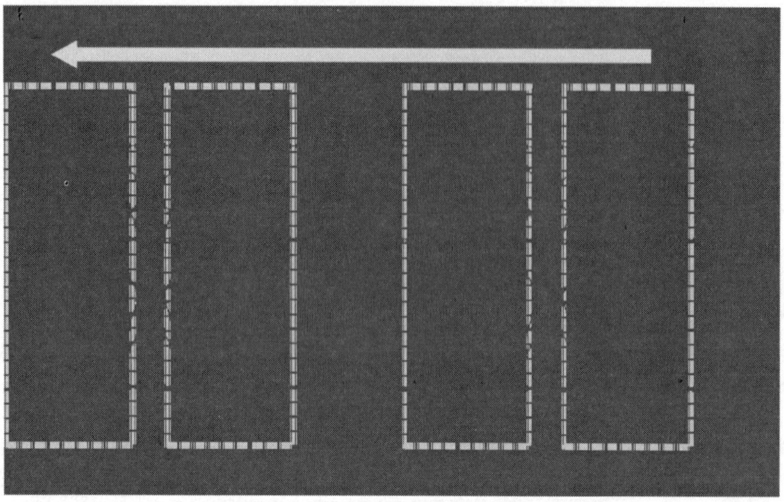

역전파 1단계 (Back Propagation Step 1)

순전파가 입력층에서 출력층으로 향한다면 역전파는 반대로 출력층에서 입력층 방향으로 계산하면서 가중치를 업데이트해간다. 출력층 바로 이전의 은닉층을 N층이라고 하였을 때, 출력층과 N층 사이의 가중치를 업데이트하는 단계를 역전파 1단계, 그리고 N층과 N층의 이전층 사이의 가중치를 업데이트 하는 단계를 역전파 2단계라고 한다면, 역전파 1단계에서 업데이트 해야 할 가중치는 W_5, W_6, W_7, W_8 총 4개이다. 원리 자체는 동일하므로 우선 W_5에 대해서 먼저 업데이트를 진행하기위해 경사하강법을 수행하려면 가중치 W_5를 업데이트 하기 위해서 $\partial E_{total}/\partial W_5$를 계산해야 한다.

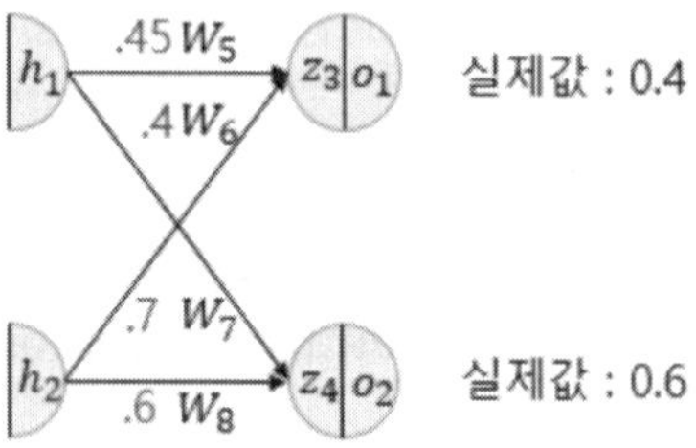

$\partial E_{total}/\partial W_5$를 계산하기 위해 미분의 연쇄 법칙(Chain rule)에 따라서 이와 같이 풀어 쓸 수 있다. 위의 식에서 우변의 세 개의 각 항에 대해서 순서대로 계산한다.

$$\frac{\partial E_{total}}{\partial W_5} = \frac{\partial E_{total}}{\partial o_1} \times \frac{\partial o_1}{\partial z_3} \times \frac{\partial z_3}{\partial W_5}$$

Chain Rule, 미분의 연쇄 법칙:

함수 f, g가 있을 때

f와 g가 모두 미분 가능하고

$F = f(g(x)) = f \circ g$로 정의된 합성 함수이면 F는 미분 가능하다.

이때 $F'(x) = f'(g(x)) \cdot g'(x)$이다.

$t = g(x)$라고 한다면,

$\frac{dy}{dx} = \frac{dt}{dx}\frac{dy}{dt}$가 성립한다.

(1) x가 변화했을 때 함수 g가 얼마나 변하는지, (2) 함수 g의 변화로 인해 함수 f가 얼마나 변하는지 알 수 있고 (3) 함수 f의 인자가 함수 g이면 최종값 F의 변화량에 기여하는 각 함수 f 와 g의 기여도를 알 수 있다.

우선 첫번째 항에 대해서 계산한다. E_{total}은 앞서 순전파를 진행하고 계산했던 전체 오차 값이다. 식은 다음과 같다.

$$E_{total} = \frac{1}{2}(target_{o1} - output_{o1})^2 + \frac{1}{2}(target_{o2} - output_{o2})^2$$

$$\frac{\partial E_{total}}{\partial o_1} = 2 \times \frac{1}{2}(target_{o1} - output_{o1})^{2-1} \times (-1) + 0$$

$$\frac{\partial E_{total}}{\partial o_1} = -(target_{o1} - output_{o1}) = -(0.4 - 0.60944600) = 0.20944600$$

두번째 항의 o1이라는 값은 시그모이드 함수의 출력 값이다. 그런데 시그모이드 함수의 미분은 f(x)×(1−f(x))이다. 두번째 항의 미분 결과는 다음과 같다.

$$\frac{\partial o_1}{\partial z_3} = o_1 \times (1 - o_1) = 0.60944600(1 - 0.60944600) = 0.23802157$$

마지막으로 세번째 항은 h1의 값과 동일하다.

$$\frac{\partial z_3}{\partial W_5} = h_1 = 0.51998934$$

우변의 모든 항을 계산하여, 이제 이 값을 모두 곱해준다..

$$\frac{\partial E_{total}}{\partial W_5} = 0.20944600 \times 0.23802157 \times 0.51998934 = 0.02592286$$

경사하강법을 통해 가중치를 업데이트한다. Hyper-parameter 로 학습률 (learning rate) α는 0.5라고 가정한다.

$$W_5^+ = W_5 - \alpha\frac{\partial E_{total}}{\partial W_5} = 0.45 - 0.5 \times 0.02592286 = 0.43703857$$

이와 같은 원리로 W^+_6, W^+_7, W^+_8을 계산할 수 있다.

$$\frac{\partial E_{total}}{\partial W_6} = \frac{\partial E_{total}}{\partial o_1} \times \frac{\partial o_1}{\partial z_3} \times \frac{\partial z_3}{\partial W_6} \rightarrow W_6^+ = 0.38685205$$

$$\frac{\partial E_{total}}{\partial W_7} = \frac{\partial E_{total}}{\partial o_2} \times \frac{\partial o_2}{\partial z_4} \times \frac{\partial z_4}{\partial W_7} \rightarrow W_7^+ = 0.69629578$$

$$\frac{\partial E_{total}}{\partial W_8} = \frac{\partial E_{total}}{\partial o_2} \times \frac{\partial o_2}{\partial z_4} \times \frac{\partial z_4}{\partial W_8} \rightarrow W_8^+ = 0.59624247$$

역전파 2단계 (Back Propagation Step 2)

1단계를 완료하였다면 이제 입력층 방향으로 이동하며 다시 계산을 한다. 위의 그림에서 빨간색 화살표는 순전파의 정반대 방향인 역전파의 방향을 보여주는데, 현재 인공 신경망은 은닉층이 1개밖에 없으므로 이번 단계가 마지막 단계이다. 하지만 은닉층이 더 많은 경우라면 입력층 방향으로 한 단계씩 계속해서 계산해가야 한다. 이번 단계에서 계산할 가중치는 W_1,W_2,W_3,W_4이다. 원리 자체는 동일하다.

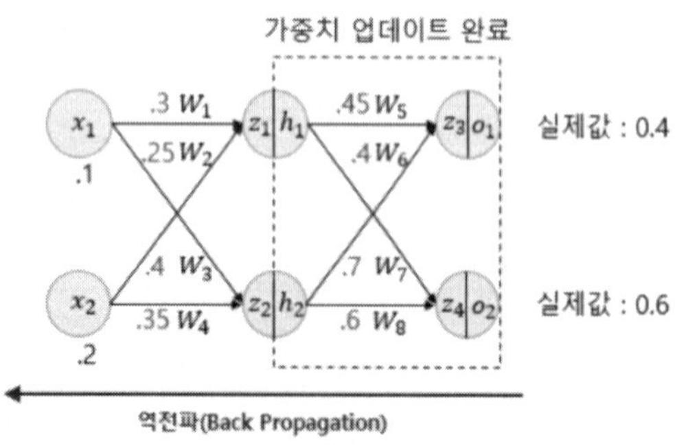

경사 하강법을 수행하려면 가중치 W_1를 업데이트 하기 위해서 $\partial E_{total}/\partial W_1$를 계산해야 한다.

$\partial E_{total}/\partial W_1$를 계산하기 위해 미분의 연쇄 법칙 (Chain rule)에 따라서 이와 같이 풀어 쓸 수 있다.

$$\frac{\partial E_{total}}{\partial W_1} = \frac{\partial E_{total}}{\partial h_1} \times \frac{\partial h_1}{\partial z_1} \times \frac{\partial z_1}{\partial W_1}$$

위의 식에서 우변의 첫번째 항인 $\partial E_{total}/\partial h_1$는 다음과 같이 다시 식을 풀어서 쓸 수 있다.

$$\frac{\partial E_{total}}{\partial h_1} = \frac{\partial E_{o1}}{\partial h_1} + \frac{\partial E_{o2}}{\partial h_1}$$

우선 첫번째 항 $\partial E_{o1}/\partial h_1$에 대해서 항을 분해 및 계산한다. 같은 원리로 $\partial Eo_2/\partial h_1$ 또한 구한다.

$$\frac{\partial E_{o1}}{\partial h_1} = \frac{\partial E_{o1}}{\partial z_3} \times \frac{\partial z_3}{\partial h_1} = \frac{\partial E_{o1}}{\partial o_1} \times \frac{\partial o_1}{\partial z_3} \times \frac{\partial z_3}{\partial h_1}$$

$$= -(target_{o1} - output_{o1}) \times o_1 \times (1 - o_1) \times W_5$$

$$= 0.20944600 \times 0.23802157 \times 0.45 = 0.02243370$$

$$\frac{\partial E_{o2}}{\partial h_1} = \frac{\partial E_{o2}}{\partial z_4} \times \frac{\partial z_4}{\partial h_1} = \frac{\partial E_{o2}}{\partial o_2} \times \frac{\partial o_2}{\partial z_4} \times \frac{\partial z_4}{\partial h_1} = 0.00997311$$

$$\frac{\partial E_{total}}{\partial h_1} = 0.02243370 + 0.00997311 = 0.03240681$$

이제 $\partial E_{total}/\partial W_1$를 구하기 위해서 필요한 첫번째 항을 구했다. 나머지 두 항에 대해서도 계산한다.

$$\frac{\partial h_1}{\partial z_1} = h_1 \times (1 - h_1) = 0.51998934(1 - 0.51998934) = 0.24960043$$

$$\frac{\partial z_1}{\partial W_1} = x_1 = 0.1$$

$$\frac{\partial E_{total}}{\partial W_1} = 0.03240681 \times 0.24960043 \times 0.1 = 0.00080888$$

가중치를 업데이트 하면

$$W_1^+ = W_1 - \alpha\frac{\partial E_{total}}{\partial W_1} = 0.1 - 0.5\times0.00080888 = 0.29959556$$

이와 같은 원리로 W_2^+, W_3^+, W_4^+ 을 계산할 수 있습니다.

$$\frac{\partial E_{total}}{\partial W_2} = \frac{\partial E_{total}}{\partial h_1}\times\frac{\partial h_1}{\partial z_1}\times\frac{\partial z_1}{\partial W_2} \rightarrow W_2^+ = 0.24919112$$

$$\frac{\partial E_{total}}{\partial W_3} = \frac{\partial E_{total}}{\partial h_2}\times\frac{\partial h_2}{\partial z_2}\times\frac{\partial z_2}{\partial W_3} \rightarrow W_3^+ = 0.39964496$$

$$\frac{\partial E_{total}}{\partial W_4} = \frac{\partial E_{total}}{\partial h_2}\times\frac{\partial h_2}{\partial z_2}\times\frac{\partial z_2}{\partial W_4} \rightarrow W_4^+ = 0.34928991$$

이제 Back Propagation 알고리즘에 의해, W가 바뀌어서, 다음과 같이 변화 되었다.

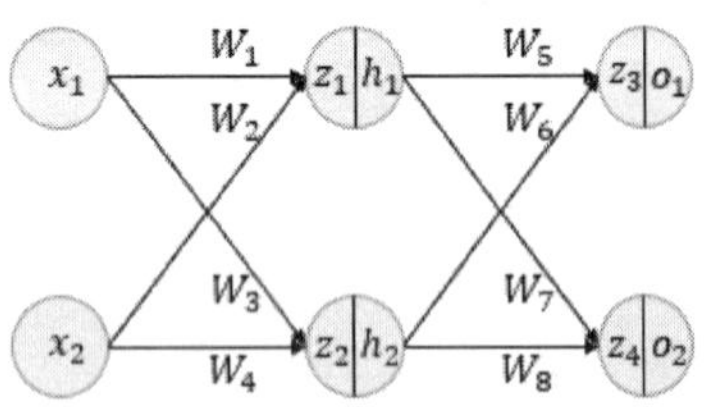

$$W_1^+ = W_1 - \alpha\frac{\partial E_{total}}{\partial W_1} = 0.1 - 0.5\times0.00080888 = 0.29959556$$

이와 같은 원리로 W_2^+, W_3^+, W_4^+ 을 계산할 수 있습니다.

$$\frac{\partial E_{total}}{\partial W_2} = \frac{\partial E_{total}}{\partial h_1}\times\frac{\partial h_1}{\partial z_1}\times\frac{\partial z_1}{\partial W_2} \rightarrow W_2^+ = 0.24919112$$

$$\frac{\partial E_{total}}{\partial W_3} = \frac{\partial E_{total}}{\partial h_2}\times\frac{\partial h_2}{\partial z_2}\times\frac{\partial z_2}{\partial W_3} \rightarrow W_3^+ = 0.39964496$$

$$\frac{\partial E_{total}}{\partial W_4} = \frac{\partial E_{total}}{\partial h_2}\times\frac{\partial h_2}{\partial z_2}\times\frac{\partial z_2}{\partial W_4} \rightarrow W_4^+ = 0.34928991$$

$$W_5^+ = W_5 - \alpha\frac{\partial E_{total}}{\partial W_5} = 0.45 - 0.5\times0.02592286 = 0.43703857$$

$$\frac{\partial E_{total}}{\partial W_6} = \frac{\partial E_{total}}{\partial o_1}\times\frac{\partial o_1}{\partial z_3}\times\frac{\partial z_3}{\partial W_6} \rightarrow W_6^+ = 0.38685205$$

$$\frac{\partial E_{total}}{\partial W_7} = \frac{\partial E_{total}}{\partial o_2}\times\frac{\partial o_2}{\partial z_4}\times\frac{\partial z_4}{\partial W_7} \rightarrow W_7^+ = 0.69629578$$

$$\frac{\partial E_{total}}{\partial W_8} = \frac{\partial E_{total}}{\partial o_2}\times\frac{\partial o_2}{\partial z_4}\times\frac{\partial z_4}{\partial W_8} \rightarrow W_8^+ = 0.59624247$$

이제, 다시 Feed Forward Propagation 을 통해서 Loss가 줄었는지 확인: 업데이트 된 가중치에 대해서 순전파를 진행하여 오차가 감소하였는지 확인해보면, 기존의 전체 오차 E_{total}가 0.02397190 였으므로 1번의 역전파로 오차가 감소한 것을 확인할 수 있다.

$z_1 = W_1x_1 + W_2x_2 = 0.29959556\times0.1 + 0.24919112\times0.2 = 0.07979778$

$z_2 = W_3x_1 + W_4x_2 = 0.39964496\times0.1 + 0.34928991\times0.2 = 0.10982248$

$h_1 = sigmoid(z_1) = 0.51993887$

$h_2 = sigmoid(z_2) = 0.52742806$

$z_3 = W_5h_1 + W_6h_2 = 0.43703857\times h_1 + 0.38685205\times h_2 = 0.43126996$

$z_4 = W_7h_1 + W_8h_2 = 0.69629578\times h_1 + 0.59624247\times h_2 = 0.67650625$

$o_1 = sigmoid(z_3) = 0.60617688$

$o_2 = sigmoid(z_4) = 0.66295848$

$E_{o1} = \frac{1}{2}(target_{o1} - output_{o1})^2 = 0.02125445$

$E_{o2} = \frac{1}{2}(target_{o2} - output_{o2})^2 = 0.00198189$

$E_{total} = E_{o1} + E_{o2} = 0.02323634$

Feed Forward와 Back Propagation: Input에서 Output으로 가중치 (weight) 를 곱해나가면서 (inner product) 하면서 활성화 함수를 통해서 결과 값을 구하는 것을 순전파 (forward)라고 하며 말 그대로 앞쪽으로 input 값을 전파, 보내는 것이라고 보면 된다. 하지만 머신러닝에서 우리가 임의로 설정한 (random) 가중치로, 한 번 순전파 해서 출력 값이 정확하지는 않을 것이다. 역전파 방법은 결과 값을 통해서 다시 역으로 input 방향으로 오차를 다시 보내며 가중치를 update 하는 것이다.

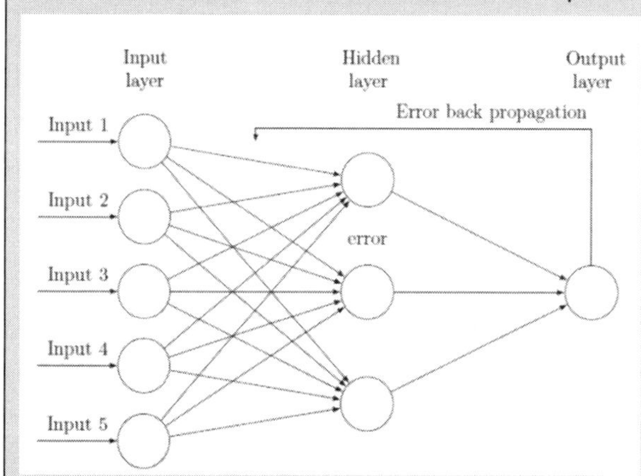

Epoch: Input이 들어오는 방향 (순전파)으로 output layer에서 결과 값이 나오고, 결과 값은 차 (error)를 가지게 되는데 역전파는 이 오차 (error)을 다시 역방향으로 hidden layer와 input layer로 오차를 다시 보내면서 가중치를 계산하면서 output에서 발생했던 오차를 적용시키는 것이다. 이 때, 한 번 돌리는 것을 1 epoch 주기라고 하며 epoch를 늘릴수록 가중치가 계속 업데이트(학습)되면서 오차를 줄어가는 방법이다.

22.6 신경망 알고리즘의 Time complexity

일반적으로 신경망 알고리즘의 시간 복잡도는 다음과 같으며, 아래의 두 번째 도표는 신경망 알고리즘 모델 중 VGG-16의 속도를 비교하여 나타낸 것이다.

	Neural Network	Neural Network ($\mu \approx 1/\sqrt{N}$)
Space Complexity	$O(\mu N^2)$	$O(N^{3/2})$
Time Complexity	$O(m\mu N^2)$	$O(mN^{3/2})$
Parallel Implementation[1]	$O(mN)$	$O(mN)$
Parallel Implementation[2]	$O(m\mu N)$	$O(mN^{1/2})$
Parallel Implementation[3]	$O(m)$	$O(m)$

Optimization Scheme	#MULs	Speedup	Top-5 Error (%)	Fine-Tuning Time
2D Convolution [30]	15.3G	1.0×	9.4	None
Group-Wise Sparsification [33]	7.6G	2.0×	10.1	>10 epochs
Iterative Pruning [32]	4.5G	3.4×	13.0	60 epochs
Winograd's Filtering [23]	3.8G	4.0×	9.4	None
Pruning+Retraining [7]	3.0G	5.0×	10.88	20–40 epochs
Tucker Decomposition [31]	3.0G	5.0×	11.60	5–10 epochs
1D FALCON [Our scheme]	1.3G	11.4×	9.5	1–2 epochs

22.7 MLP 신경망 알고리즘의 구현

다음은 간단한 신경망 알고리즘인 MLP (multi-layer perceptron)을 Python으로 구현한 예이다. 다음 사이트를 참고하였다. **https://github.com/Imraneouelfaquir98/Multi-Layer-Perceptron/blob/main/MultiLayerPerceptron.ipynb**

```
import numpy as np
import matplotlib.pyplot as plt
import pandas as pd


dataset = pd.read_csv('dataset.csv')
```

```
# Plotting the training dataset
vect = dataset.to_numpy()
plt.scatter(vect.T[0][vect.T[2]==0], vect.T[1][vect.T[2]==0], c = 'b', marker = 'o')
plt.scatter(vect.T[0][vect.T[2]==1], vect.T[1][vect.T[2]==1], c = 'r', marker = 'o')

Y = dataset[['y']].to_numpy()
X = dataset[['X_1', 'X_2']].to_numpy()

# GRADED FUNCTION: layer_sizes
def layer_sizes(X, Y):
    n_x = X.shape[0] # size of input layer
    n_h = 4
    n_y = Y.shape[0] # size of output layer
    return (n_x, n_h, n_y)

# GRADED FUNCTION: initialize_parameters
def initialize_parameters(n_x, n_h, n_y):
    np.random.seed(2) # we set up a seed so that your output matches ours although the
initialization is random.
    W1 = np.random.randn(n_h, n_x) * 0.01
    b1 = np.zeros((n_h,1))
    W2 = np.random.randn(n_y, n_h) * 0.01
    b2 = np.zeros((n_y, 1))
    assert (W1.shape == (n_h, n_x))
    assert (b1.shape == (n_h, 1))
    assert (W2.shape == (n_y, n_h))
    assert (b2.shape == (n_y, 1))
    parameters = {"W1": W1,
                  "b1": b1,
                  "W2": W2,
                  "b2": b2}
    return parameters

def forward_propagation(X, parameters):
    #Retrieve each parameter from the dictionary "parameters"
    W1 = parameters["W1"]
```

```
    b1 = parameters["b1"]
    W2 = parameters["W2"]
    b2 = parameters["b2"]
    # Implement Forward Propagation to calculate A2 (probabilities)
    Z1 = np.dot(W1, X) + b1
    A1 = np.tanh(Z1)
    Z2 = np.dot(W2, A1) + b2
    A2 = sigmoid(Z2)
    assert(A2.shape == (1, X.shape[1]))
    cache = {"Z1": Z1,
             "A1": A1,
             "Z2": Z2,
             "A2": A2}
    return A2, cache

# GRADED FUNCTION: compute_cost
def compute_cost(A2, Y, parameters):
    m = Y.shape[1] # number of example
    # Compute the cross-entropy cost
    logprobs = 1/m*(np.multiply(np.log(A2),Y) + np.multiply(np.log(1 - A2),1 - Y))
    cost = - np.sum(logprobs)
    cost = float(np.squeeze(cost))    # makes sure cost is the dimension we expect.
                                      # E.g., turns [[17]] into 17
    assert(isinstance(cost, float))
    return cost

# GRADED FUNCTION: backward_propagation
def backward_propagation(parameters, cache, X, Y):
    m = X.shape[1]
    # First, retrieve W1 and W2 from the dictionary "parameters".
    W1 = parameters["W1"]
    W2 = parameters["W2"]
    #Retrieve also A1 and A2 from dictionary "cache".
    A1 = cache["A1"]
    A2 = cache["A2"]
    # Backward propagation: calculate dW1, db1, dW2, db2.
```

```
    dZ2 = A2 - Y
    dW2 = 1/m*np.dot(dZ2, A1.T)
    db2 = 1/m*np.sum(dZ2, axis = 1, keepdims = True)
    dZ1 = np.dot(W2.T, dZ2)*(1 - np.power(A1, 2))
    dW1 = 1/m*np.dot(dZ1, X.T)
    db1 = 1/m*np.sum(dZ1, axis = 1, keepdims = True)
    grads = {"dW1": dW1,
             "db1": db1,
             "dW2": dW2,
             "db2": db2}
    return grads

# GRADED FUNCTION: update_parameters
def update_parameters(parameters, grads, learning_rate = 1.2):
    #Retrieve each parameter from the dictionary "parameters"
    W1 = parameters["W1"]
    b1 = parameters["b1"]
    W2 = parameters["W2"]
    b2 = parameters["b2"]
    #Retrieve each gradient from the dictionary "grads"
    dW1 = grads["dW1"]
    db1 = grads["db1"]
    dW2 = grads["dW2"]
    db2 = grads["db2"]
    # Update rule for each parameter
    W1 = W1 - learning_rate*dW1
    b1 = b1 - learning_rate*db1
    W2 = W2 - learning_rate*dW2
    b2 = b2 - learning_rate*db2
    parameters = {"W1": W1,
                  "b1": b1,
                  "W2": W2,
                  "b2": b2}
    return parameters

# GRADED FUNCTION: nn_model
```

```
def nn_model(X, Y, n_h, num_iterations = 10000, print_cost=False):
    np.random.seed(3)
    n_x = layer_sizes(X, Y)[0]
    n_y = layer_sizes(X, Y)[2]

    # Initialize parameters
    parameters = initialize_parameters(n_x, n_h, n_y)
    # Loop (gradient descent)
    for i in range(0, num_iterations):
        # Forward propagation. Inputs: "X, parameters". Outputs: "A2, cache".
        A2, cache = forward_propagation(X, parameters)
        # Cost function. Inputs: "A2, Y, parameters". Outputs: "cost".
        cost = compute_cost(A2, Y, parameters)
        # Backpropagation. Inputs: "parameters, cache, X, Y". Outputs: "grads".
        grads = backward_propagation(parameters, cache, X, Y)
        # Gradient descent parameter update. Inputs: "parameters, grads". Outputs:
"parameters".
        parameters = update_parameters(parameters, grads)
        # Print the cost every 1000 iterations
#           if print_cost and i % 100 == 0:
#               print ("Cost after iteration %i: %f" %(i, cost))
    return parameters

# GRADED FUNCTION: predict
def predict(parameters, X):
    # Computes probabilities using forward propagation, and classifies to 0/1 using 0.5 as the
threshold.
    A2, cache = forward_propagation(X, parameters)
    predictions = sigmoid(A2)
    return predictions

def sigmoid(x):
    return 1/(1+np.exp(-x))

def plot_decision_boundary(pred_func, X, y):
    # Set min and max values and give it some padding
```

```
    x_min, x_max = X[:, 0].min() - .5, X[:, 0].max() + .5
    y_min, y_max = X[:, 1].min() - .5, X[:, 1].max() + .5
    h = 0.01
    # Generate a grid of points with distance h between them
    xx, yy = np.meshgrid(np.arange(x_min, x_max, h), np.arange(y_min, y_max, h))
    # Predict the function value for the whole gid
    Z = pred_func(np.c_[xx.ravel(), yy.ravel()])
    Z = Z.reshape(xx.shape)
    # Plot the contour and training examples
    plt.contourf(xx, yy, Z, cmap=plt.cm.Spectral)
    plt.scatter(X[:, 0], X[:, 1], c=y, cmap=plt.cm.Spectral)

# Build a model with a n_h-dimensional hidden layer
parameters = nn_model(X.T, Y.T, n_h = 4, num_iterations = 2000, print_cost=True)

# Plot the decision boundary
plot_decision_boundary(lambda x: predict(parameters, x.T), X, Y)
plt.title("Decision Boundary for hidden layer size " + str(4))

parameters = nn_model(X.T, Y.T, n_h = 4, num_iterations = 100, print_cost=True)
plot_decision_boundary(lambda x: predict(parameters, x.T), X, Y)

parameters = nn_model(X.T, Y.T, n_h = 4, num_iterations = 1000, print_cost=True)
plot_decision_boundary(lambda x: predict(parameters, x.T), X, Y)

parameters = nn_model(X.T, Y.T, n_h = 4, num_iterations = 1400, print_cost=True)
plot_decision_boundary(lambda x: predict(parameters, x.T), X, Y)

parameters = nn_model(X.T, Y.T, n_h = 4, num_iterations = 1500, print_cost=True)
plot_decision_boundary(lambda x: predict(parameters, x.T), X, Y)

parameters = nn_model(X.T, Y.T, n_h = 4, num_iterations = 1600, print_cost=True)
plot_decision_boundary(lambda x: predict(parameters, x.T), X, Y)

parameters = nn_model(X.T, Y.T, n_h = 4, num_iterations = 2000, print_cost=True)
plot_decision_boundary(lambda x: predict(parameters, x.T), X, Y)
```

```
parameters = nn_model(X.T, Y.T, n_h = 4, num_iterations = 3000, print_cost=True)
plot_decision_boundary(lambda x: predict(parameters, x.T), X, Y)

parameters = nn_model(X.T, Y.T, n_h = 4, num_iterations = 4000, print_cost=True)
plot_decision_boundary(lambda x: predict(parameters, x.T), X, Y)

parameters = nn_model(X.T, Y.T, n_h = 4, num_iterations = 10000, print_cost=True)
plot_decision_boundary(lambda x: predict(parameters, x.T), X, Y)
```

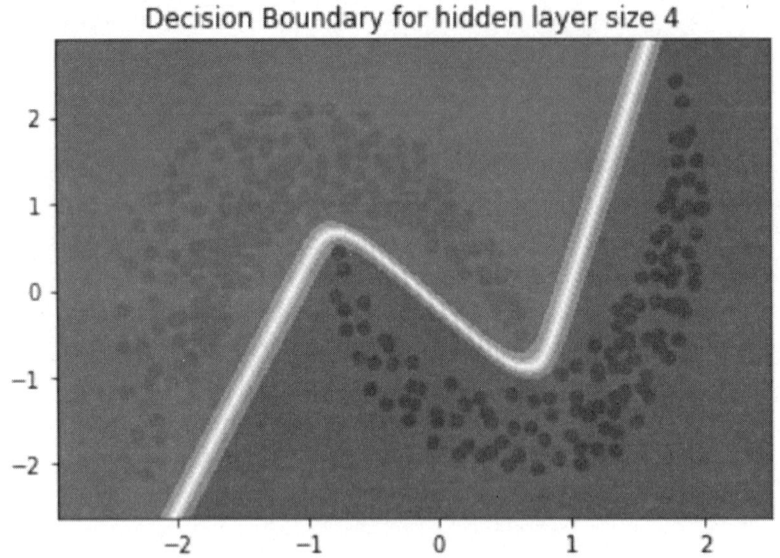

23장. 양자 알고리즘 (quantum algorithm): Non-Deterministic 알고리즘

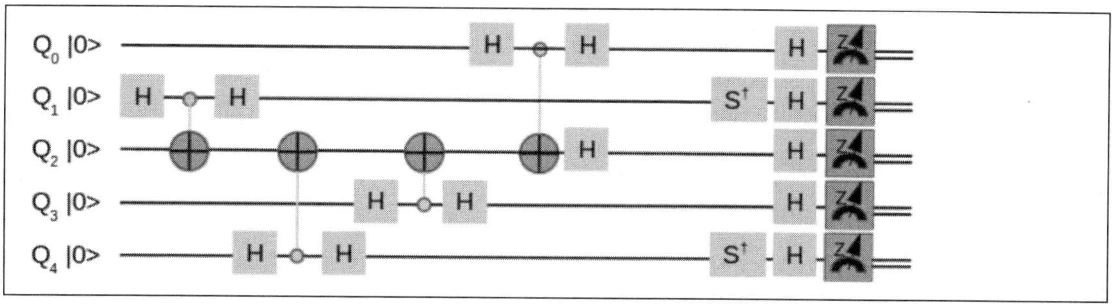

이 장에서는, 양자컴퓨터를 만들기 위한 기본 개념인 양자 물리에 대해 공부한다. 양자물리에서 양자컴퓨터를 만들기 위한 기본 3가지 개념인 (1) qubit 한 비트가 0과 1의 상태 두 가지를 모두 가질 수 있다는 superposition, (2) 2개의 qubit가 서로 독립이 아닌 entanglement, (3) 1개의 qubit의 변화가 다른 qubit의 상태 변화로 전달되는 state-teleportation (quantum teleportation) 이라는 믿기 힘든 현상들을 보이고자 한다. 이를 기반으로 양자 컴퓨터의 기본 개념인 양자 비트 (qubit)를 설명하고, 양자 비트 연산을 위한 양자 게이트 (quantum gate), 그리고 양자 알고리즘을 설명한다. 장의 구성은 다음과 같다.

23.1 고전물리와 양자물리의 차이
23.2 양자물리의 원리 1: Superposition Merge Sorting의 Time Complexity
23.3 양자물리의 원리 2: Entanglement
23.4 양자물리의 원리 3: quantum-Teleportation
23.5 양자 비트 (quantum bit) 와 양자 컴퓨터 (quantum computer)
23.6 양자 비트 (quantum bit) 로 고전 컴퓨터를 표현하면
23.7 1-양자 비트 (1 qubit) 연산
23.8 2-양자 비트 (2 qubit) 연산
23.9 측정 게이트 (Measurement, Z-measurement)
23.10 IBM Q 양자컴퓨터 (Qiskit)를 사용한 양자 연산 프로그래밍
23.11 Quantum Fourier Transform (QFT) 알고리즘

23.1 고전물리와 양자물리의 차이

고전 물리(classical physics)는 인간의 감각으로 감지할 수 있는, 일반적인 단위에서의 물리 현상을 표현한다. 쉽게 무게를 측정하거나, 시각으로 관측이 가능한, 비교적 '큰' 물체들에 어떤 물리 현상이 나타나는지를 표현하는 데는 고전 물리적 해석으로도 큰 문제가 없다. 양자 물리 (quantum physics, quantum mechanics)는 원자처럼 작은 미시 세계, 혹은 빛을 하나 둘 셀 수 있을 정도의 약한 빛의 상태 등과 같은 일반적으로 쉽게 접할 수 없는 상태에서 고전 물리로 해석이 안 되는 현상들도 잘 설명해준다. 결국 양자 물리가 진리에 가까운 (완전하다고 말할 수는 없음. 왜냐하면 고전 물리도 완전하다고 믿었는데 양자 물리가 나타난 것처럼 또 다른 물리적 해석이 생길 가능성을 배제할 수 없음) 물리이고, 고전 물리는 거시적인 상황에서 양자 물리 해석에 근접한 결과를 보여주는 근사적 해석 방법이라고 볼 수 있다. 원자, 전자, 광자 등, 매우 작은 것들은 입자처럼 관측되기도 하고, 파동처럼 관측되기도 하는 점 (wave-particle duality), 측정값들이 연속적이지 않고 이산적(discrete)인 값들로 측정되는 점, 정확한 값들을 측정하기가 불가능하다는 점 (uncertainty principle)등, 고전 물리만으로는 설명이 안되는 현상들을 보여준다.

여기서 중요한 점은 고전 물리와 양자 물리 모두 자연 현상을 표현하기 위해 존재한다는 점이다. 양자 물리는 고전 물리와 독립적인, 새로운 자연을 표현하는 것이 아닌, 같은 자연에서 나타나는 현상을 표현하기 위해 존재한다. 고전 물리가 해설하는 모든 현상들은 양자 물리로도 설명이 가능하다. 다만, 고전 물리는 우리가 경험하는 일상 단위의 자연 현상들을 보다 쉽게 설명할 수 있는 '근사값'이고, 양자 물리는 우리가 경험하기 어렵거나 불가능한 양자 단위의 자연 현상들을 표현하는데 특화된 물리 계통이다. 다음 그림은 고전 역학, 양자 역학, 상대성 역학, 그리고 양자장론을 대상의 크기 및 속도를 기준으로 분류한 그림이다.

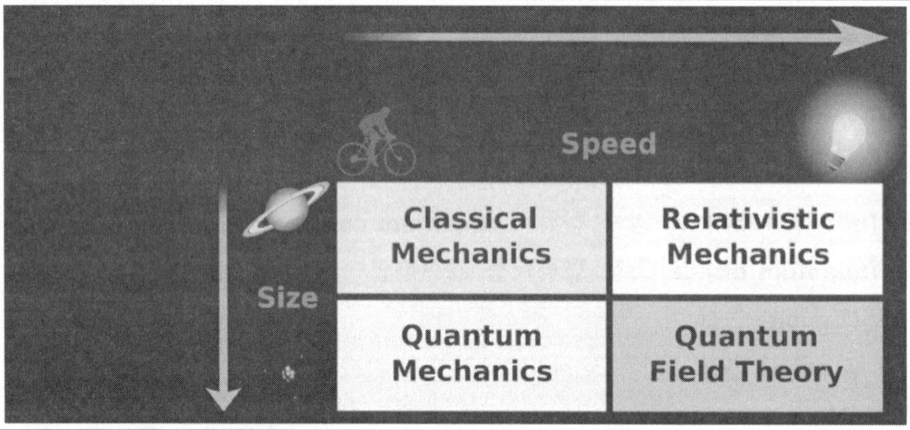

23.2 양자물리의 원리 1: 중첩 (Superposition)

아래 그림은 수소 원자에서 전자의 파동함수를 보이고 있다. 밝을수록 전자가 발견될 가능성이 높다. 전자는 이 위치들 중 어느 하나에 존재하는 것이 아니라, 이 모든 위치들에 중첩되어 있고, 위치를 측정을 하면 하나의 위치로 결정돼 측정된다.

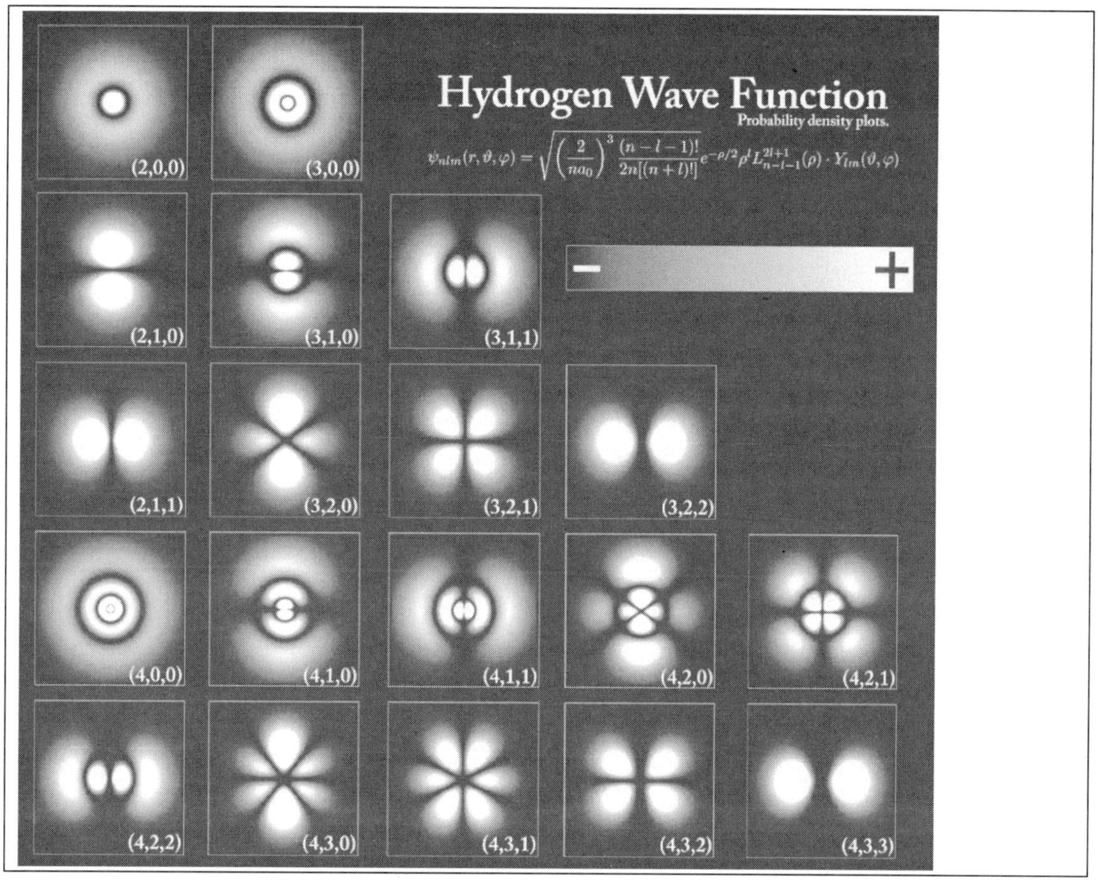

이 양자 상태는 동시에 2개 이상의 상태일 수 있다. 다시 qubit의 예를 들면, 한 qubit은 동시에 0이거나 1일 수도 있는 상태로 존재할 수 있다. 이것을 중첩 (superposition)이라고 한다. 이렇게 중첩된 양자계가 관측이 되면, 양자 상태가 하나의 상태로 결정, 혹은 붕괴 (collapse) 된다.

양자 상태의 중첩을 수식으로 표현해보자. 어떤 양자계에서 가능한 한 상태를 $|x\rangle$라고 하고, 그 상태의 계수가 $\psi(x)$라고 하면, 그 양자계의 중첩된 상태 $|\psi\rangle$는 다음과 같이 표현할 수 있다. 여기서 계수는 복소수이다. 각 상태의 확률은 $|\psi(x)|^2$이고, 모든 상태들의 확률을 합하면 1이다.

$$|\psi\rangle = \sum_x \psi(x)|x\rangle \qquad \sum_x |\psi(x)|^2 = 1$$

qubit을 예로 들면, 하나의 독립된 qubit의 가능한 상태는 $|0\rangle$이거나 $|1\rangle$이다.

$|\psi\rangle = \alpha|0\rangle + \beta|1\rangle$ 이고, $|\alpha|^2 + |\beta|^2 = 1$

각 상태들의 확률은 각각 $|\alpha|^2$, $|\beta|^2$이다. α 와 β 는 복소수이고, 이 두 상태들의 확률을 더하면 1이다.

23.3 양자물리의 원리 2: 양자 얽힘 (Entanglement)

양자 얽힘 (quantum entanglement)은 두 개 이상의 입자들이 서로 연관이 되어서, 각 입자들의 상태들이 서로 독립적으로 표현할 수 없는 현상이다. 즉, 얽힌 입자들은 하나의 양자계를 형성한다. 양자계 전체에 대해, 각 부위가 서로 어떤 관계에 있는지에 대해 설명을 할 수는 있지만, 각 부위가 어떤 상태에 있는지는 양자계를 관측할 때까지 알 수 없다. 이렇게 얽힌 양자계는 관측되면, 양자계 전체의 상태가 결정된다. 이때, 각 입자들의 상태는 서로간 거리와 무관하게, 즉시 결정된다. 예를 들면, 두 qubit들이 얽힌 상태면, 두 qubit들이 서로 우주 반대편에 존재한다고 해도, 한 qubit의 상태가 정해지면, 다른 qubit의 상태도 즉시 결정된다.

양자 상태의 양자 얽힘을 수식으로 표현해보자. 두 양자계들의 상태를 텐서곱으로 표현할 수 없으면, 두 양자계들은 얽혀 있지 않다. 즉, 두 양자계 A, B에 대해서, 두 양자계들 (AB)의 상태를 다음과 같이 표현했을 때

$$|\psi\rangle_{AB} = \sum_{x,y} c_{xy}|x\rangle_A \otimes |y\rangle_B$$

모든 c_x^A, c_y^B에 대해서 $c_{xy} = c_x^A c_y^B$가 성립해야, 두 양자계는 얽혀 있지 않다. 두 사건들이 독립 관계인 것과 비슷하다.

23.4 양자물리의 원리 3: quantum-teleportation

스타트랙 (statrek) 이라는 미국 SF 드라마를 보면 사람을 순간 이동시키는 장면이 나온다. 사람을 전송하기 위해서는 사람에 대한 정보를 측정해야 하고, 사람을 해부해서 관찰하는 행위를 해야 하는데, 그런 관찰의 행위 자체로 그 사람의 고유한 상태는 사라지고 해부해서 측정된 상태의 사람으로 결정되게 된다. 이렇게 측정된 사람의 정보는 그 사람의 고유한 (양자적인 중첩을 포함한 불확정적인 상태를 포함하는) 동일한 상태라고 볼 수 없다. 따라서 사람을 전송할 때, 그 사람의 양자 상태를 무너뜨리지 않고 그대로 간직한 상태로 전송하는 방법이 필요하게 되며, 이러한 행위가 quantum teleportation 이다. **요약하면, 양자 상태는**

측정을 하는 순간 결과가 결정되며 양자 상태가 무너지게 된다 (collapse), 따라서 양자 상태를 무너뜨리지 않고 전송하는 방법이 필요한 데 이 방법이 quantum teleportation 이다.

23.5 양자 비트 (quantum bit) 와 양자 컴퓨터 (quantum computer)

양자 비트 (qubit, Quantum bit, Qbit, qubit)은 0 또는 1로 고정되지 않고, 0일 수도 있고, 1일 수도 있으므로, 0일 확률과 1일 확률을 가진다. 비트가 0일 확률은 $|a^2|$, 1일 확률은 $|b^2|$ 이다. 이때, a와 b는 복소수이다. 이렇게 동시에 두 상태인 것을 ***중첩(superposition)*** 이라고 한다.

$$|\psi\rangle = a|0\rangle + b|1\rangle = \begin{bmatrix} a \\ b \end{bmatrix}, \qquad |a^2| + |b^2| = 1$$

이를 바탕으로 양자 비트의 상태를, 아래 그림과 같이 복소수 unit sphere인 Bloch구면 (Bloch Sphere)으로 표현할 수 있다. 구면의 Z축 북극은 $|0\rangle$, 남극은 $|1\rangle$ 이다. 이 둘의 내적은 0이므로, 직교한다는 것을 알 수 있다. 하지만, 이 경우에는, 0이거나 1일 확률이 각각 1 (100%) 가 되는 경우가 된다.

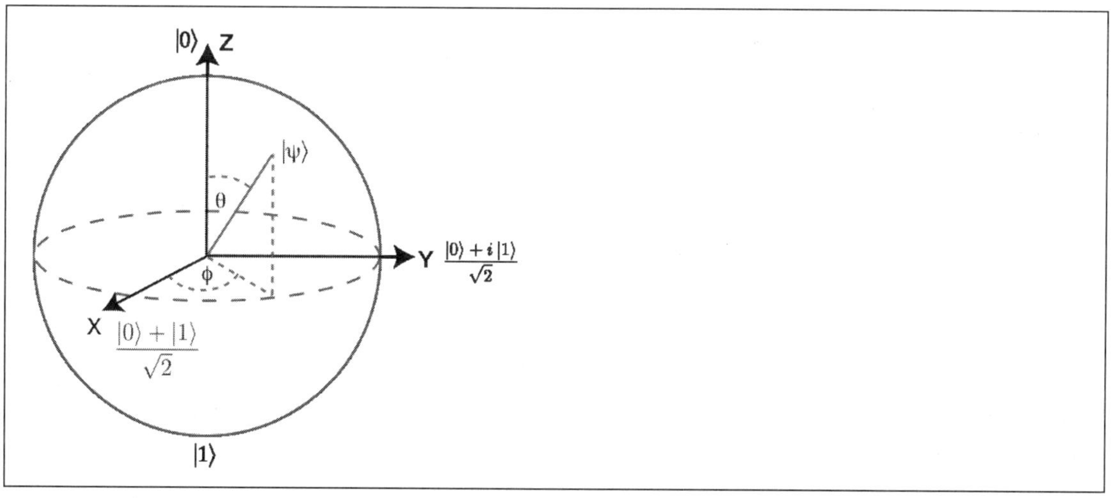

약간 수식을 다음과 같이 바꾸면, 비트가 0이거나 1일 확률이 1/2, 1/2로 동일한 상태로 존재할 수 있다.

$$\frac{|0\rangle + |1\rangle}{\sqrt{2}} = \begin{bmatrix} \frac{1}{\sqrt{2}} \\ \frac{1}{\sqrt{2}} \end{bmatrix}, \frac{|0\rangle - |1\rangle}{\sqrt{2}} = \begin{bmatrix} \frac{1}{\sqrt{2}} \\ -\frac{1}{\sqrt{2}} \end{bmatrix}$$

위의 두 상태들의 경우, $|a^2|+|b^2| \;=\; 1$이 성립하고, $|a^2|=\frac{1}{2}, |b^2|=\frac{1}{2}$이므로 0이거나 1일 확률이 동일하다. 이 둘의 내적은 0이므로, 직교한다는 것을 알 수 있다. 때문에 이 두 상태를 다음과 같이 표기할 수 있다 (X축의 두 극이 됨).

$$|+\rangle = \begin{bmatrix} \frac{1}{\sqrt{2}} \\ \frac{1}{\sqrt{2}} \end{bmatrix}, |-\rangle = \begin{bmatrix} \frac{1}{\sqrt{2}} \\ -\frac{1}{\sqrt{2}} \end{bmatrix}$$

이 두 상태들을 기준으로 삼으면, Z축의 양 극 역할을 할 수 있게 된다. 때문에 이 두 상태를 기준으로 X축을 표현할 수 있다.

$$|\mathbf{0}\rangle = \frac{|+\rangle + |-\rangle}{\sqrt{2}}, |1\rangle = \frac{|+\rangle \;-\; |-\rangle}{\sqrt{2}}$$

이와 유사하게 Y축도 다음과 같이 양극으로 만들 수 있다.

$$\frac{|0\rangle + i|1\rangle}{\sqrt{2}} = \begin{bmatrix} \frac{1}{\sqrt{2}} \\ \frac{i}{\sqrt{2}} \end{bmatrix}, \frac{|0\rangle \;-\; i|1\rangle}{\sqrt{2}} = \begin{bmatrix} \frac{1}{\sqrt{2}} \\ -\frac{i}{\sqrt{2}} \end{bmatrix}$$

23.6 양자 비트 (quantum bit) 로 고전 컴퓨터를 표현하면

고전 컴퓨터의 비트 0과 비트 1은 다음과 같이 디락 표기법 (Bra-Ket notation, Dirac notation) 으로, 표시할 수 있다. 아래 0 또는 1에 따라 비트를 결정한다고 생각하면 된다. 각 비트(bit)는 상태가 0, 혹은 1이다. (위가 0, 아래가 1).

$$|\mathbf{0}\rangle = \begin{bmatrix} \mathbf{1} \\ \mathbf{0} \end{bmatrix}, |\mathbf{1}\rangle = \begin{bmatrix} \mathbf{0} \\ \mathbf{1} \end{bmatrix}$$

1비트에 대한 연산은 4가지를 생각할 수 있다. 비트를 그대로 출력하는 경우, 반대로 출력하는 경우, 항상 0으로 출력하는 경우, 항상 1로 출력하는 경우의 4가지이며, matrix 연산으로 표시하면 다음과 같다. 4가지 연산 중에서, 상수 1과 상수 0은 reversible 연산이 될 수 없으므로, 양자컴퓨터에서는 사용하지 않는다. reversible이 되지 않는 경우, 출력 값과 함수를 아는 경우, 역함수를 구할 수 있어서 입력 값을 계산할 수 있다는 의미를 가진다.

연산자	정의	사용 예
항등 (IDENTITY):	$\begin{bmatrix} \mathbf{1} & \mathbf{0} \\ \mathbf{0} & \mathbf{1} \end{bmatrix}$	$\begin{bmatrix} \mathbf{1} & \mathbf{0} \\ \mathbf{0} & \mathbf{1} \end{bmatrix}\begin{bmatrix} \mathbf{1} \\ \mathbf{0} \end{bmatrix} = \begin{bmatrix} \mathbf{1} \\ \mathbf{0} \end{bmatrix}$ $\begin{bmatrix} \mathbf{1} & \mathbf{0} \\ \mathbf{0} & \mathbf{1} \end{bmatrix}\begin{bmatrix} \mathbf{0} \\ \mathbf{1} \end{bmatrix} = \begin{bmatrix} \mathbf{0} \\ \mathbf{1} \end{bmatrix}$

부정 (NOT)	$\begin{bmatrix} 0 & 1 \\ 1 & 0 \end{bmatrix}$	$\begin{bmatrix} 0 & 1 \\ 1 & 0 \end{bmatrix}\begin{bmatrix} 1 \\ 0 \end{bmatrix} = \begin{bmatrix} 0 \\ 1 \end{bmatrix}$ $\begin{bmatrix} 0 & 1 \\ 1 & 0 \end{bmatrix}\begin{bmatrix} 0 \\ 1 \end{bmatrix} = \begin{bmatrix} 1 \\ 0 \end{bmatrix}$
상수(constant-0)	$\begin{bmatrix} 1 & 1 \\ 0 & 0 \end{bmatrix}$	$\begin{bmatrix} 1 & 1 \\ 0 & 0 \end{bmatrix}\begin{bmatrix} 1 \\ 0 \end{bmatrix} = \begin{bmatrix} 1 \\ 0 \end{bmatrix}$ $\begin{bmatrix} 1 & 1 \\ 0 & 0 \end{bmatrix}\begin{bmatrix} 0 \\ 1 \end{bmatrix} = \begin{bmatrix} 1 \\ 0 \end{bmatrix}$
상수(constant-1)	$\begin{bmatrix} 0 & 0 \\ 1 & 1 \end{bmatrix}$	$\begin{bmatrix} 0 & 0 \\ 1 & 1 \end{bmatrix}\begin{bmatrix} 1 \\ 0 \end{bmatrix} = \begin{bmatrix} 0 \\ 1 \end{bmatrix}$ $\begin{bmatrix} 0 & 0 \\ 1 & 1 \end{bmatrix}\begin{bmatrix} 0 \\ 1 \end{bmatrix} = \begin{bmatrix} 0 \\ 1 \end{bmatrix}$

2비트를 표시하는 경우에도 Dirac 표기를 이용하면 편하다. 예를 들어, 00, 01, 10, 11 비트는 다음과 같이 표시할 수 있으며, 2비트의 4개의 상태들 중 하나이다. (0, 1, 2, 3)

$$|00\rangle = \begin{bmatrix} 1 \\ 0 \\ 0 \\ 0 \end{bmatrix} \quad |01\rangle = \begin{bmatrix} 0 \\ 1 \\ 0 \\ 0 \end{bmatrix} \quad |10\rangle = \begin{bmatrix} 0 \\ 0 \\ 1 \\ 0 \end{bmatrix} \quad |11\rangle = \begin{bmatrix} 0 \\ 0 \\ 0 \\ 1 \end{bmatrix}$$

2비트의 상태는 두 개의 1비트의 텐서곱(tensor product)으로 생각할 수 있다.

$$|01\rangle = |0\rangle \otimes |1\rangle = \begin{bmatrix} 1 \\ 0 \end{bmatrix} \otimes \begin{bmatrix} 0 \\ 1 \end{bmatrix} = \begin{bmatrix} 1*0 \\ 1*1 \\ 0*0 \\ 0*1 \end{bmatrix} = \begin{bmatrix} 0 \\ 1 \\ 0 \\ 0 \end{bmatrix}$$

$$|10\rangle = |1\rangle \otimes |0\rangle = \begin{bmatrix} 0 \\ 1 \end{bmatrix} \otimes \begin{bmatrix} 1 \\ 0 \end{bmatrix} = \begin{bmatrix} 0*1 \\ 0*0 \\ 1*1 \\ 1*0 \end{bmatrix} = \begin{bmatrix} 0 \\ 0 \\ 1 \\ 0 \end{bmatrix}$$

23.7 1-양자 (1 qubit)

양자 연산의 특징은 Reversible 하다. 즉, 결과값과 연산을 알면, 입력 값을 알 수 있다. 양자 컴퓨터에서 흔히 사용하는 대표적인 2개의 연산 X, H 연산은 다음과 같다.

연산자	심볼	수식
Pauli-X **(Pauli-X gate, NOT gate)**	X	$X = \begin{bmatrix} 0 & 1 \\ 1 & 0 \end{bmatrix}$
Hadamard **(Hadamard gate, H-gate):** Hadamard 게이트는 X축과 Z축을 교환한다.	*H*	$H = \frac{1}{\sqrt{2}}\begin{bmatrix} 1 & 1 \\ 1 & -1 \end{bmatrix}$

다음은 X와 H 연산을 qubit 에 적용한 결과이다.

$X \begin{bmatrix}0\\1\end{bmatrix} = \begin{bmatrix}0 & 1\\1 & 0\end{bmatrix}\begin{bmatrix}0\\1\end{bmatrix} = \begin{bmatrix}1\\0\end{bmatrix}$ $X \begin{bmatrix}1\\0\end{bmatrix} = \begin{bmatrix}0 & 1\\1 & 0\end{bmatrix}\begin{bmatrix}1\\0\end{bmatrix} = \begin{bmatrix}0\\1\end{bmatrix}$	$X \begin{bmatrix}\frac{1}{\sqrt{2}}\\\frac{1}{\sqrt{2}}\end{bmatrix} = \begin{bmatrix}0 & 1\\1 & 0\end{bmatrix}\begin{bmatrix}\frac{1}{\sqrt{2}}\\\frac{1}{\sqrt{2}}\end{bmatrix} = \begin{bmatrix}\frac{1}{\sqrt{2}}\\\frac{1}{\sqrt{2}}\end{bmatrix}$
$X \begin{bmatrix}0\\-1\end{bmatrix} = \begin{bmatrix}0 & 1\\1 & 0\end{bmatrix}\begin{bmatrix}0\\1\end{bmatrix} = \begin{bmatrix}-1\\0\end{bmatrix}$ $X \begin{bmatrix}-1\\0\end{bmatrix} = \begin{bmatrix}0 & 1\\1 & 0\end{bmatrix}\begin{bmatrix}-1\\0\end{bmatrix} = \begin{bmatrix}0\\-1\end{bmatrix}$	$X \begin{bmatrix}-\frac{1}{\sqrt{2}}\\-\frac{1}{\sqrt{2}}\end{bmatrix} = \begin{bmatrix}0 & 1\\1 & 0\end{bmatrix}\begin{bmatrix}-\frac{1}{\sqrt{2}}\\-\frac{1}{\sqrt{2}}\end{bmatrix} = \begin{bmatrix}-\frac{1}{\sqrt{2}}\\-\frac{1}{\sqrt{2}}\end{bmatrix}$
$H \begin{bmatrix}0\\1\end{bmatrix} = \frac{1}{\sqrt{2}}\begin{bmatrix}1 & 1\\1 & -1\end{bmatrix}\begin{bmatrix}0\\1\end{bmatrix} = \begin{bmatrix}\frac{1}{\sqrt{2}}\\-\frac{1}{\sqrt{2}}\end{bmatrix}$ $H \begin{bmatrix}1\\0\end{bmatrix} = \frac{1}{\sqrt{2}}\begin{bmatrix}1 & 1\\1 & -1\end{bmatrix}\begin{bmatrix}1\\0\end{bmatrix} = \begin{bmatrix}\frac{1}{\sqrt{2}}\\\frac{1}{\sqrt{2}}\end{bmatrix}$	$H \begin{bmatrix}\frac{1}{\sqrt{2}}\\\frac{1}{\sqrt{2}}\end{bmatrix} = \frac{1}{\sqrt{2}}\begin{bmatrix}1 & 1\\1 & -1\end{bmatrix}\begin{bmatrix}\frac{1}{\sqrt{2}}\\\frac{1}{\sqrt{2}}\end{bmatrix} = \begin{bmatrix}1\\0\end{bmatrix}$
$H \begin{bmatrix}0\\-1\end{bmatrix} = \frac{1}{\sqrt{2}}\begin{bmatrix}1 & 1\\1 & -1\end{bmatrix}\begin{bmatrix}0\\-1\end{bmatrix} = \begin{bmatrix}-\frac{1}{\sqrt{2}}\\\frac{1}{\sqrt{2}}\end{bmatrix}$ $H \begin{bmatrix}-1\\0\end{bmatrix} = \frac{1}{\sqrt{2}}\begin{bmatrix}1 & 1\\1 & -1\end{bmatrix}\begin{bmatrix}-1\\0\end{bmatrix} = \begin{bmatrix}-\frac{1}{\sqrt{2}}\\-\frac{1}{\sqrt{2}}\end{bmatrix}$	$H \begin{bmatrix}-\frac{1}{\sqrt{2}}\\-\frac{1}{\sqrt{2}}\end{bmatrix} = \frac{1}{\sqrt{2}}\begin{bmatrix}1 & 1\\1 & -1\end{bmatrix}\begin{bmatrix}-\frac{1}{\sqrt{2}}\\-\frac{1}{\sqrt{2}}\end{bmatrix} = \begin{bmatrix}-1\\0\end{bmatrix}$

23.8 2-양자 비트 (2 qubit) 연산

2비트 연산의 경우, SWAP, CNOT이 대표적이다.

SWAP gate 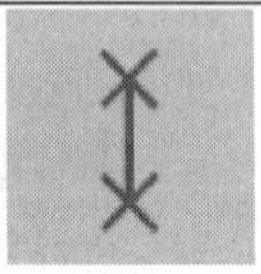	$\boldsymbol{SWAP} = \begin{bmatrix}\mathbf{1} & \mathbf{0} & \mathbf{0} & \mathbf{0}\\\mathbf{0} & \mathbf{0} & \mathbf{1} & \mathbf{0}\\\mathbf{0} & \mathbf{1} & \mathbf{0} & \mathbf{0}\\\mathbf{0} & \mathbf{0} & \mathbf{0} & \mathbf{1}\end{bmatrix}$

CNOT (controlled NOT) gate: 조건 부정. 두 qubit을 얽힘(entangled) 상태로 만드는데 유용하게 사용된다. 얽힘 상태의 두 qubit은 단순히 두 비트들의 텐서곱으로는 표현을 못한다. 얽힌 상태의 qubit들 중 하나의 값을 측정하게 되면, 같이 얽힌 다른 qubit들의 값들이 결정된다.

다음 그림에서 위의 선을 x, 밑의 선을 y라고 하면, 논리적으로 $x, y \rightarrow x, x \oplus y$ 이여서

$\oplus$를 사용한다.

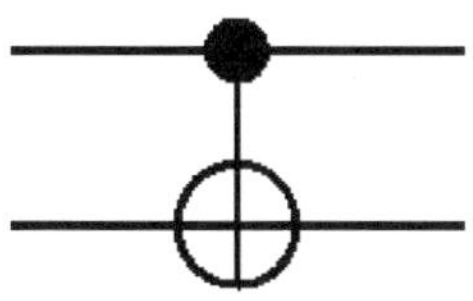	$CNOT = \begin{bmatrix} 1 & 0 & 0 & 0 \\ 0 & 1 & 0 & 0 \\ 0 & 0 & 0 & 1 \\ 0 & 0 & 1 & 0 \end{bmatrix}$

23.9 측정 게이트 (Measurement, Z-measurement)

	양자 컴퓨터 연산의 최종 단계는 결과값을 측정하는 것이다. 측정 게이트는 qubit의 Z축 값을 측정하게 되고, 상태가 0 혹은 1 값으로 결정(collapse) 된다. 다른 게이트들과 결합해서 X축, Y축 등의 값을 측정하게 할 수 있다.

23.10 IBM Q 양자컴퓨터 (Qiskit)를 사용한 양자 연산 프로그래밍

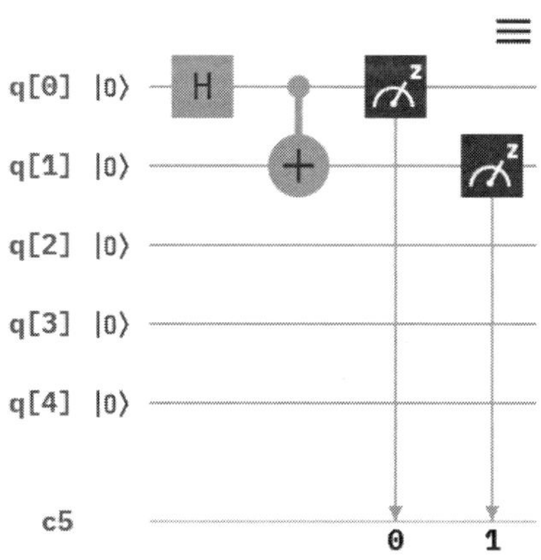	다음은 Hadamard 게이트와 CNOT 게이트가 포함된 양자 회로이다. 왼쪽에서 오른쪽 순으로 게이트들이 해당 qubit에 연산을 하고, 최종적으로 측정 게이트로 qubit의 값을 측정해서 고전 비트에 값을 저장한다.

단위연산해서 구하는 과정은 얽힘 상태가 tensor product로 factorization되지 않는 경우이다. 중첩 상태는 여러 개를 합쳐서 확률 1이 되는 경우를 말한다.

Hadamard 게이트와 CNOT 게이트를 통해 양자 상태는

$$\frac{1}{\sqrt{2}}|00\rangle + \frac{1}{\sqrt{2}}|11\rangle = \begin{bmatrix} \frac{1}{\sqrt{2}} \\ 0 \\ 0 \\ \frac{1}{\sqrt{2}} \end{bmatrix}$$

이다.

(예) IBM Qiskit 프로그래밍을 사용한 간단한 Quantum Information 처리를 위한 회로 예제를 소개한다. 다음과 같은 회로를 돌렸을 때 00 또는 11의 비율이 얼마나 되는지 보는 프로그램이다.

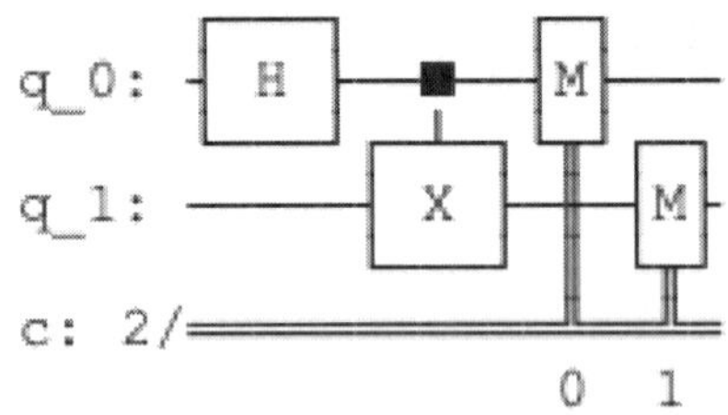

위의 회로에서, (1) QuantumCircuit.h(0)의 H (Hadamard) gate는 qubit 0에 입력된 qubit를 **superposition state**로 바꾸는 기능을 한다. (2) QuantumCircuit.cx(0, 1)의 X gate는 controlled-Not operation ($CNOT$ CNOT) 게이트로, control qubit 0와 target qubit 1을 입력으로, 해당 qubits를 **entangled state**로 만든다. (3) M으로 표시된 Measurement 게이트 QuantumCircuit.measure([0,1], [0,1])는 quantum 회로 전체를 통과한 후에, quantum state가 measurement 되면서 일반 classical bit로 저장되는 로직이다.

```
import numpy as np
from qiskit import QuantumCircuit, transpile
from qiskit.providers.aer import QasmSimulator
from qiskit.visualization import plot_histogram

# Use Aer's qasm_simulator
simulator = QasmSimulator()

# Create a Quantum Circuit acting on the q register
circuit = QuantumCircuit(2, 2)

# Add a H gate on qubit 0
circuit.h(0)
```

```
# Add a CX (CNOT) gate on control qubit 0 and target qubit 1
circuit.cx(0, 1)

# Map the quantum measurement to the classical bits
circuit.measure([0,1], [0,1])

# compile the circuit down to low-level QASM instructions
# supported by the backend (not needed for simple circuits)
compiled_circuit = transpile(circuit, simulator)

# Execute the circuit on the qasm simulator shots를 이용해 회로를 돌릴 횟수를 정할 수 있다.
job = simulator.run(compiled_circuit, shots=1000)

# Grab results from the job
result = job.result()

#Returns counts
counts = result.get_counts(compiled_circuit)
print("\nTotal count for 00 and 11 are:",counts)

# Draw the circuit
circuit.draw()
```

실행결과:

Total count for 00 and 11 are: {'00': 512, '11': 488}

```
     ┌───┐     ┌─┐
q_0: ┤ H ├──■──┤M├───
     └───┘┌─┴─┐└╥┘┌─┐
q_1: ─────┤ X ├─╫─┤M├
          └───┘ ║ └╥┘
c: 2/═══════════╩══╩═
```

참조: https://qiskit.org/documentation/locale/ko_KR/intro_tutorial1.html

23.11 Quantum Fourier Transform (QFT) 알고리즘

QFT는 다음과 같이 정의한다.

$$y_k = \frac{1}{\sqrt{N}} \sum_{n=0}^{N-1} x_n \omega_N^{kn}, \quad k = 0, 1, 2, \ldots, N-1,$$

$$F_N = \frac{1}{\sqrt{N}} \begin{bmatrix} 1 & 1 & 1 & 1 & \cdots & 1 \\ 1 & \omega & \omega^2 & \omega^3 & \cdots & \omega^{N-1} \\ 1 & \omega^2 & \omega^4 & \omega^6 & \cdots & \omega^{2(N-1)} \\ 1 & \omega^3 & \omega^6 & \omega^9 & \cdots & \omega^{3(N-1)} \\ \vdots & \vdots & \vdots & \vdots & & \vdots \\ 1 & \omega^{N-1} & \omega^{2(N-1)} & \omega^{3(N-1)} & \cdots & \omega^{(N-1)(N-1)} \end{bmatrix}$$

QFT는 다음과 같은 Quantum Gate 회로를 통해 구현한다.

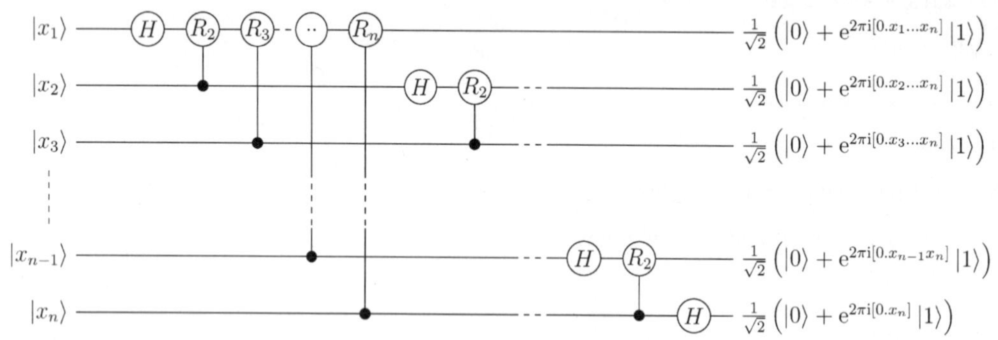

$$H = \frac{1}{\sqrt{2}} \begin{pmatrix} 1 & 1 \\ 1 & -1 \end{pmatrix} \quad \text{and} \quad R_m = \begin{pmatrix} 1 & 0 \\ 0 & e^{\frac{2\pi i}{2^m}} \end{pmatrix}$$

스마트시티를 위한 Python 알고리즘 프로그래밍

2022년 03월 01일 초판 제1쇄 인쇄
2022년 03월 01일 초판 제1쇄 발행

저자	김성환
발행인	서순탁
발행처	서울시립대학교출판부
출판신고	2001년 03월 05일 제2001-000012호
주소	02504 서울특별시 동대문구 서울시립대로 163(전농동90)
전자우편	kimbomi10@uos.ac.kr
전화번호	02-6490-6109
팩스	02-6490-6149

ISBN 978-89-85831-96-3 93530

값 30,000원